本书在写作过程中得到国家自然科学基金项目资助
（编号41201144），特此致谢！

中央民族大学"985""211"工程项目成果
中央民族大学管理学文库

旅游企业创业管理
Tourism Entrepreneurial Management

谷明 ◆ 编著

中央民族大学出版社
China Minzu University Press

图书在版编目（CIP）数据

旅游企业创业管理/谷明编著. —北京：中央民族大学出版社，2014.1
ISBN 978-7-5660-0651-6

Ⅰ.①旅… Ⅱ.①谷… Ⅲ.①旅游企业—企业管理—教材 Ⅳ.①F590.65

中国版本图书馆 CIP 数据核字（2013）第 321332 号

旅游企业创业管理

编 著	谷 明
责任编辑	杨爱新
封面设计	范 凡
出 版 者	中央民族大学出版社
	北京市海淀区中关村南大街27号 邮编：100081
	电话：68472815（发行部） 传真：68932751（发行部）
	68932218（总编室） 68932447（办公室）
发 行 者	全国各地新华书店
印 刷 厂	北京华正印刷有限公司
开 本	787×1092（毫米） 1/16 印张：21.75
字 数	450千字
版 次	2014年1月第1版 2014年1月第1次印刷
书 号	ISBN 978-7-5660-0651-6
定 价	54.00元

版权所有 翻印必究

总　　序

中央民族大学管理学院从2002年12月组建至今已逾十载，现在已发展成为横跨管理学和法学两大学科门类，设有九个本科专业、十四个硕士学位（含两个专业学位）点、两个博士学位点的综合性管理学院。伴随着这种进步与成长，学校的管理学科也从无到有，逐渐成长壮大，初步形成了以研究民族地区管理问题为中心的特色，对促进少数民族地区社会发展产生了积极影响。

要使这种正面效应长期稳定地发展下去，需要借助多种途径，搭建多个平台，让研究者有展示成果的渠道，也使社会有了解我们的窗口。基于这种认识，为了激发广大教师研究民族地区管理问题的热情与坚持，深化和拓展大家的科研意识，增强全院教师教书育人、追求真理的历史使命感，在探索和碰撞中产生新的思想、培养科学精神、形成新的理论，进而推动学科的发展，我们决定资助出版"中央民族大学管理学文库"，探索建立适合中国少数民族地区管理研究的模式。

从学科建设的角度看，国内外的经验表明，高校是科学研究和培养人才的重要基地，学科的综合实力体现了学校的水平，是社会评价和认识学校的重要指标。世界上一流大学无不有若干学科居于国际前列。建设和完善特色鲜明的管理学科，不仅是管理学院发展所需，也是学校总体学科建设的重要组成部分。建设优秀的师资队伍是学科建设的根本所在，积极开展和促进国际、国内的学术交流，出版学术书刊，为研究者开辟成果展示窗口，有利于形成浓郁的学术氛围，提升学科的科研水平，是支持和培育师资的一个重要方式。

策划和出版我院研究成果是酝酿已久的事情。早在五年以前，我们就在"学生论文大赛"、"青年学者论丛"、"博士文库"等几个方面做了尝试，并取得了初步成果，积累了一定的经验。以此为基础，为了便于管理、统一格式规范，从整体上提高著作成果的质量，协调研究内容，我们将把得到院内资助的出版成果统称为"中央民族大学管理学文库"。

需要说明的是，目前的出版资助成果是以学院已有的学科为基础形成的，在内容上涵盖了公共管理、工商管理、政治学等几大门类，这些成果或是以研究者的教学为基础提炼形成的教材，或是以研究者的科研课题为基础产生的独立成果，或者是两者兼具。但不论如何，都直接或间接地服务于教学，促进了我院整体教学水平的提升，发挥了科研带动教学水平提高的作用。随着学术研究的深化，会有一些新兴学科出现，相应的，我们的教学和科研也会有新的调整，资助出版的成果也要顺应这种变化。高等教育不仅要教书育人，也要不断寻找新的学科生长点，努力创新和追踪知识发展，这样才能使教学和学科建设充满生机。

学科建设的载体是科学研究，关键是梯队建设，特别是学科带头人的培养。要想在当前竞争激烈的环境中求得生存、赢得发展，确立自身的地位，就需要形成特色鲜明的学科，选择能在国内外产生重大影响或独辟蹊径的研究方向。中央民族大学所肩负的历史使命，要求我们学院从管理学的角度为国家培养人才，为党和政府建言献策，促进社会的和谐有序发展。民族地区的特殊环境、我们所担负的特殊使命，为我们发展特色学科提供了独特的条件。

管理是一种人与人交往的活动，需要以尊重彼此的文化风俗习惯为基础，在相互作用中形成合力、发挥作用。民族在本质上是一个文化共同体，相互之间的差别主要在于信仰、价值观与生活习惯的独特性。如何将现代管理学理论应用于特定的文化环境，解决具体的问题，是目前管理学研究需要化解的困境。本丛书即以研究普遍性管理学理论的特殊化应用为着力点。

回顾十余载的发展历程，我们清晰地认识到学院学科的发展脉络：必须立足于少数民族地区、必须深入实地了解具体情况、必须着眼并服务于党和国家的工作大局，为国家统一、民族团结进步发挥智库功能。管理学讲求效率，我们要积极为国家在资源配置、公平价值建设等方面发挥应有的作用。

学术的发展需要长时间的积累，是一个前赴后继的承继过程。我们建设"管理学文库"，就是要倡导传承学院已有的文化，弘扬开拓精神，激发广大教师对教育、科研事业的热爱、投入，增强其自身的使命意识。我们编纂的这套"管理学文库"，从不同角度、以不同形式探寻了民族地区管理学的应用特征，分析其演化源流，揭示了理论适用的条件，弥补、充实了已有认识的不足。

这套丛书不论形式、文体如何，要向社会传递的信息是：少数民族地区的管理问题是中国管理学的有机组成部分，与我们的国情紧紧相连，它亟须得到开拓、深化，以适应、引领不断发展变化的建设实践。

我们积累今天，是为了丰富未来。"日出江花红胜火，春来江水绿如蓝"，管理学科在中国的发展正值一个百花齐放、春意盎然的时节。"春山磔磔鸣春禽，此间不可无我吟"。中央民族大学的管理学研究虽然起步较晚，但发展势头强劲，特色优势明显。我们广大教学科研人员对知识、真理孜孜以求，对民族地区管理学的发展前景充满了期待，坚信通过大家的共同努力，会在教书育人、学科发展、社会建设等方面发挥积极效应。

在这套丛书出版之际，谨以此为序，作为对研究者的希冀和对社会的郑重承诺！真诚希望广大读者提出宝贵意见和建议。

李俊清
2013 年 11 月

序

创业（Entrepreneurship）一词在国外的出现可追溯到二三百年前的法国，是指通过发现和捕捉创业机会，承担相应的风险，重新组合资源，以此创建新企业或创新企业组织结构，最终创造出新产品或新服务并且实现其价值的过程。旅游企业作为从事相关旅游经营活动的营利性的、相对独立的经济实体具有一般企业的共性特征，同时由于旅游行业的特殊性，旅游企业的创业还具有一些专有特征。目前创业管理方面的书籍很多，但是缺乏针对旅游企业创业管理方面的书籍。本书作者多年从事旅游管理专业的教学工作，并有一定的旅游企业实践经验，深感需要撰写一本系统的、内容较新、适合我国旅游业发展实际的创业书籍。鉴于此，编著了这本《旅游企业创业管理》，既可作为大学旅游管理专业的教材用书，也可作为旅游从业人员的参考资料。本书注重理论性与实用性的结合，每章都有案例分析，与旅游行业实践结合紧密。

本书共10章，第1章是导论，介绍旅游企业的特点，旅游企业提供产品的特点，旅游企业未来的发展空间等。第2章介绍旅游企业创业的宏观环境和微观环境。第3章介绍创业及旅游企业创业的概念和内涵，旅游企业创业者的人格特征和基本素质，旅游企业创业管理与一般企业管理的区别，创业管理的八个理论学派，旅游企业创业团队的组建程序等。第4章介绍创业计划的识别、捕捉和评估，旅游企业创业机会的来源、特征以及其类型。第5章介绍旅游企业创业计划的内容、技巧、编制方法，创业计划各个模块的内容和编制方法等。第6章介绍旅游企业创业融资的概念和内涵、创业融资的渠道、创业融资的主要策略和风险、规避风险的策略等。第7章介绍旅游创业企业的组织形式，创业企业组织结构的含义、组织结构的设计原则、组织结构的类型及组织结构的再造。第8章介绍产权激励、薪酬激励理论、专利权理论的内涵。具体包括产权激励的两种措施：股票期权与员工持股计划，薪酬激励的含义、依据、定位方法及具体措施，专利权激励的管理程序及管理方法。第9章介绍四种类型旅游企业的创业模式，四种创业模式的特征、类型、优势、劣势，列举出国际知名酒店品牌的实例等。第10章介绍旅游景区的创新途径和成长方式，旅行社的创新与成长，在全球化的浪潮下旅游企业的未来发展方向等。

特别感谢几位本科生和研究生，夏玉平、何易、董威、李泽锋、于党政、王晶晶，感谢他们参与本书资料的收集和部分章节初稿的编写。期望本书能够启发本科生的创业思想，培养创业精神，帮助他们合理规划未来的职业生涯。

最后，殷切期望能得到读者和同行专家们的批评指正与赐教。

目 录

第一章 旅游企业导论 ··· (1)
  第一节 旅游企业的类型 ·· (1)
    一、旅游企业的概念 ··· (2)
    二、旅游企业的分类 ··· (3)
  第二节 旅游企业的特点 ·· (6)
    一、旅游企业的特点 ··· (6)
    二、旅游企业的产品特点 ··· (9)
  第三节 旅游企业的发展空间 ·· (11)
    一、优化旅游产业价值链 ··· (11)
    二、旅游企业的多元发展途径 ·· (16)

第二章 旅游企业的创业环境 ·· (23)
  第一节 旅游企业创业环境概述 ·· (23)
    一、旅游企业的创业环境 ··· (23)
    二、创业环境的分类 ··· (24)
  第二节 旅游企业创业的宏观环境 ··· (24)
    一、旅游企业的经济环境 ··· (24)
    二、政治/法律环境 ·· (25)
    三、社会文化环境 ·· (26)
    四、技术环境 ··· (26)
  第三节 旅游企业创业的微观环境 ··· (27)
    一、旅游企业内部的利益相关者 ··· (28)
    二、旅游企业的外部利益相关者 ··· (28)

第三章 旅游企业创业与创业者 ·· (35)
  第一节 旅游企业创业的概念与内涵 ··· (35)
    一、创业的概念 ··· (36)
    二、旅游企业创业的内涵 ··· (37)
    三、旅游企业创业的流程 ··· (38)
  第二节 旅游企业创业者素质 ·· (48)

1

一、创业者的概念 …………………………………………………………… (48)
　　二、旅游企业创业者的人格特征 …………………………………………… (49)
　　三、旅游企业创业者应具备的素质 ………………………………………… (50)
　第三节　旅游企业创业管理 …………………………………………………… (52)
　　一、创业管理的内涵 ………………………………………………………… (53)
　　二、创业管理与一般管理的区别 …………………………………………… (53)
　　三、旅游企业创业管理的内容 ……………………………………………… (55)
　第四节　旅游企业创业理论 …………………………………………………… (56)
　第五节　旅游企业创业团队组建 ……………………………………………… (59)
　　一、旅游企业创业团队的定义 ……………………………………………… (59)
　　二、旅游企业创业团队的类型 ……………………………………………… (59)
　　三、旅游企业创业团队的作用 ……………………………………………… (61)
　　四、旅游企业创业团队组建的核心原则 …………………………………… (62)
　　五、创业团队的组建程序 …………………………………………………… (63)

第四章　旅游企业创业机会管理 ………………………………………………… (75)
　第一节　创业机会的识别 ……………………………………………………… (76)
　　一、创业机会概述 …………………………………………………………… (76)
　　二、创业机会识别过程 ……………………………………………………… (81)
　　三、影响机会识别的因素 …………………………………………………… (84)
　第二节　创业机会的评估 ……………………………………………………… (86)
　　一、创业机会评估的内容 …………………………………………………… (86)
　　二、创业机会评估的方法 …………………………………………………… (90)
　　三、创业机会评估应注意的问题 …………………………………………… (95)
　第三节　创业机会的捕捉 ……………………………………………………… (96)
　　一、创业机会的时机把握 …………………………………………………… (97)
　　二、创业机会捕捉程序 ……………………………………………………… (98)
　　三、捕捉创业机会的技巧 …………………………………………………… (102)
　　四、捕捉机会的能力培养 …………………………………………………… (103)

第五章　旅游企业创业计划管理 ………………………………………………… (112)
　第一节　创业计划的内容 ……………………………………………………… (113)
　　一、创业计划概述 …………………………………………………………… (113)
　　二、创业计划模块 …………………………………………………………… (115)
　第二节　创业计划的指标 ……………………………………………………… (120)
　　一、创业计划综合指标 ……………………………………………………… (121)
　　二、创业计划关键指标 ……………………………………………………… (124)
　第三节　创业计划的编制 ……………………………………………………… (127)

一、创业计划编制程序……………………………………………………(127)
　　二、创业计划编制要点……………………………………………………(128)
　　三、创业计划编制详解……………………………………………………(130)

第六章　旅游企业创业融资管理……………………………………………(147)
第一节　旅游企业创业融资概述……………………………………………(147)
　　一、旅游企业创业融资的概念……………………………………………(148)
　　二、旅游企业创业融资类型………………………………………………(148)
　　三、旅游企业创业融资的意义……………………………………………(151)
　　四、我国旅游企业投融资政策……………………………………………(152)
第二节　旅游企业创业融资的渠道…………………………………………(154)
　　一、旅游企业创业融资的主要渠道………………………………………(154)
　　二、旅游企业创业融资渠道选择…………………………………………(162)
第三节　旅游企业创业融资的策略…………………………………………(166)
　　一、旅游企业不同阶段的融资策略………………………………………(166)
　　二、旅游企业创新项目融资策略…………………………………………(170)
第四节　旅游企业创业融资的风险…………………………………………(172)
　　一、旅游企业创业融资风险的来源………………………………………(172)
　　二、不同融资方式的风险分析……………………………………………(173)
　　三、融资风险的规避………………………………………………………(174)

第七章　旅游企业的创业组织管理…………………………………………(184)
第一节　旅游创业企业的组织形式…………………………………………(184)
　　一、旅游企业组织管理概述………………………………………………(185)
　　二、旅游企业创业的组织形式……………………………………………(187)
第二节　旅游创业企业的组织结构…………………………………………(189)
　　一、组织结构的含义………………………………………………………(189)
　　二、组织结构的设计原则…………………………………………………(190)
　　三、组织结构的类型………………………………………………………(192)
　　四、组织结构的再造………………………………………………………(201)
第三节　旅游创业企业的组织运行…………………………………………(206)
　　一、专业化、分权和授权…………………………………………………(206)
　　二、管理幅度和管理层次…………………………………………………(207)
　　三、管理制度的执行………………………………………………………(208)

第八章　旅游企业的创业激励管理…………………………………………(215)
第一节　产权激励管理………………………………………………………(215)
　　一、产权激励理论…………………………………………………………(216)
　　二、对创业管理层的产权激励——股票期权（Stock Option）…………(218)

三、对一般员工的产权激励——员工持股计划（ESOP） (223)
　第二节　薪酬激励管理 (226)
　　一、薪酬激励的含义 (227)
　　二、薪酬激励的依据 (228)
　　三、旅游企业的薪酬定位方法 (230)
　　四、我国上市旅游公司经营者的薪酬激励 (231)
　　五、旅游企业薪酬激励的具体措施 (234)
　第三节　专利权激励管理 (237)
　　一、专利权激励概述 (238)
　　二、专利权激励管理的程序 (242)
　　三、专利权激励管理方法 (244)

第九章　旅游企业的创业模式管理 (255)
　第一节　餐饮企业的创业模式 (256)
　　一、餐饮业概述 (256)
　　二、餐饮企业的创业模式 (258)
　第二节　酒店企业的创业模式 (266)
　　一、酒店业概述 (266)
　　二、酒店企业的创业模式 (269)
　第三节　景区企业的创业模式 (281)
　　一、景区业概述 (281)
　　二、景区企业的创业模式 (284)
　第四节　旅行社企业的创业模式 (287)
　　一、旅行社概述 (287)
　　二、旅行社企业的创业模式 (290)

第十章　旅游企业创新与成长 (299)
　第一节　旅游景区的文化创新与成长 (299)
　　一、旅游景区文化 (299)
　　二、旅游景区文化创新的途径 (300)
　第二节　旅行社的创新与成长 (304)
　　一、中国旅行社的成长模式 (304)
　　二、构建旅行社的创新体系 (305)
　第三节　旅游企业与全球化浪潮 (307)
　　一、全球化浪潮 (307)
　　二、全球化浪潮下的旅游业 (308)
　　三、我国旅游业全球化的表现 (309)

参考文献 (327)

第一章　旅游企业导论

【学习目标】

通过本章的学习，使学生掌握旅游企业的概念，了解旅游企业与普通企业的异同，能理解不同类型旅游企业的区别，掌握旅游企业的特点及旅游企业提供的产品的特点。本章的难点在于了解国有旅游企业和民营旅游企业的发展空间。

【内容结构】

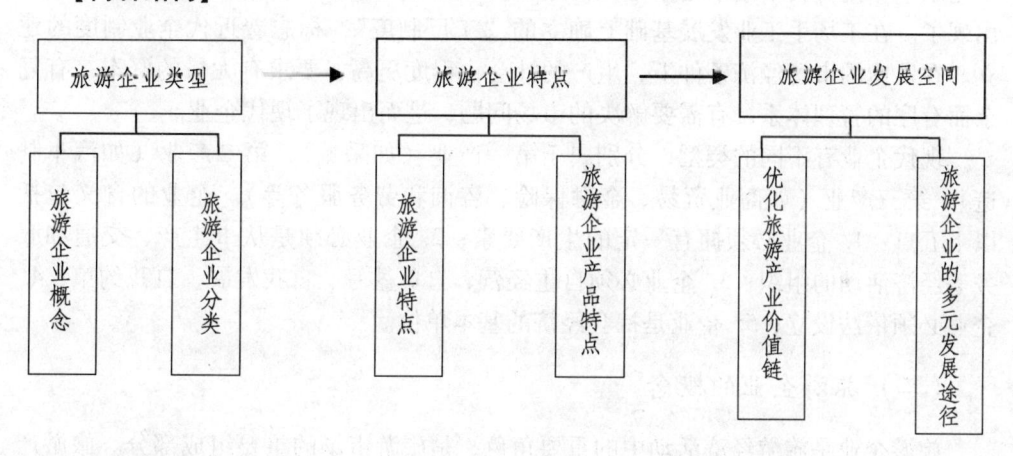

```
旅游企业类型 → 旅游企业特点 → 旅游企业发展空间
     │              │                │
 ┌───┴───┐      ┌───┴───┐        ┌───┴───┐
旅游企业  旅游企业   旅游企业  旅游企业产品  优化旅游   旅游企业的
 概念    分类     特点      特点      产业价值链  多元发展途径
```

【重要概念】

旅游企业　旅游企业特点　旅游企业发展空间

第一节　旅游企业的类型

旅游活动是随着社会生产力水平的提高而产生和发展的。当人们对旅游活动的需求发展到一定阶段的时候，专门为旅游者提供服务的机构便出现了。在市场经济条件下，这种服务的提供方主要是以企业的组织形式存在的，因为其服务对象都是旅游者，因此统称为旅游企业。旅游企业是旅游活动主体与旅游活动客体之间的媒介，需要从旅游和企业两方面来明确其定义。

一、旅游企业的概念

（一）企业的概念

企业作为一种经济组织形式，是社会生产力和商品经济发展到一定阶段的产物，是市场经济条件下的一种经济组织形态。企业通常是指从事商品生产、流通、服务等经济活动，通过商品或劳务交换去满足社会需要，从而获得盈利，实行自主经营、自负盈亏、自我发展、自我约束的独立的商品生产者和经营者，是社会经济的基本单位。

企业是依法设立、以营利为目的、从事生产经营活动并独立核算的经济组织。在资本主义阶段以前的生产经营单位是称不上"企业"的。当技术和生产力发展到一定水平，同时资本越来越集中，产生了简单协作的要求时，企业的最初形态也就出现了。在工场手工业发展基础上确立的"工厂制度"，标志着近代企业制度的建立。在发达的市场经济条件下，生产的社会化程度更高，要求有大量的资本，有复杂而有序的管理体系，有需要解决的市场问题，进而出现了现代企业。

现代企业有不同的类型，分别属于第一产业（如采掘），第二产业（如汽车制造），第三产业（如商业贸易、金融保险、咨询和劳务服务等）。企业的含义包括以下五点：1. 企业必须拥有一定的生产要素；2. 企业必须是从事生产、交通和服务等经济活动的组织；3. 企业必须自主经营、自负盈亏、自我发展、自我约束；4. 企业必须依法设立；5. 企业是社会经济的基本单位。

（二）旅游企业的概念

旅游企业是旅游经济活动中的重要角色，是旅游市场的重要组成部分。旅游产业属于第三产业，是以提供服务而获得生存或是借助产品的销售或出售服务获得利益的产业领域。服务及服务质量不仅是其生存的方式，也是其发展的根本手段。

旅游企业属于工商类企业，是能够以旅游资源为依托，以有形的空间设备、资源和无形的服务效用为手段，为旅游者提供观赏和愉悦性的产品和体验，在旅游消费服务领域中进行独立经营核算的经济单位。旅游企业的职能就是提供能够满足旅游者审美和愉悦需要的物质产品或服务并实现自身盈利、持续发展。旅游企业通过自身的生产经营活动满足各种旅游需求，并且由此刺激旅游需求的深层扩展和多样化发展，推动旅游市场的拓展和繁荣。在这种专业化的服务过程中，旅游企业取得相应的经济效益和社会效益，成为现代旅游活动的主体。广义的旅游企业是指经营满足旅游者吃、住、行、游、娱、购等需求的一切企业。而狭义的旅游企业特指宾馆饭店、旅行社、旅游汽车公司、娱乐设施经营单位等。

二、旅游企业的分类

旅游企业涉及为旅游者提供吃、住、行、游、购、娱全方位的产品和服务，根据不同的划分标准可将其划分为多种企业类型。

（一）根据旅游产品经营产业链划分

根据旅游产品经营产业链划分，旅游企业可分为直接旅游企业、间接旅游企业和旅游配套企业三大类。

1. 直接旅游企业

直接旅游企业是直接和专门经营旅游业务的企业，包括旅游景区企业、旅行社、旅游饭店企业、旅游汽车公司等，它们是旅游企业的主体。

旅游景区是旅游企业赖以生存的基本条件，是指以旅游及其相关活动为主要功能或主要功能之一的空间或地域。旅游景区企业则指那些开发、规划、筹建旅游景区的企业，如旅游景点开发公司。

旅行社是旅游业的龙头企业。《旅行社管理条例》规定，旅行社是指从事招徕、组织、接待旅游者等活动，为旅游者提供相关旅游服务，开展国内旅游业务、入境旅游业务或者出境旅游业务的企业法人。旅行社的客源组织能力对各种类型旅游企业的经营效果起着十分重要的作用。

旅游饭店企业，是指功能要素和企业要素达到规定标准的、能够接待旅居宾客及其他宾客并为他们提供住宿、饮食、购物、娱乐及其他服务的综合服务性企业。它们能够满足旅游者在旅行和逗留过程中必需的基本需要。饭店企业以出租客房、大厅、会议室和综合服务设施等的使用价值为主，同时生产饮食产品，是一种综合性较强的企业。

旅游汽车公司，是以为旅游者提供交通服务为主的企业。

2. 间接旅游企业

间接旅游企业是指那些除了为旅游者提供服务外，也为国民经济其他部门和人员服务的企业。如商店、电影院、KTV、酒吧、公共交通运输等企业，它们在旅游经济活动中也发挥着重要的作用。

3. 旅游配套企业

旅游配套企业是指为旅游企业提供配套产品和服务的企业，包括旅游规划公司、装修企业、食品饮料和旅游商品生产企业、建筑企业，以及为旅游企业提供配套设施和服务的其他企业等。

（二）根据旅游企业生产要素结构划分

根据旅游企业的生产要素结构划分，可以把旅游企业划分为劳动密集型旅游企业和资金密集型旅游企业。

1. 劳动密集型旅游企业

劳动密集型旅游企业，是指技术设备程度较低、投资少、用人多，旅游产品的成本中活劳动消耗比重大的旅游企业。它包括大部分旅行社、旅游商店、旅游规划公司以及旅游配套企业中的部分旅游产品生产企业、副食品和食品原材料生产企业等，这类旅游企业的技术设备和固定资产投资相对较低，单位劳动力使用技术装备的固定资金量少。

2. 资金密集型旅游企业

资金密集型旅游企业指生产单位旅游产品所需投资较多，技术设备程度较高的旅游企业。在我国旅游企业中，饭店宾馆、大型游乐场、拥有飞机和旅游大巴的旅行社、公寓、涉外餐馆等都属于资本密集型企业。这类旅游企业具有物资消耗少，单位产品成本低，竞争能力大等优点，但需要大量的资金、复杂的技术装备、掌握现代技术的各类人才、相应的配套服务设施，否则难以取得应有的经济效益。

判断旅游企业是劳动密集型还是资金密集型可以根据以下几点：一是旅游企业投入的技术设备等固定资产与劳动力配合比例的大小，即单位劳动力使用技术装备等固定资金的多少；二是旅游产品生产经营成本的高低，即在旅游产品生产过程中，活劳动消耗所占比重的大小；三是资本有机构成的高低。

（三）根据旅游企业规模划分

根据旅游企业的规模可以将旅游企业划分为大型旅游企业、中型旅游企业和小型旅游企业。划分大、中、小型旅游企业的标准主要有经营业务的范围和项目的数量、营业额、职工人数、固定资产价值等。如饭店企业的规模一般按照饭店拥有的客房数量来划分，拥有客房数不超过300间的为小型饭店，客房数在300—600间的为中型饭店，超过600间的为大型饭店。

（四）主要旅游企业类型

旅游是旅游者脱离了自己的日常生活世界而进入了旅游世界的一种体验，这其中需要各种经济实体为旅游者提供产品和服务，包括旅游者在日常生活中也需要的服务。但就旅游世界本身的性质和特殊性而言，旅游企业主要有旅游交通、住宿、中间商、观赏娱乐和辅助旅游企业等类型。

1. 旅游交通企业

旅游活动就是要借助于一定的交通工具，离开自己的惯常环境，否则就不能称之为旅游，而专门为旅游者提供旅游交通服务的企业就是旅游交通企业。当今世界主要的交通工具有飞机、火车、轮船、汽车等，相应的旅游交通企业包括航空公司、铁路运输公司、航运公司、汽车运输公司或汽车租赁公司等。

2. 住宿企业

住宿企业是旅游业中出现最早的服务经营单位,从旅游活动的吃、住、行、游、购、娱六大需求要素来看,住是必需的。住宿企业和产品多种多样,从没有任何服务的野外宿营到豪华酒店和巡游巨轮,产品之间的差异突出,企业类型各不相同,从国家所有制的国家公园(它可能不谋求任何经济利益,向社会免费提供产品)到个体户或者家庭旅馆,乃至追求利润最大化的跨国公司。

3. 旅游中间商

旅游中间商是组织分配旅行和旅游产品的企业。这些旅游中间商主要是旅行代理商和旅游经营商。

(1) 旅游代理商

旅游代理商作为销售代理,为委托人代理销售交通、住宿等服务,把市场的双方连在一起,依靠委托人支付的佣金获得收入,佣金一般包括在服务价格中。

(2) 旅游经营商

旅游经营商或者旅游批发商,是某一具体旅游产品的真正生产者。包价旅游可以由单个或多个旅游服务组合而成,并直接售卖给游客。很显然,旅游经营商是委托人,而购买他们服务产品的便是游客。旅游经营商的一个共同特征是它们都提供很典型的旅游产品。旅游经营商有很多不同的类别:

- 旅游客源地提供航空包价旅游的企业——不管是包租还是定期;
- 扩展型巴士观光或其他陆路或海上包价旅游供应商;
- 专门提供团队食宿、交通工具租赁服务的批发商;
- 旅游目的地的远足旅行经营商,它们通常是海外旅游企业的本地业务代理。

(3) 中国的旅游中间商

中国的旅游中间商被统称为旅行社。《旅行社管理条例》第三条规定:"本条例所称旅行社,是指经过旅游行政管理部门审批设立的,有营利目的的,从事旅游业务的企业;本条例所称的旅游业务,是指为旅游者代办出境、入境和签证手续,招徕、接待旅游者,为旅游者承办食宿等有偿服务的经营活动。"中国的旅游业发展比较晚,没有形成比较完整的垂直的分工体系,根据《旅行社管理条例》,按照经营的业务范围划分为国际旅行社和国内旅行社,是典型的水平分工。

4. 旅游观赏娱乐企业和辅助服务企业

(1) 旅游观赏娱乐企业

在旅游业中,人们通常把旅游交通、住宿业、旅行社视为旅游业的三大支柱。事实上,专门为游客生产和提供观光、娱乐产品的企业,才是旅游业的核心。因为从狭义的角度理解旅游,人们是因为有度假、观光、休闲等需求才外出旅游的,如果一个地区没有相应的吸引物或者没有相应的组织去经营这些吸引物,游客是不会去的。这类旅游企业主要是在旅游景区和景点提供游客所追求的核心产品,销售门票是最集中的表现形式,门票收入是企业收入中的重要组成部分。旅游吸引物有如下集中分类：
- 自然景物；
- 历史遗址与建筑；
- 社会风情；
- 事件；
- 以营利为目的的人造景物。

(2) 辅助服务企业

旅游业的关联性很强，相应的出现了为旅游产品供应商服务和为游客服务的企业。这些辅助性的服务，不论是在客源地还是在目的地都需要，这与旅游需求有关。

表1—1 辅助旅游服务企业

服务地	服务于游客	服务于供应商
客源地服务	旅游保险	商业新闻
	旅游贷款	指南和时刻表
	签证和护照	CRS 酒店销售代表
	NTO 信息	分销小册子
	导游服务	NTO/RTO 支持
目的地服务	储蓄服务	旅游培训
	医疗服务	营销支持
	地方信息	专业融资

第二节 旅游企业的特点

一、旅游企业的特点

旅游企业作为企业的具体类型，具有一般企业的共性。同时，旅游企业的一切生产经营活动都是围绕旅游产品进行的，即通过及时有效地向旅游者提供所需要的产品来实现旅游企业的发展目标。旅游产品不同于一般的物质产品，是以多种服务表现出来的无形产品，具有其独特的特点，因此旅游企业又具有一些专有特性。

（一）一般企业的共性

1. 企业是从事生产、流通、服务等经济活动的协作组织

企业是由投资人通过一定方式把一定数量和质量的劳动力以及生产资料集合在一起，为特定的生产目的而组成的生产经营体系并进行协作劳动，有效率地向社会提供商品或劳务的组织实体。它有既定的活动内容和组织目标，只有从事生产、流通、服务等经济活动的组织实体才叫企业，这是企业区别于其他社会组织，如行政、事业等单位的重要特征。

2. 企业是以盈利为目标的商品生产商

追求盈利是企业经营的最终目的，是企业的天性。企业的生产不是为自己而进行的，而是为了以其产品或劳务与消费者通过等价交换去满足社会需求而获得盈利。企业是个自负盈亏的经济实体，对自己的盈亏负有完全责任，一旦入不敷出，到一定程度就要破产。因此，企业想要生存发展，只有努力谋取利润的增加。企业的商品性和营利性是它区别于其他非经济型组织的重要标志。

但盈利并不是企业的经营常态，企业只有以为消费者服务为宗旨，保持内部条件、外部环境和经营目标的动态平衡，才能获得更好的发展。

3. 企业必须致力于承担相应的社会责任

企业不仅是一个经济组织，而且也是一个社会性的组织。现代企业观认为，企业同股东、债权者、员工、消费者、社会居民、政府机关及同行业竞争者之间有着非常复杂且密切的相互关系，企业在某种程度必须满足各种与之相关的社会团体对其提出的各种要求，才能得到生存和发展。企业不仅要追求经济利益，还要关注社会利益；企业不仅要为股东负责，还要为社会公众负责。

企业的社会责任包括为社会提供就业机会、保护环境、参加社会公益活动等。企业只有积极承担起相应的社会责任，才能最终实现企业与社会的协调发展。

4. 企业是法律上和经济上独立自主的实体

企业作为一种社会经济组织，具有一定权利和义务。企业法人资格是指依据法律和按法定程序成立，拥有自己的经营财产，有明确的组织机构、名称和场所，并能够独立承担民事和经济责任。但企业法人只是一种常见形态，不是所有企业都是法人企业。

同时，企业是独立自主的经济实体，是各方投资者为谋求一定利益结合而形成的利益共同体，拥有独立的经营自主权，实行自主决策、自主经营、独立核算、自负盈亏。但必须按规定缴纳各种税费并遵守各项法律政策，政府无权干预企业的生产和经营活动。

(二) 旅游企业的特性

1. 依赖性与超前性

和其他传统的企业不同，旅游企业一般不创造有形的实物产品，主要是利用旅游资源和设施设备的功能、空间和其他产业所提供的产品为旅游者提供无形服务。它在生产过程中显著依赖其他产业的产品作为中间投入的生产要素，因此一个地区的基础设施建设、市政工程配套、设备物资配置、环境资源、旅游者所需的各种生活用品的生产和供应，以及水电能源消耗等，对该地区旅游企业的发展具有非常重要的影响。

旅游企业的发展不仅依赖于其他产业的产品作为生产要素，同时也依赖于旅游客源地的经济发展情况。根据马斯洛需求层次理论，只有满足了人们低层次的需求，才会产生高层次的需求，而旅游需求属于人们的高层次需求。也就是说，旅游客源地的经济发展到了一定的程度，人们的生理需求和安全需求都得到满足了，才会有更高层次的旅游需求产生。

同时，旅游业的发展能够带动其他各产业的发展，在促进国际经济、文化和科技的交流、吸收外汇、拉动内需、积累资金等方具有突出的作用，因此旅游企业可以适当地超前发展。其超前的程度取决于国民经济的承受能力、外汇偿还能力以及客源增长速度，不能盲目建设。

2. 敏感性与波动性

旅游活动是异地进行的非常规的生活方式，旅游产品是一种非必需品，而旅游消费是一种奢侈消费行为，这些因素使得旅游活动会受到国内外政治、经济、文化、外交以及汇率变动、恐怖事件、自然灾害、疾病流行等多种因素的影响，同时还会因旅游者的闲暇时间、可自由支配的收入以及旅游者的心情变化而变化。一旦其中某种因素发生不稳定的变化时，旅游者就会放弃这种非必需非常规的生活方式，回归到安全常态的常规生活方式中。因此，旅游企业的经营活动往往具有较强的敏感性。如 2003 年的"非典"使中国旅游业一下子跌入谷底，至 2003 年 4 月底，全国有组织的入境旅游、国内旅游以及出境旅游都基本停止。

旅游活动还会有一些较为常规的波动，主要是指由闲暇时间的分布和旅游地季节变化而引起的旅游消费的波动。如因国家法定假日而引起的旅游热，2012 年中秋、国庆节长假期间，故宫博物院单日接待量高峰值达到 18.2 万[①]，是其最大容量的 3 倍；或因季节变化而造成景观变化所带来的波动，如在北京的香山、百里杜鹃风景区等。除此之外，人们的出游计划也会受到客源地的气候条件、假期分布和人们外出旅游习惯的影响。旅游产业的季节性是造成旅游企业经营波动性的主要原因，对旅游企业的经营有重要的影响，主要表现为旅游旺季时供不应求，淡季时供

[①] 李德明，马跃. 在旅游信息化背景下的旅游价值链模式研究 [J] 价值工程，2006 (11)：54–56.

过于求。

3. 关联性与竞争性

旅游企业是以客人的旅行游览活动为主线提供服务的，旅游者来到旅游目的地旨在全方位地体验或品味旅游目的地与众不同的生活与景观，因此他们在不同的环节有不同的需求，这就需要不同的旅游企业提供不同的服务。如旅行社负责组织、旅游交通公司提供客运服务、饭店宾馆提供食宿服务等。如此，各种类型的旅游企业互相依存、互为条件、相互协作，形成一条完整的产业链，向旅游者提供一套完整的旅游产品。

除此之外，整个旅游业除了旅游企业以外，还有一些非营利组织，如政府组织、行业组织、博物馆和保护区等。旅游企业与这些非营利组织之间是相互关联和相互依赖的。要想为旅游者提供一次高质量的服务体验，需要这些部门和组织之间相互配合、相互支持。

另外，由于一定时期旅游客源市场的有限性和旅游产品的不可储存性，旅游企业之间也会形成激烈的竞争关系，尤其是同一地区的同类型的旅游企业。旅游企业的关联性和竞争性一方面要求国家和地区的旅游产业构成结构合理，另一方面，要求旅游企业关注市场需求及其变化，开拓新型互补市场，加强各旅游企业之间的联系，正确处理好关联和竞争的关系，促进企业的健康和谐发展。

4. 先进技术和基础性的劳动活动并存

旅游企业是为游客提供高质量的享受服务的企业，因此大多数旅游企业都具备先进的设施设备。但仅凭这些机械化的设施设备是不够的，必须与手工操作和劳务操作结合起来。如导游艺术、烹调技能、驾驶技术、室内环境艺术等都要靠劳务活动来完成。

在设施、设备完善的条件下，旅游企业员工的素质、服务态度、工艺技术水平、以手工操作为主的劳务质量等，将直接影响到旅游产品质量的好坏，它们在旅游企业的竞争中占有重要地位。

5. 对各种文化资源的利用性

从文化的角度分析旅游者的旅游动机主要有两个：一是寻求文化差异；二是寻求文化认同。无论是哪一种动机，都要求从事旅游产品和服务经营的旅游企业要挖掘文化因素，使旅游者得到相应的文化享受。

二、旅游企业的产品特点

（一）生产和消费的同一性

旅游产品的生产过程是以旅游者到达旅游目的地或旅游企业消费服务为前提的，所有向旅游者供应的产品都可以认为是通过服务来实现的，旅游者在享受服务的同时，旅游从业人员在提供服务。大多数的服务都是在同一地点、同一时间进行生产和消费的，只有当客人进入酒店、宾馆、景区、机场后，才能体验到他们购买的服务。一旦旅游者不再消费，对旅游者而言，旅游服务便不再存在，对企业而言则产品的生产过程也将停止。

（二）无形性

旅游产品属于服务性产品，不像传统企业的产品，它是没有一定状态，有不可触摸的特征。旅游者只有在享受了旅游企业提供的服务后，才能了解服务的好坏。尽管旅游产品构成中的旅游资源、旅游设备是有形的，但它们只是作为生产旅游服务的条件而存在，是用来辅助创造整体旅游体验的，游客只是购买了它们暂时性的使用权，而不是所有权。而旅游产品的质量是通过旅游者的印象、感觉来评价和衡量的。旅游活动结束后，旅游者带走的只是一种体验，一个回忆，而不是某种有形的产品。

（三）服务的综合性

旅游者出门旅游是为了体验另一种不同的生活方式，既然要生活，就需要旅游企业在吃、住、行、游、购、娱等各个方面向旅游者提供服务。旅游者对产品的印象既取决于景点吸引力、饭店、交通等硬件服务设施的水平，也要受到各种软件服务质量高低的影响，只有构成旅游产品的各个服务因素综合成一体的时候，才能创造旅游者所需要的使用价值。

（四）不可存储性

旅游产品是通过服务来满足旅游者需求的，是无形的，不存在独立的"生产"过程，因此是不可存储的。对于旅游景点、旅游线路、酒店宾馆、交通工具等来说，如果当天没有旅游者购买，便会损失当天的价值，过时失效。只有当旅游者购买并到现场消费时，旅游产品的价值才能得以实现。所以，旅游产品是具有不可存储性的。

（五）季节性

旅游产品的季节性，主要是指旅游需求在一定时期的不同时段所呈现的波动状态，即业内所说的旅游淡季和旅游旺季。造成季节性的原因一方面是客源地的风俗习惯和休假制度，以及旅游者的个人偏好不同；另一方面是因为旅游景区本身的季节性，如有的景区景观会因自然季节的变换而变化。

（六）不可转移性

旅游最突出的特征就是异地性，而造成这一特征的原因就是旅游产品的不可转移性。旅游产品的不可转移性，是指旅游产品无法运输，只有依赖于旅游者到达旅游产品生产现场消费，并且，旅游者购买的是产品的暂时使用权，只是一种体验，不能把旅游产品带走，即不拥有产品的所有权。任何产品的交易都要经过使用价值的转移过程，但旅游产品的交易的最终完成必须在生产地实现，即在旅游地实现。

第三节　旅游企业的发展空间

我国经过 30 多年的发展已成为世界旅游大国，当前旅游业面临的战略任务就是如何提高旅游企业的竞争力，实现由旅游大国向旅游强国的转变。事实上，变革和优化价值链是目前世界上提升产业和企业竞争力的有效模式。[①]

一、优化旅游产业价值链

旅游产业价值链价值传递的过程是旅游产品服务不断增值的过程，也是信息流不断传递的过程。[②] 在这条价值链中，处于链条上不同价值节点的旅游企业通过其职能分工和专业优势为旅游企业和旅游产品注入价值，使旅游信息流得以传递，最终完成旅游消费者的旅游体验过程（如图 1—1）。

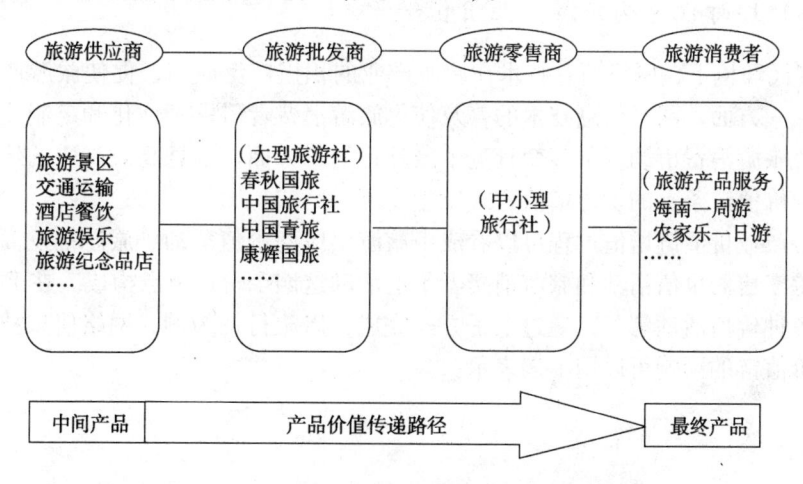

图 1—1　传统背景下的旅游产品价值传递过程

[①] 何正萍. 基于 E 时代新型旅游产业价值链的我国旅行社发展策略研究［D］. 成都：西南财经大学，2011.

[②] 李德明，马跃. 在旅游信息化背景下的旅游价值链模式研究［J］. 价值工程，2006（11）：54－56.

(一) 传统背景下的旅游产业价值链

传统旅游产业价值链是在网络信息技术未融入旅游产业之前或者在网络信息技术比较落后的特定经济技术条件下形成的。因而，随着网络信息技术渗入旅游产业，传统旅游产业价值链日益显现出其缺陷。

1. 价值传递的单向性降低灵活性

传统旅游产业价值链只注重价值链成员之间的固定联系，成员之间按固有协议进行协作与配合，从而导致其灵活性不够。由于旅游产业价值链条上的上下游企业间不能进行双向或多向沟通，更不能跳过某个价值节点联系，整个价值链运行的是"一对一"的模式，一旦链条上某一价值节点出现缺口，就会导致运转效率降低，甚至致使整个产业价值链无法运作。

2. 信息的不对称性削弱经济性

在传统旅游产业价值链中，从旅游产品服务供应到旅游消费的跨度比较大，容易造成旅游信息流的传递阻断，使得旅游市场供应和旅游消费的信息不对称。信息的不对称使得产业链条上价值节点企业间的协作性较差，从而导致产业价值链运作成本高和效率低下。同时，由于旅游消费者不知道旅游企业产品服务提供状况，旅游企业也不了解旅游消费者的需求，因而传统旅游产业价值链在及时有效满足旅游消费者需求、实现旅游产业价值链增值方面存在诸多不足。[①]

(二) E 时代重构旅游产业价值链

E 时代环境下，网络信息技术在旅游产业的积极广泛应用，促使旅游产业价值链重构。一方面，网络信息技术的普及使得旅游消费者需求个性化和定制化成为可能，致使旅游消费市场复杂多变且竞争激烈；另一方面，信息高效高质的传递促使旅游产业价值链条上的价值增值方式发生变革。

旅游产业价值链增值过程可以看成由旅游供应商价值活动、旅游批发商价值活动、旅游零售商价值活动和旅游消费者价值活动这四个价值节点构成。在 E 时代环境下，各种价值活动都可以通过电子方式完成，以旅行社为例，网络信息技术对旅游产业价值链的影响可以用下表表示：

---

① 劳本信，杨路明等. 电子商务环境下的旅游价值链重构 [J]. 商业时代与理论，2010 (23): 78 - 79.

第一章　旅游企业导论

表1—2　E时代对传统旅游产业价值链的影响

产业间活动	企业内活动	E时代网络信息技术的影响
供应商活动	旅游产品的生产	可直接面对旅游消费者，向其提供产品和服务
批发商活动（大型旅行社）	咨询服务	更广泛有效高质利用信息技术提供其产品咨询服务
	旅游产品的开发和设计组合	快速与其他企业沟通，共享信息，合作更加方便；及时洞察旅游者需求，对市场反应迅速
	旅游产品的促销	提高增值部分，降低成本，开拓市场，更贴近客户
	销售——采购	采购快速、便宜，选择面广，降低成本
	接待和售后服务	及时和协调部门联系，快速落实服务，提高接待质量；信息反馈加速，拓展了客户的沟通渠道，稳定客户
零售商活动（中小旅行社）	旅游产品和服务的分销	在线网络旅游代理中间商异军突起
旅游者活动		旅游者需求个性化和定制化；搜集信息模式发生改变

在传统旅游产业价值链中，信息流传递活动仅仅是一系列价值增值活动的一种辅助性服务，其服务活动本身并不是增值的主要来源。E时代背景下，网络信息技术在旅游产业价值链中的应用使得旅游企业能够及时、高效高质地获得大量所需旅游信息。信息收集的快捷性和数据分析的全面性提高了旅游企业分析和掌控旅游市场变量的应变能力。在以网络信息技术应用为基础的旅游产业价值链中，旅游企业可以通过互联网等网络信息技术调研旅游市场、发布旅游信息、开展公关促销和实现旅游市场交易。由此，互联网等网络信息技术提供的信息流成为旅游企业价值增值的重要来源。

如今，互联网等网络信息技术已被广泛地运用到旅游产业中，业务虚拟化和交易电子化将是以后旅游产业发展的一个主要方向，旅游产业E化已成大势所趋。

E时代背景下，新型旅游产业价值链更加灵活和更富柔性，整条产业价值链不再局限于从旅游供应商、旅游批发商、旅游零售商到旅游消费者这种"一对一"的价值传递和增值模式，而表现为更多创新模式。如旅游供应商现在既可以与其他旅游批发商协议合作，又可以跳过批发商与旅游零售商联合促销，或者直接向旅游消费者销售其产品服务，见图1—2。其中，最具创新的模式当属第五种，通过在线旅游中间商将旅游供应商和旅游消费者联系起来，在E时代出现"去中介化"现象的同时，也展现出"中介化再造"的新局面。众多的价值链类型使得价值链成员能够在更广阔的范围和更广泛的时间内实现旅游资源的优化整合，进而提高了产业价值链的运营效率。

在新型旅游产业价值链中，以互联网和移动通信为主流的先进网络信息技术和不断更新的管理理念将带来旅游企业运营的虚拟化和差异化，客观上促使处于旅游产业龙头和主导地位的旅行社变革发展策略，增强核心的价值增值职能，努力保有和新增旅游市场空间。

```
旅游供应商 ─────────────────────────────────── 旅游消费者

旅游供应商 ──────────── 旅游批发商 ──────────── 旅游消费者

旅游供应商 ──────────── 旅游零售商 ──────────── 旅游消费者

旅游供应商 ──── 旅游批发商 ──── 旅游零售商 ──── 旅游消费者

旅游供应商 ──────────── 在线旅游中间商 ──────── 旅游消费者

──── 旅游E化平台：互联网，移动通信和互动数字电视等网络信息技术
```

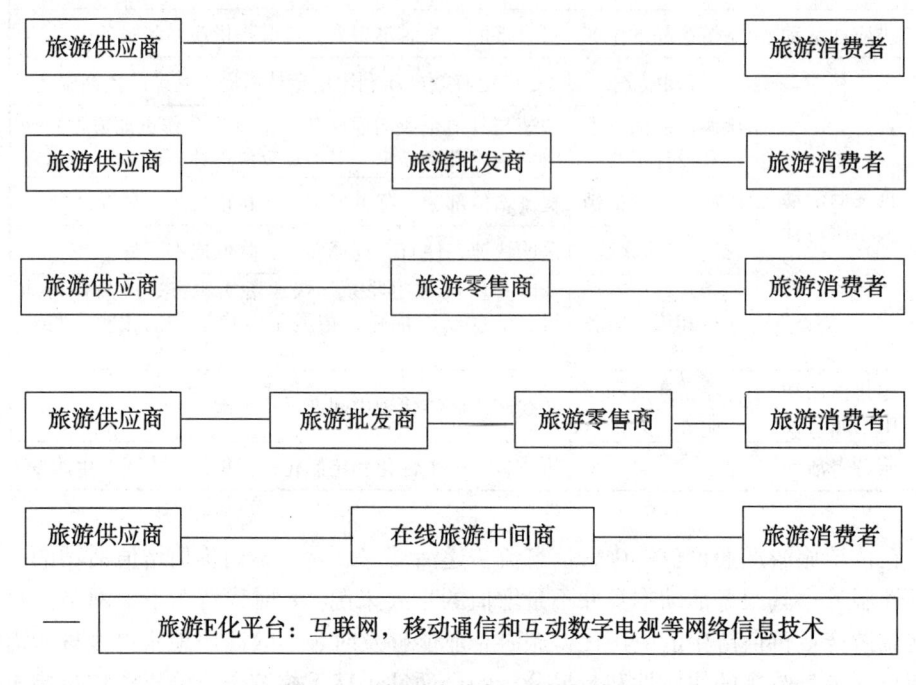

图1—2　新型旅游产业价值链类型

（三）春秋国旅的整合发展案例

1. 横向整合过程

春秋国旅在全国范围内组建全资分社使自身做大做强。通过在旅游产业价值链上组建同类旅行社形成企业集团，可以降低同类企业间的恶性竞争，避免资源浪费，实现范围经济和规模经济。1992年之前通过合资形式成立的几家分社均告失败后，为了使分社成为可控的资源，春秋之后在全国范围内建立的分社皆为全资子公司。到目前为止，春秋在北京、广州和三亚等34个国内大中城市均设有全资公司，每个全资公司大都有2—10个连锁店，在上海有50个连锁店，100余个全资门店树立了"全国第一"的形象。境外有美国、英国和中国香港等7个境外全资分公司。如今，以上海为中心的华东市场是春秋国旅的强势市场。

2. 纵向整合过程

国外大型旅行社的发展对策是控"两源"和三个"一体化",即在旅游产业价值链中,上游抓住旅游供应商资源,下游掌控旅游消费者资源,实施横向一体化、纵向一体化和国际一体化。其中,纵向一体化又有旅行社企业对下游旅游零售代理商的兼并或扩展的"前向一体化"和旅行社企业通过控制上游资源(如酒店和航空公司)的"后向一体化"之分(图1—3)。

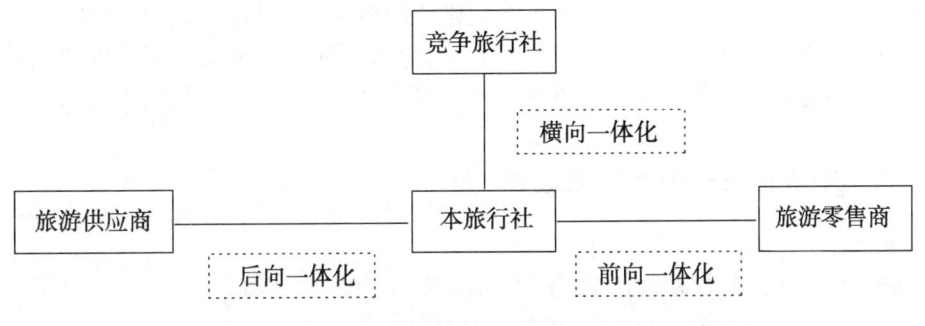

图1—3 旅行社企业纵向一体化和横向一体化示意图

(1)前向一体化

春秋国旅通过在全国范围内发展旅游零售代理商成功实施了前向一体化,拓展了旅游零售商价值链网络。如前所述,春秋国旅在组建分社的同时也在全国范围构建自己的旅游代理商网络。以前,春秋国旅从事旅游线路设计,将旅游酒店、旅游交通等各种资源统筹整合到满足旅游者需求的旅游产品和服务中,最后还经营产品服务的销售活动。这一系列业务活动大大分散了价值分布,弱化了企业的核心职能。现在,春秋国旅则增强按需研发职能,主营旅游产品设计业务,将销售分销业务转移到旅游零售代理商手中,走上了国外大型旅行社的旅游产品批发商的经营道路。此外,春秋国旅还广泛运用佣金机制吸纳中小旅行社加盟,从而建立起了旅游零售代理商网络。由于旅游消费者资源主要依赖零售代理商提供,因此只有零售代理商经营绩效好了,春秋国旅才会做大做强。

在全国范围内,春秋国旅选择"分社+加盟代理商"的经营模式有效地实现了规模经济和范围经济。

(2)后向一体化

春秋旅行社于2004年获民航总局批准,自建春秋航空有限公司。这一举动一度成为当时议论的话题,尤其对于国内旅游界更是一个创举。在旅游产业价值链上,航空公司属于旅游产品供应商,通常航空公司作为母公司筹建或者收购旅游中间商旅行社司空见惯,但处于产业链下游的旅行社向后收购航空公司实属罕见。但事实证明,春秋旅行社赢得了认可并且其经营航空公司的对策实施成功。

旅行社在组团出游时经常受制于航空公司的各种限制。其出游时间和路线的选择都要服从于航空公司，迫使旅行社在针对旅游者需求研发设计旅游产品时不得不考虑这些因素，很大程度上削弱了其按需研发的职能。但春秋国旅通过后向一体化延伸企业价值链，使航空公司为旅行社所用，不仅大大降低交易费用和风险管理费用，更重要的是在研发设计产品策略上可以充分利用旅游资源，拓展了自身核心业务，实现竞争力的提升。

在春秋拥有自己的航空公司之前，每年仅支付给航空公司的包机费用就高达10亿元，交易费用十分昂贵。在比较了经营管理的组织成本与包机等交易成本之后，春秋国旅克服了种种阻力，以追求低成本、平民化的定位，成功实施了以"旅游加航空"为特色的航空领域经营，该种模式也成为中国旅行社的典型代表[①]。

二、旅游企业的多元发展途径

（一）重视制度创新，完善企业治理结构

由于家族式管理模式的存在，许多民营旅游企业内部治理机制的核心是以血缘为纽带的家族成员之间的权力分配和制衡，虽然其中很多都设立了股东大会、董事会、监事会和总经理办公会等组织和相应制度，逐渐向规范的现代公司制靠拢，但在决策和用人等方面仍表现出很强的家族控制特征。要从根本上摆脱自身发展的桎梏，这些民营旅游企业必须克服家族藩篱，实施组织变革。首先，进行企业所有权安排的变革。将现代企业制度引入民营旅游企业，推行所有权与经营权的分离，通过构建所有者与经营者之间的委托代理关系实现产权多元化和管理专业化。其次，建立科学的决策管理机制。通过适度的分权和参与式管理，降低决策失误的风险。再次，改变关系式治理的用人模式，建立完善的激励和约束机制。

（二）提高企业核心竞争能力

核心竞争能力是"组织中积累性学识特别是关于如何协调不同的生产技能和有机结合多种技术流的学识"，它是一个企业能向顾客提供特殊利益的技能和技术，是企业内部一系列互补的技能和知识的结合，包括核心技术能力、战略决策能力、应变能力、组织协调能力、市场营销能力等多个方面。国内外许多成功的旅游企业之所以能在复杂多变的竞争环境中保持长期稳定的发展，是因为它们都具有自己独特的竞争能力，这种独特的能力与企业战略相互融合并支撑企业的成长。例如，全球最大旅游服务商之一美国运通的核心能力主要体现为金融服务与旅行业务的紧密结合——创建了"信用卡+旅行支票"天衣无缝的配合模式；法国第二大旅行社德

[①] 何正萍．基于E时代新型旅游产业价值链的我国旅行社发展策略研究［D］．成都：西南财经大学，2011．

格利夫旅行社的核心能力则在于特有的专业能力和信誉保证。反观我国旅游企业，绝大多数仍停留在竞相模仿、拉关系、找客源、拿折扣的产品经营层面上，行为短期化特征明显，缺乏进行产品开发与服务创新、建设品牌、提升知识资本价值、提高企业信誉的内在动力机制。

要在旅游市场上建立并保持持续竞争优势，我国旅游企业必须加快经营观念的转变，从单纯地注重市场占有率转向塑造核心竞争能力，内审自己所经营的业务、所拥有的资源和能力，外察市场需求和产品的发展趋势，独具慧眼地识别自身核心能力的发展方向，通过不断学习、开发和创新，逐步积累形成有别于其他企业的独特竞争优势。目前，在实践中如何形成自己的核心竞争能力并在强化自身核心能力的基础上扩展自己是许多民营旅游企业面临的现实难题。

（三）中小型旅游企业专业化

对于总体实力较弱的中小型旅游企业来说，由于人力、物力和财力等因素限制，很难与大型国有旅游企业或外资旅游集团进行全面抗衡。这使得专业化发展模式成为我国中小型旅游企业必然的理性化选择。中小规模的旅游企业应在构建核心竞争能力的基础上，专注于专业化发展，集中企业内部的优势资源对某些产品进行深度开发，形成特色产品或特色服务，抢占市场"缝隙"，从而避免与强势企业的恶性竞争，发挥其"船小好掉头"、应变能力强的优势。而对行业来说，中小型旅游企业的专业化特色经营能起到拾遗补阙的作用，对于强化旅游行业的垂直分工协作，构筑以大企业为主导、中小企业协调发展的旅游网络体系有着至关重要的意义。

（四）大型旅游企业集团化

自20世纪90年代末期以来，以国旅、中旅、青旅、首都旅游集团、锦江国际集团、华侨城集团、桂林旅游集团等为代表的中国旅游企业集团呈高速发展的态势，众多大型旅游企业集团的规模扩张和地域拓展，必将带动旅游产业集中度和市场进入门槛的提高，使中国的旅游产业形成集团化主导格局。在这种形势下，集团化成为旅游企业持续发展的必由之路，尤其是那些产品具有市场前景、具备较强经济实力的民营旅游企业，应以资本为纽带，通过兼并、重组等形式实施低成本、高效益扩张（具体形式见图1—4），并大胆参与国有企业改革，积极兼并、参股或整体收购国有中小企业，逐步形成跨地区、跨行业、跨所有制的大型旅游企业集团。同时，在外资大举进军我国旅游市场的背景下，一些具备条件的国内旅游企业集团应采取"以攻为守"的策略，加速跨国经营的战略进程，走出国门，积极抢占国际旅游市场。近年，许多成功的民营旅游企业集团通过自身的探索为我们提供了值得借鉴的模式。例如，宋城集团从1996年投资开发浙江省第一个主题公园——杭州宋城开始，迅速进行多元化拓展，投资涉及旅游休闲、房地产开发、文化传播、高等教育、电子商务等多个领域，从而成长为拥有15家子公司，在华东各地开发景区面积26万亩，总资产20多亿元人民币，年接待游客500多万人的中国最大的民营旅游开发投资集团。

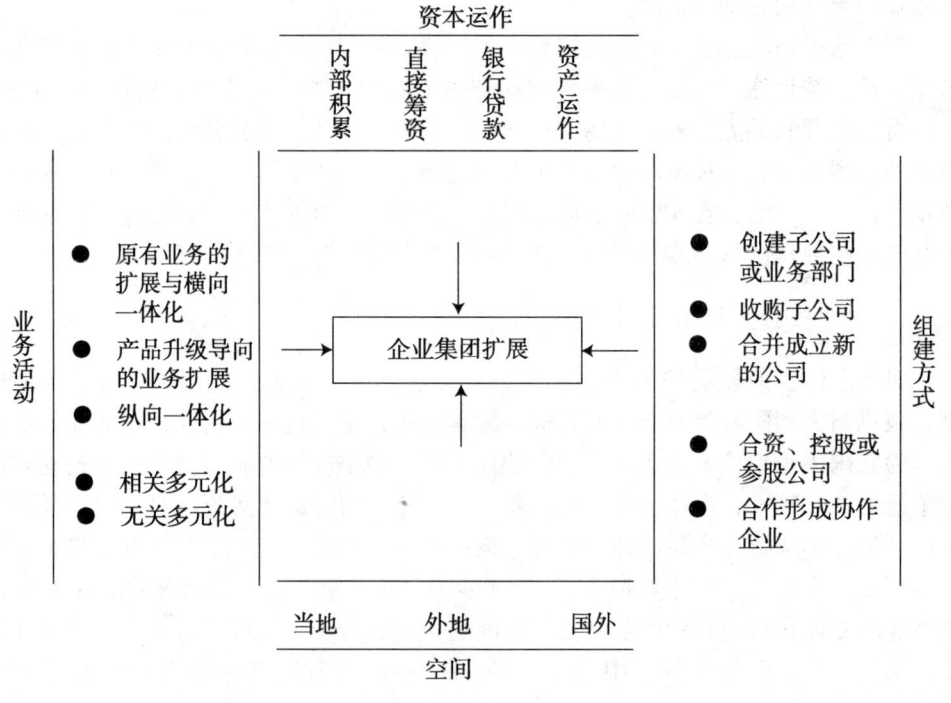

图1—4　企业集团扩展的四维模式

（五）建立旅游企业战略联盟

战略联盟是两个或两个以上企业，为达到共同拥有市场、共同使用资源等战略目标，通过各种契约而结成优势互补、风险共担、要素双向或多向流动的松散型网络组织。通过"强强联合"或"强弱联合"的战略联盟，企业能善用资源，竞合互动，互相促进。我国不少民营旅游企业在这方面也进行了尝试，典型事件是2002年6月山东省烟台市9家民营旅行社自发整合，成立了该市首家旅行社联合体，联合体成员在旅游景点、酒店、交通、导游等方面进行横向联合、优势互补、利益共享，以集体力量提升竞争力。然而近年来，传统的以资源互补或风险共担为基础的战略联盟已开始向以双向或多向的知识流动为特征的"知识联盟"转变。为顺应这一趋势，我国旅游企业也应借助知识联盟来加速自身的完善和发展。

我国旅游企业建立知识联盟有四个主要的战略方向——与供应商的知识联盟、与竞争者之间的知识联盟、与顾客的知识联盟以及与员工的知识联盟。这种知识联盟的战略合作可广泛涉及旅游服务产品创新、共建信息平台、项目策划、营销组合、战略发展和联合进入等各个方面。也正由于知识联盟的合作范围比较广泛,联盟各方可互相学习,实现专长优势互补,创造新的交叉知识,因此旅游企业扩展和改善其基本能力,并从战略上构筑市场竞争优势有积极的推动作用。

【内容举要】

旅游企业是以经营和代理服务产品为主的企业,是第三产业的重要组成部分。所以,旅游企业是利用旅游资源和旅游设施,以营利为目的向旅游者提供单项或总和旅游产品、使旅游者得到愉悦体验和美好经历的经济实体。就旅游世界本身的性质和特殊性而言,旅游企业主要有旅游交通、住宿、中间商、观赏娱乐和辅助旅游企业等类型。

旅游企业作为企业的具体类型,具有一般企业的共性特征,例如,旅游企业作为企业要生产产品,需要建立相关的生产销售系统。旅游企业要实现企业的目标,就必须建立起有效运作的管理体系,包括计划、质量、财务、安全、人事等全方位的管理系统与相应的规章制度。旅游企业的核心是人,企业中最为宝贵的资源也是人。对于以提供劳务服务为主的企业,旅游企业必须通过自己的人力资源管理系统来对该问题加以解决和保证。旅游企业的经营需要依靠一定的物资资源和设施设备。

此外,由于旅游行业的特殊性,旅游企业除具备以上企业的一般共性外,还具有一些专有特征。例如对基础设施和环境的依赖性及其发展的适当超前性,旅游企业经营具有敏感性、关联性和竞争性,在其经营中,先进设备和劳务服务并存,工艺技术性较强等。

随着网络时代的深入发展,网络信息技术在旅游产业的积极广泛应用促使旅游产业价值链重构。一方面,网络信息技术的普及使得旅游消费者需求个性化和定制化成为可能,致使旅游消费市场复杂多变且竞争激烈;另一方面,信息高效高质的传递促使旅游产业价值链条上的价值增值方式发生变革。在此背景下,旅游企业必须在旅游产业价值链中,上游抓住旅游供应商资源,下游掌控旅游消费者资源,实施横向一体化、纵向一体化和国际一体化。旅游企业可以通过完善企业治理结构、提高企业核心能力、走集团化发展道路、进行战略联盟等措施扩展和改善其基本能力,从战略上构筑市场竞争优势。

【案例分析一】

旅游交通企业——海南航空股份有限公司

海南航空股份有限公司是海南航空集团下属航空运输产业集团的龙头企业，是在中国证券市场A股和B股同时上市的航空公司，对海南航空集团所辖的中国新华航空有限责任公司、长安航空有限责任公司、山西航空有限责任公司实施行业管理。1998年8月，中国民用航空总局正式批准海航入股海口美兰机场，成为首家拥有中国机场股权的航空公司。如今公司总资产超1200亿元，旗下航空公司机队规模逾230架，开通国内外航线500余条，通航城市130余个。下辖成员公司包括：大新华航空、海南航空合并四家、天津航空、祥鹏航空、西部航空、香港航空及香港快运、大新华航空技术、海南航空学校、海航航空销售、大新华百翔物流、海航航空技术、扬子江快运、myCARGO、加纳AWA航空、法国蓝鹰航空等。

海南航空经营国内航空客货运输业务、周边国家和地区公务包机飞行业务、航空器维修和服务、航空旅游、航空食品等，先后建立了海口、三亚、北京、西安、太原、乌鲁木齐、广州、兰州、大连等9个航空营运基地。1995年海南航空开始探讨发展以支线为主的"毛细血管战略"，形成了适用于中短程干线飞行、短程支线飞行、公务、商务包机飞行的航线布局。1995年海南航空引进公务机，并在北京设立了公务客机飞行基地，首开中国公务包机飞行。1999年，海南航空获准经营由海南省始发至东南亚及周边国家和地区的定期和不定期航空客货运输业务。海南航空拥有的国内支线客机群开通了海口、三亚、湛江、北海、桂林、南宁、珠海等华南地区城市之间的短程航班。

海航航空以航空运输企业群为主体拓展全球布局，以航空维修技术（MRO）、通用航空（航校）、商旅服务（销售）、地面支援、航空物流等配套产业为支持打通全产业链，期望通过金融投资和新兴业务带动，将自己打造成为立足中国、面向全球、服务品质与企业规模均进入全球行业前列的大型国际航空集团。

案例讨论题
1. 旅游交通企业有哪些特性？
2. 海南航空公司是如何开展多元化经营的？

【案例分析二】

住宿企业——汉庭酒店集团

汉庭酒店集团是中国高速成长的新兴酒店集团，大多地处城市的商务中心或交通便利之处。汉庭产品遵循简洁、现代、方便环保的设计原则，除了经过精心挑选的符合人体工学的床垫、独特的荞麦双面枕头以及舒适的床上用品外，客人感受最深的还有汉庭方便的免费宽带网络服务：除了在每间客房的写字台和床头均布置有网络端口，而且在酒店的公共区域还覆盖了无线宽带。

2005 年初，汉庭在中国正式创立，同年 8 月，第 1 家门店开业。2006 年底，汉庭连锁酒店第 34 家开业。2007 年 7 月，汉庭以股权融资 8500 万美元创下中国服务行业首轮融资的新纪录，2007 年底，汉庭连锁酒店第 74 家开业。2008 年底，汉庭在全国开业门店数达到近 200 家，签约门店总数近 250 家，完成了全国主要城市的布局，并重点在长三角、环渤海湾、珠三角和中西部发达城市形成了密布的酒店网络，成为国内成长最快的连锁酒店品牌之一。

2008 年 2 月，汉庭酒店集团正式成立，是国内第一家多品牌的经济型连锁酒店集团。汉庭致力于实现"中国服务"的理想，即打造世界级的中国服务品牌。汉庭的愿景是"成为世界住宿业领先品牌集团"，为此，汉庭不断追求精细化的管理，实施标准化的体系和流程，更全面、更迅速地推进集团化发展。汉庭酒店集团旗下目前拥有"汉庭快捷"、"汉庭全季酒店"、"汉庭海友客栈"三个系列品牌，汉庭坚守时尚现代、便捷舒适、高性价比的优势特点，力争塑造中国经济型酒店的典范。

案例讨论题
1. 住宿企业的特性有哪些？
2. 汉庭酒店集团的成功给你哪些启示？

【思考与练习】
1. 旅游企业的内涵是什么？

2. 旅游企业有哪些类型？
3. 如何理解未来国有旅游企业的发展方向？
4. 如何理解未来民营旅游企业的发展方向？

【推荐文献】

李德明，马跃. 在旅游信息化背景下的旅游价值链模式研究[J]. 价值工程，2006（11）：54—56.

劳本信，杨路明等. 电子商务环境下的旅游价值链重构[J]. 商业时代与理论，2010（23）：78—79.

何正萍. 基于E时代新型旅游产业价值链的我国旅行社发展策略研究[D]. 成都：西南财经大学，2011.

郭华. 我国民营旅游企业发展现状及其战略对策[J]. 经济问题与探索，2005（4）：94—99.

第二章 旅游企业的创业环境

【学习目标】

通过本章的学习，使学生掌握旅游企业创业环境的概念和内涵，了解创业的宏观环境及微观环境，把握利益相关者的概念，了解旅游企业内部、外部的利益相关者及其相互关系。

【内容结构】

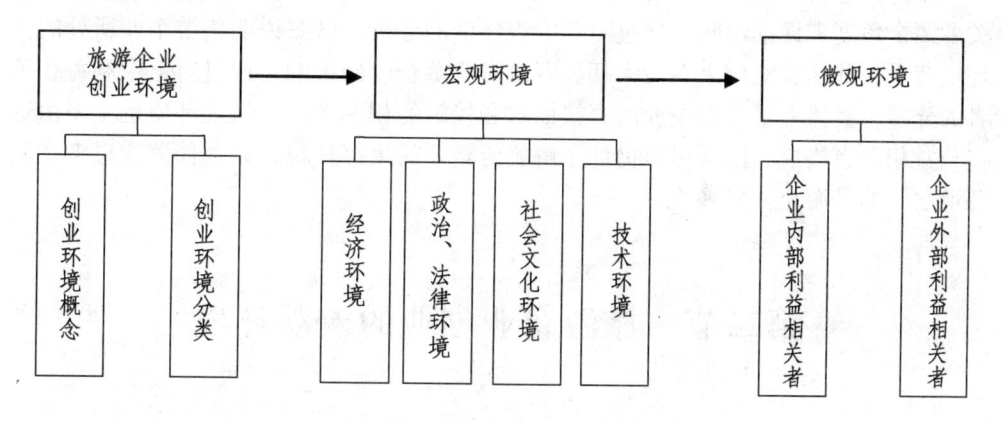

```
旅游企业创业环境 → 宏观环境 → 微观环境
    ├─ 创业环境概念       ├─ 经济环境         ├─ 企业内部利益相关者
    └─ 创业环境分类       ├─ 政治、法律环境    └─ 企业外部利益相关者
                         ├─ 社会文化环境
                         └─ 技术环境
```

【重要概念】

创业环境　微观环境　宏观环境　旅游企业利益相关者

第一节　旅游企业创业环境概述

一、旅游企业的创业环境

旅游企业的创业环境是指企业存在和发展所依赖的物质、经济、科学和文化因素之总和。对于类似于生命体组合的旅游企业来说，生存环境的好坏直接影响到它

的发展乃至生存，条件相同的企业处于不同的生存环境，其发展的路径和速度以及结果可能完全不一样。任何企业的成长、竞争都离不开环境因素的影响，旅游企业也同样如此。在旅游企业的生存和发展中，不仅受行业自身内部能力和发展潜力因素的影响，同时也受行业外部经营环境的影响。作为服务业企业，更与环境有着密切的联系。因此，分析旅游企业的生存环境因素具有重要的现实意义。通过分析旅游企业的生存环境，让经营者们意识到分析环境、结合环境的重要性。

二、创业环境的分类

总体而言，旅游企业的生存环境可以分为两大类：宏观环境和微观环境，它们会从不同角度对旅游业产生不可估量的影响，既可能为旅游企业的发展提供机会，又可能对其发展构成挑战。因此，对于旅游企业而言，在制定决策时，首先一定要对其生存环境进行分析。

旅游企业所面对的环境可以从宏观环境和微观环境——企业生存涉及的利益相关者两个角度来详细说明。通过对其宏观环境的分析，试图说明旅游企业所处的大环境背景，并结合实例来探讨大环境背景对旅游企业的影响；通过对七个利益相关者的分析，具体考量旅游企业所直接面对和接触的相关者，其微观环境也主要由这些利益相关者构成。读者可以借此了解旅游企业的生存环境，以促使读者思考在此环境之下的旅游企业发展路径。

第二节 旅游企业创业的宏观环境

对于任何企业来说，其影响环境都包括宏观环境与微观环境两部分，在旅游企业生存环境分析中，宏观环境主要指可能影响组织的广泛的条件，包括来自旅游企业外部，可能给企业带来市场机会或造成环境威胁的主要社会力量，包括经济的、技术的、政治的、法律的以及社会文化等方面的力量和因素。

一、旅游企业的经济环境

经济环境是旅游企业最直接感受到的环境因素。作为非生活必需消费的一种，旅游需求受宏观经济变化的影响很大，旅游业作为国民经济中的重要产业部门，其发展不仅可对国民经济起到拉动作用，而且也受整个国民经济发展大环境的制约。

整个经济环境和经济的高速发展为中国旅游业发展提供了坚强的后盾。经验表明，当一个国家的人均GDP达到300美元时，居民将产生国内旅游的动机；当人均

GDP 达到 1000 美元时，旅游消费进入启动期，国内旅游日益兴旺；当人均 GDP 达到 3000 美元时，出境旅游开始兴旺；当人均 GDP 达到 5000 美元时，旅游成为人们生活中的必需品。以现价折算，2001 年我国人均 GDP 首次越过 1000 美元大关，国内旅游消费也正式进入启动期；2005 年国内人均 GDP 接近 2000 美元，上海、北京等发达地区人均 GDP 超过 5000 美元，我国国民旅游消费进入了由启动期向出境游兴旺期过渡的阶段；2010 年，全国人均 GDP 突破了 4000 美元。其中，全国 31 个省份中 14 个省份人均 GDP 超过 4000 美元，按照世界银行给出的标准：当一个地区的人均 GDP 超过 4000 美元时，便意味着这个地区步入中等发达地区门槛。因此，这意味着我国有近半数的地区，在 2010 年开始步入中等发达地区。而上海、北京、天津三个直辖市人均 GDP 已在 1 万美元以上，参照世界银行标准，这些地区已达到富裕国家地区的标准。中国经济的稳步增长给了投资者发展旅游业的信心，也促进了国内居民旅游消费需求的增长，国内旅游业持续呈现供需两旺的景象。

中国经济持续快速增长，必将对旅游需求增长发挥基础性的支撑作用；城乡居民收入稳定增长，将进入世界旅游界公认的旅游业爆发性增长阶段。同时，随着经济的发展，人民的生活水平日益提高，可自由支配的金钱和闲暇的时间变多了，这为人们旅游动机的产生创造了条件，因为有可自由支配的金钱和闲暇的时间是旅游产生的条件。另外，人们的养生意识提高了，更多人展开了以健身疗养为目的的健康疗养旅游。还有，人们的受教育水平提高了，大家对精神文明的追求也上升了，于是更多人有了外出旅游的动机，为的是开阔眼界，或者是感受中国的悠久历史文化，或者进行科研考察。商业化程度的提高，商务旅游也随之发展起来了。这一系列的经济环境的变化，给旅游企业带了巨大的发展机会和广阔的未来市场。

二、政治/法律环境

从政治环境上看，政治环境主要包括所在地区政权的性质和政权的稳定性、立法依据和立法体系的完备程度、所在地区是否加入政治联盟及政治联盟的有关条款以及政府的宏观产业政策等因素。中国旅游业的法律法规和行业管理制度日趋完善，执法行为更加规范，依法治理优胜劣汰的竞争机制和良好的旅游市场秩序、旅游发展环境将逐渐形成，旅游发展将逐渐步入有序化、规范化、法制化的轨道。另外，旅游业的脆弱性决定了旅游业对政府的依赖性，各种因素的细微变化都会对旅游业产生影响，如国际关系的恶化、政府政策的变化、政局的不稳、社会的动乱、恐怖活动的出现、战争的爆发等等都会导致旅游活动的和旅游产业的萧条停滞。但现在中国，政通人和，社会安定，将成为世界上最安全的旅游目的地之一。

旅游业是第三产业的重要组成部分，作为世界上发展最快的新兴产业之一，旅游业被誉为"朝阳产业"。如今政府加大了对旅游业的支持力度。《国务院关于加快发展服务业的若干意见》提出，要围绕小康社会建设目标和消费结构转型升级的要求，大力发展旅游、文化、体育和休闲娱乐等面向民生的服务业。旅游业发展"十二五"规划明确指出，"旅游业是国民经济的战略性产业，资源消耗低，带动系数大，就业机会多，综合效益好"，并提出，"十二五"规划的战略目标是"在科学分析形势的基础上，抢抓战略机遇，转变发展方式，以市场化为导向，提升产业发展的综合素质，加速推进我国旅游业在大众旅游新阶段又好又快地发展"。这一规划目标把以国民消费为主体的大众旅游市场作为重点关注市场，把积极推进国民旅游休闲生活的发展作为首要任务。2013年初，《国民休闲旅游纲要》（以下称《纲要》）下发，"保障国民休闲旅游时间"及"刺激国民休闲旅游消费"是《纲要》的最大亮点。《纲要》提出，要落实《职工带薪年休假条例》，将职工带薪休假落实情况列入各单位考核指标，并加强对职工休息权益方面的法律援助。《纲要》还提到，支持有条件的地方发展福利旅游，发放旅游消费券或给予旅游休闲补贴，鼓励企业将安排职工旅游休闲作为奖励和福利措施。在国家调整休假模式及普及带薪休假制度并真正监督企业将职工带薪年假落实之后，毫无疑问，将极大提高居民的旅游消费热情。

在这样的旅游业发展背景下，有了坚实的政策支持和保障，对旅游企业而言无疑有了更广阔的发展前景。

三、社会文化环境

从社会文化环境上看，社会文化环境通过两个方面影响企业及其行业：一是影响人口总量和人口分布、居民的价值观和生活方式，从而影响他们对产业和对企业的态度；二是影响企业内部成员的价值观和工作态度，从而影响企业士气。现如今，社会文化呈现如下发展趋势：更关心环境；中老年顾客市场成长；个性化需求增长；生活节奏加快；劳动力和市场的多样性增加。更关心环境，则旅游业在进行旅游规划和开发的时候要注意对旅游资源环境的美化和维护。中老年顾客市场成长，则旅游业要多开发些适合中老年的旅游产品，如疗养等。个性化需求增加，则说明旅游者对旅游业的要求变高了。城市化进程加快，生活节奏加快，人们的生活压力增大，人们都渴望回归自然，则旅游业要多开发些自然、休闲、娱乐性质的旅游产品。

这些社会文化条件因素都会对旅游企业的生存产生影响，同时也为旅游企业的未来发展指明了方向。

四、技术环境

从技术环境上看，技术环境对经济及企业行业的影响是累积渐进的。技术环境分析的主要内容包括各项技术在旅游企业中的应用、转移和扩散等。

对于旅游企业而言，技术的发展使得旅游企业有了大发展。首先，就硬件条件的技术而言，随着技术水平的提高，交通发展起来了，如动车的快速发展和高速公路的发展，为旅游者的外出提供了更为便利和快捷的条件。高新技术的综合应用创造出新的旅游资源和产品，可以使一些原来不具备旅游吸引力的资源成为新的旅游吸引物或提升它们的吸引力，如主题公园和游乐场的各种高科技模拟技术和游乐设施。应用高新技术后，许多文物古迹资源得到了保护，增强了它们可持续发展的潜力。这些现代科技的出现和发展，大大地方便了旅游者的出行、游览，同时对于旅游企业而言，随着高新技术的应用，甚至还能创造出新的旅游吸引物。再者，随着网络变得无孔不入，旅游企业也正在发生根本性的改变。旅行产品在网上可以预订，酒店、景区等通过网络营销能够直接面对顾客，收集信息，顾客点评与互动也十分便利。这样的直面模式，不仅缩减了旅游企业的成本，而且能更准确、更快速地获得顾客信息并给予反馈。

其次，就软件的技术而言，旅游产品设计、市场营销、内部管理、外部合作等等，在这些方面技术的运用使得旅游企业更加富有竞争力。如随着科学技术的高速发展，电子化、智能化、网络化的先进设施、设备的运用，将能更好地体现饭店的产品与服务内涵。如今的智能饭店，运用通信新技术、计算机智能化信息处理、宽带交互式多媒体网络技术等。可建立信息网络系统，为消费者提供周到、便捷、舒适的服务。例如杭州的黄龙饭店，致力于以全方位的酒店管理系统与 RFID（射频无线识别技术）等智能体系来完善饭店的运营，顾客可以进行远程结算，并在客房内使用交互视频系统。全世界各地有特色的主题饭店的大量出现，也得益于高新技术支撑下的饭店新材料、新设计、新工艺的运用，如今，从海底饭店、月球饭店，到可以随心所欲变幻的窗外景色、上万种的背景音乐等等，层出不穷，给予饭店业者无限的施展空间，也使得饭店产品个性化更具可能性。再者，随着组织理论的发展，旅游企业也越来越注重组织设计技术的运用，以达到最合适的组织运行模式来发展壮大企业。有些旅游企业结成内部战略联盟，有的旅游企业尽力改进内部组织流程，以提高对市场信息和顾客要求的反应速度，还有的重新审视本企业在整条产品价值链上的增值优势，确立其核心业务范围，以便于企业将优质的资源和独特的能力集中到该领域，形成强化核心竞争力的业务平台。

第三节　旅游企业创业的微观环境

微观环境包括那些对管理者的决策和行动产生直接影响的要素，直接关系到目标的实现。对于旅游企业而言，其生存环境中的微观环境具有一定的特殊性，和其他企业有一定的不同，但主要包括：顾客、供应商、竞争者、营销中介和公众等利益相关者。

利益相关者是组织外部环境中受组织决策和行动影响的任何相关者。这些相关群体与组织息息相关，或是组织行为会对他们产生重大影响。反过来，这些群体也可能影响组织。内部的利益相关者包括员工和工会，外部的利益相关者包括顾客、供应商、地方社区、股东和投资者、竞争者以及政府等等。管理利益相关者关系是一项非常重要的工作。因为，首先它可以带来其他的组织成果，如环境变化可预测性的改善、更成功的创新、利益相关者信任度的提高和更强的组织柔性，从而减少变化的冲击，这些变化最终将影响组织的绩效。其次，这是应该做的"正确"的事，即组织依赖这些外部群体作为投入（资源）的输入端，并作为产出（产品和服务）的输出端，所以管理者在决策和行动时，应当考虑他们的利益。因此，在分析旅游企业生存环境的时候，非常有必要考虑和分析其利益相关者。

一、旅游企业内部的利益相关者

对于旅游业这一劳动密集型产业而言，员工是非常重要的资产，甚至可以说是很多旅游企业的核心竞争要素。人力资源作为一种智力资本，是企业的灵魂，对企业的生存和发展至关重要。旅游产业属于劳动密集型产业，服务质量的好坏直接关系着旅游企业的声誉，进而影响着整个产业的发展。旅游人力资源的质量越高，越能够促进旅游产业的发展；旅游产业越发展，其在同一产业中的竞争优势就越能够凸显出来。对于员工的重视对旅游企业的迅速成长、完善和形成无形的品牌优势有着不可代替的作用。但是，现在很多旅游企业都或多或少地出现了员工队伍不稳定和素质下降的趋势。这种情况的发生，首先是由于长期的价格竞争和成本压力，使得旅游企业无力负担较高的员工薪酬。其次，宣传引导不够和社会评价不高，使员工职业自豪感和忠诚度下降，事业凝聚力和向心力减弱，导致旅游行业员工流失率较高、流动速度快、初次就业比例高，员工队伍素质呈下降趋势。再次，旅游高等教育和行业需求结合得不紧密，职业教育的技能培养滞后，其为旅游业输送优秀人才的能力被削弱。

二、旅游企业的外部利益相关者

旅游企业的外部利益相关者主要包括旅游者、供应商、地方社区、股东和投资者、竞争者以及政府等等。

（一）旅游者

旅游者是购买各类旅游产品的消费主体。在整个旅游经济活动运行中的两个基本环节就旅游产品的购买与销售，旅游者是购买旅游体验的主体，旅游者的购买决策行为直接决定着旅游产品能否实现其价值,也决定着旅游企业、社区居民以及其他利益相关者能否得到货币补偿。一般旅游者的利益诉求点往往是以公平合理的价格获得高质量的旅游体验经历,旅游者追求的利益表现为旅游者在进入旅游地或者在享受旅游相关服务时,通过体验和认知所获得的各种知识、愉悦和满足感的总和。不同的旅行者,他们向往的旅游类型可能是不同的,因此对旅游企业而言,要找准自己的顾客市场,针对不同类型的游客制定出不同类型的旅游产品。比如,乡村旅游者的主要利益诉求属于非经济利益,与乡村社区之间的和谐性较高。对乡村旅游者的要求和期望就是,在旅游活动过程中,除了保证其旅游行为不破坏当地环境之外,还应当尊重当地文化,并真实地反映当地的文化价值观。真正影响乡村旅游者出游决策的是乡村旅游接待地在旅游市场上的口碑。在目前乡村旅游产品高度市场化的背景下,乡村旅游者对产品的需求越来越走向"原真性"。乡村旅游者大多数属于城市居民,希望在乡村旅游目的地获得与其常住地不同的体验,如果乡村旅游活动过程中涉及的食、住、行、游、购、娱等环节与都市生活区别不大,所谓的"乡村旅游产品"就可能销售不出去,乡村旅游者的购买欲望也不可能得到满足。因此,旅游企业应该针对自己的目标市场,在旅游产品开中,从旅游消费需求出发,走差异化发展策略,提高旅游者的参与程度,尽可能满足消费者的多样化需求。

(二) 旅游产品的供给相关方

旅游产品供给包括旅游资源的供给状况、旅游基础设施的完善程度、旅游服务产品的提供、旅游相关产品的制造等等。首先,对于旅游资源控制者而言(在此主要指除政府以外的旅游资源控制者),他们掌握着土地、房屋、资金、培训、遗迹或者文物等资源,可能成为限制因素或者推动旅游发展的积极因素。资源控制者是否愿意投入资源,取决于是否有一个公平合理的利益分配机制,取决于其将资源投入旅游业的收益是否高于将资源用作他途的收益。其次,旅游基础设施的供给相关方主要包括政府,对基础设施进行建设的建筑施工方等等。旅游目的地完善的基础设施能够为旅游者提供良好的餐饮、住宿、交通、游览、购物和娱乐等各项服务,当地的环境卫生系统、安全保障系统等能为旅游者提供舒适、安全的旅游环境。再次,旅游服务产品相关提供方还包括汽车票、火车票的提供者,交通工具的租赁商等。此外,旅游相关产品的制造商也是其供给相关方,比如旅游纪念品的制造商,雪橇等特种旅游用具的产品提供者等。

(三) 旅游目的地社区

社区居民在旅游发展与管理中扮演着十分重要的角色。社区居民通过参与旅游业发展获得社区整体经济、生态、社会和文化的全面发展,也使得旅游业收益能够公平合理地为社区所有成员共享。在游客体验到当地多彩的旅游风情,政府、开发企业得到巨大的经济收益的同时，旅游业产生的负面影响往往需要当地的社区居民来承担。当地社区居民由于受自身知识、技术以及其他条件限制，一般从旅游业开发中获益有限，但他们却被动承担着旅游业发展所带来的负面影响，无法获得合理的补偿，这对社区居民是不公平的。此外，由于存在着"旅游飞地"现象，造成在旅游社区经济发展过程中，社区和当地居民常被视作"客体"，成为旅游业负面影响的最终受害者，旅游业利益分配问题也因而变得越来越突出。这些问题都是必须要妥善解决的，旅游业开发过程中如果没有很好地解决这些问题，社区利益得不到重视，可能导致旅游地社区居民与旅游开发经营者、游客等利益相关方产生对抗，使各方都处于不利的境地。因此，建立有效的分配和参与机制（包括参与决策和管理、参与就业和利益分配等）来平衡社区居民与其他利益相关者之间的利益关系十分必要。

（四）股东和投资者

无论什么样的企业都有其股东或者投资者，旅游企业也不例外。股东大会和投资者的建议与看法，有时会直接影响旅游公司的经营模式和方向，因此，股东和投资者是很重要的利益相关方，也是旅游企业重要的环境因素。现在很多旅游企业都面临着资金积累和融资困难等问题，旅游企业的资金积累较为缓慢，旅行社是微利行业，酒店投资量大、成本高、回收期长，景区与酒店情况基本相同。有的企业发展几十年规模仍然有限，资金的原始积累过程较长，旅游企业普遍受到资金短缺的困扰。融资困难主要体现在：第一，旅行社、旅游商品企业、旅游汽车公司等非资源经营性企业多为中小规模企业，固定资产少，缺少高附加值的抵押财产，难以满足银行贷款规定的条件，申请贷款困难；第二，酒店、景区等资源经营性企业难以将资源资本化，金融部门只规定可将景区门票作为质押物，而不能将旅游资源价值作为申请贷款抵押的条件，使得企业申请贷款渠道狭窄；第三，很多景区仍然是行政管理，政企未分，产权不明，限制了企业通过股份制改造直接融资的渠道；第四，农家乐（包括民居接待点）的企业身份不明确，金融部门没有出台农家乐担保、贷款优惠的具体政策，大多数农家乐经营户不能获得银行贷款，可持续发展能力受到限制。

（五）竞争者

我国旅游业的竞争环境已经发生了急剧的变化，旅游业的竞争日益加剧。现今国有旅游企业逐步向自主经营、自负盈亏、自我约束、自我发展的独立经营者转变。同时，旅游企业的投资主体进一步多元化，形成多种所有制的旅游企业在市场上平等竞争的局面，"过度竞争"的问题也逐渐凸显出来，主要表现在旅游线路、旅游产品相对过剩，新产品开发不力，导致低质量的"价格战"，影响到旅游业的发展后劲。在这种情况下，旅游企业必须站在更高的层次上衡量和调整自己的竞争力和发展战略,更多地依靠知识、技能、信息等无形资产竞争。企业竞争的重点已经逐渐转移到企业自身素质上来,应以培育企业核心性竞争能力为主方向,以创造企业可持续性的竞争优势为战略目标。旅游企业的组织结构也处于由业务联合向集团化过渡的阶段,其主要标志是随着旅游市场的竞争加剧,企业之间的依存度增强,各种形式的结盟、联合和合作成为企业生存发展的途径。

（六）政府

政府无疑是旅游企业的一个重要的利益相关者。政府机构在旅游发展中的作用主要包括旅游政策、实践和工作框架的制订,总体规划制订、旅游管理体系和系列制度的建立以及对旅游企业、社区居民和旅游者的管理。政府机构是公共旅游资源的最大整合和调配者,其在政策的制订、旅游发展基础设施的宏观调配和管理、旅游利益相关者之间的协调管理等方面发挥着重要作用,一定程度上决定了旅游业各类利益相关者的获利情况。政府机构很多时候是旅游业运行与发展中"游戏规则"的制定者,同时又扮演着管理者、旅游企业的监督者、生态环境保护的倡导者、社区发展的支持者等多重角色。政府机构应做到角色到位,把握适度的原则,其职责是协调、引导、培训、宣传和立法,而不能随意干涉。

政府的很多政策直接影响旅游企业发展,比如合理税负问题。旅行社中中小企业多,利润水平低,资金周转量大,促销投入多,经营中有大量代收代付项目。很多地区的营业税等地方税费的征缴,往往采取按比例（多为80%）扣除代收代付部分,然后按照法定税率计征的方法,有的还对小旅行社实行定额税,宣传促销经费不能计入成本扣减。从年检数据看,我国旅行社全行业的收入利润率已经从20世纪90年代初的3%左右,逐步下降到不足1%。另据了解,目前作为旅行社主要收入项目的综合服务费占旅游产品报价的比例低于10%。因此,旅行社的营业税等税费负担不是很合理。

（七）非政府组织、行业协会

非政府组织或行业协会则会通过提供资金、制订行业规则、保护观念的渗透以及监管等来影响和改变社区居民、旅游者以及旅游企业的行为和态度。比如一些环保组织是旅游环境和旅游资源的代言人,非政府环保组织在旅游业发展中的作用越来越重要,它们在一定程度上代表着社会的公益、知识先知,并具有影响政策和媒体舆论导向的力量。还有一些旅游行业协会,它们制订与本行业相关的规则,指导并监督本行业内的旅游企业的运营情况。为了促进旅游企业更好的发展,旅游企业应重视与这些非政府组织和行业协会的关系。在开发旅游产品、实施旅游项目的过程中,可以邀请相关非政府组织、行业协会等参加,它们可以为旅游开发提供相关专业评价,也可对未来发展中出现的问题给予一定的帮助。

【内容举要】

对旅游企业来说，环境的变化关系到整个行业的存亡，关系到市场的扩大或缩小，决定行业的竞争力水平和其他许多方面。创业者必须敏锐地捕捉到环境中正在发生的变化和潜在的变化趋势，并预见这些变化给行业和市场可能带来的影响。

宏观环境是指存在于企业组织外部，并与旅游企业经营活动相关的各种因素的组合，包括影响旅游行业和企业的各种因素，企业不可能直接控制这些因素。旅游企业的宏观环境包括经济环境、政治/法律环境、社会文化环境、技术环境，企业的外部环境分析又简称为 PEST（Political，Economic，Social，Technological）分析。

微观环境是指那些对管理者的决策和行动产生直接影响的要素，直接关系到企业目标的实现。对于旅游企业而言，其生存环境中的微观环境还具有一定的特殊性，和其他企业有一定的不同。旅游企业生存环境中的微观环境分析，对每个组织是不同的，但主要包括顾客、供应商、竞争者、营销中介、公众等利益相关者。

【案例分析】

"消失的城堡"
——"梦幻城堡"主题酒店胎死腹中

随着人们对服务水平要求越来越高，那些仅提供食宿的传统酒店已经相形见绌，难以满足顾客要求。于是，一种贴有鲜明个性标签，给人以特色文化感受的主题酒店出现了。主题酒店最早产生于20世纪中叶的美国。1958年，美国加利福尼亚的 Madonna Inn 率先推出主题房间，从开始的12间发展到后来的109间，成为世界主题酒店的先驱。

我国主题酒店起步比较晚，尽管这一形式已崭露头角，但由于建设投资比较大，发展相对缓慢。2004年，中国最大的民营旅游投资集团宋城集团计划耗资15亿元人民币，在杭州萧山区建设号称"中国首座超五星酒店"的"梦幻城堡"主题酒店。杭州市计划在萧山区新建休博园和风情园，位于休博园的"梦幻城堡"将作为杭州2006年世界休闲博览会的标志性建筑，在博览会期间接待世界各地的休闲旅游者和部分休闲产业商务客人。杭州作为休闲之都，地处长江三角洲的中心区域，对后续市场问题，宋城集团计划在休闲博览会结束后，将目标市场定位为长江三角洲地区以家庭式休闲为目的的散客以及大量的商务会议客人。

"梦幻城堡"建筑风格设计为古老而神秘的欧式城堡，外形雄伟豪华，占地13万平方米，高100多米，由设计过世界最大酒店（米高梅大酒店）的美国著名设计师威尔登·辛普逊主导设计，为双塔式建筑，双塔间以廊桥相连；总台脚下是碧波荡漾的湖面，在休博园大门口乘上贡多拉（威尼斯式小船）可以沿水路直接划进酒店的大堂；客房总数超过 1000 间，设有 20 多个各种规格的会议室和展厅，其中包括多个同声传译国际会议中心，最大的会议室可容纳数千人。

豪华的设计吸引了无数人的关注，然而，从 2004 年 5 月推出设计方案到方案审批失败，仅半年时间。杭州休博会执委会的一位负责人告诉记者，"梦幻城堡"流产的原因是规划太超前，与中国的消费水平不符合，"梦幻酒店"将改成"酒店群落"——由多座四星、五星级酒店组合而成的酒店群，已由北大、浙大等建筑专家规划。有知情人士透露，"梦幻城堡"的规划与萧山、杭州的整体规划脱节，但宋城集团认为，"这种融合东西文化的酒店在中国肯定会有需求，宋城集团不会轻易放弃构想，会考虑在上海、北京等地投资兴建这样的酒店"。

对案例引发的思考，有学者认为，首先，该主题酒店在产品设计上不适合长江三角洲休闲市场。其一是价格，对价格较为敏感的休闲散客多以个人可支配收入消费，而"梦幻城堡"超五星级的建设将远远超出休闲市场的消费能力。其二是就对价格不敏感的商务游客而言，上海更具优势，而杭州商务会议市场规模不会很大，这样的客源供给与"梦幻城堡"1000 多个房间的容量相差甚远。

其次，有学者认为，"梦幻城堡"的主题选择与杭州的"休闲之都"城市形象略显不协调。当然，与环境协调不意味着主题必须限于本地文化，不能够采纳差异文化，而是要求主题的选择能够与城市形象和谐，尤其像"梦幻城堡"这样的标志性建筑对优化、提升城市形象可能产生不利影响。在杭州这样一个形象鲜明、文化底蕴丰厚的城市，过于异类的主题会对"江南水乡"城市形象造成冲击，在"休闲之都"形象推广中会有互相抵消的效果。而在那些文化单薄、经济发达的城市，或在文化比较多元化的城市，主题的选择有很大的空间。

（资料来源：陈觉主编，餐饮经营失败与案例评析. 辽宁科学技术出版社，2007.）

案例讨论题
1. 你认为"梦幻城堡"主题酒店适合在杭州修建吗？如果修建预计前景如何？
2. 你认为建设酒店需要考虑哪些外部环境？

【思考与练习】
1. 旅游企业创业的环境指什么？
2. 宏观环境对旅游企业的创业会有哪些影响？
3. 微观环境对旅游企业的创业会有哪些影响？

【推荐文献】
赵锡斌. 企业环境研究的几个基本理论问题[J]. 武汉大学学报（哲学社会科学版），2004，57（1）：12-17.

朱武刚．企业生存环境的评估研究［J］．企业技术开发，2008，27（12）：51－53．

付春满．旅游企业核心竞争力研究［D］．天津：天津大学，2005．

企业生存与发展环境研究课题组．企业生存与发展环境指标体系研究［J］．统计研究，2006（5）：44－49．

谷慧敏，吕佳宇，李彬．我国中小饭店企业经营环境与管理对策研究［J］．旅游论坛，2011，4（4）：105－111．

张晓慧．基于利益相关者的一体化乡村旅游研究［D］．杨凌：西北农林科技大学，2011．

冯勤，王晓飞．浙江民营科技企业生存环境评价［J］．华东经济管理，2003，17（3）：19－20．

张继彤．论危机背景下中小企业生存环境优化［J］．社会科学导刊，2010（2）：132－135．

吴本．基于动态能力观的中国中档饭店企业竞争力研究［D］．上海：复旦大学．2012．

吴书锋．导游的生存环境分析［J］．江西财经大学学报，2007（5）：98－101．

陈岩峰．基于利益相关者理论的旅游景区可持续发展研究［D］．成都：西南交通大学．2008．

张秀华．我国旅游产业国际竞争力研究［D］．哈尔滨：哈尔滨工程大学，2009．

中国社会科学网：试论旅游企业的环境文化建设 http：//www.cssn.cn/news/696548.htm．

同程旗下网站旅交汇：旅游企业发展环境调研报告 http：//www.17u.net/wd/detail/4_273445．

第三章 旅游企业创业与创业者

【学习目标】

通过本章的学习，使学生掌握创业及旅游企业创业的概念和内涵。了解创业者的概念及旅游企业创业者的人格特征和基本素质。把握旅游企业创业管理的内涵、与一般管理的区别、创业管理的内容。了解创业管理的八个理论学派。掌握旅游企业创业团队的类型、作用、组建团队的核心原则及团队的组建程序。

【内容结构】

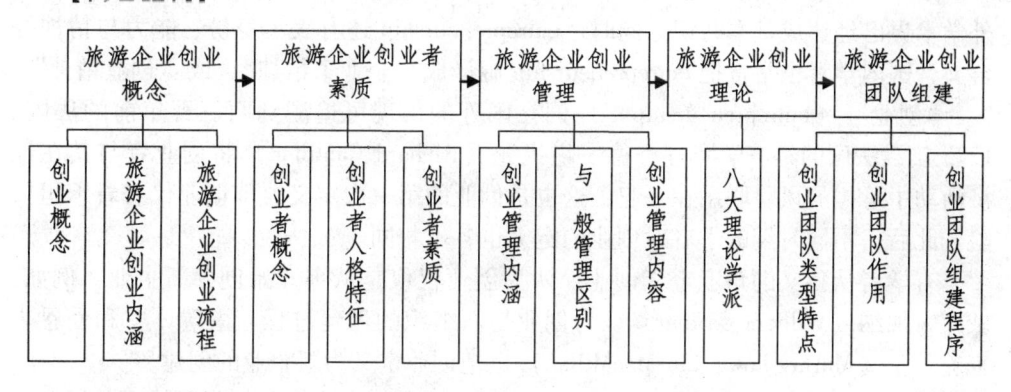

```
旅游企业创业概念 → 旅游企业创业者素质 → 旅游企业创业管理 → 旅游企业创业理论 → 旅游企业创业团队组建
```

旅游企业创业概念	旅游企业创业者素质	旅游企业创业管理	旅游企业创业理论	旅游企业创业团队组建
创业概念 / 旅游企业创业内涵 / 旅游企业创业流程	创业者概念 / 创业者人格特征 / 创业者素质	创业管理内涵 / 与一般管理区别 / 创业管理内容	八大理论学派	创业团队类型特点 / 创业团队作用 / 创业团队组建程序

【重要概念】

创业　旅游企业创业　创业者　创业管理　创业团队

第一节 旅游企业创业的概念与内涵

无论是在发达国家还是在发展中国家，创业活动与经济产出、劳动就业等都表现出越来越紧密的联系，企业创业起着社会创新的发动机作用。创业对于旅游企业也起着提供就业机会、提高生产率、推动创新的作用，是经济发展的基本推动力之一。

一、创业的概念

"创",始也——《广雅》。《汉书》中"礼仪是创"的注释为:"创,始造之也",由此可见,"创"有初始建造的意思。"业",本义为古时乐器架子横木上的大板,后广泛引申为学业、事业、功业、家业等,该字常在我国古文中出现,例如,"共济世业"——《资治通鉴》。"创业"一词,通常解释为"开创事业、创建功业"的意思,在我国古代文献中也常被提及。例如,"君子创业垂统、为可继业"——《孟子·梁惠王下》,"先帝创业未半,而中道崩殂"——诸葛亮《出师表》。

"创业"在英文中通常有两种表述方式。一种是 venture,该词的本义虽然是"冒险",却常用来表示创业行为、创业活动。人们通常所说的"风险投资"venture capital 的正确译法应该是"创业投资",即专门针对创办企业进行的投资。此外,新创建的企业也可以用 business venture 来表示。"创业"的另一种表述方式是 entrepreneurship,该词目前被普遍用来表示专业研究术语的"创业",这一点在国外学术界已经达成基本共识。同时,entrepreneurship 还有表示身份、能力与精神等含义,国内学者也常常把 entrepreneurship 翻译成"企业家精神",或"创业精神"。

"创业"(entrepreneurship)一词在国外的出现可追溯到两三百年前的法国。1775 年,法国的经济学家理查德·堪提龙(Richard Cantillon)将创业者与其在经济活动中承担的风险联系在一起,这也是创业的第一次定义,即创业代表着承担风险。此后,不同时期的学者对创业的定义也各不相同。

有学者从狭义的角度定义创业,认为创业仅仅是从零开始创办新企业。例如,威廉·加纳(William Gartner)认为创业是新组织的创建过程。墨瑞·罗和爱恩·麦克美兰(Murray Low, Ian MacMillan)也把创业定义为新企业的创建。

后来创业的定义逐渐被拓宽,广义的创业既包括新建企业的创业,也包括把已创建企业改变为重焕生机的企业。例如,阿梅特、格劳斯顿、穆勒(Amit, Glosten, Mueller)认为创业可以在现有的组织内部进行。

此外,更多学者从分析创业的构成要素的角度来给出多元化的定义。一些学者认为,创业的核心要素是机会追求。例如,史蒂文森、罗伯特和格斯拜克(Stevenson, Roberts, Grousbeck)认为:"创业是一个不管是独立的还是在一个组织内部追踪和捕获机会的过程,这一过程与其当时控制的资源无关。"此外,在谢恩和温卡塔拉曼(Shane, Venkataraman)看来,创业就是发现和利用有利可图的机会。

有学者强调创业的风险性。弗兰克·奈特(Frank Knight)和彼得·德鲁克(Peter Drucker)认为创业是冒险行为,有很难测量的不确定性。企业家的行为反映了一类人愿意把自己的事业和财产悬于一线,花费时间和资金在不确定的风险上。

一些学者认为,创业是创造出新颖的产品、服务或实现其潜在价值。罗伯特·

希斯瑞克、麦克·彼得和典·赛弗德（Robert Hisrich，Michael Peters，Dean Shepherd）认为，"创业是一个发现和捕获机会并由此创造出新颖产品或服务和实现其潜在价值的过程"。创业是一个创新的过程，在这个过程中，新产品或服务的机会被确认、被创造，最后被开发产生新的财富。

总体来说，创业概念中出现频率最高的关键词有：开创新事业、创建新组织、资源的重新组合、创新、新产品、机会捕捉、风险承担、价值创造等。基于以上学者对创业的认识，本书对创业的定义如下："创业是指通过发现和捕捉创业机会，承担相应的风险，重新组合资源，以创建新企业或创新企业组织结构，最终创造出新产品或新服务并且实现其价值的过程。"

二、旅游企业创业的内涵

旅游企业作为从事相关旅游经营活动的营利性的、相对独立的经济实体具有一般企业的共性特征，因此上述关于创业的概念也适用于旅游企业创业。同时由于旅游行业的特殊性，旅游企业的创业还具有一些专有特征。旅游观赏娱乐企业、旅行社、餐饮住宿企业、交通和通信企业、旅游商品经营企业的创业内涵包括创业机会的识别、承担风险、重新组合资源、创建新产品或新服务。

（一）创业机会的识别

旅游企业的创业流程是由机会启动的。创业者应该思考机会是如何存在的，如何发现这些机会，何时以何种方式去利用这些机会来创造未来商品和服务。对于目光敏锐的创业者来说，市场机会每时每刻都会出现。例如，2008北京奥运会期间，官方的统计数据显示，北京的星级酒店700多家，总共能提供57万张床位，预计床位的缺口将在15万张左右。针对此市场空间，经营家庭旅馆的公司应运而生。由于普通百姓房东不能提供专业酒店服务，这类公司采用"房东提供房屋，公司提供服务"的经营方式，从单个房东手中收集房源，公司提供细致的酒店服务。奥运家庭旅馆利用这别于酒店的低价位、区别于酒店的家庭式服务和更靠近比赛场馆的距离优势取得了创业的成功。

（二）承担风险

看似前景远大的市场机会背后，往往隐藏着危险的陷阱。如果创业者仅凭激情做出决策，很容易掉入失败的泥淖。创业的风险有多种形式，通常来自精神、财务、社会、家庭等。旅游企业创业的风险更多地来自社会环境。由于旅游活动本身受国内外政治、经济、文化、外交以及汇率变动、恐怖事件、自然灾害、疾病流行等多种因素影响，旅游企业具有较强的敏感性。旅游业的这种敏感性特征，需要创业企业更多地关注各种危机事件发生的可能性，不断提高企业在创业阶段的抗风险能力。

（三）资源重新整合

旅游企业的创业资源包括三项：一是人力和技术资源，包括创业者及其团队的能力、经验、社会关系及其技术。旅游企业是为游客提供服务的企业，很多服务例如饭店室内装饰艺术、烹调艺术、导游艺术等，都靠劳务完成，所以人力资源很重要。二是财务资源，即以货币形式存在的资源，旅游企业的创业同其他企业一样需要资金支持。三是生产经营性资源，即厂房、设施等。旅游产业是相关性很强的产业，所以在生产过程中显著依赖于其他产业的产品作为生产要素。例如旅游企业的发展依赖于一个地区的基础设施建设、市政工程配套、资源环境、设备物资配置、旅游者所需的各种生活用品的生产和供应以及水电能源消耗等。旅游企业创业成功的关键在于拥有有价值的、稀缺的、难以模仿和交易、不可替代的特殊资源，所以旅游企业的创业者无论是白手起家还是对已有企业进行重组都需要掌握尽可能多的资源并重新整合。

（四）创造新产品、新服务

旅游企业创业必须是创造了新东西或新价值的行为。这些新事物包括新产品、新技术、新市场、新的原材料供应来源和新的组织形式。相反，仅仅满足市场需求而不是创造出新的需求（需要承担风险）的行为不是创业行为。彼德·德鲁克举例说，一对夫妇在郊区开张一家"既没有创造出一种全新的满足，也没有增加新的消费需求"的熟食店，这对夫妇不能被称为创业者，因为他们开熟食店的行为是被重复多次的老一套。相反，麦当劳企业是创业性质的，因为该企业"通过运用管理观念和管理技术，将产品标准化，设计科学的制作过程及操作工具，合理设定所需要的员工，制定培训标准，从而大幅度提高资源的产出和效益，创立了一个全新的市场氛围和新顾客的群体"。

三、旅游企业创业的流程

（一）餐饮企业创业的一般流程

企业的创办一般有着相当程度的固定创业流程模式，餐饮企业也不例外。对于餐饮企业创业者来说，掌握一定的餐饮企业创业流程知识是其成功创办并有效经营的必然要求。在总结相关餐饮企业家经营创办经验之后，得出餐饮企业创业的一般流程如下：

1. 调研餐饮市场需求，把握餐饮业发展趋势

创办新的餐饮企业需要做市场调研，即在一定区域范围内了解潜在顾客的餐饮

需求，创办适合其口味的餐饮企业。主要的市场调研方法有文案调研、实地调研和特殊调研三种形式：

（1）文案调研：主要是二手资料的收集、整理和分析。

（2）实地调研：实地调研又可分为询问法、观察法和实验法三种。

询问法：指调查人员通过各种方式向被调查者发问或征求意见来搜集市场信息的一种方法。它可分为深度访谈、GI 座谈会、问卷调查等方法，其中问卷调查又可分为电话访问、邮寄调查、留置问卷调查、入户访问、街头拦访等调查形式。

观察法：指调查人员在调研现场，直接或通过仪器观察、记录被调查者行为和表情，以获取信息的一种调研方法。

实验法：指通过实际的、小规模的营销活动来调查关于某一产品或某项营销措施执行效果等市场信息的方法。实验的主要内容有产品的质量、品种、商标、外观、价格、促销方式及销售渠道等。它常用于新产品的试销和展销。

（3）特殊调研：特殊调研有固定样本、零售店销量、消费者调查组等持续性实地调查；投影法、推测试验法、语义区别法等购买动机调查；CATI 计算机调查等形式。

2. 细分餐饮市场，寻找初创餐饮企业立足突破口

餐饮企业尤其是处于不利境遇的餐饮企业的初创者需要在激烈的竞争中出其不意地抢占市场空白才能赢得市场，这就需要对目标市场进行定位、进行市场细分。市场细分的概念是美国市场学家温德尔·史密斯（Wendell R. Smith）于 20 世纪 50 年代中期提出来的，是指按照消费者欲望与需求把一个总体市场划分成若干个具有共同特征的子市场的过程。

餐饮企业市场定位首先要确定消费者的性别、年龄、性格等特征，同时餐饮企业还要考虑餐饮产品的市场周期的阶段性问题。也就是说，产品虽然是市场需要的，但要考虑它是不是这个阶段所需要的，要看市场的阶段条件。

此外，定位还要考虑区域条件。区域条件就是对某区域的方方面面的条件进行对比。例如，大城市及一些沿海地区的经济条件比较好，其消费者的购买力强，即使产品本身是理性的，但人们消费的时候也可能趋于感性。到了内陆地区就不同了，同样的餐饮产品，由于人们的消费能力低，消费的时候就会变得较理性。

同时，餐饮产品定位还要考虑地理和文化、历史方面的条件。例如在鱼米之乡江南，天然富饶的地理环境使得这里生活舒适，人们注重养生，所以养生保健餐饮比较受欢迎。相比之下，西部内陆地区的人们对生命质量的重视程度远远不如江南鱼米之乡，对养生保健餐的需求也比较小。

3. 寻求资本支持，明确盈利模式

在餐饮企业创办过程中，寻求资本支持即餐饮企业融资方式是多种多样的。具体来说，餐饮企业融资方式即融资渠道有两种：债务性融资和权益性融资。前者包括银行贷款、发行债券和应付票据、应付账款等，后者主要指股票融资。债务性融

资构成负债，企业要按期偿还约定的本息，债权人一般不参与企业的经营决策，对资金的运用也没有决策权。权益性融资构成企业的自有资金，投资者有权参与企业的经营决策，有权获得企业的红利，但无权撤退资金。

寻求到合适的资金支持是餐饮企业创业获得成功的前提，在明确企业盈利模式并合理确定利润分配方式的情形下，获得相当程度的资本支持为餐饮企业的创办成功并获得丰厚收益奠定了基础。由于融资是创业的基础与核心，餐饮企业的创办也不例外，本节只做简要介绍，相关知识参考后面的创业融资模式章节。

4. 办理餐饮企业工商登记，招聘员工并培训，着手准备开业

餐饮企业创业者在获得足够资金支持、明确市场定位、确定餐饮企业的特色之后，就将要开始真正的创业之路，将之前的所有设计项目转化为现实行动。

餐饮企业创办一项不可避免的事项即办理餐饮企业工商登记，任何企业的创办都必须经过这一程序，在办理企业工商登记之前，创业者需将创业的各种思路落实于文字材料，也就是通常所说的餐饮业创业策划书，一般来说，餐饮企业创业策划书包含以下基本要素：（1）地点；（2）格调装修；（3）容纳客人人数；（4）员工总人数；（5）总厨、行政、楼面部、会计部管理人员组成；（6）员工训培；（7）服装、桌布；（8）客源来自哪个阶层；（9）资金来源，利息；（10）股东人数及名单；（11）供货商选择；（12）餐具选择；（13）厨房炉具及用品选择；（14）经营推广方式；（15）菜式系列；（16）防火措施；（17）员工（辞职、离职）应变措施；（18）回本期。

在完善了创业策划书后，进行企业工商登记的流程见图3—1。

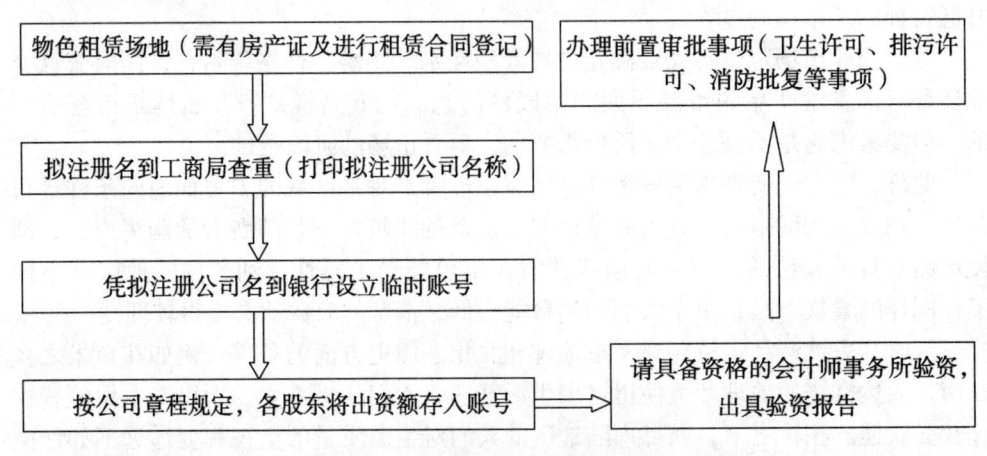

```
物色租赁场地（需有房产证及进行租赁合同登记）　　办理前置审批事项（卫生许可、排污许可、消防批复等事项）
            ↓                                              ↑
拟注册名到工商局查重（打印拟注册公司名称）
            ↓
凭拟注册公司名到银行设立临时账号
            ↓
按公司章程规定，各股东将出资额存入账号 →  请具备资格的会计师事务所验资，出具验资报告
```

图3—1　餐饮企业工商登记流程

企业在取得营业执照之后，通过各项检查将进行试营业，期间一方面检验企业运转状况，另一方面是要对企业员工进行培训，以强化员工技能并着手准备开业，餐饮企业在开业期间需要注意的是把握开业营销机遇，为餐饮企业成功立足奠定

条件。

总之，餐饮企业的创业过程既有与其他企业创业过程相似之处，也有由于餐饮产品的特殊性所导致的特殊创业过程，总结以上流程描述，餐饮企业的创业过程可以图3—2描绘：

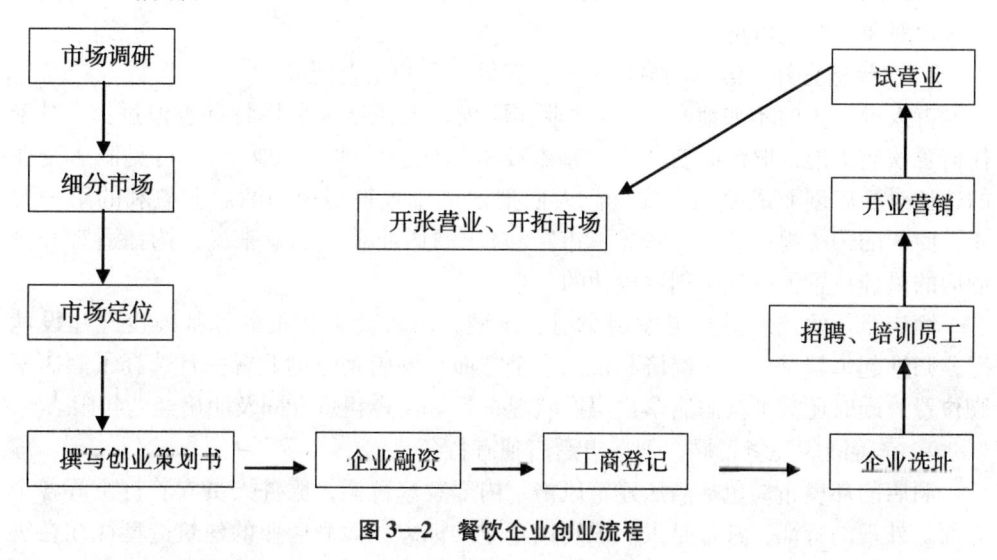

图3—2 餐饮企业创业流程

市场调研 → 细分市场 → 市场定位 → 撰写创业策划书 → 企业融资 → 工商登记 → 企业选址 → 招聘、培训员工 → 开业营销 → 试营业 → 开张营业、开拓市场

（二）酒店企业创业的一般流程

现代酒店是提供一系列产品和服务的综合供应场所。酒店企业的创业，需要根据创业者筹集资金的规模大小而定，资本的多寡决定所创酒店企业的功能完善程度。一般来说，一个功能完善的酒店企业所包含的部门包括前厅部、客房部、餐饮部、商品部、康乐部、工程部、保安部、营销部、财务部、人力资源部、公共关系部等。

酒店企业创业需要巨大的财力支撑，因此本节对酒店企业的创业流程论述将省去酒店创业的融资部分，具体操作可参阅后面章节的创业融资部分。

酒店企业创业的一般流程，与所有的企业创办一致，需要按照相关法规逐步完善，包括选址、工商登记等必备项目，更与前面的餐饮业创业流程极其相似，本节简述酒店企业创业的一般流程如下：

1. 酒店定位，确定属于自己的客源市场

酒店企业创业前的战略定位，是关系到酒店如何在激烈的市场竞争中占有一席之地的重要问题，更是关系到酒店企业创业成败的问题。酒店的战略定位，通俗地说就是酒店企业为顾客提供什么产品和服务？怎样提供这些产品和服务？产品和服务的销售对象是谁？他们具有什么样的特征？怎样才能更好地吸引他们来酒店消费？本酒店提供的这些产品和服务目前在市场上的情况如何？产品和服务处于生命周期的什么阶段……

在酒店企业创业筹备阶段，创业者需要进行科学严谨的市场调研。在充分论证的基础上着手下一步创业计划的实施是一位理性的酒店企业创业者所必须具备的素质。因此酒店企业的创业第一步就是要明确新创酒店的市场定位，找出属于自己酒店客户对象的客源市场。

2. 选择适宜开设酒店的最佳位置，签好房产租赁合同

古人说"天时不如地利"。餐饮业先驱埃尔斯沃斯·斯塔特勒曾说过："对于任何餐饮店来说，取得成功的三个基本要素是地点、地点、地点。"可见酒店企业的选址对酒店创业成败的重要性。人们把地理位置得当视为酒店业盈利的第一要素，商业的传统规律是"一步差三市"，对于酒店业企业创业来说，选择适宜开设酒店的最佳位置无疑就是创业成功的一半。

酒店企业的选址需要考虑到交通、区域、市政设施和服务等基础设施建设状况，归纳起来就是地理、经济和市场三个方面。酒店企业创业者一旦选择了酒店落脚位置，同时还需考察酒店落户房产状况，签好房产租赁合同及明确经营年限。

3. 完善酒店环境布局，创造出酒店独有特色

酒店的环境布局包括酒店建筑风格，内部装修色调，服务人员衣着打扮等各个方面。外观的特征，常常是人们识别该企业的标志。而酒店业的建筑造型往往在突出企业形象、增强吸引力方面具有重要作用。一般来说，酒店建筑风格有中国宫殿式、园林式、民族式、现代化式和综合式等类型。而适当的装修可以给人一种安全、舒适、满足的感觉，在获得各种需求满足之后，顾客才可能再次光临该酒店。因此，酒店企业创业者在确定了酒店服务对象之后，必须要完善酒店环境布局，创造出适合于所创酒店企业的独有特色。

在实际创业过程中，酒店环境布局完善有可能是耗资较大的部分，同时，与酒店的选址一样，酒店装修一旦完成，在短时间内是无法进行大面积更换的，因此，酒店企业创业者对于酒店环境布局的完善，也需要特别关注。

4. 选取一个响亮的酒店名称，及时办理各项工商登记手续

俗话说，"名不正则言不顺"，酒店名称对于酒店经营业绩也有一定程度的影响。酒店名称必须要具备两个特征，即识别性和传达性。现代酒店的名称中还往往蕴含了企业的服务理念和经营目标，因此，创业者在注册登记之前必须权衡各方面因素，制定一个符合酒店发展的称谓。

任何企业的创办都必须进行申请和注册，只有申请和注册后的企业才能获得"准生证"，而只有具备营业手续的企业，才能进行营业经营。根据我国《公司法》、《公司登记管理条例》等有关法律规定，酒店企业的经营，必须及时办理各项工商管理注册手续，以获取酒店业经营管理所需各种证件。

5. 招募、培训足够酒店企业员工，并开展试营业

在我国的酒店经营管理实践中，人们往往片面地把酒店企业的经营成败归咎于

职业经理人称职与否。事实上，一个经营良好、业绩优异的酒店不仅需要有一位善于经营管理的总经理，更重要的是要有一群素质良好、懂得酒店服务礼仪的工作人员。

酒店企业的创业者在酒店正式营业之前，必须按时、足额招募酒店企业营业开张所需工作人员，并进行严格的业务技能培训，以使其能够以娴熟的技能和高雅的服务礼仪接待各方旅客，从而突出酒店业"服务"这一核心理念，使顾客享受到各种超值服务。

为了确保酒店企业在开业之日能够正常营业，一般情况下，酒店需进行试营业。在试营业的过程中及时发现并解决相关问题。

6. 筹备一个成功的酒店开业庆典，充分利用第一印象营销

酒店开业庆典常常吸引众多顾客，开业意味着新的东西，令人振奋。对于一家酒店企业来说，开业庆典是进行市场营销的绝佳时机。一次成功的开业庆典往往能给客人留下深刻的印象。

一般情况下，开业庆典的形式多样（表3—1），对于酒店企业创业者来说，酒店企业的开业典礼需采用公关型开业典礼形式，在拜访、邀请相关重要客户参加开业剪彩过程中营销酒店企业服务，充分运用第一印象营销手段。

表3—1 常见的开业典礼形式

形式	活动内容	优点	缺点
一般型开业典礼	致辞与剪彩	易于控制、操作费用少	公关作用差，消费者不易参与
实惠型开业典礼	无正式开业仪式	省费用、消费者易参与，较实惠	传播作用较弱
公关型开业典礼	现场服务咨询、赞助公益事业、演出、消费者联欢	新闻宣传性强，易造成轰动效应	现场安全不易控制与把握

资料来源：周文. 连锁超市经营管理师操作实务手册（店铺开发篇），湖南科学技术出版社，2003：268.

（三）景区企业创业的一般流程

景区企业的创业与筹建，因其行业的特殊性而呈现出创业的复杂性，我国《旅游景区规划法》规定：旅游景区的开发筹建，需报请县级以上人民政府审核批准。景区企业创业筹建是一项复杂的工程，包括景区投资动机的产生、投资决策的制定、团队的组建、景区规划设计、项目建设、生产准备等过程。在我国旅游业的大发展时期，景区企业的创建曾经一度火爆，由于缺乏科学的项目决策和操作程序，导致不少投入巨大的景观由于消费群体市场萎缩而举步维艰，难以进入正常运营轨道。因此，科学的决策和按完善的创业流程办事是景区企业成功创办经营的前提。

景区企业的开发创办，因景区资源类型的不同而应选择的开发方向与方式略有不同，但总的来说，旅游景区企业的创建流程一般都需要经历以下几个阶段：

1. 景区企业创业前期工作阶段

这个阶段的工作主要包括旅游景区项目建议书的编制、可行性研究报告的编制和项目工作设计等内容。旅游景区建议书是要求建设旅游景区项目的建议文件，是建设程序中最初阶段的工作，是投资决策前对拟建项目的轮廓式设想。项目建议书的主要作用是对一个拟建设项目进行初步说明，论述建设的必要性、条件的可行性和获得的可能性，供基本建设管理部门选择并确定是否进行下一步工作。

景区企业投资项目的建议书得到批准以后，即可进行可行性研究工作。如进行旅游产品市场供需情况的调查与预测、建设条件的调查等。根据调查的资料对景区投资项目技术上的可行性、经济上的合理性以及建设条件的可能性等方面进行技术经济论证，进行不同方案的分析比较，并在研究分析效益的基础上，提出建设项目是否可行和怎样进行建设的意见和方案。根据论证，编写可行性研究报告，供下一步调查研究以及编制项目计划书（图3—3）参考。一般建设项目（包括工业、民用建筑、城市基础设施、水利工程、道路工程等）的设计过程划分为初步设计和施工图设计两个阶段。对技术复杂而又缺乏经验的项目，可根据不同行业的特点和需要，增加技术设计环节。

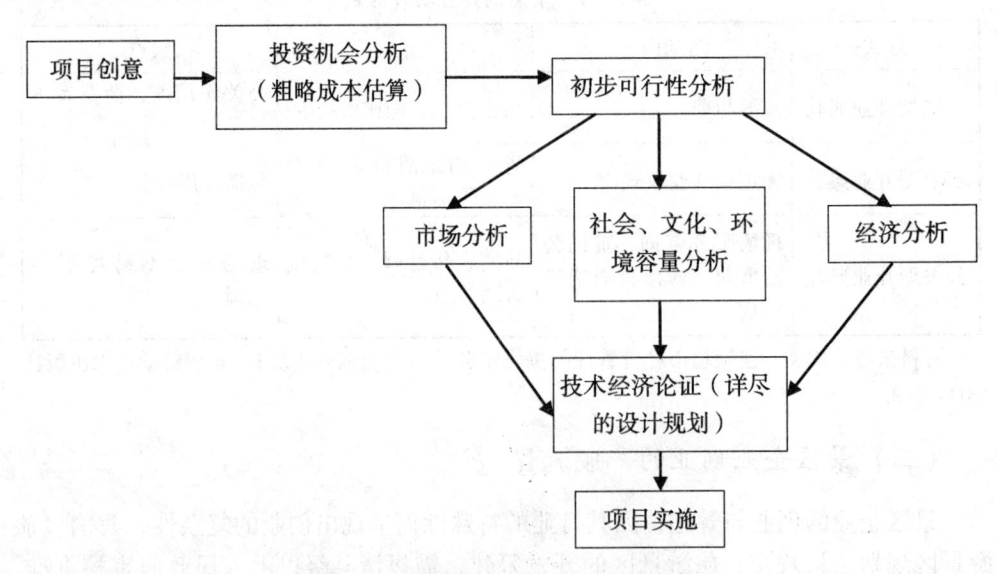

图3—3 景区企业项目可行性分析流程

2. 旅游景区企业建设项目的实施阶段

旅游景区企业建设项目的实施是景区企业创业的核心，即将项目创意付诸实施的过程。一般来说，实施阶段包括施工准备和建设实施两个阶段。施工准备包括建设开工前的准备和项目开工审批,主要内容为征地、拆迁和场地平整,组织招标,签订施工合同等。建设单位在工程建设项目可行性研究书批准、建设资金已经落实、各项准备工作就绪后应及时向当地行政主管部门申请开工审批。

开工许可审批之后即进入项目建设施工阶段。在建设施工阶段需明确的内容有年度基本建设投资额、生产准备等。

3. 旅游景区建设项目竣工阶段

根据国家相关规定,所有建设项目按照上级批准的设计文件所规定的内容和施工图纸的要求全部建成,工业项目经负荷试运转和试生产考核能够生产合格产品,非工业项目符合设计要求,能够正常使用,都要及时组织验收。

竣工验收的依据是经过上级审批机关批准的可行性研究报告、初步设计或扩大初步设计(技术设计)、施工图纸和说明、设备技术说明书、招标投标文件和工程承包合同、施工过程中的设计修改签证、现行的施工技术验收标准及规范以及主管部门的有关审批、修改、调整文件等。

建设项目全部完成,经过各单项工程的验收,符合设计要求并具备竣工图标、竣工决算、工程总结等必要文件资料,由项目主管部门或建设单位向负责验收的单位提出竣工验收申请报告。验收委员会在听取相关汇报、审阅相关工程档案后,形成验收鉴定意见书。

4. 景区企业开业运营阶段

旅游景区企业建设项目竣工之后,景区企业将进入开业运营阶段。在此阶段,工作内容包括景区开业准备和开业典礼筹备。景区开业准备工作是继设计、施工装修以后,使景区项目由建设转入经营,为正式经营作铺垫的一项重要工作,通常由景区管理部门负责。

任何景区企业的开业都需要人、财、物齐备,并且还要有切实可行的营销方案。因此,景区开业准备工作的主要内容是筹集营运资金;招聘、培训员工;协助工程验收、交接和试运行;配备设备,采购生产物资;制订营销计划;健全规章制度和申办营业许可证等。

在各项运营准备工作完成之后,景区企业还需要筹划一个使客户印象深刻的开业典礼。充分把握好第一次企业营销机会,对于景区来说,一次公关型的开业典礼无疑可为景区企业的成功经营奠定坚实基础。

5. 后评价阶段

建设项目评价是工程项目竣工投产、生产运营一段时间后,再对项目的立案决策、设计施工、竣工投产、生产运营等全过程进行系统评价的一种技术经济活动。通过建设项目后评价以达到肯定成绩、总结经验、研究问题、吸取教训、提出建议、改进工作、不断提高项目决策水平和投资效果的目的。

纵观以上景区企业的创办流程及程序,旅游景区企业的筹备创建可用如下流程加以描述(图3—4):

旅游企业创业管理

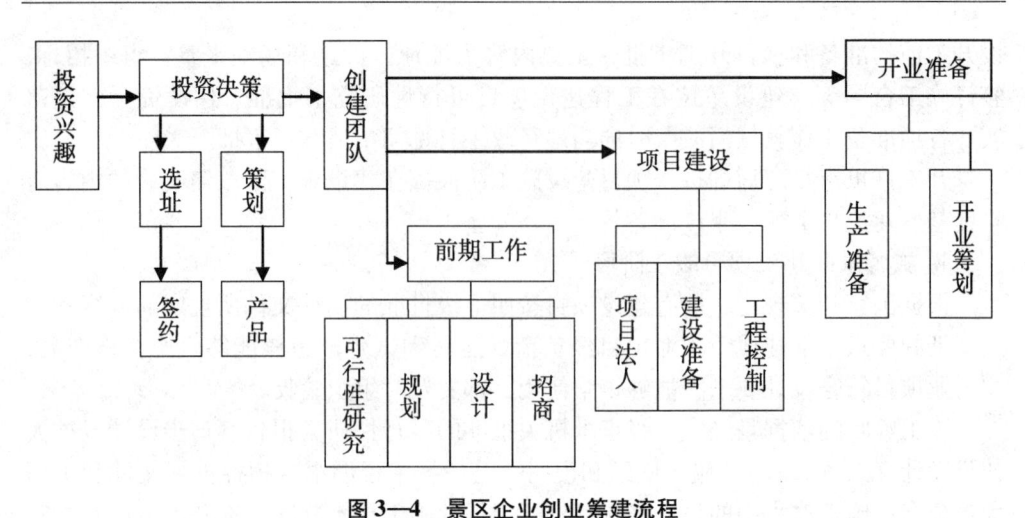

图3—4 景区企业创业筹建流程

资料来源：中国旅游投融资网：www.cntif.com

（四）旅行社企业创业的一般流程

旅行社属于一种综合性服务行业，由于旅游产品具有涉及面广、运作环节多、资金投入少、市场风险大、服务质量监控难度大等特点，因此需要一定的经营规范和较高的市场准入条件才能保证全行业的正常秩序。在我国，旅行社被列为特许经营行业，其进入受到政府的严格管理，带有浓厚的计划经济色彩。根据国家工商总局1992年公布的《关于改进企业登记管理工作，促进改革和经济发展的若干意见》规定：旅游企业申请开业登记，应首先按有关规定报请行业归口部门审批，然后再到工商行政管理部门办理登记注册。

1. 申请营业许可证

《旅行社管理条例》第六条明确了设立旅行社应当具备的条件：有固定的营业场所；有必要的营业设施；有经培训并持有省、自治区、直辖市以上人民政府旅游行政管理部门颁发的资格证书的经营人员；有符合本条例第七条、第八条规定的注册资本和质量保证金。

申请开办旅行社的单位或个人在申请业务许可证时，应向旅游行政管理部门提交：（1）设立申请书；（2）设立旅行社可行性研究报告；（3）旅行社章程；（4）旅行社经理、副经理履历表和资格证书；（5）开户银行出具的资信证明，注册会计师及其会计事务所或审计师事务所出具的验资报告；（6）经营场所证明；（7）经营设备状况证明；（8）旅行社质量保证金承诺书。

设立国际旅行社者直接向所在省、自治区、直辖市旅游行政管理部门提出申请，受理申请的旅游行政管理部门在征得拟设地的县级以上旅游行政管理部门的同意并签署审查意见后报国家旅游局审批。

设立国内旅行社者直接向所在省、自治区、直辖市旅游行政管理部门或其授权的地、市级旅游行政管理部门提出申请，受理申请的旅游行政管理部门在征得拟设地的县级以上旅游行政管理部门的同意后，根据条例进行审批。

表3—2　国际旅行社和国内旅行社缴纳注册资本与保证金比较　　单位：人民币万元

旅行社类别		注册资本	质量保证金	
		一般经营范围	一般经营范围	特许经营出国（出境）旅游业务
国际旅行社	申请设立时需缴纳	150	60	100
	每设立一个分社应增交	75	30	
国内旅行社	申请设立时需缴纳	30	10	
	每设立一个分社应增缴	15	5	
外商投资旅行社		400		

说明：注册资本是旅行社设立时必须拥有的法定的最低限额的资本，可以高出该限额，但不得低于该限额。

资料来源：根据《旅行社管理条例》和《设立外商控股、外商独资旅行社暂行规定》整理。

在实际工作中，我国旅行社的审批采取"先筹备、后验收、再审批"的做法，即申办者首先提交有关文件，申请获准筹办旅行社，并在接到获准筹备通知1年内达到验收标准。如果申办者自接到筹备通知后1年内仍未达到验收标准，旅游行政管理部门将依照规定取消其筹备资格，并规定3年内该单位及个人不得再申办旅行社。

2. 办理注册登记

旅行社经过旅游行政管理部门批准后，申办者须在收到经营许可证后的规定期限内，持有关批准文件和许可证到工商行政管理部门办理注册登记手续，领取营业执照。旅行社营业执照签发日期为该旅行社的成立日期。

3. 办理税务登记

旅行社应在领取营业执照后的30个工作日内，到当地税务部门办理开业税务登记，并在银行账号办妥之后，申请税务执照。

办理税务执照时应向当地税务部门申领统一的税务登记表，如实填写各项内容，经税务机关审核后，发给税务登记证。税务登记结束后，申领发票，开张营业。

4. 设立分支机构

旅行社根据业务经营和发展的需要，可以设立非法人分社和门市（包括营业部）等分支机构。依照我国现行法律规定，只有年接待人数超过10万人次的旅行社才能设立不具备独立法人资格、以设立社名义开展旅游业务经营活动的分支机构。具体设立程序如下：（1）向原审批的旅游行政管理部门申请办理核准该旅行社每年接待旅游者达10万人次以上的证明文件；（2）按条例规定数额，到设立地有旅游行政管理权的旅游行政管理部门缴纳旅行社质量保证金；（3）到原审批的旅游行政管理部门领取许可证；（4）凭证明文件和许可证到工商行政管理部门办理登记注册手续。旅行社应当在办理完分社登记注册手续之日起的30个工作日内，报其旅游行政管理主管部门和分社所在地的旅游行政管理部门备案。

旅行社门市部是指旅行社在注册地的市、县行政区以内设立的不具备独立法人资格，为设立社招徕游客并提供咨询、宣传等服务的分支机构。其设立程序包括：（1）征得拟设地县级以上旅游行政管理部门的同意；（2）在办理完工商登记注册手续后的30个工作日内，报原审批的旅游行政管理部门、主管的旅游行政管理部门和门市部所在地的旅游行政管理部门备案。

第二节　旅游企业创业者素质

一、创业者的概念

创业者的英文表述是entrepreneur。英文的entrepreneur有两个基本的意思：第一个含义是企业家，即在已经成型的企业中负责经营和决策的领导人；第二个含义是创业者，即将创办新企业或新业务的具有创新精神的领导人。企业家与创业者是两种不同的职业称谓，但二者在创业过程中又是紧密相关的。随着一个新创企业的不断成长，创业者扮演的角色会发生转变。当这个企业成熟时，创业者会成长为企业家。企业家本质上也是创业者，因为他们是在现有企业中具有创业心态和创业行为的领袖型人物。

创业者一词出自法语，意思是中间人或中介。创业者的概念至今尚未有被普遍接受的定义，不同时期学者给出的定义见表3—3。综合学者们的定义，我们认为创业者可以理解为：通过付出必要的时间和努力去协调和利用资源，改革和革新生产方式以创造出新产品、新服务，并承担相应的风险，最终获取金钱报酬和个人满足的一类人。

表 3—3　创业者/企业家的相关定义

年代	学者	创业者/企业家定义
17 世纪		与政府签订固定价格合同，承担盈利和风险（亏损）的人。
1775 年	理查德·堪提龙（Richard Cantilion）	创业者/企业家是承担了与资本供应者不同风险的人。
1876 年	弗朗西斯·沃克（Francis Walker）	区分了从提供资金中获取利息的人与从管理能力中获取利益的人。
1921 年	弗兰克·奈特（Frank Knight）	创业者/企业家应该是那些在不确定环境下承担风险并进行决策的人。
1934 年	约瑟夫·熊彼特（Joseph Schumpeter）	创业者/企业家是创新者，是开发从未尝试过的技术的人，能够"改革和革新生产的方式"；创业是资本主义经济增长的推动力。
1964 年	彼得·德鲁克（Peter Drucker）	创业者/企业家是使机会最大化的人。
1972 年	科斯纳（Kirzner）	企业家是"经纪人"（middleman）。
1982 年	卡森（Casson）	创业者/企业家是擅长对稀缺资源的协调利用做出明智决策的人；创业者/企业家是一个市场制造者（造市者）。
1985 年	罗伯特·希斯里克（Robert Hisrich）	创业者/企业家是通过付出必要的时间和努力去创造新价值，承担相应的经济、心理和社会风险，并获取相应的金钱报酬和个人满足的一类人。

资料来源：改编自夏清华．创业管理．武汉大学出版社，2007：7.

二、旅游企业创业者的人格特征

创业者是具有相同特征的一类人，很多文献研究创业者的人格特征。旅游企业的创业者同其他类型企业的创业者一样具有这些共同的人格特征。

• 大卫·麦克莱伦（David McClelland）描述道：创业者对成功有无法抵抗的渴望。

• 柯林斯和摩尔（Collins and Moore）总结了创业者是坚强、注重实效、被对立和成就驱动的人，很少屈服于权力。

• 伯德（Bird）认为，创业者是有见识、机智、狡诈、有独创性、足智多谋、善于把握机会、有创造性、非感性的人。

• 库珀，乌和丹克伯格（Cooper, Woo, Dunkelberg）认为，创业者在决策过程中极度乐观。

• 布森尼兹和巴尼（Busenitz and Barney）声称创业者是极度自信和全面的。

旅游企业创业者同样具有上述学者概括的创业者的共同特征，除此之外，旅游企业创业者的特征也可以表述为创业者有开创事业的热情，有独特的见解，有实现目标的蓝图。旅游企业创业者有责任感，并坚定果断地采取措施把前景变成现实。旅游企业创业者谨慎地承担风险，估算成本、市场/消费者需求并说服其他人加入帮忙。创业者是积极的思想者和决策者，需要灵感、动力和敏感性。

此外，旅游企业创业者有一定的贡献，例如开发新市场、创造消费者和购买者，这也是创业者区别于普通经营者的地方。普通经营者只运用传统的管理手段，例如规划、组织和协调。另外，旅游企业创业者不满足于现有的材料和资源，他们能发现新资源，能够开发新资源的往往在供给、成本、质量方面具有比较优势，所以创业者会坚持寻找新资源来推动企业发展。而且，旅游企业创业者有动力和自信为新事业和事业拓展积累资本。同时，旅游企业创业者能引入新技术、新工艺、新产品。最后，旅游企业创业者善于利用商业机会并把机会转变为利润，而且带动就业。

除了共有的人格特征，每个旅游企业创业者对自己的成功也有不同的认识和总结。例如，希尔顿饭店（Hilton Hotels）已是世界公认的饭店业中的佼佼者。该饭店的宗旨是"为我们的顾客提供最好的住宿和服务"。希尔顿的品牌名称已经成为"出色"的代名词了。它的创立者——康拉德·希尔顿是个精力充沛而能干的实业家，又是个实实在在的乐天派。他把自己的成功归结为：

第一，发现自己的特有天资；
第二，有大志，敢想，敢干，敢憧憬；
第三，充实；
第四，对生活要充满激情；
第五，莫让你所占有的东西占有了你；
第六，有麻烦莫担忧；
第七，担当起自己对这个世界的全部义务；
第八，不要沉溺于过去；
第九，尊敬别人——不要鄙视任何人；
第十，不间断地满怀信心地祈祷精品国际饭店公司经营成功。

三、旅游企业创业者应具备的素质

（一）对市场的敏感度

当今市场千变万化，机会和风险并存，旅游企业创业者要抓住机会必须要"先知先觉"，也要有冒险精神，不敢冒险就不敢前进，一旦疏忽机会就稍纵即逝。只有走在市场前头，才能获得丰硕的回报。很多成功的创业者没有很高的文化，往往是因为抓住了一次巨大的市场需求，通过这个机会使自己的企业地位有所提高。

（二）明势

创业者要有强烈的时代感，一定要紧跟形势，要研究政策，国家鼓励发展什么，限制发展什么，对政策和社会发展趋势可能带来的影响要有十足的把握并懂得借势。顺着国家鼓励的方向发展，会事半功倍，相反只能失败。

（三）胆识

很多人遇到了机会不敢决断，错失良机。成功的创业者都具备过人的胆识，即一种智慧与能力的结合。胆是一个人敢于承担风险和责任的能力，创业的整个过程都需要创业者敢于冒风险，敢于险中求胜，只有敢于承担风险和责任，才能走出创业的第一步。而识是一个人对事物的认知能力，是决定创业者能够走多远的知识和智慧基础。旅游企业创业者要具备超人的胆量和超人的学习能力和应变能力。只有胆识兼备，才能创大业。

（四）谋略

谋略是智慧，是一种思维方式，一种处理问题和解决问题的方法。古人云："不谋全局者，不足谋一域；不谋万世者，不足谋一时"。创业是一种需要智慧的活动。在目前产品日益同质化、市场有限、竞争激烈的情况下，旅游企业创业者要有能力出奇制胜，推出独树一帜的产品，寻找差异化市场。创业者的智谋将在很大程度上决定其创业成败。

（五）创新

创业者必须能够推陈出新，如果拘泥于常规、死守教条，"以不变应万变"，只有失败。成功的创业者常常是先声夺人地打破一些不成文的规则，这就是创造力。创业者要敢于开拓进取，不断创新，以活跃的思维不断吸取新的知识与信息，开发出新的产品和新的招式，使自己的事业充满活力和生机。没有创新求异精神，企业就不会有个性；没有个性的企业往往停滞不前，容易在激烈的竞争中被淘汰。

（六）领导者素质

作为领导者，旅游企业创业者必须具备很好的沟通能力、公关协作能力、交际能力、应变能力。协调能力能够促使团队积极、高效地开展工作；公关协调能力则可以融洽团队与客户间的感情，增加彼此合作的愿望和机会；交际能力使创业者在与社会各个机构进行沟通、互动与合作时游刃有余。同时，作为领导者，旅游企业创业者要善于管好"一群人"，能够知人善用，充分调动员工的聪明才智和积极主动精神，使企业各环节准确无误地高效运转。

（七）坚强意志

创业是艰难的，在创业的过程中难免会遇到这样或那样的苦恼、挫折、压力甚至失败，这就要求旅游企业创业者必须具备承受挫折、迎接挑战的心理素质，而这些素质的培养就是靠增强创业者的创业信心。当遇到挫折和打击时，有好的心态，就能愈挫愈勇，永不放弃。

（八）社会责任感

创业不仅是为了实现自己的价值，而且要承担很多社会责任。能够摆正个人利益和社会利益的关系，创业者才有可能在一定程度上超越小我，为国家、社会做出有益的贡献。同样，旅游企业创业者既要追求个人利益，更要追求全体利益；既要追求经济利益，又要追求社会利益，而不以一时的经济利益损害长远的社会利益。

（九）自我反省能力

创业既然是一个不断摸索的过程，创业者就难免在此过程中犯错误。在做事的时候应以自我反省、自我修正的态度，以不断的追求去实现自己美好的愿望。一个善于自我反省的创业者，往往能够发现自己的优点和缺点，并能够扬长避短，发挥自己的最大潜能。反省，正是认识错误、改正错误的前提。对创业者来说，反省的过程，就是学习的过程。

（十）人际网络

人际网络即人脉、人际关系，体现人的社会关系。人的成功只能来自于他所处的人群及所在的社会，只有在这个社会中游刃有余，才能为事业的成功开拓宽广的道路。人际网络资源越丰富，创业的门路也就更多。人脉层次越高，创业成功的可能性就越大。搭建丰富有效的人际网络资源是创业成功的诀窍，是一笔看不见的无形资产！

第三节　旅游企业创业管理

创业研究始于1755年，法国经济学家 Richard de Cantillon 将 entrepreneur（创业者/企业家）一词作为术语引入经济学。20世纪80年代，创业研究在美国蓬勃发展，1987年美国管理学会将创业研究作为一个单独的领域正式纳入管理学科。

一、创业管理的内涵

创业管理（entrepreneurial management）的概念与内涵随着企业管理思想的演变而有所变化。早期的创业管理概念狭义的定义为新企业设立前后的管理，即白手起家，依靠自有资金创立新事业的准备阶段及早期运营阶段所涉及的管理，包括环境分析、机会识别、撰写计划书、融资、组建团队。

现有创业管理的概念逐渐宽泛，因为现有的企业也需要不断创新产品，拓展新业务，寻找新的增长点，所以目前创业管理不仅包括新建企业的管理，而且包括成熟企业的创业管理。广义的创业管理的内容包括三个方面：第一是企业初创管理，包括市场调研、计划书制定、团队组建、融资管理等。第二是企业成长管理，包括营销管理、财务管理、人力资源管理等。第三是企业发展管理，包括企业文化管理、品牌经营管理等。总之，创业管理是以环境的动态性与不确定性以及环境要素的复杂性与异质性为假设，以发现和识别机会为起点，以创新、超前行动和勇于承担风险等为主要特征，以创造新事业的活动为研究对象，以研究不同层次事业的成功为主要内容。

理解旅游企业创业管理需要掌握几个要点：第一，旅游企业创业首要条件是提高识别机会的能力并把握机会。第二，旅游企业创业管理的关键在于创新，创新可以是新技术与新服务的发明，也可以是对现有服务、劳务技术的重新组合。第三，旅游企业创业并不是无限制地冒险，而是需要理性地控制风险。第四，旅游企业创业管理更需要超前性的旅游产品与服务，能在竞争对手之前采取行动。第五，旅游企业创业管理更强调团队的创业。

二、创业管理与一般管理的区别

自20世纪80年代，特别是21世纪以来，创业精神深入人心，创业活动蓬勃开展，虽然创业实践活动仍属于企业管理活动的范畴，但用传统的企业管理方法管理新建企业或成熟公司的创新活动已不能奏效，在此情况下，众多的创业现象和创业活动呼唤理论的指导。经过学者们的不断探索，如今创业管理理论体系已初步完善，并且已经引起人们对创业管理方式与传统管理方式的比较与反思。两种管理方式有所区别，但在不断的发展中又不可避免地出现渐渐融合的趋势。二者的关系被总结为三种学说：替代说、阶段说、融合说。

"替代说"认为，创业管理与传统管理在应用领域上是不同的。创业管理完全不同于传统管理，并优于传统管理。创业管理和传统管理（或称一般管理）的区别在于，传统管理主要关注成熟企业在日常营运中如何追求效率、效益，避免亏损和进行内部协调，而创业管理则关注把握机会迅速创造价值，或是在今天发现明天的商机，两者是一种互相替代关系。

"阶段说"则认为创业管理与传统管理是两个不同的阶段，创业管理研究新企业从准备阶段到初始阶段的管理，而传统管理主要研究现存的大企业运营阶段的管理。在企业的不同发展阶段需要不同的管理方式。在企业发展的前期更侧重寻找机会和开发、利用机会的过程，即创业管理，而在企业发展的中后期体现为传统管理，如图3—5。

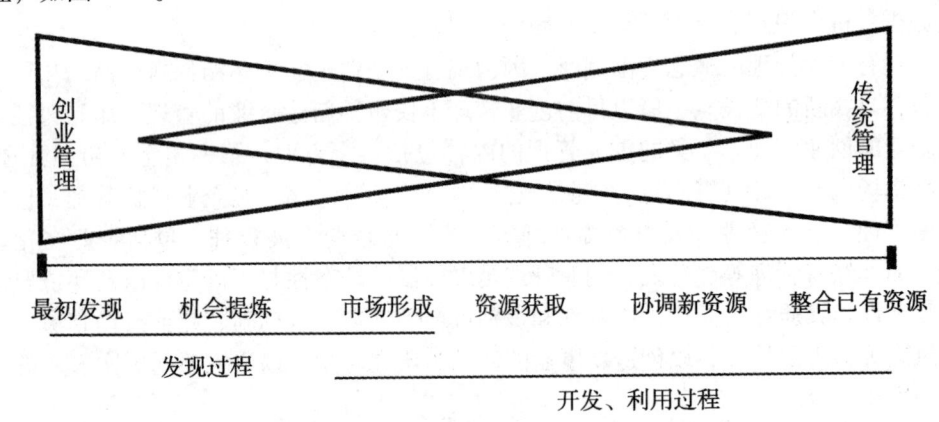

图3—5 创业管理与传统管理的关系

资料来源：Davidsson, Low and Wright, 2001.

"融合说"是指创业管理和传统管理都有自身的优势和管理侧重点，但也在逐步借鉴对方的长处，表现出两有融合的趋势。这一方面表现为创业管理虽然呈现出捕捉机会创新产品与服务的"创业化"等特征，但也在企业初创阶段逐步借鉴传统管理的部分职能，如计划、领导、控制等；另一方面，企业发展中后期的传统管理也需要增加创新、变革等新的职能以激发企业重新焕发活力。传统管理与创业管理之间确实存在着明显的差异，但发展的趋势是两者相互补充，相互促进。

除了以上三种学说，创业管理与一般管理的区别见表3—4。两者的差异首先表现在两种管理方式所依据的基础有差异，传统管理是以制造业为基础的，创业管理的基础是以信息、金融和服务等为主的新经济环境。当前世界经济正在经历从工业社会向消费社会的转变，从工业社会向信息社会的转变，从传统经济向新经济的转变，外界环境是创业管理蓬勃发展的基础。

其次，两者的研究对象不同。传统管理研究已经成熟的大企业中后期持续稳定的运营，如表3—4，而创业管理研究新创立企业或已成熟企业发展中期的创新活动。或者如"阶段说"所讲，两者的研究阶段不同。

再次，两者的出发点不同。传统管理的出发点是在稳定和秩序下追求生产效率和经济效益增长，而创业管理的出发点是迅速获得信息，抓住时间差迅速行动，抢在竞争者前面把资源变成收益。

此外，两者的竞争优势不同。传统管理下企业自动化生产、大批量制造，其竞争优势是低成本、高质量、稳定有序、高生产效率，而创业管理下企业的竞争优势是机会把握和价值创新。

同时，两者的管理导向不同。传统管理下的企业注重研发设计产品、大规模生产、自动化、大市场、高质量，企业成长依赖生产效率的提高，是技术导向型的，而创业管理更注重在不稳定的动态环境下捕捉机会，利用机会产生经济收益，是机会导向型的。

最后，传统管理是通过对人力、物力、资金资源的计划、组织、领导和控制达到提高生产效率和经济效益的目的，而创业管理则是在不稳定的动态环境和不成熟的企业制度中，更多地依靠团队合作、创新和冒险来实现创业的成功。

表3—4　创业管理与传统管理的区别

	传统管理	创业管理
基础	大机器工业	新经济
研究对象	现有企业	新创建企业及成熟企业的创新活动
出发点	效率和效益	寻找机会迅速成功
竞争优势	成本、质量	速度、变革
管理导向	技术导向	机会导向
管理方法	计划、组织、领导、控制	团队合作、创新、冒险

三、旅游企业创业管理的内容

旅游企业在创业阶段涉及的主要管理内容有决策管理、融资管理、营销管理、财务管理和团队管理。

（一）创业决策管理

创业阶段面对多变的环境与机会和风险，为了保证创业者能够果断做出决策，需要对决策过程进行科学的管理。创业决策管理有六个环节：1. 确定决策在企业所有决策体系中的位置。2. 选择决策分析方法。3. 周密的决策过程。4. 细分决策过程和决策责任。5. 详尽记录分析决策过程。6. 决策管理制度化和规范化。

（二）创业融资管理

通过合适的渠道和方式进行融资是企业创业起步的保证。创业融资管理包括几个内容：1. 估算创业资金需求，预编财务报表和现金流量表。2. 选择融资类型，采用债权融资还是股权融资；直接融资还是间接融资；内部融资还是外部融资。3. 确定具体融资方式，包括自有资金、亲戚和朋友借款、银行贷款、租赁等方式。4. 融资谈判。

（三）创业营销管理

在创业阶段对市场的关注是捕捉机会创造新价值的基础，成功的市场营销是企业迅速成长的保证。营销管理包括以下方面：1. 探明市场环境，例如进行严密的市场细分，找准合适的目标市场，确定准确的市场定位。2. 捕捉进入市场的方法，例如市场渗透法、市场开发法、产品开发法等。3. 确定定价策略，例如诱导定价策略、习惯定价策略、撇脂定价策略等。4. 品牌推广。

（四）创业财务管理

财务管理是提高资金使用效率、促使企业用最少的资源获得最大经营效益的管理活动，包括：1. 筹资管理，选择合理合法的渠道获得创业需要的资金。2. 投资管理，有效地分配和使用企业资金，提高资金使用效率。3. 利润分配管理，在分配中妥善协调各方面的经济关系，调动员工积极性。4. 资金控制，包括货币资金控制、销售收款控制、采购付款控制、成本费用控制。

（五）创业团队管理

团队型企业的创业成长速度高于个人独自创业形态，优秀的团队对于企业创业者有举足轻重的作用，创业阶段团队管理包括以下内容：1. 组建团队，包括创建者、董事会、核心员工、专业顾问的组织安排。2. 优秀团队开发与培训管理，培养团队的创业精神。3. 有效合作，包括团队成员职能分配、沟通协调、激励机制等。4. 团队绩效考核管理，包括能力考核、工作态度考核、业绩考核等。

第四节　旅游企业创业理论

对创业现象的分析开始于18世纪中期，在20世纪80年代得到迅速发展，特别是21世纪以来，创业精神深入人心，创业活动蓬勃开展，学术界因此掀起了创业研究热潮。学者们已不再单纯借用已有的理论，而是越来越重视在创业研究领域建立自己的概念框架和理论体系。对创业理论进行研究的学者来自各个领域，如经济学、管理学、金融学、社会学、心理学、教育学、法学、商业伦理学、公共政策学以及城市规划学等等。学者们分别从不同角度构建创业理论，大致可以分成八大学派，这些创业理论学派也适用于旅游企业。

（一）风险学派

风险学派认为创业者（企业家）扮演不确定性决策者的角色。在企业中存在着一个特殊的创业者阶层负责指导企业的经济活动。这些创业者通常是自信和敢于冒险的人，他们要承担以固定价格买入商品并以不确定的价格将其卖出的风险。如果创业者准确地洞察、把握了市场机会，则赚取利润，反之则承担了风险。这些有管理才能（远见和管理他人的能力）的创业者具有控制权，而其他人在创业者的指挥下工作，创业者向那些提供生产服务的人保证一份固定的收入。

（二）领导学派

领导学派强调创业者在创业活动中的作用，着重研究创业者在企业组织中的领导职能。该学派认为，创业者就是生产过程的协调者和领导者并担任多重职责，如管理协调、中间商、创新者和承担不确定性等。成功的创业者就是要有判断力、毅力，利用广博的知识以及非凡的管理艺术把所有的生产资料组织起来以创造新价值。总之，创业者必须具备两方面的能力，不仅对自己经营的事业了如指掌，有预测生产和消费趋势的能力，而且有领导他人、驾驭局势的能力，善于选择自己的助手并信赖他们。

（三）创新学派

创新学派认为创业是实现创新的过程，而创新是创业的本质和手段，创业活动就是用新产品和新方法推动经济体系发展。创业和发明不是一个概念，创业最终需要创新成果在市场上实现。同时，创业者被赋予"创新者"的形象，认为创业者的职责就是实现生产要素新的组合。创业者的职责主要不在于发明某种东西或创造供企业利用的条件，而在于推动人们去完成这些事情。

（四）认知学派

认知学派强调从创业者的心理特性特别是认知特性角度来研究创业，并强调创业者的认知、想象力等主观因素。例如，创业者可以是擅长对稀缺资源的协调利用做出明智决断的人，也可以是在决策时具有非凡想象力的人。创业者具有一般人所不具备的能够敏锐地发现市场机会的"敏感"，只有具备这种敏感的人才能被称为创业者。

（五）社会学派

社会学派强调宏观的社会环境和社会网络对于企业创业的影响。此外，地区的社会文化氛围也对当地的创业活动有巨大的影响。例如，社会网络在帮助创业者建立和发展企业时扮演了积极的角色，个人的社会网络特性可以提高他实际开办一家企业的概率。而成功的创业者往往会花费大量的时间去建立个人的社会网络以帮助新创企业的成长。当创业者能够通过社会网络得到充足而及时的资源时，他就容易取得成功。

（六）管理学派

管理学派认为创业是一种管理方法，是不拘泥于当前资源条件限制的对于机会的捕捉和利用，可以从六个方面对这种管理手段进行描述：战略导向，把握机会，获取资源，控制资源，管理结构，报酬政策。创业是一种"可以组织、并且是需要组织的系统性的工作"，甚至可以成为日常管理工作的一部分。将创业看成是管理的一个重要理由就是因为许多发明家虽然是创新者，但恰恰是因为不善于管理，才成不了将创新成果产业化的创业者。

（七）战略学派

战略学派认为创业活动和战略管理可以相互整合，并广泛采用战略管理的方法研究创业活动，把创业过程视为初创企业或者现有企业成长过程中的战略管理过程。创造企业财富是创业和战略管理共同的核心问题。创业和战略管理可以在以下六种手段上进行融合：创新，网络，国际化，组织学习，高层管理团队及其治理，企业增长。总之，不应该严格区分创业研究与战略管理，而应该把握住整合战略管理研究和创业研究的机会。

（八）机会学派

机会学派认为创业机会的识别和利用是支撑创业这一独特领域的概念，而且应该成为该领域研究的核心问题。该学派从"有利可图的机会"和"有进取心的个人"这两方面去研究创业，并强调创业应该以"机会"为线索展开，回答三类问题：1. 为什么会存在可以创造商品和服务的机会，在什么时间存在，是如何存在的；2. 为什么有的人能够发现和利用这些机会，在什么时间发现和利用，如何发现和利用；3. 为什么不同的人会采用不同的行动模式来利用创业机会，什么时间采用，如何采用。以往创业研究中的经典问题"谁是创业者"现在可能被替换成"什么是创业机会"。

第五节　旅游企业创业团队组建

一、旅游企业创业团队的定义

21世纪是创业的时代，如今创业的时代已不再是出产个人英雄的时代，而是人才合作共存的时代，因为新时期创业过程涉及技术研发、资源获取和有效利用等多项商业活动，仅凭个人的能力难以完成，必须借助团队的力量。如今团队管理已成为21世纪管理领域的流行概念。

国内外学者对创业团队的理解角度各不相同。Cooper 和 Daily 认为创业团队是拥有共同的义务或者承诺的一群人。Kamm 等认为创业团队是共同承担股权或是财务上的利益的两个或两个以上的人。Leon Schjoedt 给出了比较全面的定义，即创业团队由两个或两个以上的人组成，他们对企业的将来负责，拥有共同的财务或其他方面的义务，他们在完成共同目标的工作中相互依赖，他们对创业团队和企业负责，在创业的初级阶段（包括企业成立时和成立前）处于执行层的位置，并负责企业的主要执行工作。Katzenbach 不仅认为创业团队是共同拥有责任的群体，成员同舟共济，共同承担风险与责任，而且团队拥有一个共同的任务和目标，成员间知识技能具有互补性，成员之间信息共享，彼此尊重、诚信，对团队的事务尽心竭力，全方位奉献。综合各学者的观点，创业团队可以定义如下：创业团队指在创业初期由一群能力互补、分工明确、互助合作、愿意共同承担风险与责任并为共同的目标而竭力奋斗的人组成的群体。

旅游企业作为企业的具体类型，具有一般企业的共性特征，旅游企业的创业团队可分为指在企业创立初期或成熟企业再创新过程中拥有不同劳动技能、愿意为旅游企业创造新价值而承担风险与责任，并互助合作共同努力的一群人。由于旅游行业的特殊性，旅游企业还具有一些专有特征，旅游企业是以提供劳务服务为主的企业，核心要素是人，企业中人员的素质、积极主动性、技术水平和劳务服务质量都直接决定企业在市场中的命运，因此旅游企业创业团队的构成更直接影响企业创业阶段的成败。旅游企业创业团队具备的特征有：具有明确的奋斗目标、具有互补的技能、分工合作、相互信任、风险与责任共担。

二、旅游企业创业团队的类型

根据不同的角度、层次和结构，可以把旅游企业创业团队划分为不同的类型。

例如，依据创业团队的组成者，创业团队可分为星状创业团队（Star Team）、网状创业团队（Net Team）和从网状创业团队中演化而来的虚拟星状创业团队（Virtual Star Team）。

（一）星状创业团队

星状创业团队中通常都会有一个核心人物（Core Leader），充当领队的角色。这种团队在形成之前，一般是核心人物有了创业的想法，然后根据自己的设想进行创业团队的组织。因此，在团队形成之前，核心人物已经就团队组成进行过仔细思考，根据自己的想法选择相应人员加入团队，这些加入创业团队的成员也许是核心人物以前熟悉的人，也有可能是不熟悉的人，但这些团队成员在企业中更多时候是支持者角色（Supporter）。

这种创业团队有几个明显的特点：

1. 组织结构紧密，向心力强，主导人物在组织中的行为对其他个体影响巨大。
2. 决策程序相对简单，组织效率较高。
3. 容易形成权力过分集中的局面，从而使决策失误的风险加大。
4. 当其他团队成员和主导人物发生冲突时，因为核心主导人物的特殊权威，其他团队成员往往处于被动地位，在冲突较严重时，一般都会选择离开团队，因而对组织的影响较大。

这种组织的典型例子，如携程网创业者季琦，季琦从在美国接触互联网开始就直觉地认为互联网是一个能够给人带来巨大机会的事物。在他找到合适的切入点，即在中国做一个向大众提供旅游服务的电子商务网站时，他最先找到搞计算机专业的同学，然后陆续找到一批外企管理专家、旅游业的专家、本地经营者，如沈南鹏、梁建章、范敏加入他的团队，于是组成了Ctrip的创业团队。

（二）网状创业团队

这种创业团队的成员一般在创业之前都有密切的关系，比如同学、亲友、同事、朋友等。一般都是在交往过程中，共同认可某一创业想法，并就创业达成了共识以后，开始共同创业。在创业团队组成时，没有明确的核心人物，大家根据各自的特点进行自发的组织角色定位。因此，在企业初创时期，各位成员基本上扮演的是协作者或者伙伴角色（Partner）。

这种创业团队的特点：

1. 团队没有明显的核心，整体结构较为松散。
2. 组织决策时，一般采取集体决策的方式，通过大量的沟通和讨论达成一致意见，因此组织的决策效率相对较低。
3. 由于团队成员在团队中的地位相似，因此容易在组织中形成多头领导的局面。

4. 当团队成员之间发生冲突时，一般都采取平等协商、积极解决的态度消除冲突，团队成员不会轻易离开。但是一旦团队成员间的冲突升级，某些团队成员撤出团队，就容易导致整个团队的涣散。很多知名企业的创建者都是由于某种关系而结识在先，基于一些互动激发出创业点子，然后合伙创业，此类例子比比皆是。

（三）虚拟星状创业团队

这种创业团队由网状创业团队演化而来，基本上是前两种的中间形态。在团队中，有一个核心成员，但是核心成员地位的确立是团队成员协商的结果，因此核心人物从某种意义上说是整个团队的代言人，而不是主导型人物，其在团队中的行为必须充分考虑其他团队成员的意见，不如星状创业团队中的核心主导人物那样有权威。

三、旅游企业创业团队的作用

无论是在传统的制造业、服务业，还是在现代的高科技产业中，由团队创业创立的企业要比个人创业的企业多很多。一份针对 104 家高科技企业的研究报告指出，在年销售额达到 500 万美元以上的高成长企业中，有 83.3% 是以团队形式建立的；而在另外 73 家停止经营的企业中，仅有 53.8% 由团队创业。旅游企业也同样如此，团队创办的旅游企业在存活率和成长性两方面都显著高于个人创办的企业。旅游业是劳动密集型行业，旅游企业的主要资源是人，需要各种具有服务技能的员工为客人提供吃、住、行、游、购、娱各种服务。团队创业的旅游企业比个人创业的企业更具备人力资源优势，其作用具体体现在如下几方面：

（一）为旅游企业提供多元化的人才，提供互补的技术

创业团队的素质能提高新创旅游企业的生存水平。创业团队对旅游企业影响最大的并不是团队本身的大小，而是团队成员的经历。旅游企业创业需要成员具有管理、技术、营销、财务等各个方面的知识，这远不是创业者自己力所能及的。例如，携程网 CEO 季琦将他成功的互联网创业归结为"我们的最大优势在于我们拥有一个强有力的团队"。"携程的高级经理组合当中，既有国外投资人、拥有多年外企管理经验的技术专家、旅游业的专家，也有深谙中国民情的本地经营者，这样的组合是国内目前许多互联网公司所难以具备的。"因此，为了成功地创办一家旅游企业，并使其健康成长，团队创业就显得非常必要。

（二）创业团队的作用还在于创业团队的凝聚力、合作精神

立足于长远目标的敬业精神会帮助新创企业渡过危难时刻，加快成长步伐。旅

游企业创业团队成员之间的协调互助以及与创业者之间的补充和平衡，可以对旅游企业起到降低管理风险、提高管理水平的作用。旅游企业在创业阶段面临的风险需要创业者承担，而旅游企业的高层团队比单打独斗的创业者有更强的抗风险能力。同时，创业团队对旅游企业影响最大的不是团队本身的大小，而是团队成员的经历，团队成员广泛的经验比团队的异质性影响更大，使其具有更强的规避风险的判断力。

四、旅游企业创业团队组建的核心原则

旅游企业创业团队的组建要遵循一定的原则，在合理原则的指导下有的放矢地开展团队组建工作。

（一）团队成员具有统一的价值观

要想发挥团队核心的力量，打造一支像雁群一样的高效能的团队，就必须在团队中建立统一的价值观，也就是具体凝结为团队中的理念和团队精神。旅游企业创业团队成员需要把个人目标整合到组织目标当中，以增强团队的凝聚力，实现价值共守、精神共通、情感共鸣、命运共担。没有统一价值观的团队会像一盘散沙，无法解决团队中的矛盾、冲突。总而言之，高效能的团队来自于共同认可的价值观。

（二）团队成员具有明确的奋斗目标

从本质上来说旅游企业创业团队的根本目的在于为企业创造新价值。高效能的旅游企业团队的目标往往是"目标存于高远"的。目标是将人的努力凝聚起来的重要因素，目标必须明确，这样才能使团队成员清楚地认识到共同奋斗的方向在哪里。与此同时，目标也必须是合理的、切实可行的，这样才能真正达到激励的目的。一个高效能的旅游企业团队的目标是不是名副其实，要考察其是否既对上级组织和领导负责，也会为下级做出表率。不论从横向还是纵向看，团队的目标都应该是众人瞩目的。

（三）团队成员应具有互补的技能

旅游企业创业者之所以寻求团队合作，其目的就在于弥补创业目标与自身能力间的差距。只有当旅游企业团队成员相互间在知识、技能、经验等方面实现互补时，才有可能通过相互协作发挥出"1+1>2"的协同效应。在硅谷有这样一个"规则"流传：由两个MBA和MIT博士组成的创业团队几乎是获得风险投资人青睐的保证。这其中蕴含着这样一个道理：一个优势互补的创业团队对于高科技企业举足轻重，由研发、技术、市场、融资等各方面人才组成的一流的合作伙伴是创业成功的法宝。一个完整的旅游企业创业团队必须包括技术类人才、市场类人才和管

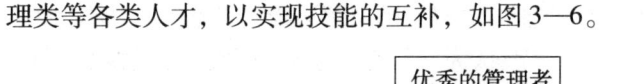

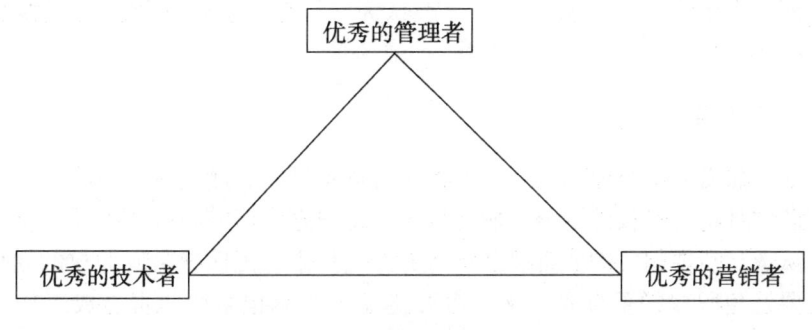

理类等各类人才，以实现技能的互补，如图3—6。

图3—6 团队成员应具有互补的技能

（四）团队成员分工合作、相互信任、风险与责任共担

旅游企业各类型的团队成员要明确各人在新创企业中担任的职务和承担的责任，并相互信任、互助合作。成员间相互交往、信息共享，可以使信任进一步加深，并建立良好的人际关系。这种团队成员间的相互信任会提升团队的士气，使旅游企业团队中每位成员的潜力超常发挥，进而推动团队的高效能运作和高业绩取得。总之，团队的信任与合作会使团队在制定目标时更精准，分解任务时更科学合理，解决问题时也会大大提高效率。

五、创业团队的组建程序

（一）明确创业目标

旅游企业创业团队的总目标就是要通过完成创业阶段的技术、市场、规划、组织、管理等各项工作实现企业从无到有、从起步到成熟。总目标确定之后，为了推动团队最终实现创业目标，需要将总目标加以分解，设定若干可行的、阶段性的子目标。之后向团队成员说明项目目标，要求成员准备参与团队阶段计划的制订。

（二）招募合适的人员

旅游企业创业团队成员的招募主要应考虑两个因素：一是考虑互补性，即考虑其能否与其他成员在能力或技术上形成互补。这种互补性既有助于强化团队成员间的合作，又能保证整个团队的战斗力，更好地发挥团队的作用。一般而言，创业团队至少需要管理、技术和营销三个方面的人才。只有这三个方面的人才形成良好的沟通协作关系后，创业团队才可能实现稳定高效的运转。二是考虑适度规模，适度的团队规模是保证旅游企业团队高效运转的重要条件。团队成员太少则无法实现团

队的功能和优势,过多又可能会产生交流的障碍,团队很可能会分裂成许多较小的团体,进而大大削弱团队的凝聚力。一般认为,旅游企业创业团队的规模控制在2—12人之间最佳。

(三) 划分职权

为了保证旅游企业企业团队成员能够执行创业计划、顺利开展各项工作,必须预先在团队内部进行职权的划分。职权划分就是根据执行创业计划的需要,具体确定每个团队成员所要担负的职责以及享有的相应权限。团队成员间职权的划分必须明确,既要避免职权的重叠和交叉,也要避免无人承担某些职责造成工作上的疏漏。此外,由于还处于创业过程中,面临的创业环境又是动态复杂的,会不断出现新的问题,旅游企业企业团队成员可能不断更换,因此创业团队成员的职权也应根据需要不断地进行调整。

(四) 构建创业团队制度

旅游企业创业团队制度体系体现了创业团队对成员的控制和激励能力,主要包括团队的各种约束制度和各种激励制度。一方面,创业团队通过各种约束制度(主要包括纪律条例、组织条例、财务条例、保密条例等)指导其成员避免出现不利于团队发展的行为,实现对其的行为的有效约束、保证团队的稳定秩序;另一方面,创业团队要实现高效运作就要有有效的激励机制(主要包括利益分配方案、奖惩制度、考核标准、激励措施等),使团队成员能看到随着创业目标的实现,其自身利益将会得到怎样的改变,从而达到充分调动成员的积极性、最大限度发挥团队成员作用的目的。

(五) 团队的调整融合

完美的创业团队组合并非创业一开始就能建立起来的,很多时候是在企业创立一段时间以后随着企业的发展逐步形成的。随着团队的运作,旅游企业创业团队组建时在人员匹配、制度设计、职权划分等方面的不合理之处会逐渐暴露出来,这时就需要对团队进行调整融合。由于问题的暴露需要一个过程,因此团队调整融合也应是一个动态持续的过程。在完成了前面的工作步骤之后,团队调整融合工作专门针对运行中出现的问题不断地对前面的步骤进行调整直至满足实践需要为止。在进行团队调整融合的过程中,最为重要的是要保证团队成员间经常进行有效的沟通与协调,培养强化团队精神,提升团队士气。

(六) 形成团队文化

好的企业规则,可以不断地吸引更多的人才为企业效力,时间长了,也就形成了企业的文化。因为任何人的生命都是有限的,但文化是可以永恒的。其实,企业文化就是企业制定的行事规则，员工觉得这个规则好，有安全感、有归属感，在企业中有"家"一样的感觉，这就是"企业文化"的魅力。企业总是在变的，组织架构也要适应市场变化的需求，变化的时机应该根据企业近期目标的变化来选择，但分配的原则不应该变，做事的规则不应该变，也就是所谓的"文化是不应该变的"。一个旅游企业能提炼出自己长期不变的"文化"，企业也就可以长存。

【内容举要】

创业是指通过发现和捕捉创业机会，承担相应的风险，重新组合资源，以创建新企业或创新企业组织结构，最终创造出新产品或新服务并且实现其价值的过程。旅游企业的创业内涵包括创业机会的识别、承担风险、重新组合资源、创建新产品或新服务。

创业者可以理解为通过付出必要的时间和努力去协调和利用资源，改革和革新生产方式以创造出新产品、新服务，并承担相应的风险，最终获取金钱报酬和个人满足的一类人。旅游企业创业者应具备的素质包括：对市场的敏感度、明势、谋略、胆识、创新、领导者素质、坚强意志、社会责任感、自我反省能力、人际网络。

创业管理以环境的动态性与不确定性以及环境要素的复杂性与异质性为假设，以发现和识别机会为起点，以创新、超前行动和勇于承担风险等为主要特征，以创造新事业的活动为研究对象，以研究不同层次事业的成功为主要内容。旅游企业在创业阶段涉及的主要管理内容有决策管理、融资管理、营销管理、财务管理和团队管理。

旅游企业创业理论包括风险学派、领导学派、创新学派、认知学派、社会学派、管理学派、战略学派、机会学派。

旅游企业的创业团队是指在企业创立初期或成熟企业再创新过程中拥有不同劳动技能、愿意为旅游企业创造新价值而承担风险与责任，并互助合作共同努力的一群人。依据创业团队的组成者，创业团队可分为星状创业团队（Star Team）、网状创业团队（Net Team）和从网状创业团队中演化而来的虚拟星状创业团队（Virtual Star Team）。

旅游企业组建创业团队的核心原则包括：团队成员具有统一的价值观、团队成员具有明确的奋斗目标、团队成员应具有互补的技能、团队成员分工合作、相互信任、风险与责任共担。

旅游企业组建创业团队的程序包括：明确创业目标、招募合适的人员、划分职权、构建创业团队制度、团队的调整融合、形成团队文化。

【案例分析一】

旅游企业创业团队故事：泰国人的奇思妙招

在美国东部某城市，5个华人学生在 A 大学邻近的街区开了一家中国餐馆，但实际上大街对面早就有一家5个泰国人开的餐馆了。这几个华人学生很努力也很聪明，再加上中国菜的确在西方颇受欢迎，所以泰国餐馆的生意就明显不如中国餐馆的好。这几个泰国人很郁闷，就找了该大学商学院的一位泰裔管理专家进行咨询。经过该专家的仔细分析，认为要想在泰国菜的口味上胜过中国餐馆几乎是不可能的。那该如何应对中国餐馆的强劲攻势呢？几个泰国人研究了很久，最后制定了这样一个神奇的解决方案：把来泰国餐馆的顾客尽可能地推荐到中国餐馆去。这样，中国餐馆天天爆满，生意红火。但是一年后，正如泰国人所预料的，中国餐馆却倒闭了，所有的客人都回到了泰国餐馆，不仅仅是因为泰国餐馆的服务好，而且因为没有选择了。那么，中国餐馆为什么倒闭了？因为这5个由于生意红火而暴富的中国学生"分赃"不均，引起了内讧，最后大打出手，分道扬镳，餐馆自然也就解体了。

此创业故事说明企业发展阶段是新创旅游企业的创业团队缺少团队精神与团队合作，最可能发生内耗的时期。凝聚力、合作精神、立足长远目标的敬业精神会帮助新创企业渡过危难时刻，加快成长步伐。成员之间的协调互助以及创业者之间的补充和平衡，可以对旅游企业起到降低管理风险、提高管理水平的作用。所以，团队成员在创业期应该合作与信任、共同承担风险，而最高管理者应力求在冲突发生之前从制度上做好准备，采取防范措施。

（资料来源：陈觉主编，餐饮经营失败与案例评析．辽宁科学技术出版社，2007）

案例讨论题

1. 如果你是中国餐馆的创业者之一，你会怎样二次创业，挽救已倒闭的餐馆？
2. 你在二次创业中，将怎样组建创业团队？

【案例分析二】

携程前 CEO 季琦的创业故事

携程旅行网创立于 1999 年初,是一家吸纳海外风险投资组建的旅行服务公司,是目前国内最大的旅游电子商务网站,最大的商务及度假旅行服务公司,向超过 1400 万会员提供集酒店预订、机票预订、度假预订、商旅管理、特惠商户及旅游资讯在内的全方位旅行服务。2008 年全年,携程网总收入为 15 亿元人民币,比 2007 年增长 24%,毛利润为 78%。其首任 CEO 季琦的创业故事最能体现旅游企业创业者的基本素质。

1994 年 9 月 17 日,一个如同往常一样的周末,Yahoo!还刚刚起步,而在 Oracle 总部大楼里,却有两个年轻的中国人正为前所未有的体验而共同感受着未来无与伦比的撞击。携程公司(Ctrip.com)前 CEO 季琦回忆说:"我去 Oracle 总部的时候刚好是中午,我在 Oracle 工作的同学当时正好有空,就提议说要给我看样东西,这是我生平第一次接触互联网。当时用的还是特别早期版本的 Mosaic 浏览器,就上到了杨致远刚刚开发的 Search Engine 上面,速度非常非常的慢,所以我们两人只好一边等一边喝咖啡。不过,当我要查询的信息终于一行行在屏幕上显现出来的时候,我真的是感到极度的兴奋,这东西太神奇了!我当时对这个东西就有种特殊的、痴迷的感觉,我将来的生活很可能与这个东西有关。"

一个人生活中的重大转折,经常是神奇地决定于那些突然降临但起初并没有引起格外关注的某段遭遇。而那些能在 Internet 形成之初就直接接触并感受到它的革命性力量的人,则不能不说是得到了命运格外的垂青。季琦是个对市场极具敏感度的人,在千变万化的市场当中能够"先知先觉",并把握稍纵即逝的机会。

"最早我在美国刚接触互联网的时候,"季琦说道,"我当时就直觉地认为,这是一个能够给人带来巨大机会的事物,同时也是一个能够使人的全部才能得以完全施展的场所。这种判断,随着时间的推移和互联网的发展,在我的脑海里变得日益明确、清晰和牢固。对我个人而言,一直不存在是否要做互联网这样的决策取舍,而关键是如何去做,能否找到一个合适的切入点。"

这样的切入点很快就被季琦发现了。1999 年 2 月 22 日,刚刚过完春节,季琦就迫不及待地邀请他的同学、好友吃饭。"当时,我们俩就互联网、互联网经济、美国的网络公司、Nasdaq 和 IPO 等话题热烈地讨论了一夜。"季琦说道,"最后的结论是:我们决定一起在中国做一个向大众提供旅游服务的电子商务网站。"只有走在市场前头,才能获得丰硕的回报。很多成功的创业者往往是因为抓住了一次巨大的市场需求,通过这个机会使自己的财富地位得以巩固。

据统计，1998年中国的国内旅游收入已达2391亿元人民币，同期国际旅游外汇收入为126.02亿美元。有着丰富旅游资源的中国已经被世界旅游组织认为是21世纪全球最大的旅游市场，由此旅游业也成为IT产业之外又一个朝阳产业。然而，在经营上，国内旅行社的接待人数和盈利水平却呈现出连年下降的态势，营业毛利率不足10%，全国旅行社的总市场占有率还不到5%，其余95%都是散客。"这种情况恰恰有利于我们以电子商务模式来提供相应的旅游服务，"季琦说道，"因为，互联网的特性使得它可以非常方便、容易地为自助型旅游的'散客'提供他们所需的个性化服务，而且我们也坚信这种以自订行程、自助价格为主要特征的网络旅游的普及会给我们带来无尽的发展机会和上升空间。"

实际上，网络旅游服务在美国早已经成为一种非常成熟的电子商务模式。其中，Expedia、Travlocity等也已经做得非常不错。"我们在设计商业模式时，应该说是充分借鉴了Priceline、Travlocity以及PreviewTravle（已被前者收购）等旅游相关网站的商业模式，"季琦说道："同时，我们又根据中国本地情况和具体国情推出了包括自助化旅游服务在内的许多实用性服务。"

这说明作为创业者，季琦具有强烈的时代感，对经济和社会的发展趋势具有十足的把握并懂得借势。顺应最新的发展趋势，取得了事半功倍的创业效果。很多人遇到了机会不敢决断，错失良机。成功的创业者都具备过人的胆识，即一种智慧与能力的结合。只有胆识都具备，才能创大业。

季琦对他的这次互联网创业充满了必胜信心。"我们的最大优势在于我们拥有一个强有力的团队，"季琦说道："携程的高级经理组合当中，既有国外投资人、拥有多年外企管理经验的技术专家、旅游业的专家，也有深谙中国民情的本地经营者，这样的组合是国内目前许多互联网公司所难以具备的。比如说我们的董事长沈南鹏，就是出身于耶鲁的MBA，曾经在纽约花旗银行、雷曼兄弟公司、德意志银行等一系列国际著名金融机构任职，是个具有多年投资经验的银行家。这些高级管理人员，他们或者放弃在外企工作的丰厚薪水，或者丢掉自己经营多年的公司而投身到Ctrip的事业中来，这一方面说明他们对这个事业有信心，另外一方面也格外坚定了我的信心。"

在高层管理人员厘定之后，季琦于1999年5月正式从上海协成科技公司退出，组织携程的网站开发和内容建设等一系列前期准备工作。就像所有的互联网Start Up公司一样，携程公司也很早就成功引入了风险资本。"9月份，IDG上海的章苏阳先生来我们这看了一次，一星期后就做出了投资决定。"季琦说。

投资者的信心往往是判断网络公司能否在未来取得成功的一个良好指标。据说IDG对携程就很看好，并希望将来能够在携程公司中继续追加投资。在管理团队建成和一期融资圆满结束之后，携程公司终于于1999年10月28日在上海登台亮相，做了首次新闻发布，2000年1月10日，携程公司又在北京做了新闻发布。

初创期各项工作进展得如此顺利，这令季琦很是兴奋，"互联网真的会给你带来很多远远超出你想象范围的事情，所以我常常有种强烈的感觉：互联网就是奇迹本身！"季琦说。

一个优秀的商业计划加上一个强有力的执行团队差不多就构成了一个互联网公司的全部。旅游产品与金融服务相似，都是数字化程度非常高的。不同于零售业的一点是，属于生活质量范畴的旅游服务，由于其平均单位交易价格很高，所以很容易基于此而构筑起一个有相当规模的电子商务模式。

携程公司所推出的自助化旅游，是一种非常有特色的概念和服务，它可以在既定的旅游消费预算和所选定的特定时间段里，为你提供可选择的旅游路线设计方案。携程的营收目前还主要是通过订飞机票、订房和订购旅游线路这三个主导产品实现。"将来，我们会不断拓展营收手段，"季琦说道："比如像预订旅游门票、订餐以及旅游书店销售等都会构成我们收入的来源。"目前，携程已经可以在全国范围内提供1000多家宾馆、800多条旅游路线以及30多家旅行社的网上服务，用户还可以在网上实现机票的直接订购。

无疑，网上旅游服务会是又一个网络公司创业的热点领域。"对于我们来说，有更多的游戏者加入进来对整个市场来说是件好事，"季琦说道："我们对自己很有信心，保守地估计，我们会在两年之内，即差不多到2001年下半年左右就可以开始盈利。中国的网上旅游市场很大，我的估计，在2000年会达到2个亿人民币的规模。而我们自己则希望能够拿到其中的20%—30%。"

互联网时代，每个公司都以同样一屏界面的方式展现在消费者面前。"这一点非常容易引起人们的错觉，"季琦说到，"前台看来好像每个公司都差不多，实际上这里相互间的差距可是山高水远，网站之间真正比拼的是后台。尽管任意一个人都可以建立一个网站，号称可以提供相关服务，但最后决定胜负的还是企业的整体实力。"

投身到互联网做网络公司的人，不但要满怀激情、充满野心、富于侵略性，而且还得精力充沛。"精力不充沛干不了互联网，"季琦说道，"因为这里你是在向你自己的可能性极限挑战，所以它是一个你必须投入全部生命能量来进行博弈的战场。"

（资料来源：中国MBA网，http://www.mba.org.cn/mbahtml/58470827/11822_1.html 整理）

案例讨论题
1. 携程的创业经历说明成功的创业者需具备哪些素质？
2. 携程创业的成功给你哪些启示？

【案例分析三】

经济型酒店：品牌如家锁天下

如家连锁酒店致力于打造中国经济型酒店的著名品牌，2008年已在全国中心城市拥有300多家签约酒店，在2006年第三届"中国酒店金枕头奖"评选中，以最高得分荣获"中国最佳经济型连锁酒店品牌"；CEO孙坚荣获"年度酒店经理人大奖"。

2001年的一天，时任携程旅行网总裁的季琦偶尔看到一位网友在网上发帖子抱怨说，在携程上预订的宾馆价格偏贵。本不经意的一句话，却触动了季琦敏锐的商业嗅觉，促使季琦离开携程旅行网，开始自己的二次创业。作为如家的创办者，季琦曾如此比喻市场机会："一个堆满了大石块的玻璃瓶，看起来似乎已经没有空间，实际上大石块的空隙之间，还可以容纳一堆小石子；随后，在小石子的缝隙里，你还能继续填满细沙。在夹缝中寻觅商机，是如家求生与求胜之道。"

四海建"家"

长期以来，由于酒店业市场结构不合理，便宜干净的中小型饭店严重匮乏，很多普通商务人士在外很难寻找到适合自己的酒店。除了奢华的星级酒店外，就是配套陈旧的老饭店或招待所。一方面是星级酒店的高价格；另一方面是卫生条件差、服务质量低的旅社和招待所，如此两极分化的市场格局，为设施高档、价格适中的商务型酒店留下了巨大的市场空间。面对现状，季琦冷静地看准了"经济型连锁酒店"这一商机，并迅速联合首旅集团，于2002年6月创办了第一家"如家快捷酒店"。

如家率先跻身这个空间。自2002年6月以来，如家以平均每月开设1.5家分店的速度，开始抢占北京、上海、广州等市场。"作为经济型酒店的领头羊，如家的出现不仅改变了人们的酒店消费习惯，而且对传统酒店业更具有颠覆意义。"

在2003年"非典"期间，上海绝大多数星级酒店的入住率跌破10%，而如家却顾客盈门，入住率保持在60%以上。每年"五一"黄金周前夕，全国不少地方的星级酒店预订率不理想，有的酒店甚至不惜降价招揽客人。而如家在不打一分钱折扣的情况下，客房预订量提前一周就逼近100%。如家的抢眼表现，把一些星级酒店逼到颇为尴尬的境地，更让寒碜陈旧的招待所妒忌不已。

"'洁净似月，温馨如家'是我们的经营理念，我们就是要让'如家'进万家、成为家外之'家'。"郑州二七如家店一位负责人说。

独特之"家"

如家的受宠是一种必然。"我们成功的根本原因在于市场定位准确,瞄准了酒店业的'真空'地带。"如家创始人季琦一语释疑。经济型酒店的快速"繁殖",得力于准确的市场定位,也离不开现代电子商务的支持。如家的崛起,借鉴了首旅多年的酒店经营管理经验和携程旗下国内最大的旅游电子商务网站——携程旅游网和800预订系统。"因为如家的创始人来自携程的缘故,所以一开始如家的电子商务起点就比较高。"如家市场总监邬苹说。

此外,如家一直追求通过细致服务为顾客提供"家"的感受。"我们要做的不仅是要拥有该行业80%的客户,而且要让客户有'家'的感觉,并使他们永远在如家消费。"如家现任执行官孙坚说。

例如,在如家的每一间客房里都免费提供宽带服务和一些书籍,让客户享受温馨和便捷。既然如家是"家",所以在酒店的服务和客房设计方面,如家也不断采用"家"的元素,门口没有迎宾小姐;服务员的装束充满亲和力;客房里的床单不拘泥于一种颜色,或红、或绿、或粉、或蓝白格子……尽显家的温馨。如家的细节化特色服务正是针对消费者精心设计的,这也是如家能够留住回头客的原因之一。

除了重视酒店的内在服务外,如家还讲究酒店外部环境的选择。根据目标消费者的出行需要,如家一般将酒店地址选择在经贸、旅游比较发达的城市,而在城市中的选址又讲究交通便利,如靠近地铁站、公交车站等,为客人出行尽可能提供方便。

如家的成功更重要的还在于其低成本运作。酒店业是一个准入门槛较高的行业,没有足够的资金很难在短期内迅速扩张。如家摒弃了传统酒店的购地置产模式,而是采用低成本运作方式,所有营业用房均是租赁的,只对原有房子按一定要求进行装修和改造,就可以为自己所用了。这种运作模式大大降低了酒店的经营成本,也方便更多的人加盟如家。

例如,在如家,客户会发现很多在传统酒店里所感受不到的东西:两张床共用一盏床头灯;地上铺设的是地板而不是地毯;窗帘只按照窗户的大小来设计,绝不浪费;所有的房间都采用单体空调,空气相对洁净;卫生间里只有淋浴没有浴缸;所有牙具均无纸壳外包装;双人间内也只提供一块小香皂供客人洗手;沐浴用品是可添加的沐浴液;酒店员工十分精干,平均服务于每间客房的员工数为0.3人……如家一般只为客人提供早餐,价格在10元左右。客房的标准配置相当于三星级酒店,而价格却比它们便宜1/3。这也是如家深受商务客人青睐的原因。

变革之"家"

2005年1月,正当如家如日中天时季琦突然宣布:由时任百安居中国区营运副总裁兼华东区总经理的孙坚接替其掌门人位置,事前无丝毫征兆。"其实,当时我是经过深思熟虑的。"事后,创始人季琦坦言,"创业比守业容易得多,企业的发展就像孩子成长一样，长得太快就有可能缺钙。"

2004年下半年，如家正处在迅速扩张阶段，部分新员工来不及完成培训就匆忙上岗。这时，创始人季琦敏锐地察觉到有一种潜在的风险。"此刻的如家就像一辆刚刚驶过颠簸小径的越野车，正在高速公路上酣畅淋漓地飞驰，而事故也往往最容易出现在这个时候。"事实正如季琦所言，在如家快速发展过程中，其对管理标准化的迫切需求也渐渐凸显出来。

季琦之所以放弃在业内寻找接班人，是因为他深知业内人才太专注于酒店的细节管理，而管理型人才未必是经营型人才。"我就是要找一个对酒店业一窍不通的人，孙坚便是如家最合适的人选。"季琦笑着说，"如家走的是连锁道路，而连锁业做得最成功的又都是零售业，为何不从这里面请个高手来经营呢？"

没有做过酒店连锁的孙坚，按捺不住内心的好奇，接到猎头电话后，他预订了如家上海塘桥店的一间客房进行了一番实地感受。酒店的服务与环境让孙坚感到很满意。3个月后，他便从百安居"移师"如家，执掌帅印。

孙坚上任后做的第一件事情是制作企业模型，对如家的组织结构做出战略性调整——整体上形成一个支持中心和四个经营中心架构，选择性地放弃管理合同和市场联盟的方式，明确未来两年以发展直营店为主，暂缓以特许加盟店的方式拓展市场。"这有利于树立如家品牌的一致性，因为如家还没有强大到能够很好地控制和管理合作方的地步。"

"'连锁'和'品牌'是经济型酒店获得成功的两个要素，前者可以使企业做大规模，拥有市场影响力，后者可以提高企业知名度，扩大客源，提高竞争力。在这个市场中，我们将走得更远。"孙坚说。

（资料来源：中国教育文摘网，http：//www.eduzhai.net/gushi/465/gushi_159773.html 整理。）

案例讨论题
1. 如家酒店的创业故事说明旅游企业创业成功需具备哪些条件？
2. 如家酒店创业的成功给你哪些启示？

【思考与练习】
1. 旅游企业创业的内涵是什么？
2. 旅游企业创业者应具备的素质有哪些？
3. 创业管理与一般管理的区别有哪些？
4. 旅游企业创业管理的内容有哪些？
5. 创业管理理论的八大学派有哪些？
6. 旅游企业创业团队的作用是什么？
7. 旅游企业团队组建的核心原则是什么？

【推荐文献】

Bird, B. (1992). The Roman God Mercury: An entrepreneurial archetype. Journal of Management Enquiry, 1(3): 205-212.

Buseniz, L. W. & Barney, J. B. (1997). Differences between entrepreneurs and managers in large organizations: Biases and heuristics in strategic decision making. Journal of Business Venturing, 12(1): 9-30.

Collins, J. & Moore, D. (1970). The Organization Makers. New York, NY: Appleton-Century-Crofts, 1970.

Cooper, A. C., Woo, C. Y. & Dunkelberg, W. C. (1988). Entrepreneurs perceived chance of success. Journal of Business Venturing, 3(2): 97-108.

Cooper, A. C. & Daily, C. M. (1997). Entrepreneurial teams in D. L. Sexton and R. W. Smilor(eds.) Entrepreneurship 2000.

Davidsson, P., Low, M. B. and Wright, M. (2001). Editor's Introduction: Low and MacMillan ten years on: Achievements and future directions for entrepreneurship research. Entrepreneurship Theory and Practice, 25(4): 5-16.

Drucker, P. (1970). Entrepreneurship in Business Enterprise. Journal of Business Policy, 1(1): 3-12.

Drucker, P. F. (1985). Innovation and Entrepreneurship: Practice and Principles. New York, NY: Harper & Row.

Gartner, W. B. (1985). A conceptual framework for describing the phenomenon of new venture creation. Academy of Management Review, 10(4): 696-706

Hisrich, R. D. Peters, M. P. & Shepherd, D. A. (2001). Entrepreneurship. New York, NY: Mcgraw-Hill College.

Kamm, J. B. etc. (1990). Entrepreneurial teams in new venture creation: a research agenda. Entrepreneurship Theory and Practice. 14(4): 7-17.

Katzenbach, J. R. (1997). Teams at the Top. Harvard Business School Press.

Knight, F. (1967). A descriptive model of the intra-firm innovation process. Journal of Business of the University of Chicago, (40): 478-496.

Leon Schjoedt. Entrepreneurial teams: definition and derterminants[EB/OL], http://web.mit.edu/peso/Pes2/entrepreneurial%20teams1.pdf.

Low, M. B. and MacMillan, I. C. Entrepreneurship: past research and future challenges [J]. Journal of Management, 1988, 14(2): 139-161.

McClelland, D. (1961). The Achieving Society. Van Nostrand, Princeton NJ.

Shane, S. & Venkataraman, S. (2000). The promise of entrepreneurship as a field of research. Academy of Management Review, 25(1): 217-226.

Stevenson, H. H., Roberts M. J. & Grousbeck, H. I. (1989). New Business Ventures and the Entrepreneur. Homewood, IL: Irwin.

夏清华. 创业管理（第七章）[M]. 武汉：武汉大学出版社，2007.

李时椿. 创业管理（第十章）[M]. 北京：清华大学出版社，2008.

林强，姜彦福，张健. 创业理论及其架构分析[J]. 经济研究，2001（9）：58–67.

曹之然. 创业理论研究：共识、冲突、重构与观察[J]. 理论聚焦，2008（9）：39–43.

第四章　旅游企业创业机会管理

【学习目标】

通过本章的学习，使学生掌握创业计划的识别、捕捉和评估。了解企业创业机会的来源、特征及其类型，并能够掌握创业机会评估方法，把握机会评估的定性、定量评估的要点。能活学活用，对社会经济生活状况进行简单的分析，简单捕捉创业机会。

【内容结构】

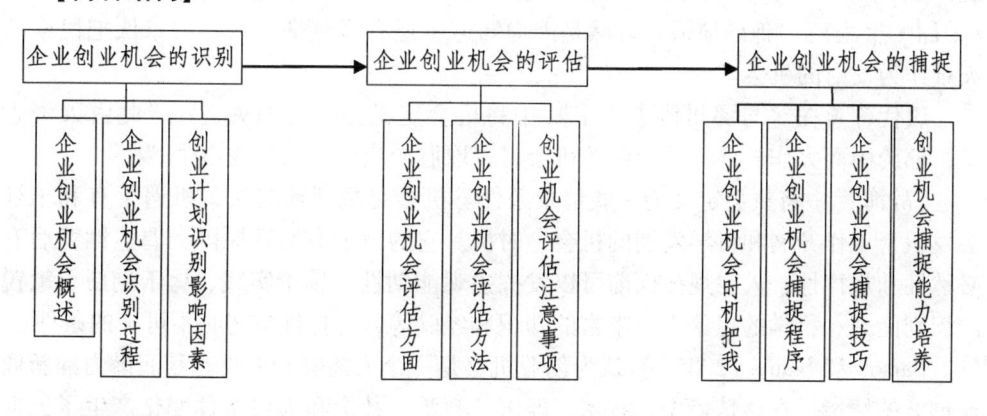

```
企业创业机会的识别 → 企业创业机会的评估 → 企业创业机会的捕捉
├ 企业创业机会概述       ├ 企业创业机会评估方面    ├ 企业创业机会时机把握
├ 企业创业机会识别过程    ├ 企业创业机会评估方法    ├ 企业创业机会捕捉程序
└ 创业计划识别影响因素    └ 创业机会评估注意事项    ├ 企业创业机会捕捉技巧
                                                  └ 创业机会捕捉能力培养
```

【重要概念】

创业　创业机会　机会识别　机会评估　机会捕捉

第一节　创业机会的识别

一、创业机会概述

(一) 创业机会概念

创业机会是从机会概念延伸而来的，所以，理解创业机会首先要明白什么是机会。

在汉语里，机会与机遇、时机具有相似的含义。

机会可理解为某种恰当的时机。明代冯梦龙在《东周列国志》第七十三回中说："次早，（伍）员谓专诸曰：'某将辞弟入都，觅一机会，求事吴王'"。茅盾《委屈·报施》："他的愤恨，自然是因为知道了还有这些毫无人心的家伙把民族的灾难作为发财的机会。"

唐代韩愈在《与鄂州柳中丞书》中将机会定义为事物的关键："此由天资忠孝，郁於中而大作於外。动皆中於机会，以取胜於当世，而为戎臣师。"

《辞海》中将机会定义为一些情景条件。机会是机遇或时机，机遇是有利于社会发展、工作开展和科学发展的机会、时机。它的出现有客观原因，偶然性背后有必然性和规律性；人在规律面前可以发挥主观能动性。勤于实践、勇于创新、敏锐的识别能力、科学的想象力、丰富的知识和经验等，是捕捉机遇必不可少的条件。

Barson 和 Shane（2005）[1]认为创业机会是一个人能够开发具有利润潜力的新商业创意的情境。在该情境中，技术、经济、政治、社会和人口条件变化产生了创造新事物的潜力。创业机会可以通过新产品或服务的创造、新市场的拓展、新组织方式的开发、新材料的使用或者新生产过程的引入来加以利用。

因此，创业机会，可以理解为一种商业机会或市场机会。它是指有吸引力的、较为持久的和适时的一种商务活动的空间，并最终表现在能够为消费者或客户创造价值或增加价值的产品或服务之中，同时也能为创业者带来回报（或实现创业目的）。

---

[1] Barson, R. A. & Shane S. A. (2005). Entrepreneurship: A Process Perspective. Mason, OH: Thomson.

(二) 创业机会类型

Ardichvili（2003）[①] 等根据创业机会的来源和发展情况对创业机会进行了分类。在他的创业机会矩阵中有两个维度：横轴以探寻到的价值（即机会的潜在市场价值）为坐标，这一维度代表着创业机会的潜在价值是否已经较为明确；纵轴以创业者的创造价值能力为坐标，这里的创造价值能力包括通常的人力资本、财务能力以及各种必要的有形资产等，代表着创业者是否能够有效开发并利用这一创业机会。按照这两个维度，他们把不同的机会划分成四种类型（见图4—1）。

左上角的图Ⅰ中，机会的价值并不确定，创业者是否拥有实现这一价值的能力也不确定，Ardichvili 称这种机会为"梦想（dreams）"。右上角的图Ⅱ中，机会的价值已经较为明确，但如何实现这种价值的能力尚未确定。Ardichvili 认为这种机会是一种"尚待解决的问题（problem solving）"。在左下角的图Ⅲ，机会的价值尚未明确，而创造价值的能力已经较为确定，这一机会实际上是一种"技术转移（technology transfer）"（创业者或者技术的开发者的目的是为手头的技术寻找一个合适的应用点）。右下角的图Ⅳ中，机会的价值和创造价值的能力都已确定，这一机会可称为"业务或者说是企业形成（business formation）"。Ardichvili 认为，比起右下角的创业机会，右上角的机会其成功的可能性不大。

图4—1 机会的四个类型

		探寻到的价值	
		未确定	已确定
创造价值能力	未确定	"梦想" Ⅰ	尚待解决的问题 Ⅱ
	已确定	技术转移 Ⅲ	市场形成 Ⅳ

(三) 创业机会来源

彼得·德鲁克在《创新与企业家精神》[②] 中认为创新机会来自七个方面，分别是：意料之外的事件——意外的成功、意外的失败，意外的外在事件；不一致的状况——实际状况与预期状况间的不一致，基于程序需要的创新；基于产业或市场结构上的改变，以出其不意的方式降临到每个人身上，人口统计特性（人口的变动），认知、情绪及意义上的改变；新知识——包括科学与非科学的。前四项来源于企业

[①] Ardichvili, A., Cardozo, R. & Ray, S. (2003). A theory of entrepreneurial opportunity identification and development. Journal of Business Venturing, 18（1）：105-123.

[②] 彼得·F·德鲁克. 创新与创业精神 [M]. 上海：上海人民出版社，2002.

内部，后三项创新机会来源包括发生于企业或产业外部的改变。

也有学者认为创业家的好创意与机会是来自以下几个方面：先前的工作经验、曾经在此获取产品的市场知识、供货商与客户；从有创意的他人那里得到机会；得到某一权利、授权或是特许权；购得一个未完整发展的产品；与熟知某一社会、专业或科技领域的专家接触所引发；参加展览会、研讨会、贸易展示、座谈会等所得；搜寻研究先前市场失败的案例，在不同情境下可能成功；复制别人的成功经验；改进做法于不同的区域或区隔市场；把嗜好、兴趣、业余喜好转在成事业机会。

Timmons（1999）[①] 认为创业机会主要是来自改变、混乱或是不连续的状况。主要有七个来源：法规的改变，如电信法松绑；技术的快速变革，如半导体的摩尔定律；价值链或是配销通路的重组；技术的创新；现有管理或投资者的不良管理或没落；战略型企业家；市场领导者短视；忽视下一波客户需要。

经济学家熊彼得提出，所谓的创新是能够打破市场现有均衡的创造性毁灭，而此种创造性毁灭的创新基本上有五种形式，分别为：进入新产品或服务；对现有产品或服务的品质或等级引入明显的改善；引入生产或配销的新方法；打开新市场；创造或获取供应的新来源；产业内组织的新形态。

综合分析，创业机会来源有以下几个方面：技术变革，市场需求条件，政府政策变化，社会和人口因素的变化，行业差异。

1. 技术变革

技术变革带来创业机会。它主要源自新的科技突破和社会的科技进步。通常，技术上的任何变化，或多种技术的组合，都可能给创业者带来某种商业机会，具体表现在三方面：（1）新技术替代旧技术。当在某一领域出现了新的科技突破和技术，并且它们足以替代某些旧技术时，通常随着旧技术的淘汰和新技术的未完全占领市场而暂时出现市场空白。（2）实现新功能。创造新产品的新技术的出现无疑会给创业者带来新的商机，例如互联网的发明伴随着一系列与网络相关的创业机会的出现。（3）新技术带来的新问题。多数技术的出现对人类都有利有弊，在给人类带来新的利益的同时，也会给人类带来某些新的问题，这就会迫使人们为了消除新技术的某些弊端，再去开发新的技术并使其商业化，例如汽车的消声器和楼房的避雷针，这就会带来新的创业机会。技术变革使人们可以做新的事情或者以更有效率的方式做从前的事情，比如因特网技术的出现，改变了人们沟通的方式，沟通更快捷、更有效率。不是所有的新技术都对新企业有利。研究发现，小规模、个性化生产的弹性（柔性）制造技术和"数字技术"更适合于新企业的建立。

[①] Timmons, J. A. (1999) New Venture Creation: Entrepreneurship for the 21st century. Boston, MA: Irwin/McGraw–Hill.

2. 政府政策变化

政府政策变化会给创业者带来商业机会。随着经济发展、科技变革等，政府必然也要不断调整自己的政策，而政府政策的某些变化，就可能给创业者带来新的商业机会。政策的变化能够产生创业机会，是因为它使创业者能够提出更多不同的想法，而这些创业者可能在常规体制下是被禁止进入的。政策的变革也清除了很多不利于生成新企业的官僚制度障碍，这些障碍的清除，使得创业者的创业成本大大降低，原来无利可图的创业项目变得有利可图。政策的变化也可能通过强制增加需求的方式创造出新的商机，如汽车安全带的强制使用。政府政策的改变可以为新企业带来机会，比如对某些行业进入限制条件的放宽（如民用航空、资源开采等）、政府采购政策的导向（对科技型新小企业、创造大量就业的企业）有可能为新企业带来机会。

3. 社会和人口因素的变化

随着社会和人口因素的变化产生出创业机会。人的需求是变化着的，不同时期的社会和人口因素的变化会产生不同的需求。随着现代社会的发展，这种变化中的需求更加明显。大量女性人口加入就业，创造了家政服务业和快餐食品的市场机会；人口寿命延长导致的老龄化问题，创造了老龄用品市场；计划生育政策使得教育市场高速发展；"单身贵族"的产生，促进了小户型商品房的热销。社会和人口是紧密联系在一起的，有时候社会文化的变革也是创业机会产生的引擎，例如随着中国国家实力的增强，中国文化产业的相关市场也得到了蓬勃发展，越来越多的外国人学习中医、太极拳和中国传统文化，中餐、中国结和唐装等中国文化产品在国外的市场也越来越大。

社会和人口因素的变化改变了人们对产品和服务的需求，需求的变化就增加了产生新事物的机会。欧美人口减少的趋势创造了一些大学吸引来自发展中国家的留学生的需求，从而产生了一些针对国际学生的服务项目。社会和人口的改变催生了针对新的需求的新的解决方案，这些方案会比目前的方案更有效率。

4. 市场需求条件

需求条件表明某个行业里顾客对产品和服务的偏好特性。市场变化产生的创业机会，一般来看，主要有以下四类：（1）市场上出现了与经济发展阶段有关的新需求，相应的，就需要有企业去满足这些新的需求。（2）当期市场供给缺陷产生的新的商业机会。非均衡经济学认为，市场是不可能真正的完全供求平衡的，总有一些供给不能实现其价值，因此，创业者如果能发现这些供给结构性缺陷，同样可以找到可资利用并创业的商业机会。（3）先进国家（或地区）产业转移带来的市场机会。从历史上看，世界各国各地的发展进程是有快有慢的，即便在同一国家，不同区域的发展进程也不尽相同，这样，在先进国家或地区与落后国家或地区之间，就有一个发展的级差，当这个级差大到一定程度，由于国家或地区之间存在成本差异，再加上经济发展到一定程度时，例如环保等问题往往会被先进国家或地区率先提到议事日程上,先进国家或地区就会将某些产业向外转移,这就可能为落后国家或地区的创业者提供创业的商业机会。(4)从中外比较中寻找差距,差距中往往隐含着某种商机。通过与先进国家或地区比较,看看别人已有的哪些东西我们还没有,借鉴西方国家成熟企业的发展经验,也可能发现某种商业机会。需求条件通常可由市场规模、市场成长与市场细分来描述。研究发现,新企业在市场需求规模大的市场比需求较小的市场中业绩更好;在成长较快的市场比在成长较慢的市场业绩更好;在市场分割(市场细分)更多的市场比分割性更小的市场业绩更好。

5. 行业差异

研究发现,创业者创建新企业的能力在不同行业有很大的差异,造成这些差异的原因大致有四个方面:知识条件、产业生命周期、产业成长性和动态性以及产业结构。

(1)知识条件

知识条件是表示一个行业里支持产品和服务生产的知识类型。有三种类型的行业知识条件有利于新企业创立。第一,具有更高的研发强度的行业比研发强度较低的行业更有利于新企业。研发强度是指单位销售额中企业投入了多少研究与开发费用,表示企业在新知识创造方面的投入。研究发现,研发密集型行业出现了更多的新企业。第二是促进新企业形成的知识的创新源。研究发现,由公共部门(如政府部门、大学等)组织创造大部分新技术的行业比私人企业组织技术创造的行业拥有更多的新企业,其中的一个解释在于大学与公共部门并不在意知识的外溢。第三是创新过程的性质。如果创新和技术开发要求有很大的经营规模和资金投入,那么往往只有成熟大企业才能完成,如汽车行业。相反,在一些软件行业,只要求很小的初始规模,新小企业则在这些行业里具有很好的能力,能比大企业提供更灵活的服务。

(2)产业生命周期

新企业在产业的成长期比在成熟期表现更好。产业按成长性可分为成长性产业、成熟产业和衰退产业。德鲁克对成长性产业的定义是:社会对其产品或服务的需求比国民收入或人口的增速快的产业;衰退(走下坡路)产业是:对其产品或服务的需求比国民收入或人口的增速慢的产业(尽管绝对销售额仍在增加);而成熟产业是指两者增速一致的产业。德鲁克认为20世纪末的成长性产业有四个,它们是政府、卫生保健、教育和休闲产业;21世纪的成长性行业是金融服务。

(3)产业成长性和动态性

动态性产业一般指技术变革速度比较快的产业,如IT产业。通常,成长或动态产业创造了大量创业机会,催生了大量的新企业。

(4)产业结构

研究发现,更容易产生新企业的行业有四种。第一,劳动密集型行业比资本密集型行业更适合于新企业。第二,对广告、品牌、规模经济依赖不高的行业,如化工行业更适合新企业。第三，行业集中度较低（分散型）的行业更适合于新企业。行业集中度是指大企业在行业里占有的市场份额。第四，新企业在由平均规模较小的企业组成的行业里有更好的业绩。

总的来说，创业机会存在于对新产品（新服务）、新原材料或新管理方法的探索和创造之中。它需要关注、预测和分析动态的生产，技术、政策、人口和需求等的变化规律，从这些复杂、不确定的变化中发现创新的机会信息，从而找到与之相匹配的机会类型。

二、创业机会识别过程

创业者进行创业必须要进行创业机会研究。实际上，创业往往是从发现、把握、利用某个商业机会开始，并最终表现在能够为消费者或客户创造价值或增加价值的产品或服务之中。创业机会的识别是创业成功的前提条件，也是创业成功的必要条件。

"机会识别"概念包括三个明显的过程：1. 觉察或感知市场需求和（或）未充分使用的资源；2. 识别或发现特殊的市场需求和资源之间的匹配；3. 以商业概念的形式在至今仍被忽略的需求和资源之间建立一个新的匹配。这些过程包括觉察（perception）、发现（discovery）和创造（creation）三个独立因素，而不仅仅是"识别"。

（一）觉察

任何类型的机会——市场需求或未充分使用的资源都仅被某些个体感知或识别，这些差异可以归因于个体对能创造与传递新价值机会的感知力的异质性及觉察或识别顾客尚未被满足的需要的能力不同；同样，开发新技术以创造传递新价值的个体，可能因其考虑新技术及潜在应用的方式不同而形成差异性。这些个体差异性可能来自于其基因组成、背景和经验及其掌握的关于特定机会的信息数量和种类等变量的差异。

一些个体对市场需求或问题相当敏感，以至于他们在任何环境下都能感知可能存在的新产品。但这种对问题的敏感不一定能直接导致解决问题的办法产生，毕竟并非善于提问的个体也能相应的巧妙应答。

其他个体可能对识别闲置资源相当敏感，如未开垦土地、闲置的生产设备、未转化的技术或发明、低效的金融资产等等。虽然可以识别出这些资源，但这些个体并不一定能界定其特定用途及其可能创造的价值。发明家、科学家等可能产生一些新产品或服务的创意，然而并没有考虑市场的接受度，或发明、新技术的商业可行性。

无论何种机会，其成熟度越高，就越容易被更多的个体所觉察。机会越被准确完整地描述，就越容易识别与其相关的风险和不确定性。

(二) 发现

创业行为中的机会识别研究中最具有典型性的当属柯兹纳的研究。柯兹纳的理论从资源使用的视角出发，认为创业者创建新企业或开发新产品市场的出发点在于识别出能导致资源重新配置的机会。柯兹纳进一步指出，"在任何时刻，市场参与者都被卷入某个非均衡结构的活动当中"，在柯兹纳看来，当创业者的可得性资源目前被用于生产产品A，但这些资源可以被用于生产能给顾客带来更多价值的产品B时，非均衡就发生了，此时，可得性资源处于低效的使用状态。由于信息非充分，如果创业者转向产品B，他们就能以较高的价格向顾客持续出售其资源。柯兹纳的结论暗示创业者出售的不仅仅是产品，实质上是在出售其知识、整合资源的能力和可得性资源。这个视角将对创业者的分析从"是什么"转向"什么是可能"，在一定程度上揭示了企业家发现创业机会的规律。

市场就像一张大网，市场主体（个人或企业）就是网上的一个个结点，由市场主体的交易把结点之间联系起来。但是由于分工在带来专业化优势的同时，也带来了市场知识的分散化，使许多交易在市场上得不到实现，这恰如蛛网上的断点，每个断点之间的一系列联结就是企业家活动的机会。因此，寻找尚未联结的断点就是机会发现的目的所在，而供给的空白是最显而易见的。世界各国各地的经济发展进程各不相同，即便是在同一国家，不同区域也可能处于不同发展阶段。这样，在经济发达国家或地区与经济发展落后国家或地区之间，便会形成经济发展的"势差"，在产品的供给方面就存在断档现象，因而在发展相对缓慢的国家或地区就会出现机会。另外，当"势差"大到一定程度时，某些产业会向区域外转移，这些都为机会的出现提供了可能。

创业机会大多产生于不断变化的市场环境，例如城市发展的加速、人口变化、政府政策的变化、居民收入水平提高、全球化进程、消费结构升级等诸多变化都是能够改变消费者价值观以及购买行为的最直接因素。在市场环境变化的情况下，市场结构和市场需求必然发生变化，在这一过程中必然会出现大量新的创业机会，应对这些创业机会进行全局性把握。

新产业的出现往往根源于创新所带来的新知识和新技术，创新使新产业能够满足消费者的新需求，这导致企业新的生产过程、新产品、新市场、甚至资源的新组织方式，这些变化为企业带来了机会，使企业可以开辟新市场和新的经营范围，并提供许多创业机会，引发创业热潮。

知识已经成为竞争优势的重要来源，商业模式是知识成为竞争的具体体现之一，主要涉及价值主张、分销渠道、价值配置与企业资源安排等。淘宝、阿里巴巴等购物网站的蓬勃发展催生了一大批宅男宅女，满足了他们方便、快捷、省事、省力、不出门就能购买商品的需求，更加证明谁拥有更好的商业模式，谁就拥有更多的市场机会和资源。

（三）创造

市场需求与资源匹配前提下的商业概念必须严格遵循对需求与资源的觉察。但商业概念创造并不仅仅是觉察与发现。概念创造包括重组资源以创造传递更高的价值，概念创造可能引发对当前需求与资源匹配状态的调整，甚至导致惊心动魄的对现有企业的重组或"激进的变革"。

此外，管理大师彼得·德鲁克[1]主张通过系统的研究分析来发觉可供创业的新机会，大致可以归纳为以下七种方式：

1. 经由分析特殊事件来发掘创业机会

例如，美国一家高炉炼钢厂因为资金不足，不得不购置一座迷你型钢炉，但竟然出现后者的获利率要高于前者的意外结果。再经分析发现，美国钢产品市场结构已发生变化，因此，这家钢厂就将以后的投资重点放在能快速反映市场需求的迷你炼钢技术上。

2. 经由分析矛盾现象来发掘创业机会

例如，金融机构提供的服务与产品大多只针对专业投资大户，占有市场七成资金的一般投资大众却未受到应有的重视。这样的矛盾，显示提供一般大众投资服务的产品市场必将极具潜力。

3. 经由分析作业程序来发掘创业机会

例如，在全球生产与运筹体系流程中，就可以发掘众多的信息服务与软件开发的创业机会。

4. 经由分析产业与市场结构变迁的趋势来发掘创业机会

例如，在国营事业民营化与公共部门产业开放市场的趋势中，我们可以在交通、电信、能源产业中发掘更多的创业机会；在政府推出的知识经济方案中也可以寻得许多新的创业机会。

5. 经由分析人口统计资料的变化趋势来发掘创业机会

例如，内地的一胎化政策、单亲家庭迅速增加、妇女就业的风潮、老年化社会的出现、教育程度的变化、青少年国际观的扩展等，必然提供许多新的市场机会。

6. 经由价值观与认知的变化来发掘创业机会

例如，人们对于饮食需求认知的改变造就美食市场、健康食品市场等新兴行业；当人们对于两岸前景由"独"而转向"统"的时候，有关到内地求学、就业、移居的市场商机也会相继蓬勃发展。

7. 经由新知识的产生来发掘创业机会

例如，当人类基因图像获得完全破解时，可以预期必然在生物科技与医疗服务

---

[1] 彼得·F·德鲁克. 创新与创业精神[M]. 上海：上海人民出版社，2002.

等领域，带来极多的新事业创业机会。

三、影响机会识别的因素

创业机会识别过程是一个不断调整反复均衡的过程。不同的创业者可能愿意关注不同的创业机会，即使是同一个创业机会，不同的人，对其评价也往往不同。影响机会识别的因素主要有：

（一）创业警觉

对信息高度警觉先于任何一种机会识别，这一状态被称为创业意识，创业意识可以被定义为"对有关事物、时间和环境内行为模式信息的关注与警觉倾向，即对生产者与使用者问题、未满足需求与利益以及新兴资源组合的特别感知力"。个人特征和环境互相作用，会产生提升创业意识的条件。而较高的创业警觉提高了机会识别的概率。

（二）信息不对称和先前知识

人们倾向于注意与他们已经知道的信息相关的信息，因此，先前知识触发了企业家对新信息的价值感知时，机会被发现的可能性更大。此外，不同行为主体之间信息不对称，才可能存在创业机会。企业家只是发现那些与其先前知识相关的机会，任何给定的创业机会并不是对所有企业家都是显而易见的（基本原理是个体不可能在同一时刻掌握完全相同的信息）；每一个体异质性的先前知识建立了一种"知识走廊"，这使其只感知某个机会而不是其他，先前的三种知识对创业机会的发现极为重要：先前市场知识、先前服务市场方式知识、先前顾客问题知识。

在创业机会感知过程的概念图式研究中，假定有两类与这一感知相关的先前知识。第一类是企业家特殊兴趣领域的知识，可以通过迷恋与爱好程度来度量这个领域，由专门的兴趣驱动，企业家花费许多的时间和精力自学以发展和加深其能力，因此获得这一兴趣领域的深厚知识积累。第二类知识是多年从事某一特定工作所积累的知识，通常与兴趣爱好无关，大多数由其周围人（父母、师长、朋友）的忠告形成，是理性选择的结果。企业家在某一行业或领域内工作多年之后会将这两种知识合二为一。两个领域知识的综合会导致企业家识别新机会、新市场或解决顾客问题的新途径。

（三）偶然发现

创业者常常并非通过系统的调查识别创业机会，而是偶然地发现了蕴涵价值的新信息，发现被其他人忽略的客观存在物。创业者都是感知创业机会而不是寻求机会，基于偶然发现机会的新创企业往往比那些源于系统调查后的新创企业表现出更快的成长速度。

偶然的发现可能源于企业家处于"被动搜寻"模式时创业警觉的提高。按照这一模式，企业家尽管不是处于一种正式的系统搜寻过程中，却是乐于接收外部信息的。可以假定，在"被动搜寻"状态，创业意识强的企业家比创业意识弱的企业家更可能获得"偶然"的机会发现。相对于搜寻活动，创业意识是发现（不管是偶然的还是有目的的）更重要的决定因素。因此，包括在理论模型中的是创业警觉而不是搜寻。

（四）社会网络

企业家网络对于机会感知至关重要，弱关系（包括偶然的相识）是信息源的桥梁，信息并非必定存在于强关系中（包括朋友与家人）。因为大多数人有更多的弱关系，偶然的相识比亲密朋友更可能提供独特的信息。一项调查研究证实了网络企业家比单独企业家更能感知创业机会的假设，并认为创业者网络节点（contacts）的质量能影响其其他特质，如感知力与创造力。

机会感知的社会认知框架表明，企业家借助于与广泛人际网络积极的相互作用，通过进行三种认知活动开发机会（信息搜集、交谈思考、资源评价）。这一网络包括企业家核心交流圈子（交往很长，关系稳定）、活动域（由企业家补充的能提供必要机会资源的人们）、合伙人（初始团队成员）及弱关系网络（用于收集一般信息以识别机会或解决一般问题）。

（五）个人特质

研究表明个人特质的确与成功的机会感知有关。

首先，许多研究者已经注意到企业家的乐观精神与机会识别有较强的关系。企业家的乐观精神与自我效能感相关，在感知所承担的高风险时，乐观精神是对企业成功可能性的"内在观点（inside view）"，很大程度上建立在企业家对其能力与知识的评价上。当采取一种外在观点时，企业家在判断可能结果时更为现实。关于组织的研究也显示，自我效能感导致乐观主义，并在确定背景下更倾向于看到机会而非威胁。

另一种个人特质是创新，熊彼特是第一个引入这个概念的：成功的企业家可以发现其他人看不到的机会。温斯洛和索罗莫甚至将创新和企业家精神等同，创新在创业决策时扮演了重要角色。

第二节　创业机会的评估

机会无时不在，机会无处不在。尽管创业起步有高低，生意有大小，但不是所有的机会都必须抓住，都值得去投资。一旦人们产生和发现了想法和机会就需要筛选和评估。创业者是否做了识别和评估工作，将直接导致他们赚大钱还是亏本赔钱，成功还是失败。同时，并不是说创业者那样做了就保证能够成功，因为成功与否还和其他很多因素有关。但另一方面，它的确在降低风险和减少失败方面起到了很重要的作用。机会评估过程包括审查机会存在的环境、机会的真正价值和认知价值、机会的风险和回报、机会与企业家个人技能和目标的匹配、在竞争环境中机会的独特优势等。

一、创业机会评估的内容

从本质上讲，创业机会的评估和一般企业管理的战略评估没有太大差异，不同之处仅仅在于前者是在企业尚未开始运营时发生。创业机会的评估也可以借鉴战略管理中的 SWOT 评估法，对于创业项目所面临的机会、威胁以及创业者自身的优势和劣势进行评估。创业机会评估和一般管理评估的最大不同在于创业机会评估必须有一定的预见性，因为从创业项目启动到企业经营步入正轨有一个阶段，相对一般的企业决策执行时间，这个时间比较长，于是创业者在评估创业机会的时候必须更加谨慎，留有一定的余地。很多创业者发现了一个好的创业机会，但等项目启动的时候往往别的更有实力的企业已经抢先占领了市场，创业者投入的前期资本成了沉没成本。因此创业者在评估创业机会的时候必须考虑得更加周详，才能避免出现这种情况。

创业机会的评估一般分为创业环境评估、财务评估和人力资源评估。

（一）创业环境评估

创业环境评估分为市场环境评估、技术环境评估和政策环境评估。市场环境评估是指评估创业机会所在市场布局、发展趋势和竞争态势；技术环境评估是指对创业机会所涉及的相关技术的发展状况和掌握程度的评估；政策环境评估是对涉及创业项目的相关法规政策的评估。三者都是属于对创业的外部环境的评估，都必须从宏观和微观两个角度考虑。宏观上国民经济的变化、产业结构的调整、进出口政策的变化以及上下游讨价还价能力的变化都会使创业机会价值产生变化，创业者既要考虑到市场中竞争对手、消费者、管理部门、供应商等和创业直接相关的因素，也要评估外围产业、地区经济、技术发展、社会文化等间接影响创业的因素。环境评估需要对整个创业环境的发展趋势做一个比较准确的预判，这个预判需要考虑到更大范围、更长时间的环境变化，例如创业者要投入房地产行业，不仅要考虑到构成竞争的附近楼盘、消费者的消费能力、消费习惯，也要考虑到整个地区甚至全国的宏观经济和相关政策因素对房地产产业的影响。

（二）财务评估

财务评估是对创业者筹集和使用资金的规划。资金是创业最重要的资源之一，由于创业型企业没有足够的信用，筹资问题在创业初期总是困扰创业者的难题，创业者面对一个创业机会，对于创业机会进行财务评估，有利于制订出未来筹资的规划，使创业者能有条不紊地完成创业的每个步骤，避免由于缺少资金影响企业初期的发展。创业者在选择创业机会时如果没有进行财务评估，往往很容易低估创业对于资金的需求和融资的难度，创业过程中不断出现的新情况，可能使得粗略规划的资金需求大大增加，而不同阶段的融资行为的不当，可能增加融资成本。就创业机会本身来说，低估一个创业机会所需的资金，可能使得创业者投入一些超过自身融资能力的项目，造成不必要的时间和资源的浪费。

（三）人力资源评估

人力资源评估是创业者对于创业机会所需具有的相关能力人才的评估，也就是从创业者和创业团队的角度评估创业机会价值。一个创业机会，对于创业者的价值不仅仅决定于客观的创业环境，创业者及其团队是否具备所需的能力并发挥相关能力是决定创业机会选择的主要因素。创业者在评估创业机会的时候，必须把所需人才的使用成本计算在内，企业外雇人员需要考虑付给的相关报酬等。创业者自身也要考虑劳动力的付出程度和创业行为的机会成本，好的创业机会，能够充分发挥每个创业团队成员的竞争优势，包括创业者的从业经验、相关技能、性格特点等。

相应的，创业机会评估应遵循以下三个准则：

1. 市场准则

（1）市场定位：一个好的创业机会，必然具有特定市场定位，专注于满足顾客需求，同时能为顾客带来增值的效果。因此评估创业机会的时候，可由市场定位是否明确、顾客需求评估是否清晰、顾客接触通道是否流畅、产品是否持续衍生等，来判断创业机会可能创造的市场价值。创业带给顾客的价值越高，创业成功的机会也会越大。

（2）市场结构：针对创业机会的市场结构进行5项评估，包括进入障碍、供货商、顾客、经销商的谈判力量、替代性竞争产品的威胁，以及市场内部竞争的激烈程度。由市场结构评估可以得知新企业未来在市场中的地位，以及可能遭遇竞争对手反击的程度。

（3）市场规模：市场规模大小与成长速度，也是影响新企业成败的重要因素。一般而言，市场规模大者，进入障碍相对较低，市场竞争激烈程度也会略为下降。如果要进入的是一个十分成熟的市场，那么纵然市场规模很大，由于已经不再成长，利润空间必然很小，因此新企业恐怕就不值得再投入。反之，一个正在成长中的市场，通常也会是一个充满商机的市场，所谓水涨船高，只要进入时机正确，必然会有获利的空间。

（4）市场渗透力：对于一个具有巨大市场潜力的创业机会，市场渗透力（市场机会实现的过程）将会是一个非常重要的影响因素。聪明的创业家知道选择在最佳时机进入市场，也就是在市场需求正要大幅增长之际，你已经做好准备，等着接单。

（5）市场占有率：创业机会预期可取得的市场占有率目标，可以显示这家新创公司未来的市场竞争力。一般而言，要成为市场的领导者，最少需要拥有20%以上的市场占有率。如果市场占有率低于5%，则这个新企业的市场竞争力不强，会影响未来企业上市的价值。尤其处在具有赢家通吃特点的高科技产业，新企业必须拥有成为市场前几名的能力，才比较具有投资价值。

（6）产品的成本结构：产品的成本结构，也可以反映新企业的前景是否光明。例如，从物料与人工成本所占比重之高低、变动成本与固定成本的比重，以及经营规模、产量大小，可以判断新企业创造附加价值的幅度以及未来可能的获利空间。

2. 效益准则

（1）合理的税后净利。一般而言，具有吸引力的创业机会，至少需要能够创造15%以上税后净利。如果创业预期的税后净利是在5%以下，那么这就不是一个好的投资机会。

（2）达到损益平衡所需的时间。达到损益平衡合理时间应该在两年以内，如果三年还达不到，恐怕就不是一个值得投入的创业机会。不过有的创业机会确实需要比较长时间的耕耘，通过这些前期投入，创造进入障碍，保证后期的持续获利。在这种情况下，可以将前期投入视为一种投资，以容忍较长的损益平衡时间。

（3）投资回报率。考虑到创业可能面临的各项风险，合理的投资回报率应该在25%以上。一般而言，15%以下的投资回报率，是不值得考虑的创业机会。

（4）资本需求。资金需求量较低的创业机会，投资者一般会比较欢迎。事实上，许多个案显示，资本额过高其实并不利于创业成功，有时还会带来稀释投资回报率的负面效果。通常，知识越密集的创业机会，对资金的需求量越低，投资回报率反而会越高。因此在创业开始的时候，不要募集太多资金，最好通过盈余积累的方式来创造资金。而比较低的资本额，将有利于提高每股盈余，并且还可以进一步提高未来上市的价格。

（5）毛利率。毛利率高的创业机会，相对风险较低，也比较容易取得损益平衡。反之，毛利率低的创业机会，风险则较高，遇到决策失误或市场发生较大变化的时候，企业很容易就遭受损失。一般而言，理想的毛利率是40%。当毛利率低于20%的时候，这个创业机会就不值得考虑。软件业的毛利率通常都很高，所以只要能找到足够的业务量，从事软件创业在财务上遭受严重损失的风险相对会比较低。

（6）策略性价值。能否创造新企业在市场上的策略性价值，也是一项重要的评价指标。一般而言，策略性价值与产业网络规模、利益机制、竞争程度密切相关，而创业机会对于产业价值链所能创造的加值效果，也与它所采取的经营策略与经营模式密切相关。

（7）资本市场活力。当新企业处于一个具有高度活力的资本市场时，它的获利回收机会相对也比较高。不过资本市场的变化幅度极大，在市场高点投入，资金成本较低，筹资相对容易。但在资本市场处于低点时，投资开发新企业的动机则较低，好的创业机会也相对较少。不过，对投资者而言，市场低点的成本较低，有的时候反而投资回报会更高。一般而言，新创企业在活跃的资本市场上比较容易创造增值效果，因此资本市场活力也是一项可以被用来评价创业机会的外部环境指标。

（8）退出机制与策略。所有投资的目的都在于回收，因此退出机制与策略就成为一项评估创业机会的重要指标。企业的价值一般也要由具有客观鉴价能力的交易市场来决定，而这种交易机制的完善程度也会影响新企业退出机制的弹性。由于退出的难度普遍要高于进入，所以一个具有吸引力的创业机会，应该要为所有投资者考虑退出机制，以及退出的策略规划。

3. 团队准则

（1）创业者的个人目标和能力。对于任何投资创业的人，是否愿意承担风险是一个重要的问题。个人的动机是成功的创业者的本质特征。因此，除非一个人真的想要创办一个企业，否则他是不愿意承担风险去做的。

一个相关的问题就是潜在创业者是否具备创业必需的能力（包括知识、技能和特质），如果不具备，他们是否能够学习并提高这些能力。许多小企业的管理者都是基于他们的能力才创办企业的。将上述问题结合在一起，就变成一个基本的问题——企业所必需的条件和创业者的要求和期望是否一致和相符，这对创业成功十分重要。

（2）团队管理能力。在大量的资金、高风险、变化多端的市场、激烈的竞争等风险决策中，团队管理能力是一个重要的衡量尺度。团队在相同或相关行业和市场中具备的技能和经验，经常决定了企业的成功或失败。这就解释了何以风险投资者（为企业提供资金的人）非常强调管理因素，他们经常会说宁愿要一个好的管理去经营一个一般的产品或服务，也不想要一个不好的管理去经营一个优异的产品或服务。

二、创业机会评估的方法

创业机会的评估可以简单地分为定性分析和定量分析。两者的分析角度不同,前者主要分析的是难以用数字衡量或者没有绝对的衡量标准的因素,后者则是对比较客观、容易量化的因素进行分析评估。

(一) 定性评估方法

对创业机会的评估事实上是预期创业过程中将遇到的问题,因此是一种前瞻性的评估。而事情的发展往往是出人意料的,创业的过程中将会遇到许多的问题。许多问题无法精确,这就给机会的评估增加了很大的难度。因此定性的评估方法在创业机会评估方面是一种主要的方法,下面介绍其中的几种:

霍华德·史蒂文森(Howard. H. Stevenson)等[1]认为,充分评估创业机会需要考虑以下几个重要问题:1. 回报机会的大小,存在的时间跨度和随时间成长的速度;2. 潜在的利润是否足够弥补资本、时间和机会成本的投资并带来令人满意的收益;3. 机会是否开辟了额外的扩张、多样化或综合的商业机会选择;4. 在可能的障碍面前,收益是否会持久;5. 产品或服务是否真正满足了真实的需求。

Longenecker[2]指出了评估创业机会的五项基本标准:1. 对产品有明确界定的市场需求,推出的时机也是恰当的;2. 投资的项目必须能够维持持久的竞争优势;3. 投资必须具有一定程度的高回报,从而允许一些投资中的失误;4. 创业者和机会之间必须互相适合;5. 机会中不存在致命的缺陷。

托马斯·齐默勒和诺曼·斯卡伯勒描绘了定性评估创业机会的流程图。这个流程分为五大步骤:

1. 判断新产品或服务将如何为购买者创造价值,判断新产品或服务使用的潜在障碍,如何克服这些障碍,根据对产品和市场认可度的分析,得出新产品的潜在需求、早期使用者的行为特征、产品达到预期收益的时间。

2. 分析产品或服务在目标市场上投放的技术风险、财务风险和竞争风险,进行机会窗分析。

3. 在产品或服务的供应过程中是否能够保证足够的供应量和品质。

4. 估算新产品或服务项目的初始投资额,明确使用何种融资渠道。

5. 在更大的范围内考虑风险的程度,以及如何控制和管理那些风险因素。

---

[1] 高建等译. 新企业与创立者(第5版)[M]. 北京:清华大学出版社,2002.
[2] 郭武文等译. 小企业管理[M]. 北京:人民邮电出版社,2006.

著名的创业学家 Timmons（1999）[①] 总结概括了一个评估创业机会的框架体系，其中涉及 8 大类 53 项指标。通过一种量化的方式，创业者可以利用这个体系模型对行业和市场问题、竞争优势、经济结构和收获、管理团队、致命缺陷等做出判断，来评估一个创业企业的投资价值和机会。

表 4—1　评价创业机会的框架

行业与市场	1. 市场容易识别，可以带来持续收入； 2. 顾客可以接受产品或服务，愿意为此付费； 3. 产品的附加价值高； 4. 产品对市场的影响力大； 5. 将要开发的产品生命长久； 6. 项目所在的行业是新兴行业，竞争不充分； 7. 市场规模大，销售潜力达到 1000 万到 10 亿元； 8. 市场成长率在 30%—50% 甚至更高； 9. 现有厂商的生产能力几乎完全饱和； 10. 在五年内能占据市场的领导地位，达到 20% 以上； 11. 拥有低成本的供货商，具有成本优势。
经济因素	12. 达到盈亏平衡点所需要的时间在 1.5—2 年以下； 13. 盈亏平衡点不会逐渐提高； 14. 投资回报率在 25% 以上； 15. 项目对资金的要求不是很大，能够获得融资； 16. 销售额的年增长率高于 15%； 17. 有良好的现金流量，能占到销售额的 20%—30% 以上； 18. 能获得持久的毛利，毛利率要达到 40% 以上； 19. 能获得持久的税后利润，税后利润率要超过 10%； 20. 资产集中程度低； 21. 运营资金不多，需求量是逐渐增加的； 22. 研究开发工作对资金的要求不高。
收获条件	23. 项目带来的附加价值具有较高的战略意义； 24. 存在现有的或可预料的退出方式； 25. 资本市场环境有利，可以实现资本的流动。
竞争优势	26. 固定成本和可变成本低； 27. 对成本、价格和销售的控制较高； 28. 已经获得或可以获得对专利所有权的保护； 29. 竞争对手尚未觉醒，竞争较弱； 30. 拥有专利或具有某种独占性； 31. 拥有发展良好的网络关系，容易获得合同； 32. 拥有杰出的关键人员和管理团队。

[①] Timmons, J. A. (1999). New Venture Creation: Entrepreneurship for the 21 st century. Boston, MA: Irwin/McGraw‐Hiu.

续表

管理团队	33. 创业者团队是一个优秀管理者的组合； 34. 行业和技术经验达到了本行业内的最高水平； 35. 管理团队的正直廉洁程度能达到最高水准； 36. 管理团队知道自己缺乏哪方面的知识。
致命缺陷	37. 不存在任何致命缺陷。
创业家的 个人标准	38. 个人目标与创业活动相符合； 39. 创业家可以做到在有限的风险下实现成功； 40. 创业家能接受薪水减少等损失； 41. 创业家渴望进行创业这种生活方式，而不只是为了赚大钱； 42. 创业家可以承受适当的风险； 43. 创业家在压力下状态依然良好。
理想与现实的 战略性差异	44. 理想与现实情况相吻合； 45. 管理团队已经是最好的； 46. 在客户服务管理方面有很好的服务理念； 47. 所创办的事业顺应时代潮流； 48. 所采取的技术具有突破性，不存在许多替代品或竞争对手； 49. 具备灵活的适应能力，能快速地进行取舍； 50. 始终在寻找新的机会； 51. 定价与市场领先者几乎持平； 52. 能够获得销售渠道，或已经拥有现成的网络； 53. 能够允许失败。

1. 创业企业行业与市场表现评估指标：从竞争者角度来看，包括以下4个评估指标：行业是新兴行业，竞争不完善；竞争者生产能力几乎饱和；在5年内能占据市场领导地位，达到20%以上；技术优势、成本优势或者销售网络优势；供应商角度包括：同竞争者比，拥有低成本供应商；与供应商的议价能力强；产品角度包括：产品的利润空间大，产品的不可替代性高，市场影响力大，产品的生命周期长，产品的技术要求高，进入门槛高；消费者角度包括：市场是否容易识别，顾客对企业提供的服务的满意度是否高，市场规模大小，市场成长率在30%或者更高。

2. 对于企业所面临的经济因素，Timmons模型考察了以下几个方面：创业企业达到盈亏平衡点的时间；企业的投资回报率；项目的融资能力；年销售额的增长率；良好的现金流能力；企业的毛利润。

3. 企业的收获条件包括：项目附加值的战略意义和企业现有的或可预料的退出方式。

4. 企业的竞争优势包括成本优势、专利权的优势、关系网络、杰出的管理团队。

5. 创业企业的管理团队指标包括：创业团队是一个优秀管理者的组合，管理者的行业和技术经验达到了行业内的最高水平，管理者的正直廉洁程度达到了很高的水平，创业团队知道自己还缺少哪方面的经验和知识。

6. 创业企业不存在任何致命缺陷。

7. 对于创业者的个人标准要求：个人目标同创业活动相符合，可以承担一定的风险，面对压力仍然保持良好的管理状态等。

8. 创业企业理想与现实的战略性差异：所创办的企业适应时代潮流，采用的技术具备突破性，时刻寻找新的机会，定价与市场领先者几乎持平，能够允许失败，在客户服务管理方面有很好的服务理念，企业具备灵活的适应能力。

对于上述每个因素，在具体评估时都设有创业机会的吸引力潜力最高和创业机会的吸引力潜力最低两种极端情况，一般来说所有的创业机会都会处于这两个极端情况之间，创业者根据具体情况对其打分。最后根据打分结果的高低判断该创业机会的潜在价值。

我国学者雷家骕等也提出了一个有5个特征的机会评估方法，这5个特征分别是：

1. 机会的原始市场规模。市场越大越好，但大市场可能会吸引强大有力的竞争对手，因此小市场可能会更友善。

2. 机会将存在的时间跨度。一切机会都只存在于一段有限的时间之内，这段时间的长短差别很大，由商业性质决定。

3. 预期特定机会的市场规模将随时间增长的速度。一个机会可能带来的市场规模将随时间变化，一个机会可能带来的风险和利润也会随时间变化，机会存在的某些时期，可能比其他时期更有商业潜力。

4. 好机会的五个特点：（1）市场前景可明确界定；（2）前景市场中前5—7年中销售额稳步且快速增长；（3）创业者能够获得利用机会所需的关键资源；（4）创业者不被锁定在刚性的技术路线上；（5）创业者可以用不同的方式创造额外的机会和利润。

5. 特定机会对特定创业者的可行性：创业者是否拥有利用某个创业机会所需的资源；是否能"架桥"跨越"缺口"；对于可能遇到的竞争力量，至少要可以与之抗衡；存在可以占有的前景市场份额，甚至创造市场。

（二）定量评估方法

定量分析方法主要有标准打分矩阵法、优先级评分法、珀泰申米特法和贝蒂选择因素法，下面分别介绍4种方法：

1. 标准打分矩阵

通过选择对创业机会成功有重要影响的因素，并由专家小组对每一个因素进行最好（3分）、好（2分）、一般（1分）三个等级的打分，最后求出每个因素在各个创业机会下的加权平均分，从而可以对不同的创业机会进行比较。下表列出了其中10项主要的评估因素，在实际使用时可以根据具体情况选择其中的全部或者部分因素来进行评估。

表4—2　企业机会标准打分矩阵

标准	专家评分			
	极好（3）	好（2）	一般（1）	加权平均分
易操作性	8	2	0	2.8
质量和易维护性	6	2	2	2.4
市场接受度	7	2	1	2.6
增加资本的能力	5	1	4	2.1
投资回报	6	3	1	2.5
专利权状况	9	1	0	2.9
市场大小	8	1	1	2.7
制造的简单性	7	2	1	2.6
广告潜力	6	2	2	2.4
成长潜力	9	1	0	2.9

2. 优先级评分法

该方法是将技术成功概率、商业成功概率、单位产品毛收入和投资生命周期收入的乘积与总成本相除，得出该创业机会的优先级别。公式如下：

［技术成功概率×商业成功概率×（价格－成本）×投资生命周期收入］／总成本＝机会优先级

在该公式中，技术和商业成功的概率是以百分比表示（从0到100%），成本是以单位产品成本计算，投资生命周期是指可以预期的所有收入，总成本是指预期的所有投入，包括研究、设计、制造和营销费用。将不同的创业机会的具体数值带入计算，特定机会的优先级越高，该机会越有可能成功。例如，假设一个创业机会的技术成功概率为50%，市场上的商业成功概率为50%，净销售价格为18元，对于每个产品来说的全部成本为8元，在5年的投资生命周期中总收入100000元，总成本为50000元，把这些数字代入公式之中，可以计算出机会优先级约等于5。

3. 珀泰申米特（Potentionmeter）法

这种方法可以通过让创业者填写针对不同因素的不同情况预先设定好权值的选项式问卷的方法，来快捷地得到特定创业机会的成功潜力指标。对于每个因素来说，不同选项的得分可以从－2分到＋2分，通过对所有因素得分的加总得到最后的总分，总分越高说明特定创业机会成功的潜力越高，只有那些最后得分高于15分的创业机会才值得创业者进行下一步的策划，低于15分的都应被淘汰。

表 4—3　珀泰申米特（Potentionmeter）法的考察因素

对于税前投资回报率的贡献	商业周期的影响
预期的年销售额	为产品制定高价的潜力
生命周期中预期的成长阶段	进入市场的容易程度
从创业到销售额高速增长的预期时间	市场试验的时间范围
投资回收期	销售人员的要求
占有领先者地位的能力	

4. 贝蒂（Baty）的选择因素法

在这种方法中，通过 11 个选择因素的设定来对创业机会进行判断。如果某个创业机会只符合其中的 6 个或更少的因素，这个创业机会就很可能不可取；相反，如果某个创业机会符合其中的 7 个或者 7 个以上的因素，那么这个创业机会将有较大价值。

表 4—4　贝蒂（Baty）选择因素法的考察因素

1. 这个创业机会在现阶段是否只有你一个人发现了？
2. 初始的产品生产成本是否可以接受？
3. 产品是否具有高利润回报的潜力？
4. 是否可以预期产品投放市场和达到盈亏平衡点的时间？
5. 潜在的市场是否巨大？
6. 你的产品是否是一个高速成长的产品家族中的第一个成员？
7. 你是否拥有一些现存的初始用户？
8. 是否可以预期产品的开发成本和开发周期？
9. 是否出于一个成长中的行业？
10. 金融界是否能够理解你的产品和顾客对它的需求

三、创业机会评估应注意的问题

对于创业者而言，发现创业机会是一个方面的问题，另一个方面的重要问题是创业机会的评估，这是一个关系到创业者未来创办企业的市场价值的关键环节。据有关学者的研究，大约有 60%-70% 的创业计划在其开始阶段就被放弃，主要是因为这些计划不符合创业者的评估准则。

一个创业机会具有很多方面的属性，一些属性可以被量化，比如说潜在市场规模、预计的市场增长率等；而一些属性不易量化，比如说产品的成本结构、资本的退出机制等。单纯的定性评估方法存在着不足，它比较难对几个创业机会进行优劣的排序；单纯的定量评估方法也存在不足，它很难把某些事关成败的关键属性和一些重要程度一般的属性进行严格的区分，通过赋予一个关键属性大的权值来对它进行区分的方法存在一定的缺陷。一个创业机会是否有价值，几个表现较好的次要属性往往是无法弥补一个有缺陷的关键属性的。

因此，在创业机会评估的过程中，对具体指标的选择，既要考虑当前的实际，更要注意未来长远的发展。创业机会的属性有许多面，既有可以量化的，也有不可量化的，在评估过程中，要有区别地对待，并采取相应的方法处理，以使评估结构更加客观可信。譬如，对战略性新兴产业领域创业机会的评估，是否属于国家及地方政府重点扶持和发展的范围，就是很难量化的，在评估过程中，必须依据国家和地方政府的相关法规和政策，给予符合实际的评价。此外，上述指标只是一些可以参考的衡量标准，更主要的还是要依靠创业者对市场敏感的直觉和充分的了解分析。以下是对创业机会评估的一些建议：

首先，要列出特定创业机会的所有属性。Timmons 提出的 8 大类、53 个评估因素是比较全面的，几乎涵盖了其他几种理论所涉及的全部内容，可以把这 53 个评估因素作为评估创业机会的属性库。

其次，对属性库中的属性进行分类。依据重要性的不同，可以分为关键属性和重要属性两大类。有一些属性是无法量化的，有一些属性是能够量化的，对于能够量化的属性，虽然国外已经有了量化的方法，我们还需要通过对中国企业的具体调查，把量化方法中的值域和阈值转化成适合中国国情的指标。

最后，对于关键属性采用定性分析的方法。创业机会的评估首先要过关键属性定性评估这一关，在这一步评估之中，各个属性都是硬指标，如果一个创业机会有哪项指标达不到，就说明它存在严重的缺陷；第二关是关键属性和重要属性结合的定量评估，一个创业机会在通过第一关之后，我们就可以把关键和重要属性混合起来处理，用设定权值的方法来对它们进行区分，通过定量打分的高低进一步对创业机会进行排序。

第三节　创业机会的捕捉

我们正处在一个充满机会的年代。机会是一个神圣的因素，就像夜空中偶尔飞过的流星，虽然只有瞬间的光辉，却照亮了漫长的创业历程。机会对于所有的创业者都是均等的，关键就是对机会的识别和捕捉。创业机会具有以下特征使人们难以识别和捕捉。

1. 隐蔽性。机会是一种无形的事物，人们只能凭感觉意识它的存在，而无法用眼睛看到它。机会总是隐藏在社会现象的背后，其真相往往被掩盖着，通常很难找到它的踪影。正如法国文学大师巴尔扎克所说："机会女神总是披着面纱，难以让人看到她的真面目。"也正因为机会的这种隐蔽性特征，才使它在人们的心目中是如此的神秘和可贵。如果机会没有了隐蔽性，人们一眼便能看到它，一伸手就能摸到它，那么机会也就不成其为机会了。

2. 偶然性。机会在大多数情况下是偶然形成的。尽管它普遍地存在于人们身边的事物中，但人们并不容易捕捉到它。人们越是刻意地寻找机会，就越难见到它的踪影，而在你毫无精神准备的时候，它却突然出现在你的面前。在寻找机会的过程中，人们都曾有过"众里寻他千百度"的艰辛，但也有"蓦然回首，那人却在灯火阑珊处"的意外收获。

3. 易逝性。机会最显著的特征是它的易逝性，正所谓"机不可失，时不再来"。机会的易逝性表现在一是稍纵即逝，二是一去不返。虽然天天都可能有机会出现，但同样的机会是不会重新再来的。同时，由于机会往往是被社会所共有的，只要稍一迟疑，机会就会被别人抢走。

4. 时代性。机会总是与时代紧密联系在一起的，具有鲜明的时代特征。所谓机会的时代性，是指一定时代会给各种机会打上烙印或赋予社会的、民族的、时期的色彩。时代是机会的土壤，好的时代能培养出大量的机会，为人们的成功提供条件；而差的时代则像碱性土壤，毫无生机，很少有成功的机会和可能。

一、创业机会的时机把握

创业机会存在于或产生于现实之中。一个好的机会是诱人的、持久的、适时的，它被固化在一种产品或服务中，这种产品或服务为它的买主或最终用户创造或添加了价值。

创业者利用机会时，机会窗口必须是敞开的。"机会窗口"是一种隐喻，以描述企业实际进入新市场的时间期限，一旦新产品市场建立起来，机会窗口就打开了。随着市场的成长，企业进入市场并设法树立有利可图的地位。在某个时点，市场成熟、机会窗口关闭。

所谓机会窗口，就是指市场存在的发展空间有一定的时间长度，使得创业者能够在这一时段中创立自己的企业，并获得相应的盈利与投资回报。图4—2给出了一个一般化市场上的机会窗口。

图中曲线描述的是典型新兴行业的快速生长模式与生命周期，一般来说，市场随着时间的变化以不同的速度增长，并且随着市场的迅速扩大，往往会出现越来越多的机会。但当市场变得更大并稳定下来时，市场条件就不那么有利了。因此，在市场扩展到足够大的时候，（如图中显示的第5年），机会窗口就打开了；而当市场

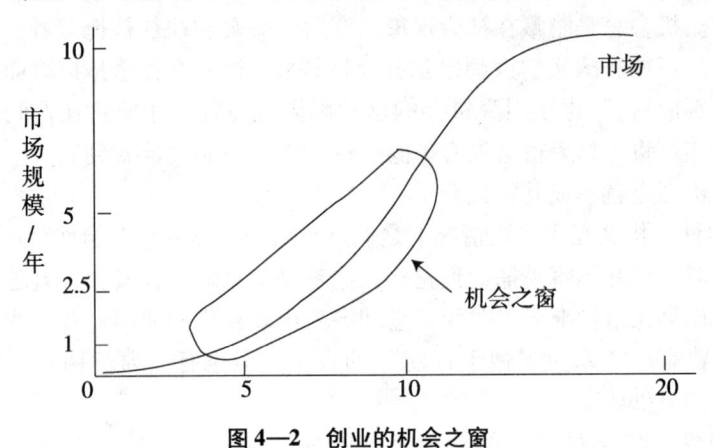

成熟了之后（如图中显示的第 15 年），机会窗口就开始关闭。

图 4—2　创业的机会之窗

由此可见，一个创业者要抓住某一市场机会，其机会窗口应是敞开的而不是关闭的，并且它必须保持足够长的敞开时间，以便被利用。因为如果等到机会窗口接近关闭的时候再来创业，留给创业者的空间将十分有限，新创企业也就很难盈利，从而可能导致创业夭折。

二、创业机会捕捉程序

创业机会的捕捉是创业机会识别过程中最重要的一步，它意味着创业者发现存在着的创业机会并使之形成自己所理解、认识的创业机会。

（一）形成创意

一个企业创业成功开始的关键，可能来源于一个经适当评价的新产品或服务较完美的创意，而创意往往来源于对市场机会、技术机会和政策机会的感觉和把握，具体来源于顾客、现有企业、企业的分销渠道、政府机构以及企业的研发活动等。

1. 顾客

创业者可以通过正规或非正规的方式，接触有关新产品或服务的创意的最终焦点——潜在顾客，了解顾客的需求或潜在需求，从而形成创意。

2. 现有企业

主要是对市场竞争者的产品和服务进行追踪、分析和评价，找出现有产品存在的缺陷，有针对性地提出改进产品的方法，形成创意，并且发现具有巨大潜力的新产品，进行创业。

3. 分销渠道

由于分销商是直接面向市场的，他们不仅可以提供顾客所需的产品改进和新产品类型等方面的广泛信息，而且能对全新的产品提出建议来帮助推广新产品。因此，与分销商保持沟通，是形成创意的一条途径。

4. 政府机构

一方面，专利局的文档中蕴涵着大量的新产品创意，尽管专利本身可能对新产品的引进形成法律制约，却可能对其他具有市场潜力的创意带来有益的启发。另一方面，创意可能来源于对政府有关法规的反映。

5. 研发活动

企业本身的研发活动通常装备精良，有能力为企业成功地开发新产品，它是创意的主要来源之一。

一个创意可以通过多种方法产生，主要有：

1. 根据经验分析。对创业者而言，创意是创建企业的工具，在创建成功企业的过程中少不了它。就这方面而言，经验在审视创意时显得至关重要。有经验的创业者往往在模式和机会还在形成的过程中就表现出了快速识别它们和形成创意的能力。

2. 创造性思维。创造性思维在形成创意的过程中是很有价值的，而且在创业的其他方面也是如此，创造性思维可以通过学习和培训等来提升。

3. 激发创造力。激发创造力的方法有很多，如头脑风暴法、自由联想法、灵感激励法等，可以通过这些方法来激发创造力。

4. 依靠团队创造力。当人们组成团队时，往往可以产生单个人无法产生的创造力。通过小组成员交换意见所产生的问题解决方案和其他方式相比，可能会更好。据统计，约47%的创意来源于工作团队的活动。

（二）创业机会信息的收集

创业机会信息的收集是使创意变为现实的创业机会的基础工作。

首先，根据创意，明确研究的目的或目标。例如，创业者可能会认为他们的产品或服务存在一个市场，但他们不能确信：产品或服务如果以某种形式出现，谁将是顾客。这时，目标便是向人们询问他们如何看待该产品或服务，是否愿意购买，了解有关人口统计的背景资料和消费者个人的态度。当然，还有其他目标，如了解有多少潜在顾客愿意购买该产品或服务，潜在的顾客愿意在哪里购买，以及预期会在哪里听说或了解该产品或服务等。

其次，从已有数据或第一手资料中收集信息。这些信息主要来自于商贸杂志、图书馆、政府机构、大学或专门的咨询机构以及互联网等。一般可以找到一些关于行业、竞争者、顾客趋向、产品创新等方面的信息。该种信息的获得一般是免费的，或者成本较低，创业者可能利用这些信息。

最后，从第一手资料中收集信息包括一个数据收集过程，如观察、访谈、集中小组试验以及问卷等。该种信息的获得一般来说成本都比较高，但能够获得有意义的信息，可以更好地识别创业机会。

（三）创业环境分析

环境在创业过程中扮演着非常重要的角色，因此，创业者准备创业计划之前，首先要对环境进行研究分析，主要包括技术环境分析、市场环境分析和政策环境分析。

1. 技术环境分析

技术的进步难以预测，从某种意义上说，技术是变化最为剧烈的因素。因为技术的进步可以极大地影响到企业的产品、服务、市场、供应商、分销商、竞争者、制造工艺、营销方法及竞争地位等。技术进步可以创造新的市场，产生大量新型的和改进的产品，改变创业企业在产业中的相对成本及竞争位置，也可以改进现有产品及服务。过时技术变革可以减少或消除企业间的成本壁垒，缩短产品的生命周期，并改变雇员、管理者和用户的价值观与预期，还可以带来比现有竞争优势更为强大的新的竞争优势。因此，创业者应对行业的技术变化趋势有所了解和把握，应考虑因政府投入可能带来的技术发展。

2. 市场环境分析

市场环境分析可以从宏观、中观和微观三个层次来进行。

在宏观上，主要是对经济因素、文化因素的分析。一方面，一个新创企业成功与否在一定程度上取决于整个经济运行情况，如整个国民经济的发展状况、产业结构的构成与发展和积累资金的构成及其变化、失业状况以及消费者可支配收入等等。具体体现在 GDP 可支配收入等指标上，这些因素都会影响市场的需求状况，从而对创业企业有一定影响。另一方面，从文化因素上说，如人们生活态度的变化、价值观念的变化、道德观的变化也会对市场需求产生影响，特别是那些与健康或环境质量等有密切关系的产品更是如此。

在中观上，主要是对行业需求的分析，如市场是增长的还是衰退的、新的竞争者的数量及消费者需求可能的变化等重要问题，创业者必须认真加以考虑，以便确定潜在市场的规模。

在微观上，根据波特的竞争模型，潜在的进入者、行业内现有的竞争者、替代用品的生产供应者和购买者是主要的竞争力量。

（1）新进入者的威胁。新进入者是行业的重要竞争力量，虽然创业者本身往往是一个新的进入者，但他同时也会面临着其他意识到同样创业机会的创业者或模仿者新进入的压力，他们会对创业的成功与收益带来很大威胁，其大小主要取决于进入障碍和本企业的反应度，其影响因素主要包括规模经济、产品差别优势、资金需求、转换成本、销售渠道等。

（2）现有竞争者的抗衡。创业者在进入某一个行业时，会遇到行业内现有企业的压力与竞争，其程度是由一些结构性因素决定的。由于每个行业的进入和退出门槛不同，便形成不同的组合。

（3）替代品的竞争压力将导致替代品的不断增多，因此，创业者在制定战略时，必须识别替代品的威胁及程度。对于顺应时代潮流、采用最新技术、最新材料的产品，或由能获得高额利润的部门生产出来的替代品，尤其应注意。

（4）购买者和供应者的讨价还价能力。任何行业的购买者和供应者，都会在各种交易条件上尽力迫使对方让步，使自己获得更多的收益，其中讨价还价能力起着重要作用。

（5）其他利益相关者。主要包括股东、员工、政府、社区、借贷人等，他们各自对企业的影响大小不同。创业者从创业初始就应适当考虑与利益相关者的价值均衡问题及它们对创业的影响。

3. 政策环境分析

政府的政策规定、法律法规等都可能直接或间接影响创业活动。例如取消价格控制法规、对媒体广告的约束法规（如禁止香烟广告）、影响产品及其包装的某个条例等，这些法规都将对创业企业的产品开发和市场营销等产生影响。另外，政府对市场的规制也是一个值得重视的因素，如美国政府在 20 世纪 80 年代对电信和航空业进入限制的放松，就导致了大量新公司的组建。

一般来说，有关市场特征、竞争者等可获得的数据，常常反过来与一个创业机会中真正的潜力相联系。也就是说，如果市场数据已经可以获得，并且数据清晰显示出重要的潜力，那么大量的竞争者就会进入该市场，该市场中的创业机会就会随之减少。因此，对收集的信息进行评价和分析，识别真正的创业机会是重要的一步。一般而言，单纯地对问题答案的总结，可以给出一些初步印象；接着对这些数据信息交叉制表进行分析，则可以获得更加意义的结果。也就是说，对创业者来说，搜集必要的信息，发现可能性，将别人看来仅仅是一片混乱的事物联系起来以发现真正的创业机会，这是非常重要的。

除此之外，捕捉创业机会，应当把握创业机会的四大特征。

有的创业者认为自己有很好的想法和点子，对创业充满信心。有想法有点子固然重要，但是并不是每个人的想法和新奇的点子都能转化为创业机会。许多创业者因为仅仅凭想法去创业而失败了。那么如何判断一个好的商业机会呢？《21 世纪创业》的作者 Timmons 提出，好的商业机会有以下四个特征：第一，它很能吸引顾客；第二，它能在你的商业环境中行得通；第三，它必须在机会之窗存在期间被实施（注：机会之窗是指商业想法推广到市场上去所花的时间，若竞争者已经有了同样的思想，并已把产品推向市场，那么机会之窗也就关闭了）；第四，你必须有资源（人、财、物、信息、时间）和技能才能创立新业务。

三、捕捉创业机会的技巧

创业者不仅要善于发现机会,更需要正确把握并果敢行动,将机会变成现实的结果。

(一) 着眼于问题捕捉机会

机会并不意味着无须代价就能获得,许多成功的企业都是从解决问题起步的。所谓问题,就是现实与理想的差距。比如,顾客需求在没有满足之前就是问题,而设法满足这一需求,就抓住了市场机会。美国"牛仔大王"李维斯的故事多年来为人津津乐道。19世纪50年代,李维斯像许多年轻人一样,带着发财梦前往美国西部淘金,途中一条大河拦住了去路,李维斯设法租船,做起了摆渡生意,结果赚了不少钱。在矿场,李维斯发现由于采矿出汗多,饮用水紧张,于是,别人采矿他卖水,又赚了不少钱。李维斯还发现,由于跪地采矿,许多淘金者裤子的膝盖部分容易磨破,而矿区有许多被人丢掉的帆布帐篷,他就把这些旧帐篷收集起来洗干净,做成裤子销售,"牛仔裤"就这样诞生了。李维斯将问题当作机会,最终实现了他的财富梦想。

(二) 利用变化捕捉机会

变化中常常蕴藏着无限商机,许多创业机会产生于不断变化的市场环境。环境变化将带来产业结构的调整、消费结构的升级、思想观念的转变、政府政策的变化、居民收入水平的提高等等;人们透过这些变化,就会发现新的机会。在国有企业民营化的过程中,创业者可以在交通、电信、能源等产业中发掘创业机会。私人轿车拥有量的不断增加,将产生汽车销售、修理、配件、清洁、装潢、二手车交易和陪驾等诸多创业机会。任何变化都能激发新的创业机会,需要创业者凭着自己敏锐的嗅觉去发现和创造。许多很好的商业机会并不是突然出现的,而是对"先知先觉者"的一种回报。聪明的创业者往往选择在最佳时机进入市场,当市场需求爆发时,他已经做好准备等着接单。

(三) 跟踪技术创新捕捉机会

世界产业发展的历史告诉我们,几乎每一个新兴产业的形成和发展,都是技术创新的结果。产业的变更或产品的替代,既满足了顾客需求,同时也带来了前所未有的创业机会。比如,电脑诞生后,软件开发、电脑维修、图文制作、信息服务和网上开店等创业机会随之而来。任何产品的市场都有其生命周期,产品会不断趋于饱和达到成熟直至走向衰退,最终被新产品所替代,创业者如果能够跟踪产业发展和产品替代的步伐,通过技术创新则能够不断寻求新的创业机会。

（四）在市场夹缝中捕捉机会

创业机会存在于为顾客创造价值的产品或服务中，而顾客的需求是有差异的。创业者要善于找出顾客的特殊需要，盯住顾客的个性需要并认真研究其需求特征，这样就可能发现和把握商机。时下，创业者热衷于开发高科技领域等热门产品，但创业机会并不只属于"高科技领域"，在金融、保健、饮食、物流这些所谓的"低科技领域"也有机会。例如，随着打火机的普及，火柴慢慢退出了人们的视线，而创业者沈子凯却在这个逐渐被人淡忘的老物件里找到了新商机，他创造的"纯真年代"艺术火柴红遍大江南北。还有为数不少的创业者追求向行业内的最佳企业看齐，试图通过模仿快速取得成功，结果使得产品和服务没有差异，众多企业为争夺现有的客户和资源展开激烈竞争，企业面临困境。所以，创业者要克服从众心理和传统思维习惯的束缚，寻找市场空白点或市场缝隙，从行业或市场在矛盾发展中形成的空白地带把握机会。

（五）在政策变化中捕捉机会

中国市场受政策影响很大，新政策出台往往引发新商机，如果创业者善于研究和利用政策，就能抓住商机站在潮头。2006年国家出台了新的汽车产业政策，鼓励个人、集体和外资投资建设停车场。停车场日益增多的同时，对停车场建设中的智能门禁考勤系统、停车场系统、通道管理系统等的需求也随之增多，专门供应停车场所需的软硬件设备就成为一个重要商机。事实上，从政策中寻找商机不仅仅局限在政策条文所规定的表面，随着社会分工的不断细化和专业化，政策变化所提供的商机还可以延伸，创业者可以从产业链上下游的延伸中寻找商机。

（六）弥补对手缺陷捕捉机会

很多创业机会是缘于竞争对手的失误而"意外"获得的，如果能及时抓住竞争对手策略中的漏洞而大做文章，或者能比竞争对手更快、更可靠、更便宜地提供产品或服务，也许就找到了机会。为此，创业者应追踪、分析和评价竞争对手的产品和服务，找出现有产品存在的缺陷，有针对性地提出改进产方法，形成创意，并开发具有潜力的新产品或新功能，就能够出其不意，成功创业。

四、捕捉机会的能力培养

发现创业机会不是一件容易的事情，但也不是高不可攀的。创业者可以在日常生活中有意识地加强实践，培养和提高这种能力：

首先，要有良好的市场调研习惯。发现创业机会的最根本一点是深入市场进行调研。要了解市场供求状况、变化的趋势，顾客需求是否得到了满足，竞争对手的长处与不足。

其次，要多看、多听、多想。我们常说见多识广，识多路广。我们每个人的知识、经验、思维以及对市场的了解不可能做到面面俱到。多看、多听、多想能使我们广泛获取信息，及时从别人的知识、经验、想法中汲取有益的东西，从而增强发现机会的可能性和概率。

最后，要有创新思维。机会往往是被少数人抓住的。我们要克服从众心理和传统的习惯思维，敢于相信自己，有独立见解，才能发现和抓住被别人忽视或遗忘的机会。

创新思维是相对于再现性思维而言的思维方式。所谓再现性思维，是指通过记忆和记忆迁移等一般方式进行思考的思维方式，习惯于回想自己或他人曾经在类似情况下解决问题的办法，力图套用过去的模式去解决新问题。创造性思维不是机械地按照过去的经验或书本上的准则去思考问题，而是根据变化了的情况和面临的新问题，突破固定的思维逻辑，以独具匠心的思维方式寻找具有新颖性和实用性的问题解决方案。其基本特征是：开放性、求异性和非显而易见性。

开放性是相对封闭性而言的，封闭性思维是一种闭关自守和画地为牢的思维方式，它往往局限在固定的框架中，缺乏异域走马的勇气。封闭性还表现在思维倾向于传统，反对标新立异。开放性则表现为敢于突破思维定式，富有创新精神。求异性是相对求同性而言的。求同性是一种人云亦云的思维方式。求异性则表现为一种追求与众人、前人有所不同的独具卓识的思维品质，它是创造独具匠心的市场机会的思想保证。

创造性思维并非是逻辑推理思维，它的非显而易见性或意想不到的特征，是区别于其他形式思维逻辑的重要标志。潜在的创业者需要培养创新意识，在工作和生活中学会有意识地做到以下几个方面：一是自我超越、打破常规。别让经验害死自己，关键是要走出"应该"的围城。二是改善心智模式，突破思维定式。思维定式来自经验定式、书本定式、权威定式、从众定式。既然要具备创新思维，首先是要把思维定式打破。避免思维定式的关键是要越过"话题预设"、"心理预设"的障碍。最后是换位思考，换一个角度想问题。

【内容举要】

创业机会，可以理解为一种商业机会或市场机会。它是指有吸引力的、较为持久的和适时的一种商务活动的空间，并最终表现在能够为消费者或客户创造价值或增加价值的产品或服务之中，同时也能为创业者带来回报（或实现创业目的）。

"机会识别"概念包括三个明显的过程：1. 觉察或感知市场需求和（或）未充分使用的资源；2. 识别或发现特殊的市场需求和资源之间的匹配；3. 以商业概念的形式在至今仍被忽略的需求和资源之间建立一个新的匹配。这些过程包括觉察（perception）、发现（discovery）和创造（creation）等三个独立因素，而不仅仅是

"识别"。

创业机会识别过程是一个不断调整反复均衡的过程。不同的创业者可能愿意关注不同的创业机会,即使是同一个创业机会,不同的人,对其评价也往往不同。影响机会识别的因素主要有:创业警觉;信息不对称和先前知识;偶然发现;社会网络;个人特质。

从本质上讲,创业机会的评估和一般企业管理的战略评估没有太大差异,不同之处仅仅在于前者是在企业尚未开始运营时发生。创业机会的评估也可以借鉴战略管理中的SWOT评估法,对于创业项目所面临的机会、威胁以及创业者自身的优势和劣势进行评估。很多创业者发现一个好的创业机会,但等项目启动的时候往往别的更有实力的企业已经抢先占领了市场,创业者投入的前期资本成了沉没成本,因此创业者在评估创业机会的时候必须考虑得更加周详,才能避免出现这种情况。创业机会的评估一般分为创业环境评估、财务评估和人力资源评估。创业机会的评估可以简单地分为定性分析和定量分析。两者的分析角度不同,前者主要分析的是难以用数字衡量或者没有绝对的衡量标准的因素,后者则是对比较客观、容易量化的因素进行分析评估。

机会对于所有的创业者都是均等的,其中的关键就是对机会的识别和捕捉。创业机会具有以下特征使人们难以识别和捕捉。它具有隐蔽性、偶然性、易逝性、时代性。创业机会存在于或产生于现实的实践之中。一个好的机会是诱人的、持久的、适时的,它被固化在一种产品或服务中,这种产品或服务为它的买主或最终用户创造或添加了价值。创业机会的捕捉是创业机会识别过程中最重要的一步,它意味着创业者发现存在着的创业机会并使之形成自己所理解、认识的创业机会。创业机会捕捉,一般有几个步骤:形成创意;创业机会信息的收集;创业环境分析。

【案例分析一】

当"家庭妇男"也可发现赚钱的机会

两年前,李明在湖北武汉,就是众多上班族中的一员。平时没有什么爱好,李明最喜欢下班后推着手推车逛超市,然后自己回家做饭,是个典型的"家庭妇男"。久而久之,李明发现手推车的把手上,突然有了一些变化。原本"裸露"的一辆辆手推车上,正面、两侧都被挂上了各式各样的广告。来到重庆工作后,李明发现超市手推车上光秃秃的。这个发现,让李明突然意识到:完全可以把武汉的那套搬到重庆来!就是这个突然冒出来的想法,让李明现在不仅跳出了上班一族,每月甚至有了60万元左右的收入。

逛超市逛出个"金矿"

最开始在武汉发现超市手推车广告后,李明只是感叹:现在的广告真是无孔不入!一年前,李明辗转来到了重庆后,虽然工作变了,但爱好却一直没变,还是喜欢一个人慢慢逛超市。逛了几天重庆的超市后,李明发现超市手推车上面特别"干净",居然没有广告。

当时李明就想:有可能重庆的超市手推车广告市场还是空白。发现这个信息后,李明走遍了重庆主城区的各大超市。一家没有,两家没有,所有的超市都没有。这时李明非常激动,李明意识到这是一个潜在的巨大机会。

但说起来很好笑,李明虽然发现了机会,但并没有实际操作的经验。怎么办?当时李明非常矛盾,一方面怕市场被别人抢了,另一方面自己确实又没有这个能力来经营。最后,李明下定决心,马上到其他城市学习。

重回武汉打探商机情报

当时李明的想法很简单,既然武汉市场已经成熟了,完全可以直接去学习那边广告公司的做法,直接搬到重庆来,这也是当时李明能想到的最快回来抢占重庆市场的办法。

回到武汉后,经过一番打探,慢慢地搞懂了其中的道理。其实,整个操作并不复杂,单个手推车不是媒体,但几百上千部手推车所形成的网络,就是媒体了。一个超市就是一类商品的市场,产品陈列,本身就是一个传播商品信息的渠道。这里的消费群体多具有一定的购买力,以20—35岁的年轻人居多,还有部分有一定固定收入的中老年人,而这一群体与品牌客户目标消费人群相匹配。把广告框加在大型超市手推车上,实际上就是做一个流动广告。

超市客流量大，购物车作为超市购物的辅助工具，每天都会反复与大量消费者"亲密接触"，不管是谁，都可轻易看到上面的广告。与车载广告等"途中媒体"相比，手推车广告的诉求目标更为直接，"命中率"更高。来自广告市场的一份调查显示，40%的受调查者表示关注过手推车上面的广告，表明这种方式做广告并不让人反感。

300 多家超市成广告载体

重新考察市场后，2009 年 5 月，李明返回重庆注册了一家广告传媒公司。这之后的事情就非常简单了，完全照着其他城市的成熟模式来运作。

首先，李明与超市签订协议，最开始李明选择了离公司最近的重客隆超市永川店。走进超市大门时，李明的脚都在发抖，对于和超市合作，李明空有理论，一点实际操作经验都没有。在门口徘徊了两步后，李明鼓起了勇气，既然来了，就一定要拿下。谁知道，跟超市方衔接的过程出乎意料的顺利，超市负责人在李明的引导下，看了其他城市的实施方案和成果后，马上就发现了这个不出力就能挣钱的机会。当时就敲定了合作计划。

协议约定，广告公司可以利用超市手推车的正面扶手位置及车身两侧，张贴不超过车身大小的产品形象广告，给超市一定收益分成。

搞定了第一家后，争取其他超市就容易得多了。在一个月之内，南坪的重百、新世纪、重客隆、好又多等超市相继跟李明签订了协议。此后，李明以南坪作为主城区起点，向其他区扩张。到现在，已经有 300 多家超市与李明签订了协议。

月入 60 万电影院也来了

最开始，李明寻找的广告客户以已进驻超市的产品为主。例如统一、康师傅、王老吉、五粮液等。跟李明预想的一样，起初广告客户并不理解，认为消费者在超市购物，往往都直接看货架，并不关心手推车上贴着什么，真正去买广告上产品的恐怕不多。后来，李明以外地的大量事实来说服客户。比如，李明引用了北京和上海地区的统计数据，在一个大型超市，按发布时间三个月计算，所投的广告不少于 200 万人次观看。与其他广告形式相比，要达到同样的效果，广告客户需付出 5 倍以上的费用。

现在，李明每个月的经营收入能达 60 万元左右，市场还在不断的扩大当中。受户外广告大面积被拆除的刺激，手推车广告的业务量也大幅增长。连超市之外的客户也开始关注手推车这个广告市场。例如，万达电影院就已跟李明签订了投放广告的合同。

但随着市场的逐渐扩大，竞争对手也来了，最近李明就收到消息，不久之后，西安的一家广告公司也将进入重庆。从李明的经验看，生活中时刻都存在着大把的赚钱机会，就看你准备好没有。

案例讨论题
 1. 李明的经历说明创业机会识别需要做好哪些工作？
 2. 李明创业的成功给了你哪些启示？

【案例分析二】

贫困生创业从"倒爷"开始

2000年，钱俊冬考上了陕西长安大学。在报到处，攥着全家人东拼西凑来的2000元现金，钱俊东在报名的长队里一次一次退到最后面。最后，他鼓起勇气找到学院的辅导员，争取到了缓交学费的机会。

开学第3天的下午，钱俊冬正独自在寝室里翻阅新教材，一位师哥进来向他推销随身听。正在这时，几位室友回到了寝室。结果，这位师兄没费多少口舌，书包里的4部随身听以每部80元的价钱留在了他们宿舍。这件事情触动了钱俊冬，他隐约感觉到身旁有一个比较大的消费群。当天晚上，钱俊冬一直在谋划着这件事，直到在梦里成为一名"倒爷"。

通过打听，钱俊东很快知道了西安东郊有两处小商品批发城。周末，钱俊东走遍了两个市场，仔细对比了很多随身听的性能、质量和价格，他用15元的批发价拿到那位师兄推销的那款随身听。钱俊冬动用了仅有的存款，批发了6部随身听，拿到学生宿舍做了第一笔生意，净赚了300元。这是他的第一桶金。他尝到了挣钱的快乐。

之后，钱俊东一发不可收拾。课余时间，他特别注意观察同学们在使用什么样的消费品，大家刚习惯用卡式电话时，他就找到了IC卡经销商，把更低廉的电话卡介绍给同学，自己小赚一点辛苦费。后来，游泳衣、考研的资料、英语磁带，都成了他倒卖过的物品。2002年，钱俊冬受同学的邀请去了重庆大学。在夜市摊位上，他发现经营米线生意的竟然是几位重庆大学在读的研究生。钱俊冬问及为什么会出来卖米线时，几位研究生告诉钱俊冬：以后的社会竞争将非常激烈，我们必须做好相应的准备。听了这些，钱俊冬的心里燃起了一股冲动，酝酿很久的想法开始在脑海中逐渐清晰起来。回到西安，钱俊冬找来同学崔蕾和马光伟。当谈到对校园市场的开发时，3个人一拍即合，决定成立一个校园信息服务中心，中心定名"三人行"，开展介绍家教、校园活动策划、产品展示、市场调查以及小网站建设等业务。

2002年9月，在迎接新生的时候，钱俊冬发现新生宿舍里的电话接线上都没有配电话机，很多新生打电话都涌到电话亭和 IC 电话处。他立即召集"三人行"的成员商量给学生宿舍里装电话机。由钱俊冬和学校联系，得到学校的允许和支持。崔蕾和马光伟负责购买电话机，在很短的时间内给大一所有宿舍都装上了电话机，他们也小赚了一笔。接下来的几天，他们把业务扩展到了周边的几所大学。他们每人分一两所大学，结果，没几天的工夫，周边十几所大学的新生宿舍全部装上了电话，最多的一天达 2000 部，最多的时候一天收入竟有 5 万元左右。"三人行"里的"倒爷"们成了同学们羡慕的小富翁。

渐渐地，钱俊冬开始不满足于在校园里小打小闹了，他坚信，到社会里去闯一闯也一定能赚到钱。一个偶然的机会，钱俊东看到上海 APEC 峰会上各国元首都穿着唐装，西安是盛唐古都，他断定今后这里会首先流行起唐装，于是召集大家商议：做唐装。但大家都有一点担心：和社会上的人做生意，会不会受骗？钱俊冬认为只要眼力准，考虑周到，就一定能赚到钱。最后，大家被说服了。钱俊冬带着大家走访西安大大小小的服装厂和服装批发点，以便得到更准确的市场信息。丝绸是唐装的主要材料，考虑成熟后，钱俊冬到无锡、常州购进了一批丝绸，没想到货还在路上，订单就已经被抢完了，这一笔他们稳赚了近十万元。

2003 年，钱俊冬的"三人行"相继代理了移动校园卡、诺基亚手机等推广业务。学生消费的日益扩大化和时尚化趋势，加上中国移动和诺基亚等大型企业运营商的投资，为钱俊冬"三人行"创业团队的迅速壮大注入了活力。2003 年上半年，钱俊冬共计办理大户卡、校园卡等业务达 13 万张，直接收益接近 30 万元。2003 年 8 月，"三人行"已经拥有了 50 余万元资金，准备正式注册成立自己的公司。由于都是在校大学生，不符合注册企业的相关规定，公司一直不能顺利注册，后在西安高新技术开发区管委会负责人的支持下，在西安高新技术开发区注册成立了第一家在校本科生全资创业公司——西安三人行信息通讯有限公司，注册资金为 50 万，钱俊冬任董事长兼总经理。

钱俊冬每一本日记的扉页上都有几个显赫的大字："没有鸟飞的天空我飞过"。"那些当初看来是困境的日子，只是一些小坎，没有迈过去时它很大很可怕，但一经迈过去，它便是一生历久弥新的永恒财富"。

案例讨论题
1. 在钱俊冬的创业过程中，几次发现了创业机会，他是如何发现创业机会的？
2. 请你总结钱俊冬创业成功的要素，说明机会识别应注意哪些问题。

【案例分析三】

打工小子送菜送成千万富翁

1995年夏,高军被一张贴到自家门上的广告单吸引住了,这是家私营送菜公司招揽客户的宣传品。读着读着,高军有些心动:深圳人忙碌赚钱,家庭成员简单,没有时间采购蔬菜打理自己的饮食生活。这种按主人要求送菜上门的服务,投入小,利润不薄,操作性较强。

高军觉得这是个很好的商机,便坐车来到布吉农产品批发市场找到一个菜贩子老乡,讨教蔬菜配送的相关经验。老乡的指点,使高军认定下游环节属利润额游戏,进入容易。只需少量进货,便可开业。

这年10月,高军掏出所有积蓄注册了自己的蔬菜配送公司——深圳市望家欢蔬菜配送有限公司。公司成立后的第一件大事,就是开发客户。那时高军带着10名员工,手持公司的宣传单,在市区繁华街市派发传单,在一个个高级住宅小区"洗楼"。

几周后,终于有几十家住户下了订单,公司的营运开始上路。公司对客户的承诺是:上午10点,准时将客户指定的菜送到主人家中。为了赶点,高军和员工深夜两点就要起床,先是到批发市场批菜,然后是整理、清洗、分类、打包,然后安排员工骑单车出发……一趟菜送下来,员工尚可喘口气,高军却没有休息的工夫,得算账、盘存、接听、处理投诉电话。几个月下来,除去开支,账上没有什么盈余,投入的30多万元快没影了。

后来有了大客户的支撑,公司开始有了盈余。高军的心情渐渐好转,抽时间向蔬菜配送行业的同行请教、取经,还到图书馆借阅一些与物流配送相关的书籍学习。他从跨国公司沃尔玛的经营之道中悟出:下游环节固然是利润额的游戏,但换一种思维,以大胜小,也是可以做大生意的。高军开始调整思路,认为公司要赚钱就得以诚信发展大公司、大单位为主要客户。

短短数年,高军公司的固定客户由1家发展到300多家:深圳福田区委、中级人民法院、南航、深航、富临酒店、赛格日立、IBM、市实验中学等等。

几年时间,深圳大大小小的蔬菜配送公司,由20多家淘汰到只有深圳望家欢公司一枝独秀。如今,该公司已被列入深圳市政府菜篮子工程项目,享受深圳市政府菜篮子工程的优惠政策,更有本地传媒称每天有近百万深圳市民在吃这家公司送出的菜,美誉高军成了百万深圳人的"菜主管"。

高军就是这样在抓住了一个小小的商机之后,在蔬菜配送这个不起眼的行当里,铸就了自己的千万身价。

案例讨论题

1. 从高军的经历中,你认为创业机会识别应从哪些方面着手?
2. 看过高军的经历,你认为除了识别机会,创业还应注意哪些问题?

【思考与练习】

1. 创业机会对创业的意义是什么?
2. 创业机会的来源有哪些?
3. 影响创业机会识别的因素是什么?
4. 创业机会的评价方法有哪些?
5. 捕捉创业机会有哪些具体措施或技巧?
6. 创业机会评价应注意哪些问题?
7. 尝试对现实生活中的某一行业进行创业机会识别和评估。

【推荐文献】

Ardichvili, A., Cardozo, R. & Ray, S. (2003). A theory of entrepreneurial opportunity identification and development. Journal of Business Venturing, 18 (1): 105–123.

Barson, R. A. & Shane S. A. (2005). Entrepreneurship: A Process Perspective [M]. Thomson South Western.

Timmons, J. A. (1999). New Venture Creation: Entrepreneur-ship for the 21st Century. Boston, MA: Irwin/McGrawH: u.

彼得·F. 德鲁克. 创新与创业精神 [M]. 上海:上海人民出版社,2002.

高建等译. 新企业与创立者(第 5 版)[M]. 北京:清华大学出版社,2002.

郭武文等译. 小企业管理 [M]. 北京:人民邮电出版社.

第五章　旅游企业创业计划管理

【学习目标】

通过本章的学习，使学生掌握创业计划的编制。了解企业创业计划的内容、编制技巧、方法。能够掌握创业计划各个模块的内容和编制方法，并能清楚了解各个模块对整个创业活动的作用，并能活学活用，能组织完成一份创业计划的编制。

【内容结构】

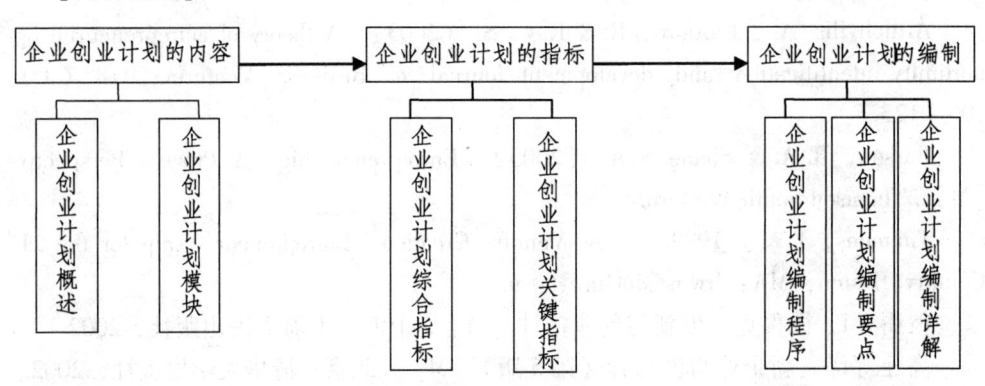

```
企业创业计划的内容 ──→ 企业创业计划的指标 ──→ 企业创业计划的编制
    │                        │                        │
    ├─ 企业创业计划概述        ├─ 企业创业计划综合指标    ├─ 企业创业计划编制程序
    └─ 企业创业计划模块        └─ 企业创业计划关键指标    ├─ 企业创业计划编制要点
                                                      └─ 企业创业计划编制详解
```

【重要概念】

创业　创业管理　创业计划　计划指标　计划编制

第一节　创业计划的内容

一、创业计划概述

(一) 创业计划概念

创业计划 (business plan) 也叫作企业计划、创业计划、经营计划或业务计划，是一份对新建企业的内部环境、外部环境以及企业的战略做出详细描述的书面文件。

创业计划有时也叫作博弈计划 (game plan) 或路线图 (road map)，用来回答这样一些问题：我们要去哪 (where)？怎样到达那里 (how)？潜在的投资者、供应商和顾客有什么需要 (what) 以及什么时候能满足这些需要 (when)？要回答这些问题，要求创业者在做出一系列重大决策并编制创业计划之前收集足够的信息

创业计划是一份全方位的商业计划，其主要用途是递交给投资商，以便于他们能对企业或项目做出评判，从而使企业获得融资。创业计划有相对固定的格式，它几乎包括投资商所有感兴趣的内容。

创业计划的好坏，往往决定了投资交易的成败。对初创的风险企业来说，创业计划的作用尤为重要。当你选定了创业目标与确定创业的动机后，在资金、人脉、市场等各方面的条件都已准备妥当或已经累积了相当实力，这时候，就必须提供一份完整的创业计划，创业计划是整个创业过程的灵魂。

从企业成长经历、产品服务、市场、营销、管理团队、股权结构、组织人事、财务、运营到融资方案，只有内容翔实、数据丰富、体系完整、装订精致的创业计划才能吸引投资商，让他们看懂你的项目商业运作计划，才能使你的融资需求成为现实，创业计划的质量对创业者的项目融资至关重要。

融资项目要获得投资商的青睐，良好的融资策划和财务包装，是融资过程中必不可少的环节，其中最重要的是应做好符合国际惯例的高质量的创业计划。目前中国企业在国际上融资成功率不高，不是项目本身不好，也不是项目投资回报率不高，而是项目方创业计划编写的草率与策划能力让投资商感到失望。

创业计划书的起草与创业本身一样是一个复杂的系统工程，不但要对行业、市场进行充分的研究，而且还要有很好的文字功底。对于一个发展中的企业，专业的创业计划既是寻找投资的必备材料，也是企业对自身的现状及未来发展战略全面思索和重新定位的过程。

(二) 创业计划作用

合理计划是企业发展的关键环节。创业计划能帮助创业者调整好企业的长期目标和短期目标的关系。创业计划对创业者、投资者以及客户等具有以下作用与价值：

第一，创业计划对创业者、潜在投资者和新雇员都是有价值的，他们能通过创业计划熟悉新企业，了解它的近期和远期目标。

第二，帮助判断企业在所选定的市场内的生存能力和发展潜力。

第三，为创业者提供一份如何组织创业活动并实现计划活动的行动指南。

第四，创业计划是筹措资金的重要工具。创业计划的质量，往往会直接影响创业发起人能否找到合作伙伴，获得资金及其他政策的支持。

具体来说，一份创业计划起到如下作用：

1. 使创业者整体把握创业思路，明确经营理念

每一位创业者或者准备创业者在创业之初都会对创建企业的发展方向以及经营思路有一个粗略的设想，但如果把这一设想编写成规范的创业计划，则会发现自己要从事的事业并非如所设想的那样容易。比如：资金不足或市场增长率不高等等，有些时候还不得不放弃创业的念头。创业计划可以使创业者严格地、客观地、全面地从整体角度检视自己的创业思路，明确经营理念，以避免因企业破产或失败而可能导致的巨大损失。另外，在研究和编写创业计划的过程中，经常会发现经营机会并不完全与所期望的一样，此时，创业者会根据实际情况采用不同的策略使创业活动更加可行。因此，我们说，创业计划的编写过程就是创业者进一步明确自己的创业思路和经营理念的过程，也就是创业者从直观感受向理性运作过渡的过程。

2. 帮助创业者有效管理创业企业

编制成功的创业计划可以增强创业者的创业信心。这是因为创业计划既提供了企业全部现状及其发展方向，又提供了良好的效益评价体系及管理监控标准，使创业者在管理企业的过程中对企业发展中的每一步都能做出客观的评价，并及时根据具体的经营情况调整经营目标，完善管理方法。

3. 宣传本企业，并为融资提供良好的基础

书面的创业计划是创业企业的象征和代表，它使创业者与企业外部的组织及人员得以良好地沟通，是企业进行对外宣传的重要工具。它的作用具体表现在：寻求战略性合作伙伴和签订大规模的合同；寻求风险投资；吸引优秀管理人员；获得银行贷款。

4. 可以强迫自己为制订的计划和行动提供理由

在通常情况下，人们决定做某一件事情，或是因为从来都是这么做的，很少考虑其中的原因，而计划则强迫你给出理由，或者至少说明你制订计划的目的，从而明确经营的目标。

5. 可以展示你的能力与决心

制订得好的计划是一份令人赏心悦目的文件，它可以向局外人，例如有关的领导人和供货商表明你怎么做生意，同时也表明你对企业的全力投入。尽管在创业阶段，创业计划没有人员、结构、技术、客户以及经验模式那样重要，但是，如果没有好的创业计划，就没有机会去证明以上这些因素的重要性。

（三）创业计划的角度

创业计划要依据目标，即创业计划针对的对象而有所不同，是给投资者看，还是要去银行贷款，不同的目的，创业计划的重点也会有所不同。

由于雇员、投资者、银行家、供应商、顾客与顾问等都可能是创业计划的阅读者，阅读者不同，阅读的目的也不一样，创业计划所需要的内容和关注的重点也就不同。通常，创业计划必须努力去满足每一类阅读者的需要。要避免创业计划成为一份内部文件，只重视对产品技术或服务优势的描述，而不考虑满足市场目标和长期财务预期的可行性。

第一，创业者角度：清楚地表达新企业是干什么的。

第二，消费者（市场）角度：从用户角度考虑产品和技术是否能满足客户的需要，是否有人购买这种产品，即客户导向问题分析。

第三，投资者角度：投资者如何审视自己的企业，是否有完备的财务计划。

一般来讲，潜在资金供应者和投资者对贷款对象或投资对象的评估标准有所不同。银行家和风险投资家对新企业的评估，简单来讲，前者更看重过去的现实业绩，而后者更看重未来的潜在收益。比如，银行放贷者着重考察借款人的四个 C：角色（character），现金流（cash flow），抵押（collateral）和权益贡献（equity contribution）。这四个 C 的实质是要求创业者的创业计划能反映出创业者的信用历史，偿还债务和支付利息的能力，是否有有形资产作贷款担保，以及创业者本人有一定数量的投资或个人收益。投资者，尤其是风险资本投资者，通常比贷款者更重视创业者的素质，他们会花大量时间了解创业者的背景，是否拥有容易相处的个性，是否欢迎风险投资者的介入。他们对投资回报的要求很高，关注市场预测和财务预测状况。

二、创业计划模块

创业计划无论是从哪个角度撰写，出于什么目的，都有一定的格式，形成特定的规范，根据不同的需求，在内容上会有细微差别，编制侧重点也有所不同。但一般来说，在创业计划书中应该包括创业的种类、资金规划及基金来源、资金总额的分配比例、阶段目标、财务预估、营销策略、可能风险评估、创业的动机、股东名册、预定员工人数。具体内容一般包括以下十一个方面：

（一）封面

封面的设计要美观和富有艺术性，一个好的封面会使阅读者产生最初的好感，形成良好的第一印象。

（二）计划摘要

计划摘要列在创业计划书的最前面，它是浓缩了的创业计划书的精华。计划摘要涵盖了计划的要点，力求一目了然，以便读者能在最短的时间内评估计划并做出判断。

计划摘要一般要包括以下内容：公司介绍；主要产品和业务范围；市场概貌；营销策略；销售计划；生产管理计划；管理者及其组织；财务计划；资金需求状况等。

在介绍企业时，首先要说明创办新企业的思路，新思想的形成过程以及企业的目标和发展战略。其次，要交代企业现状、过去的背景和企业的经营范围。在这一部分中，要对企业以往的情况做客观的评述，不回避失误。中肯的分析往往更能赢得信任，从而使人容易认同企业的创业计划书。最后，还要介绍一下创业者自己的背景、经历、经验和特长等。企业家的素质对企业的成败往往起关键性的作用。在这里，企业家应尽量突出自己的优点并表现自己强烈的进取精神，以给投资者留下一个好印象。

在计划摘要中，企业还必须要回答下列问题：1. 企业所处的行业，企业经营的性质和范围；2. 企业主要产品的内容；3. 企业的市场在哪里，谁是企业的顾客，他们有哪些需求；4. 企业的合伙人、投资人是谁；5. 企业的竞争对手是谁，竞争对手对企业的发展有何影响。

摘要要尽量简明、生动。特别要详细说明企业的独特之处以及企业获得成功的市场因素。如果企业家了解他所做的事情，摘要仅需两页纸就足够了。如果企业家不了解自己正在做什么，摘要就可能要写 20 页纸以上。因此，有些投资家就依照摘要的长短来"把麦粒从谷壳中挑出来"。

（三）企业介绍

企业概况是创业企业或创业者拟定的企业总体情况介绍。明确阐述创业背景和发展的立足点，这是任何领域的创业计划不可缺少的关键要素，因此企业概要的主要内容应该包括：企业定位、企业战略以及企业的制胜因素等。

企业定位是指创业企业的行业选择、业务范围以及经营思路的确定，是创业企业的现实状况的必要说明，也是计划书其他部分的基础。

企业战略是公司生产、销售策略的总体概括。创业者应该对如何成功地经营创业企业并使之与众不同有一个指导性的原则。

在编写企业概况过程中应回答以下问题：

1. 企业的主要业务是什么？是从事贸易、制造还是服务？所提供的产品/服务是什么？主要客户是谁？所从事的产业在产品生命周期中的哪一阶段？
2. 企业的形式是什么？独资、合伙？公司的所有制形式？
3. 企业的目标是什么？长期目标、中期目标和下一步的措施？
4. 企业的背景是什么？
5. 企业的关键成功因素是什么？
6. 企业将用什么战略达到这些目的？低成本？标新立异？还是专业化？
7. 企业的股权结构如何？

（四）行业分析

在行业分析中，应该正确评价所选行业的基本特点、竞争状况以及未来的发展趋势等内容。关于行业分析的典型问题：

1. 该行业发展程度如何？现在的发展动态如何？
2. 创新和技术进步在该行业扮演着一个怎样的角色？
3. 该行业的总销售额有多少？总收入为多少？发展趋势怎样？
4. 价格趋向如何？
5. 经济发展对该行业的影响程度如何？政府是如何影响该行业的？
6. 是什么因素决定着它的发展？
7. 竞争的本质是什么？你将采取什么样的战略？
8. 进入该行业的障碍是什么？你将如何克服？该行业典型的回报率有多少？

（五）产品（服务）介绍

在进行投资项目评估时，投资人最关心的问题之一就是，风险企业的产品、技术或服务能否以及在多大程度上解决现实生活中的问题，或者，风险企业的产品（服务）能否帮助顾客节约开支，增加收入。因此，产品介绍是创业计划书中必不可少的一项内容。通常，产品介绍应包括以下内容：产品的概念、性能及特性；主要产品介绍；产品的市场竞争力；产品的研究和开发过程；发展新产品的计划和成本分析；产品的市场前景预测；产品的品牌和专利。

在产品（服务）介绍部分，企业家要对产品（服务）做出详细的说明，说明要准确，也要通俗易懂，使不是专业人员的投资者也能明白。一般产品介绍都要附上产品原型、照片或其他介绍。一般的，产品介绍必须要回答以下问题：1. 顾客希望企业的产品能解决什么问题，顾客能从企业的产品中获得什么好处？2. 企业的产品与竞争对手的产品相比有哪些优缺点，顾客为什么会选择本企业的产品？3. 企业为自己的产品采取了何种保护措施，企业拥有哪些专利、许可证，或与已申请专利的厂家达成了哪些协议？4. 为什么企业的产品定价可以使企业获得足够的利润，为什么用户会大批量地购买企业的产品？5. 企业采用何种方式去改进产品的质量、性能，企业对发展新产品有哪些计划等等。产品（服务）介绍的内容比较具体，因而写起来相对容易。虽然夸赞自己的产品是推销所必需的，但应该注意，企业所做的每一项承诺都是"一笔债"，都要努力去兑现。要牢记，企业家和投资家所建立的是一种长期合作的伙伴关系。空口许诺，只能得意于一时。如果企业不能兑现承诺，不能偿还债务，企业的信誉必然要受到极大的损害，因而是真正的企业家所不屑为的。

（六）人员及组织结构

在企业的生产活动中，存在着人力资源管理、技术管理、财务管理、作业管理、产品管理等等。而人力资源管理是其中很重要的一个环节。因为社会发展到今天，人已经成为最宝贵的资源，这是由人的主动性和创造性决定的。企业要管理好这种资源，更是要遵循科学的原则和方法。在创业计划书中，必须要对主要管理人员加以阐明，介绍他们所具备的能力，他们在本企业中的职务和责任，他们过去的详细经历及背景。此外，在这部分创业计划书中，还应对公司结构做一简要介绍，包括：公司的组织机构图；各部门的功能与责任；各部门的负责人及主要成员；公司的报酬体系；公司的股东名单，包括认股权、比例和特权；公司的董事会成员；各位董事的背景资料。

（七）市场预测

当企业要开发一种新产品或向新的市场扩展时，首先就要进行市场预测。如果预测的结果并不乐观，或者预测的可信度让人怀疑，那么投资者就要承担更大的风险，这对多数风险投资家来说都是不可接受的。市场预测首先要对需求进行预测：市场是否存在对这种产品的需求？需求程度是否可以给企业带来所期望的利润？新的市场规模有多大？需求发展的未来趋向及其状态如何？都有哪些因素影响需求。其次，市场预测还要包括对市场竞争的情况——企业所面对的竞争格局进行分析：市场中主要的竞争者有哪些？是否存在有利于本企业产品的市场空当？预计本企业的市场占有率是多少？本企业进入市场会引起竞争者怎样的反应，这些反应对企业会有什么影响？等等。

在创业计划书中，市场预测应包括以下内容：市场现状综述；竞争厂商概览；目标顾客和目标市场；本企业产品的市场地位；市场区隔和特征等等。风险企业对市场的预测应建立在严密、科学的市场调查基础上。风险企业所面对的市场，本来就具有变幻不定的、难以捉摸的特点，因此，风险企业应尽量扩大收集信息的范围，重视对环境的预测和采用科学的预测手段和方法。创业者应牢记的是，市场预测不是凭空想象出来的，对市场错误的认识是企业经营失败的最主要原因之一。

市场预测应包括以下内容：1. 需求预测；2. 市场现状综述；3. 竞争厂商概览；

4. 目标顾客和目标市场；5. 本企业产品的市场地位等。

（八）营销策略

营销是企业经营中最富挑战性的环节，影响营销策略的主要因素有：1. 消费者的特点；2. 产品的特性；3. 企业自身的状况；4. 市场环境方面的因素。最终影响营销策略的则是营销成本和营销效益因素。对创业企业来说，由于产品和企业的知名度低，很难进入其他企业已经稳定的销售渠道中去。因此，企业不得不暂时采取高成本低效益的营销战略，如上门推销，大打商品广告，向批发商和零售商让利，或交给任何愿意经销的企业销售。对发展中的企业来说，它一方面可以利用原来的销售渠道，另一方面也可以开发新的销售渠道以适应企业的发展。

对市场错误的认识是企业经营失败的最主要原因之一。在创业计划书中，营销策略应包括以下内容：1. 市场机构和营销渠道的选择；2. 营销队伍和管理；3. 促销计划和广告策略；4. 价格决策。

（九）财务规划

财务规划需要花费较多的精力来做具体分析，其中就包括现金流量表，资产负债表以及损益表的制备。流动资金是企业的生命线，因此企业在初创或扩张时，对流动资金需要有预先周详的计划并在过程中进行严格的控制；损益表反映的是企业的赢利状况，它是企业运作一段时间后的经营结果；资产负债表则反映某一时刻的企业状况，投资者可以用资产负债表中的数据得到的比率指标来衡量企业的经营状况以及可能的投资回报率。

财务规划一般要包括以下内容：1. 创业计划书的条件假设；2. 预计的资产负债表；3. 预计的损益表；4. 现金收支分析；5. 资金的来源和使用。

可以这样说，一份创业计划书概括地提出了在筹资过程中创业者需做的事情，而财务规划则是对创业计划书的支持和说明。因此，一份好的财务规划对评估风险企业所需的资金数量，提高风险企业取得资金的可能性是十分关键的。如果财务规划制订得不好，会给投资者以企业管理人员缺乏经验的印象，降低风险企业的评估价值，同时也会增加企业的经营风险。那么如何制订好财务规划呢？这首先要取决于风险企业的远景规划——是为一个新市场创造一个新产品，还是进入一个财务信息较多的已有市场。

着眼于一项新技术或创新产品的创业企业不可能参考现有市场的数据、价格和营销方式。因此，它要自己预测所进入市场的成长速度和可能获得的纯利，并把它的设想、管理队伍和财务模型推销给投资者。而准备进入一个已有市场的风险企业则可以很容易地说明整个市场的规模和自己的改进方式。风险企业可以在获得目标市场信息的基础上，对企业头一年的销售规模进行规划。

企业的财务规划应保证和创业计划书的假设相一致。事实上，财务规划和企业的生产计划、人力资源计划、营销计划等都是密不可分的。要完成财务规划，必须要明确下列问题：1. 产品在每一个生产周期的发出量有多大？2. 什么时候开始产品线扩张？3. 每件产品的生产费用是多少？4. 每件产品的定价是多少？5. 使用什么分销渠道，所预期的成本和利润是多少？6. 需要雇佣哪几种类型的人？7. 雇佣何时开始，工资预算是多少？等等。

（十）风险与风险管理

1. 你的公司在市场、竞争和技术方面都有哪些基本的风险？
2. 你准备怎样应付这些风险？
3. 就你看来，你的公司还有一些什么样的附加机会？
4. 在你的资本基础上如何进行扩展？
5. 在最好和最坏情形下，你的五年计划表现如何？

如果你的估计不那么准确，应该估计出你的误差范围到底有多大。如果可能的话，对你的关键性参数做最好和最坏的设定。

（十一）可行性分析

可行性分析是通过对项目的主要内容和配套条件，如市场需求、资源供应、建设规模、工艺路线、设备选型、环境影响、资金筹措、盈利能力等，从技术、经济、工程等方面进行调查研究和分析比较，并对项目建成以后可能取得的财务、经济效益及社会环境影响进行预测，从而提出该项目是否值得投资和如何进行建设的咨询意见，为项目决策提供依据的一种综合性的系统分析方法。可行性分析应具有预见性、公正性、可靠性、科学性的特点。

第二节　创业计划的指标

目前尚没有一个关于创业计划的质量衡量标准，但创业计划的核心目标主要有两点：其一是项目发起方自己明确项目运作模式与经营计划；其二用于引资。因此，项目创业计划的质量标准也要围绕有效实现这两个目标来衡量。一份创业计划至少应注意如下几点：

1. 产品与服务介绍清晰准确；
2. 商业模式清晰；
3. 目标市场分析清楚；
4. 项目的目标市场定位有效；
5. 团队组合具有能实现计划书所称之目标的能力与要素；

6. 资金运用合理，现金流分析令投资人信服；

7. 项目估值合乎行业规矩，融资出价公允，要为投资人安排合理的退出渠道；

8. 项目风险分析详细，风险规避措施合理有效；

9. 文字处理精要准确，错误的地方要少，包装简洁大方，体现认真之精神。

那么从创业计划的另一个作用——吸引投资出发，创业计划所包含的指标，就应从投资者的角度来考虑，清晰表述出投资方想了解的内容和数据，才能够发挥出创业计划的作用。

一、创业计划综合指标

投资者强调的是如何选择优质的项目，如果草率地进行筛选和评估，尽管投资后有一系列的增值服务来辅导改正，但其最终效果会差得很远。项目的评估过程中，整个投资前的决策阶段包括两个重要部分，并且在不同阶段评估的指标标准不同。在初评阶段，指标包括区域、产业（结构、竞争分析、创新和发展能力）和产品（创新性和技术含量、独特性、专利、竞争优势）等。在深入评估阶段，指标包括市场（发展维度、销售增长率、进入壁垒、差异化和成本领先领导者）和财务回报（预期现金流、所需资金额、退出方式）等。

在创业项目评估指标体系方面，Tyebjee and Bruno（1984）[1] 有一个5大类18个细分指标的体系：包括市场吸引力（市场规模、市场成长性、市场需求、市场进入渠道）、产品差异性（产品独特性、专利权、技术优势、边际利润）、管理能力（营销能力、管理能力、财务能力、创业者的推荐人）、抵御逆境能力（技术生命周期、市场进入障碍、经济周期敏感性、投资失败保护）和退出兑现可能性（未来并购性、上市可能性）。Vanceh and Robert（1994）[2] 则建立了一个包括3方面15个基本标准的指标体系：包括产品战略思想（成长潜力、经营思想、竞争力、资本需求的合理性）、管理能力（个人的正直、经历、控制风险能力、勤奋度、灵活度、经营理念、管理水平、团队结构）和收益（投资回收期、收益率、绝对收益率）。Kaplan and Strömberg（2004）[3] 对11家VC公司67个投资项目的原始决策资料进行分析，获得了创业投资项目评估的内部因素、外部因素、执行因素3个方面100余条指标：内部因素包括管理层、管理水平、企业历史表现等；外部因素包括市场规模、竞争水平、顾客群体、资本市场状况、退出条件等；执行因素则包括产品和技

---

[1] Tyebjee, T. T. & Bruno, A. V. (1984). A model of venture capitalist investment activity. Management Science. No. 9.

[2] Vanceh, H. F. & Hisrich, R. D. (1994). Toward a model of venture capital Investment decision making [J]. Financial Management, 23 (3).

[3] Kaplan, S. N. & Strömberg, P. (2004). Characteristics, contracts, and actions: evidence from venture capitalist analyses [J]. Journal of Finance, 59 (5): 2177-2210.

术、战略等。

我国学者刘希宋等（2000）[①] 从风险的角度建立了创业投资的项目评估指标，包括环境风险、金融风险、技术风险、生产风险、市场风险、管理风险6个层面，共19个细分指标。党耀国（2005）[②] 设计的指标体系包括技术、产品、市场、创业者、经济效益及风险6个层面，共23个细分指标，如表5—1。

表5—1　风险投资项目评价指标体系

类别	机构	指标
外资	红杉资本	市场、客户、专注性、创新性、团队
	IDG资本	产品、商业模式、增长能力、盈利能力、团队、诚信
	赛富亚洲	现金流、市场地位、竞争优势
	软银中国	商业模式、竞争对手、客户、业务发展阶段
	德同资本	市场、商业模式、团队、竞争对手、财务结构
	华登国际	企业目标清晰度、目标客户、销售渠道
	兰馨亚洲	私营企业、进入门槛、增长能力
	启明维	增长能力、市场地位、竞争优势
	北极光	中国概念、知识产权、市场
本土	深创投	团队、产品、研发、市场、竞争优势、增长潜力、营销能力、风险控制
	深达晨	团队、行业、技术水平、商业模式、市场地位、法律因素
	同创伟业	行业、市场、市场地位、团队、财务结构、市盈率
	联想投资	市场、产品、营销能力、竞争优势、商业模式、财务结构、团队、风险控制
	松禾资本	成长性、创新能力
	天图创投	行业、团队、商业模式、经营记录、竞争优势
	湘投高科	团队、技术水平、进入门槛、产品、知识产权、企业管理制度
	创东方	团队、行业、业务模式、竞争优势、盈利能力、增长能力、创新能力、成熟企业
	力合创投	行业、商业模式、竞争优势、团队
	高达资本	产业政策、增长潜力、团队、知识产权、技术能力、股权价格、退出可能性

[①] 刘希宋，曹霞，李大震（2000）. 风险投资及投资风险评价 [J]. 中国软科学，42–46.
[②] 党耀国（2005）. 风险投资项目评价指标体系与数学模型的研究 [J]. 商业研究，16：84–88.

从表中可以看出，创业投资机构项目评估指标的几个特点：

第一，从整体来看，创业投资机构评估项目的指标，涉及因素包括市场、团队、产品、商业模式、管理、政策等多个方面。其中最为强调的因素包括管理团队、竞争优势、商业模式和增长潜力这4个指标，分别有12家、9家、8家、7家创业投资机构指出。

第二，从外资和本土创业投资机构的对比来看：首先，本土机构较之外资机构对项目提出的要求更多，并且这些要求有一定的趋同性，如共有9家本土创投机构强调了团队的重要性，5家强调了行业；其次，外资机构看重的指标主要是企业的竞争优势、管理团队、商业模式和增长潜力等，没有一家机构将行业作为选择指标，而有5家本土机构强调了行业；最后，本土机构关注的企业运营能力、风险控制能力、管理制度、退出可能性等指标，外资机构则没有要求。

第三，指标体系中体现出一些中国特点。如外资的兰馨亚洲要求企业的产权性质为私营，北极光特别强调"中国概念"和满足中国市场的需求，本土的深达晨要求企业不存在阻止其上市的法律障碍，而高达资本则强调被投企业业务和产业政策的一致性。

综合学界的研究，一般而言，一份创业计划应具备下列综合指标：

表5—2　创业计划应具备的综合指标

第一层	第二层
市场吸引力	市场规模
	市场成长性
	市场需求
	市场领导者地位
	市场进入障碍
	公司目标一致性
	关注的市场
产品差异性	产品独特性
	专利权
	技术优势
	边际利润
	模仿难易性

续表

第一层	第二层
企业家特质	人际关系
	个人经历
	个人声誉
	专注力
团队	团队结构
	团队合作能力
	对目标的一致性认同
团队经营能力	营销能力
	管理能力
	财务能力
	风险管理能力
	历史经营记录
	企业管理制度
投资兑现能力	并购/上市可能性
	投资回收预期
	预期回报率
投资外部环境	产业政策
	资本市场概况
	投资的机会成本

二、创业计划关键指标

创业计划不是纸上谈兵，必须建立在定性分析和定量分析的基础上。创业计划务必要关注创业所涉及的方方面面，有了翔实的数据才能很好地指导创业活动。

（一）流动比率（Current ratio）

指流动资产总额和流动负债总额之比，用来衡量企业流动资产在短期债务到期以前，可以变为现金用于偿还负债的能力。流动比率越高，企业资产的流动性越高，但是，比率太高表明流动资产占用较多，会影响经营资金周转效率和获利能力。一般认为合理的最低流动比率为2。

流动比率=流动资产合计/流动负债合计×100%

但应注意的是,流动比率高的企业并不一定偿还短期债务的能力就很强,因为流动资产之中虽然现金、有价证券、应收账款变现能力很强,但是存货、待摊费用等流动资产项目的变现时间较长,特别是存货很可能发生积压、滞销、残次、冷背等情况,流动性较差。

(二) 速动比率 (Quick ratio)

速动比率 (Quick Ratio,简称 QR) 是企业速动资产与流动负债的比率。速动资产包括货币资金、短期投资、应收票据、应收账款、其他应收款项等,可以在较短时间内变现。而流动资产中存货、预付账款、1 年内到期的非流动资产及其他流动资产等则不应计入。

速动比率=速动资产/流动负债×100%

(三) 资产负债率 (Debt Asset ratio)

资产负债率 (Debt Asset ratio) 是指公司年末的负债总额与资产总额的比率。

资产负债率=负债总额/资产总额×100%

它表示公司总资产中有多少是通过负债筹集的,该指标是评价公司负债水平的综合指标,同时也是一项衡量公司利用债权人资金进行经营活动能力的指标,也反映债权人发放贷款的安全程度。如果资产负债率达到100%或超过100%,说明公司已经没有净资产或资不抵债。

要判断资产负债率是否合理,首先要看你站在谁的立场。资产负债率这个指标反映债权人所提供的负债占全部资本的比例,也被称为举债经营比率。

首先,从债权人的立场看。他们最关心的是贷给企业的款项的安全程度,也就是能否按期收回本金和利息。如果股东提供的资本与企业资本总额相比,只占较小的比例,则企业的风险将主要由债权人负担,这对债权人来讲是不利的。因此,他们希望资产欠债率比例越低越好,企业偿债有保证,则贷款给企业不会有太大的风险。

其次,从股东的角度看。由于企业通过举债筹措的资金与股东提供的资金在经营中发挥同样的作用,所以,股东所关心的是全部资本利润率是否超过借入款项的利率,即借入资本的代价。在企业所得的全部资本利润率超过因借款而支付的利息率时,股东所得到的利润就会加大。如果相反,运用全部资本所得的利润率低于借款利息率,则对股东不利,因为借入资本多其余的利息要用股东所得的利润份额来弥补。因此,从股东的立场看,在全部资本利润率高于借款利息率时,负债比例越大越好,否则反之。

企业股东常常采用举债经营的方式,以有限的资本、付出有限的代价而取得对企业的控制权，并且可以得到举债经营的杠杆利益。在财务分析中也因此被人们称为财务杠杆。

最后，从经营者的立场看。如果举债额很大，超出债权人心理承受限度，企业就借不到钱。如果企业不举债，或负债比例很小，说明企业畏缩不前，对前途信心不足，利用债权人资本进行经营活动的能力很差。从财务管理的角度来看，企业应当审时度势，全面考虑，在利用资产负债率制定借入资本决策时，必须充分估计预期的利润和增加的风险，在二者之间权衡利害得失，做出正确决策。

（四）市场份额（market shares）

指一个企业的销售量（或销售额）在市场同类产品中所占的比重，直接反映企业所提供的商品和劳务对消费者和用户的满足程度，表明企业的商品在市场上所处的地位。市场份额是企业的产品在市场上所占份额，也就是企业对市场的控制能力。市场份额越高，表明企业经营、竞争能力越强。企业市场份额的不断扩大，可以使企业获得某种形式的垄断，这种垄断既能带来垄断利润又能保持一定的竞争优势。

（五）投资利润率（Earning power of real assets）

投资利润率是指项目的年利润总额与总投资的比率，计算公式为：

投资利润率＝年利润总额/总投资×100%

计算出的投资利润率应与行业的标准投资利润率或行业的平均投资利润率进行比较，若大于（或等于）标准投资利润率或平均投资利润率，则认为项目是可以考虑接受的，否则不可行。

（六）内部收益率

内部收益率，是资金流入现值总额与资金流出现值总额相等、净现值等于零时的折现率。它是一项投资可望达到的报酬率，该指标越大越好。一般情况下，内部收益率大于等于基准收益率时，该项目是可行的。投资项目各年现金流量的折现值之和为项目的净现值，净现值为零时的折现率就是项目的内部收益率。在项目经济评价中，根据分析层次的不同，内部收益率有财务内部收益率（FIRR）和经济内部收益率（EIRR）之分。

（七）投资回收期（Pt）

投资回收期就是指通过资金回流量来回收投资的年限。标准投资回收期是国家根据行业或部门的技术经济特点规定的平均先进的投资回收期。追加投资回收期指用追加资金回流量包括追加利税和追加固定资产折旧两项。

（八）盈亏平衡分析（Break – even analysis）

盈亏平衡分析又称保本点分析或本量利分析法，是根据对产品的业务量（产量或销量）、成本、利润之间的相互制约关系的综合分析，来预测利润，控制成本，判断经营状况的一种数学分析方法。一般说来，企业收入＝成本＋利润，如果利润为零，则有收入＝成本＝固定成本＋变动成本，而收入＝销售量×价格，变动成本＝单位变动成本×销售量，这样由销售量×价格＝固定成本＋单位变动成本×销售量，可以推导出盈亏平衡点的计算公式为：

盈亏平衡点（销售量）＝固定成本/每计量单位的贡献差数

企业利润是销售收入扣除成本后的余额；销售收入是产品销售量与销售单价的乘积；产品成本包括生产成本和销售费用，分为固定成本和变动成本。

第三节　创业计划的编制

一、创业计划编制程序

创业计划的核心是阐述三个问题：我们所做的事情是什么、我们为谁在提供何种价值的服务或产品、我们如何实现。围绕这三个核心问题，一份优秀的创业计划包括附录在内一般20—30页，过于冗长的创业计划反而会让人失去耐心。整个创业计划的撰写是一个循序渐进的过程，可以分成五个阶段完成。

第一阶段：创业计划构想细化，初步提出计划的构想。

第二阶段：市场调查，和行业内的企业和专业人士进行接触，了解整个行业的市场状况，如产品价格、销售渠道、客户分布以及市场发展变化的趋势等因素。可以自行进行一些问卷调查，在必要时也可以求助于市场调查公司。

第三阶段：竞争者调查，确定你的潜在竞争对手并分析本行业的竞争方向。分销问题如何？形成战略伙伴的可能性？谁是你的潜在盟友？准备一份1—2页的竞争者调查小结。

第四阶段：财务分析，包括对公司的价值评估。必须保证所有的可能性都考虑到了。财务分析量化公司的收入目标和公司战略，要求详细而精确地考虑实现公司目标所需的资金。

第五阶段：创业计划的撰写与修改。根据收集到的信息制订公司未来的发展战略，对相关的信息按照上面的结构进行调整，完成整个创业计划的撰写。在计划撰写完成以后仍然可以进一步论证计划的可行性，并根据信息的积累和市场的变化不断完善整个计划。

二、创业计划编制要点

（一）如何编制

美国的一位著名风险投资家曾说过，"风险企业邀人投资或加盟，就像向离过婚的女人求婚，而不像和女孩子初恋。双方各有打算，仅靠空口许诺是无济于事的"。创业计划对那些正在寻求资金的风险企业来说，就是"金钥匙"，决定着引资的成败。对刚开始创业的风险企业来说，创业计划的作用尤为重要，通过制订创业计划，把正反理由都书写下来，然后再逐条推敲，会发现原本还在"雏形"的项目已经变得清晰可辨，也更利于风险企业家认识和把握该项目。

创业计划首先是把计划中要创立的企业推销给风险企业家自己。其次，创业计划还能帮助把计划中的风险企业推销给风险投资家，公司商业计划书的主要目的之一就是为了筹集资金。因此，创业计划必须要说明：

1. 创办企业的目的？为什么要冒风险、花精力、时间、资源去创办风险企业？

2. 创办企业所需的资金？为什么要这么多的钱？为什么投资人值得为此注入资金？

对已建的风险企业来说，创业计划可以为企业的发展定下比较具体的方向和重点，从而使员工了解企业的经营目标，并激励他们为共同的目标而努力。更重要的是，它可以使企业的出资者以及供应商、销售商等了解企业的经营状况和经营目标，说服出资者（原有的或新来的）为企业的进一步发展提供资金。正是基于上述理由，创业计划将是风险企业家所写的商业文件中最主要的一个。

（二）编制技巧

为了确保创业计划能够高效指导创业活动，或是顺利获得风险投资商的资金，创业计划必须注意以下六点：

1. 详细介绍产品或服务

在创业计划中，应提供所有与企业的产品或服务有关的细节，包括企业实施的所有调查。这些问题包括：产品正处于什么样的发展阶段？它的独特性怎样？企业分销产品的方法是什么？谁会使用企业的产品，为什么？产品的生产成本是多少？售价是多少？企业发展新的现代化产品的计划是什么？把出资者拉到企业的产品或服务中来，这样出资者就会和你一样对产品有兴趣。在创业计划中，编制者应尽量用简单的词语来描述每件事。商品及其属性的定义对编制者来说是非常明确的，但其他人却不一定清楚它们的含义。

2. 竞争企业的说明

在创业计划中，要细致分析竞争对手的情况。竞争对手都是谁？他们的产品是如何工作的？竞争对手的产品与本企业的产品相比，有哪些相同点和不同点？竞争对手所采用的营销策略是什么？要明确每个竞争者的销售额、毛利润、收入以及市场份额，然后再讨论你相对于每个竞争者所具有的竞争优势。创业计划要使投资者相信，你不仅是行业中的有力竞争者，而且将来还会是确定行业标准的领先者。

3. 营销计划方案

创业计划要给投资者提供企业对目标市场的深入分析和理解。要细致分析经济、地理、职业以及心理等因素对消费者选择购买本企业产品这一行为的影响，以及各个因素所起的作用。创业计划中还应包括一个主要的营销计划，计划中应列出你打算开展广告、促销以及公共关系活动的地区，明确每一项活动的预算和收益。创业计划中还应简述一下你的的销售战略：是使用外面的销售代表还是使用内部职员？是使用专卖商、分销商还是特许商？将提供何种类型的销售培训？此外，创业计划还应特别关注一下销售中的细节问题。

4. 制定执行方案

创业计划中应该明确下列问题：如何把产品推向市场？如何设计生产线？如何组装产品？生产需要哪些原料？拥有那些生产资源？还需要什么生产资源？生产和设备的成本是多少？企业是买设备还是租设备？解释清楚与产品组装、储存以及发送有关的固定成本和变动成本的情况。

5. 管理团队

把一个思想转化为一个成功的风险企业，其关键的因素就是要有一支强有力的管理队伍。这支队伍的成员必须有较高的专业技术知识、管理才能和多年工作经验。管理者的职能就是计划、组织、控制和指导公司实现目标的行动。在创业计划中，应首先描述一下整个管理队伍及其职责，然而再分别介绍每位管理人员的特殊才能、特点和造诣，细致描述每个管理者将对公司做出的贡献。创业计划中还应明确管理目标以及组织机构图。

6. 精炼的计划摘要

创业计划的计划摘要也十分重要。它必须能让投资者有兴趣得到更多的信息，它将给投资者留下长久的印象。创业计划中的计划摘要将是撰写的最后一部分内容，但却是出资者首先要看的内容，它将从计划中摘录出与筹集资金最相关的细节：包括对公司内部的基本情况、公司的能力以及局限性、公司的竞争对手、营销和财务战略、公司的管理队伍等情况简明而生动的概括。

三、创业计划编制详解

（一）摘要

一个出色的计划摘要将使投资者有兴趣了解更多的内容和信息。它应该成为吸引投资者出资的重要部分，因为它会给风险投资人留下深刻和长久的印象。

计划摘要一般要有包括以下内容：公司介绍；主要产品和业务范围；市场概貌；营销策略；销售计划；生产管理计划；管理者及其组织；财务计划；资金需求状况等。

摘要需尽量简明、生动。特别要详细说明企业的独特之处以及企业获得成功的市场因素。如果企业家了解他所做的事情，摘要仅需两页纸就足够了。如果企业家不了解自己正在做什么，摘要就可能要写 20 页纸以上。因此，有些投资家就依照摘要的长短来"把麦粒从谷壳中挑出来"。

（二）公司基本情况

公司名称_____成立时间_____
注册资本_____实际到位资本_____
其中现金到位_____无形资产占股份比例_____%
注册地点_____

公司性质：如有限公司、股份有限公司、合伙企业、个人独资等，并说明其中国有成分比例、私有成分比例和外资比例。

公司近期及未来 3—5 年要实现的目标（行业地位、销售收入、市场占有率、产品品牌以及公司股票上市等）

公司近期及未来 3—5 年的发展方向、发展战略和要实现的目标。

（三）项目产品（服务）与技术

1. 在市场调查的基础上，选择项目

或者是围绕一项发明创造、技术专利，或者一项可能研发实现的概念产品或服务。

2. 目前产品市场正处于什么样的阶段（空白/新开发/可成长/成熟/饱和）

3. 生产或服务组织

企业如何设计生产线或服务渠道？企业如何组织生产？原料来源于那里？拥有哪些生产资源？还需要增加什么生产资源？生产和设备的成本是多少？设备的采用方式是租还是买？储存和物流的状况。

4. 产品介绍

通常产品介绍应包括以下内容：产品的概念、性能及特性，主要产品介绍，产品的市场竞争力，产品的研究和开发过程，发展新产品的计划和成本分析，产品的市场前景预测，产品的品牌和专利，产品的排名及品牌状况。

在产品（服务）介绍部分，企业家要对产品（服务）做出详细的说明，说明要准确，也要通俗易懂，使不是专业人员的投资者也能明白。一般来说，产品介绍都要附上产品原型、照片或其他介绍。产品介绍必须要回答以下问题：

（1）顾客希望企业的产品能解决什么问题、顾客能从企业的产品中获得什么好处？

（2）企业的产品与竞争对手的产品相比有哪些优缺点、顾客为什么会选择本企业的产品？产品的独创性是什么？

（3）企业对自己的产品采取了何种保护措施？企业拥有哪些专利、许可证或与已申请专利的厂家达成了哪些协议？

（4）为什么企业的产品定价可以使企业获得足够的利润？为什么用户会大批量地购买企业的产品？

（5）企业采用何种方式去改进产品的质量、性能？企业对发展新产品有哪些计划等等。

产品（服务）介绍的内容比较具体，因而写起来相对容易。虽然夸赞自己的产品是推销所必需的，但应该注意，企业所做的每一项承诺都是"一笔债"，都要努力去兑现。创业企业应尽量用数字化和简单的语言来明确地描述企业产品或服务的属性，让风险投资人和企业一样对产品有浓厚的兴趣。

（四）管理与组织机构

有了产品之后，创业者要做的就是结成一支有战斗力的管理队伍。企业管理的好坏，直接决定了企业经营风险的高低。而高素质的管理人员和良好的组织结构是管理好企业的重要保证。因此，风险投资家会特别注重对管理队伍的评估。

企业的管理人员应该是互补型的，而且要具有团队精神。一个企业必须要具备负责产品设计与开发、市场营销、生产作业管理、企业理财等方面的专门人才。在创业计划书中，必须要对主要管理人员进行介绍，介绍他们所具有的能力，他们在本企业中的职务和责任，他们过去的详细经历及背景。此外，在创业计划书这部分中，还应对公司结构做一简要介绍，包括：公司的组织机构图；各部门的功能与责任；各部门的负责人及主要成员；公司的报酬体系；公司的股东名单，包括认股权、比例和特权；公司的董事会成员；各位董事的背景资料。

1. 管理团队

目前风险投资者已从过去看重创意转而看重企业的经营团队，因为一个好的策划和项目要想成功必须有一个强有力的管理队伍，这支队伍中应该集管理、技术、市场、财务等各方面的精英，不仅要志同道合，更要有互补性。当然，在描述管理团队时，还应描述企业的组织结构、管理目标、管理方法以及团队成员如何各司其职。团队的展示尤为重要，因为创业本身就是一个团队奋斗的过程。

2. 组织机构与人力资源配置
3. 各部门的功能与责任
4. 公司管理理念和文化建设

要求：公司管理者的经验与技能水平、创业热情的高低、管理队伍业务背景、业绩、风险、创业活动，可以有不足但需有弥补计划。

（五）竞争分析

对企业所面对的竞争格局进行分析：市场中主要的竞争者有哪些？是否存在有利于本企业产品的市场空当？本企业预计的市场占有率是多少？本企业进入市场会引起竞争者怎样的反应，这些反应对企业会有什么影响？等等。

1. 行业发展状况；
2. 主要竞争对手；
3. 竞争对手的产品特点及市场状况分析。

竞争对手的公司实力、产品情况（种类、价位、特点、包装、营销、市场占有率等）以及潜在的竞争对手情况和市场变化分析。

要求：竞争状况，自身竞争优势及可持续性。有无竞争对手或对手强弱，了解竞争对手，项目产品极难仿效或有很强的研发实力，可以长期保持行业领先地位。通过上述描述要向风险投资者展示自己的企业相对于各种竞争者都具有一定的竞争优势，是非常有力的竞争者。虽然现在才刚起步，但一定会成为本行业的领先者。

（六）市场与营销

营销是企业经营中最富挑战性的环节，影响营销策略的主要因素有：1. 消费者的特点；2. 产品的特性；3. 企业自身的状况；4. 市场环境方面的因素。最终影响营销策略的则是营销成本和营销效益因素。在创业计划书中，营销策略应包括以下内容：1. 市场结构和营销渠道的选择；2. 营销队伍和管理；3. 促销计划和广告策略；4. 价格决策。对创业企业来说，由于产品和企业的知名度低，很难进入其他企业已经稳定的销售渠道，因此，企业不得不暂时采取高成本低效益的营销战略，如上门推销，大打商品广告，向批发商和零售商让利，或交给任何愿意经销的企业销售。对发展中的企业来说，它一方面可以利用原来的销售渠道，另一方面也可以开发新的销售渠道以适应企业的发展。

（七）项目实施计划

1. 项目实施进度图；
2. 项目实施设计说明；
3. 项目实施难点和阶段性目标。

要求：时间安排与计划、任务，阶段性里程碑（里程碑应该是团队阶段性工作完成的标志），关键发展线路。要计划全面，思考周到，目标明确，计划现实可行。

（八）风险分析

创业风险主要有技术风险，市场风险，管理风险，财务风险，资源风险，研发风险，成本风险，政策风险，财务和管理风险等，要有应对措施。

创业投资的风险是指投资活动中人们不希望的后果出现的潜在可能性。创业投资高风险的特点决定了创业投资的失败率极高。创业投资的发源地及创业投资最为发达的国家——美国的风险投资统计概率是：10%很好，30%一般，30%在两年内倒闭，30%两年后倒闭。由于创业投资所投资的风险企业大多是具有较大增长潜力的高新技术企业，从技术的研究开发、产品的试制、生产到产品的销售要经历许多阶段，而投资风险存在于整个过程中，并来自于多方面。因此，加强创业投资的风险研究，规避风险，直接关系到创业投资主体的生存和发展。

1. 技术风险

由于高新技术开发研究的复杂性，很难预测研究成果向工业化生产与新产品转化过程中成功的概率，这是高科技投资中最大的风险来源。技术风险的具体表现为：（1）技术上成功的不确定性。（2）产品的生产和售后服务的不确定性。（3）技术寿命的不确定性。（4）配套技术的不确定性。

2. 管理风险

管理风险是指风险企业在生产过程中因管理不善而导致投资失败所带来的风险，主要表现在：（1）决策风险。即风险企业因决策失误而带来的风险。由于风险企业具有投资大、产品更新快的特点，这就使得风险企业对于高新技术产品项目的决策尤为重要，决策一旦失误将会给企业带来不可估量的损失。（2）组织风险。风险企业主要以技术创新为主，企业的增长速度都比较快，如果不能及时调整企业的组织结构，有可能形成企业规模高速膨胀与组织结构落后的矛盾，成为风险的根源。（3）生产风险。预期的市场容量往往事先不能精确测定，致使实际的生产水平与实际的市场容量不一致而产生风险，所以这种生产风险是不可避免的，而且贯穿于整个生产过程。

3. 市场风险

如果风险企业生产的新产品或服务与市场不匹配，不能适应市场的需求，就可能给风险企业带来巨大的风险。这种风险具体表现在：（1）市场的接受能力难以确定。由于实际的市场需求难以确定，当风险企业推出所生产的新产品后，新产品可能由于种种原因而遭市场的拒绝。如铱星的技术水平比现有的通信卫星技术水平高，但是铱星公司却破产了，为什么？主要原因就是铱星技术没有市场需求，技术没有市场性。(2) 市场接受的时间难以确定。风险企业生产的产品是全新的，产品推出后，顾客由于不能及时了解其性能，对新产品持观望、怀疑态度，甚至做出错误的判断。因此，从新产品推出到顾客完全接受之间有一个时滞，如果这一时滞过长将导致企业的开发资金难以收回。(3) 竞争能力难以确定。风险企业生产的产品常常面临着激烈的市场竞争，这种竞争不仅有现有企业之间的竞争，同时还有潜在进入者的威胁。风险企业可能由于生产成本高、缺乏强大的销售系统或新产品用户的转换成本过高而常常处于不利地位，严重的还可能危及这些企业的生存。

4. 人才风险

伴随着知识经济时代的到来，人才因素在风险企业中的作用变得越来越重要。与传统技术企业相比，风险企业在劳动力需求的数量和结构上有较大的不同，由于风险企业成长较快，且一般属于高度知识密集型的企业，其要求科技人员和劳动力既快速增长又有较高的素质，因而形成高科技人才的相对短缺。高素质的管理层通常是投资者考虑的最重要的因素。如果由于人事制度不合理，高级管理人才流失，就会给企业带来致命的危险；同时，公司技术骨干的流动，也会使整个企业的技术开发受阻，造成巨大的经济损失。

5. 来自外界环境的一些特殊风险

在创业投资的过程中，还有一些由于社会的、政治的、经济的及自然的环境变化所引起的风险。创业投资属于长期的股权投资，整个投资过程持续的时间比较长（一般为5—7年），在这样长的时间内，创业投资所处的外部环境肯定会发生巨大的变化，有可能给投资者带来灾难性的损失。这一风险的特点就是，对于创业投资的参与者来讲是不可控制的风险。如1997年7月东南亚金融危机就曾给我国的高新技术企业发展造成很大的影响。

（九）融资计划及使用

在商业计划书中应充分说明项目所需资金数额以及资金来源渠道，应包括：吸纳投资后的股权结构、股权成本、投资者介入公司管理的程度说明、投资回报与退出（股票上市、股权转让、股权回购、股利）。

1. 融资计划（包括资金总需求、融资金额、融资方式、渠道）；
2. 资金使用计划（项目总投资及用途、投资结构、已经完成投资、新增投资等）；
3. 资金退出计划（资金退出时间、退出方式和还款计划等）。

要求：资金总需求，资金来源（自筹资金、投资人），使用及退出。

(十) 财务分析

创业企业应详尽描述投资后 3—5 年企业的销售数量、销售额、毛利率、成长率、投资回报率预估及计算依据。

财务规划和分析应是商业计划书中最花费精力的部分，它包括：财务数据预测（销售收入、成本费用、薪金水平、固定资产、明细表）以及资产负债表和利润及分配明细表、现金流量表。财务指标分析（反映财务盈利能力的指标、财务内部收益率、投资回报期、财务净现值、投资利润率、投资利税率、资本金利润率以及不确定性分析、盈亏平衡分析、敏感性分析等。）

1. 财务分析依据（包括建设规模、建设期及生产负荷、折旧与摊销等）

必须要明确下列问题：（1）产品在每一个期间的发出量有多大？（2）什么时候开始产品线扩张？（3）每件产品的生产费用是多少？（4）每件产品的定价是多少？（5）使用什么分销渠道，所预期的成本和利润是多少？（6）需要雇佣哪几种类型的人？（7）雇佣何时开始，工资预算是多少？等等。

2. 财务预测

任何投资中，影响企业价值评估的财务情况总是投资人最为关心的部分。财务预测是对商业计划书中的所有定性描述进行量化的一个系统过程。财务预测的合理性直接影响融资方案的设计和取舍。

根据财务活动的历史资料，考虑现实的要求和条件，对企业未来的财务活动和财务成果做出科学的预计和测算，它是财务管理的环节之一。其主要任务在于：测算各项生产经营方案的经济效益，为决策提供可靠的依据，预计财务收支的发展变化情况，以确定经营目标，测定各项定额和标准，为编制计划、分解计划指标服务。财务预测环节主要包括明确预测目标，搜集相关资料，建立预测模型，确定财务预测结果等步骤。

3. 不确定性分析

筹资风险：筹资风险是指由于负债筹资引起且仅由主权资本承担的附加风险。如现金流量出现负数而造成的不能按期支付债务本息的风险和企业在收不抵支的情况下出现的到期无力偿还债务本息的风险。

（1）投资风险：投资分为对内投资和对外投资

（2）资金营运风险：资金营运风险是指在企业日常生产经营中，购入原材料和售出产成品过程中，资金转化的时间和金额上的不确定性

（3）收益分配风险：指由于收益分配而可能给企业今后的生产经营活动带来的不确定性。

（4）财务风险的防范：就是企业在识别风险、估量风险和分析风险的基础上，充分预见、有效控制风险，用最经济的方法把财务风险可能导致的不利后果减少到最低限度的管理方法。

4. 主要经济指标

投资回收期、投资回报率、净现值等。

5. 结论性意见

具有投资价值的创业计划：市场前景好（年度增长率20%以上及投资回报率高于25%—30%）。

创业计划各个方面都会对吸引投资人的投资造成影响，一份好的商业计划书在筹资中可以起到事半功倍的效果。现在一部分创业企业是自己组织撰写，而一些精明的创业企业则选择顾问公司等专业机构代为撰写。这些专业机构不仅利可运专业能力撰写出一份好的商业计划书，同时还会提供投资人与投资机会。

（十一）附件

1. 企业营业执照；
2. 报表；
3. 用户报告；
4. 商业信函、合同等；
5. 相关荣誉证书等。

在创业计划书写完之后，创业者最好再检查一遍，看一下该计划书是否能准确回答投资者的疑问，增强投资者对本企业的信心。通常，可以从以下几个方面对计划书加以检查：

1. 创业计划是否显示出创业者具有管理公司的经验。如果自己缺乏能力去管理公司，那么一定要明确地说明，创业者已经雇了一位有经验的人士来管理公司。

2. 创业计划是否显示了创业者有能力偿还借款。要保证给预期的投资者提供一份完整的比率分析。

3. 创业计划是否显示出创业者已进行过完整的市场分析。要让投资者坚信在计划书中阐明的产品或服务的需求量是确实的。

4. 创业计划是否容易被投资者所领会。创业计划应该备有索引和目录，以便投资者可以较容易地查阅各个章节。此外，还应保证目录中的信息流是有逻辑的和现实的。

5. 创业计划中是否有计划摘要并放在了最前面，计划摘要相当于公司创业计划书的封面，投资者首先会看它。为了激发投资者的兴趣，计划摘要应写得引人入胜。

6. 创业计划是否在文法上全部正确。如果不能保证，那么最好请人帮忙检查一下。计划书的拼写错误和排印错误能很快使企业家丧失机会。

7. 创业计划能否打消投资者对产品/服务的疑虑。如果需要，可以准备一件产品模型。创业计划书中的各个方面都会对筹资的成功与否有影响。因此，如果对创业计划缺乏信心，最好去查阅一下计划书编写指南或向专业顾问请教。

【延伸阅读】

SYB 创业培训

SYB（Start Your Business）是国际劳工组织开发的培训小企业家的 SIYB（Start and Improve Your Business）系列培训项目的一部分，是国际劳工组织（ILO）为了促进就业，支持发展中国家小企业的发展，实现就业的倍增效应，专门组织专家为创业的小老板量身打造的培训项目。

一、SIYB 和 LLO/PEP 项目下的 SYB 活动

SIYB 起源于瑞典，20 世纪 70 年代开始叫"看管你的企业"，由于 20 世纪 70 年代开发的教材取得了成功，1977 年瑞典与 ILO 合作改编为 IYB：改善你的企业。到 20 世纪 90 年代 IYB 有了另一个成员 SYB：创办你的企业。它是 ILO 在斐济做培训时开发的。1998 年在 SIYB 中又衍生了 CYR：产生你的企业构思。GYB 中一部分内容包含在 SYB 中，但并不完全。2003 年 ILO 又在斯里兰卡开发了 EYR：产生你的企业构思。这样就形成了完整的 SIYB 体系，它包括四种培训模块：产生你的企业想法（帮助潜在的企业家产生可行的创业想法）；创办你的企业（逐步引导学员如何开办小企业）；改善你的企业（帮助企业家建立基本的企业管理体系）；扩大你的企业（提供 SIYB 成长战略方面的建议）。

SIYB 的培训内容简明、通俗、易懂、实用。到目前为止，已经被翻译成 40 多种语言并在 84 个国家使用。2000 年，国际劳工组织亚太地区促进就业项目与中国劳动和社会保障部合作，将 SYB 从越南的 SIYB 项目引进中国。

全球 SIYB 项目的目标可分为远期目标和近期目标。远期目标是致力于发展私营企业、发展经济和促进就业；近期目标包括：1. 提高地方企业发展服务机构为微型、小型和中型企业企业家提供高效高质的企业创办和管理培训课程的能力；2. SIYB 培训有助于微型、小型和中型企业企业家创办并发展自己的企业，同时在经营企业的过程中为他人创造就业机会。

我国的 SIYB 项目由 ILO 提供技术支持，英国国际发展部（DFID）提供资金支持。SYB 是 SIYB 中最早引进的培训模块。我国引进 SYB 的想法源于国际劳工组织和日本国家间就业促进战略项目（ILO/PEP）。它由日本政府出资，由国际劳工组织负责提供技术支持。该项目的目的是帮助下岗失业人员创办微小企业，探索创业服务体系建设。因此，2000 年中国城市就业促进试点项目（PEP）将 SYB 培训项目引进中国，并根据中国下岗失业人员创业的实际情况进行了修正，由此构成了 PEP 三要素：SYB 创业培训、担保贷款、支持服务，由经国际劳工组织与中国劳动

和社会保障部授权的职业培训中心开展 SYB 培训。高校、企业家、管理咨询公司等组成专家志愿团提供技术支持服务，信用担保公司和银行共同为创业者提供小额贷款，三者构成了中国 PEP 项目运行架构。

PEP 项目首次探索了一种全新的将创业培训与小额贷款有机结合促进创业的工作模式，提高了创业成功率；引入了 SYB 这种先进的培训技术，扩大了影响，为引入 SIYB 项目奠定了基础；为制订和实施积极的就业政策探索了道路，积累了经验。SIYB 中国项目经过两年的试行，于 2004 年 7 月启动，至今已经实施了三期，成功地开展了 GYB、SYB 的培训，正有步骤地开展 IYB 和 EYB 培训，其中以 SYB 引进的历史最长，开展的培训最多，培训积累最丰富，在现阶段，对高校的创业教育最有借鉴价值。

二、SYB 的特点

SYB 培训项目的主要目的是使参加培训的人员能够创办和维持一个可赢利的小企业。该项目既适合于想创办企业的男子和妇女，也适合于已经创办了企业，但不很懂企业经营管理基本知识的人。该培训项目的特点是：1. 国际劳工组织开发的国际品牌，在广泛的国际经验的基础上加以改编，适应引进国家当地的情况和需要；2. 针对性强，是专门针对中小企业开发的；3. 培训内容系统简明、通俗、易懂、实用，由浅入深，具有很强的操作性；4. 系列化、模块化、培训时间短；5. 采用高度创新的参与性培训方法，打破以教师为中心的传统培训模式，结合成人学习特点，充分调动学员参与，注重教师与学员之间的互动；6. 完善的质量监督、评估体系和后续服务体系，融课堂培训与后续咨询服务于一体，具有很强的实用性。

三、SYB 的构成

SYB 项目由培训、实际操作以及后续的支持服务组合而成。SYB 培训项目的内容共有 10 步，由两大部分构成。

（一）SYB 创业意识培训（前两步）

本部分内容帮助学员了解成功的小企业家的特征和创办企业失败的共同原因；评价他们是否合适创办小企业；估算他们创办小企业所需的资金；选择一个切合实际的企业构思。

（二）SYB 创业计划培训（后八步）

本部分内容向学员传授如何准备创业计划；创办他们的新企业所要采取的行动。具体包括：评估你的市场、企业的人员组织、选择一种法律形态、法律环境和你的责任、预测启动资金需求、制订利润计划、判断你的企业能否生存、开办企业。

SYB 创业意识培训是培训学员参加创业计划培训的选修课，它犹如一个漏斗，对想要创办企业的人进行筛选，可以让学员衡量自己是否适合创业，是否属于创业型人才，同时，也可以减少培训机构的资源浪费。从项目试点城市的培训情况看，创业意识培训人数明显大于创业计划培训人数，体现出漏斗型筛选效果。

四、SYB 培训产生的影响

SYB 培训项目引进后，先将乌鲁木齐、天津、青岛、长沙等 14 个城市确立为项目实施城市，开始了 SYB 项目培训。目前，天津、成都、苏州、青岛、南昌、长沙、宜昌、乌鲁木齐、鞍山、北京、广州、郑州等城市以及河北、黑龙江等省都陆续举办了 SYB 培训班。劳动和社会保障部统计，仅 2004 年，全国就有 40 万人参加了创业培训。其中，各地采用 SYB 培训 17 万人，占 42%；创业培训合格率达到 93%。培训结束后，有 23 万人成功创办企业或自谋职业，创业成功率达 60%，为社会新创造 59 万余个就业岗位。

各地对 SYB 模式都非常赞同，培训机构踊跃，经过培训的群体一致称赞。大多数学员认为：SYB 培训是为微小企业家定做的培训项目，适合于文化水平相对较低的成人学习；SYB 简单、系统、实用、易懂，教学新颖活泼；SYB 步步深入地传授创办企业所需的知识与技能；SYB 的参与式培训方法，创造了活泼而生动的教学气氛。这种方法帮助学员有效地学习更多的知识，并从学习中获得在创办企业的现实生活中应用新知识的信心。SYB 最大的贡献是它在培训试点的基础上，陆续引进和开发了 GYB，还准备继续引进 IYB、EYB 培训模块。

【内容举要】

创业计划（business plan）也叫作企业计划、创业计划、经营计划或业务计划，是一份对新建企业的内部环境、外部环境以及企业的战略做出详细描述的书面文件。

创业计划是一份全方位的商业计划，其主要用途是递交给投资商，以便于他们能对企业或项目做出评判，从而使企业获得融资。对初创的风险企业来说，创业计划的作用尤为重要。当你选定了创业目标与确定创业的动机后，在资金、人脉、市场等各方面的条件都已准备妥当或已经累积了相当实力，这时候，就必须提供一份完整的创业计划，创业计划是整个创业过程的灵魂。

创业计划根据不同的需求，在内容上会有细微差别，编制侧重点也有所不同，一般来说，在创业计划书中应该包括创业的种类、资金规划及资金来源、资金总额的分配比例、阶段目标、财务预估、营销策略、可能风险评估、创业的动机、股东名册、预定员工人数。

创业计划具体内容一般包括以下 11 个方面：封面、计划摘要、企业介绍、行业分析、产品（服务）介绍、人员及组织结构、市场预测、营销策略、财务规划、风险与风险管理、可行性分析。

从创业计划的另一个作用——吸引投资出发，创业计划所包含的指标，就应从投资者的角度来考虑，清晰表述出投资方想了解的内容和数据。整个投资前的决策阶段包括两个重要部分，并且在不同阶段评估的指标标准不同。在初评阶段，指标包括区域、产业（结构、竞争分析、创新和发展能力）和产品（创新性和技术含量、独特性、专利、竞争优势)等。在深入评估阶段，指标包括市场(发展维度、销售增长率、进入壁垒、差异化和成本领导者)和财务回报(预期现金流、所需资金额、退出方式)等。

创业计划的核心是阐述三个问题：我们所做的事情是什么？我们为谁在提供何种价值的服务或产品？我们如何实现？围绕这三个核心问题，一份优秀的创业计划包括附录在内一般在20—30页之间，过于冗长的创业计划反而会让人失去耐心。

整个创业计划的撰写，可以分成五个阶段完成。第一阶段：创业计划构想细化。第二阶段：市场调查。第三阶段：竞争者调查。第四阶段：财务分析。第五阶段：创业计划的撰写与修改。

【案例分析一】

手工布鞋胎死腹中

谢小康打算开一家纯中国风格的手工布鞋坊，拥有自己的设计室和工作坊，如果讲了上了规模，再扩建一个厂。

他的MBA导师告诉他，创业之前，可行性论证一定要做得仔仔细细、慎之又慎。几年的学院熏陶，也让这个小有成就的广告公司经理在进行新的投资之前，有了更多的"理性思考"。

那天无意打开电视机，看到一位叫王萍的北京皮鞋二厂下岗女工正在接受电视采访，说她打算跟一群下岗姐妹一起，开一家手工鞋店，并且已经跟西单百货商场谈妥了合作事宜……

嘿，天下竟有这么巧的事儿！谢小康先是一阵紧张，想自己旗帜未竖就先遇上了竞争对手，怕是不祥之兆？但一看王萍那朴实的中年妇女的模样，谈吐也是实打实的听不出什么"深刻"之处，也就松了一口气。谅她一下岗女工，文化不高，资金不足，靠街道扶持，最大的资源无非是做鞋的技术和经验，凭什么跟我竞争？她会英语么？她会营销策划么？她懂市场调查么？

谢小康松了一口气，关掉电视，打算拟一份创业计划。动笔之前，他猛然想到有一个人可以做自己的技术顾问，那就是自己年过七旬的奶奶。奶奶来自河北廊坊乡下，是村里有名的巧手。谢小康从小穿的单鞋、棉鞋、虎头鞋，都是奶奶一手做出来的。

奶奶听罢大孙子的主意，慈祥地笑了，说，"中，只怕如今老眼昏花，玩不出当年的花样了。"

"奶奶您行的，不劳您亲自动手，只需在旁边点拨点拨就成，指挥着工人，怎么糊布壳、怎么纳底、怎么上帮……今后，您就是我的技术总监！"

有奶奶助阵，谢小康又多了一份自信。

小题偏要大做

文化人经商，跟大老粗经商的区别就在于对项目是否有深入的文化思考。你不能为赚钱而赚钱，你应该有儒商的风度。现在不是什么都讲文化吗？茶文化、酒文化、服饰文化……咱就攀上一个鞋文化。哈哈，这个由头一起，谢小康一下子就觉得自己跟那些下岗女工创业有了朝野之分、高下之别。

谢小康提笔写创业背景：现代生活中的人们，在尽情领略时装和洋服的绚丽风采之余，开始感悟传统服饰独特的魅力和丰厚的文化底蕴；西装革履，裙服高跟，奔波劳顿于公务和应酬之后，能不向往一袭布衣、一双便鞋，品茗吟诗的闲情雅趣？尽管红尘万丈、歌舞喧嚣，但中国总有那么一群伟人高人异人，穿着朴素的布鞋闲庭信步指点江山：毛泽东、鲁迅、沈从文、陈寅恪、钱钟书、张中行……他们静穆幽深，仿佛一口口深井，行坐间意态从容，谈吐中旋转乾坤，他们是中国手工鞋业的最佳形象代言人！

他继续写道：小康手工鞋业，以挖掘民间传统手工鞋工艺，弘扬中国文化，满足现代人返璞归真、崇尚个性的时尚追求为已任……

一不小心就创造了"小康手工布鞋"的品牌，多么美妙的一语双关！谢小康想。

他接着写：小康手工鞋业，目前主产纯中国风格、中国气派的手工布鞋。它穿着柔软舒适、宽松暖和，取料自然；既可保健养脚，又有个性魅力，和如今随处可见的用橡胶、塑料、合成材料制成的现代鞋类相比，堪称当之无愧的"环保鞋"、"绿色产品"，符合国际潮流，追随怀旧时尚，是当今都市休闲一族的最佳选择……

写下这段激情文字，谢小康心如明镜，以上不过是玩虚的，下面要涉及的内容，才是创业要面对的实质部分。

每步都像陷阱

谢小康筹集的资金虽然不多，但开个手工布鞋店似乎是绰绰有余了，毕竟是劳动密集型产业嘛，科技含量不会太高。先定位为古代手工作坊的现代版，测算一下究竟要花多少钱。结果不算不知道，一算吓一跳！

创业三部曲，每一步都得仔细推敲，钱必须要用在刀刃上。

首先是原材料投资。目前手工鞋的款式，已经远远超出了人们十几年前的高挚，多得让人目不暇接：圆口的、方口的、松紧的、仿古的、时装的、布面的、呢面的、灯芯面的、系带的、网眼的、高帮的、低帮的、单的、棉的、卡通风格的、动物系列的、镶嵌皮料的……要应付这么丰富的款式，得准备多少材料呢？起码得找一间仓库，放上几十个架子储放这些布料和辅料。此外，还得买麻线、棉线、尼龙线、成袋的面粉、夹板、锥子、顶针之类，预计花30万元吧。

其次是设备投资。必须建一个像样的设计室，有几台电脑，安装一套正版的AUTOCAD设计软件和PHOTOSHOP图像软件，以及扫描仪、彩色打印机等；必须有一个生产车间，宽敞、通风、明亮，有完善的照明设备、空调设备、消防设备，不能像某些地下黑工厂那样生产条件恶劣，否则怎能生产出一流产品？必须有几套机械化的辅助生产设备，如裁样机、上线机、切边机、锁眼机，它们可让手工活儿变得更规范更漂亮。这个倒好办，如今许多制鞋厂不景气，其闲置设备完全可以去廉价租用……预计花20万元吧。

再次是人力投资。对于手工鞋业来说，这是最重要的投资。必须有一位优秀的产品设计师，他（她）要懂美术、会电脑、掌握消费潮流、了解国内外市场，还要能理解老板的意图、衔接生产环节……这人恐怕得高薪，至少3000元左右吧。至于奶奶嘛，让她在车间里走走看看就行了，主要是监督工人认真干活，工资都可以不开。基本劳动力先从再就业市场招聘10名踏实、能干、有经验的鞋厂下岗工人或退休工人，毕竟熟能生巧嘛，以女性为主，每月工资标准暂定800元，优者奖励。还需要一位销售经理，负责市场推广工作，这人恐怕也得高薪，至少2000元左右……预计再花20万元吧。

70万元已经出去了。还有哪些环节需要花钱？喔，他一拍脑袋，还有最重要的门面没有考虑。你瞧，百密一疏，连人家下岗女工王萍都想到了西单商场……我为什么不可以去王府井、大栅栏、长安街的东方广场试试？

天啊，那么豪华的地界，尽是鲜花铺道，阳光明媚？细想创业路，却变成了处处沼泽，步步陷阱，每一环都要花钱，而且是花大钱呢！

越想压力越大

在商业高度发达、寸土寸金的北京，别说东单、西单那样的黄金地段，就是三环路上的那些临街店铺，价格也高得离谱，一套20平方米的小店面，月租也得5000元，全年就是60000元……但是把手工鞋店放在三环以外的地方，又能有多大的轰动效应？谁理睬你？谢小康有些灰心了。

再往深处想，手工做鞋的效率很低，即使像奶奶那样的高手，做一双像样的布鞋前后也得3天，你想想，粘布壳得用20—30层棉布叠合，晾干后剪下底样，用麻线纳千层底，一针一线得戳整整800个针眼儿！照此算下来，一个设计师，10个熟练工，一个月也不过做80双鞋，而工资却要开出15000元——这80双鞋能换来15000块钱吗？谢小康有点寒心了。房租、水电、税金、医保、环保、人防、城管、培训、宣传……还有若干始料不及的各种费用杂支，简直就像一根多处渗水的破水管，堵不胜堵、防不胜防啊！

最致命的一击，应该是来自一本朋友赠送的英文版精装画册《百年靴鞋》。那是一本外国资料，详尽记录了欧美传统手工鞋业的现代制造历史，图文并茂，从20世纪末上溯百年，所选登的那些精品让人叹为观止。

谢小康扪心自问：相比之下，中国人的布鞋生产精镂细刻的贵族气派已荡然无存，放眼皆是布衣之履——简单、土气、廉价、极易变形，难怪自古就有一句俗话——弃之如敝屣。连我奶奶那样大字不识一个的乡下妇女都能干的活儿，又有多大的含金量？

看着洋画册上那美轮美奂的一双双欧美手工靴鞋，想想自己创业蓝图中的那一双双难卖高价的大众布鞋，谢小康刚点燃不久的创业激情火焰，仿佛被一盆冷水浇灭了。

一个多月的苦心思索，38页的创业计划，瞬间变成了一堆废纸屑。

2002年元旦前夕，《北京晚报》登出了王萍手工鞋店成功的报道，说她已在上海、大连、深圳连开了5家连锁店，独特的东方工艺产品深受海内外朋友喜爱，总产值已超过500万元，并吸纳了60多名下岗兄弟姐妹再就业。

谢小康看过报纸，长叹一声，内心复杂，口中无语。

案例讨论题

1. 谢小康的经历说明创业计划应该考虑哪些问题？
2. 谢小康的创业给你哪些启示？

【案例分析二】

杨正的创业计划书

杨正，男，40岁，原重庆第二针织厂修理工，1999年下岗，与企业解除了劳动关系，在渝碚路街道白鹤林社区开了一个小餐馆勉强度日。2003年12月初的一个晚上，他从沙坪坝区有线电视播出的广告节目中得知，区劳动保障部门即将举办SYB创业培训班，他第二天一早就去报了名。

10多天的集中学习，令他大开眼界。在电子声像教室里，课桌呈U字形摆放，教师与学员融为一体。教授、专家轮番上课，采用知识培训、案例分析、角色扮演、自由讨论等多种教学形式，使学员树立起创业和竞争意识，掌握创业所必备的工商、税务、金融、劳动和企业经营等相关知识，国家对下岗失业人员开办企业的优惠政策。由大学教授、成功企业家、政府各职能部门工作人员等组成的专家志愿团，针对学员创业过程中遇到的问题，进行"专家会诊"。

一连串的培训学习活动，使学员们掌握了创业技巧，了解了经营管理知识。学员们相互鼓励、相互支持，调整心态，萌动的创业意识被激发出来，信念更坚定，信心更充足，一批具有较强的市场开拓意识和经营管理能力的"小老板"即将诞生，杨正就是其中的一员。

学习进入拟定创业计划阶段，杨正开动脑筋，捕捉商机。他发现在社会经济活动中、交往频繁、应酬不断，一些自驾车人员，酒后不能驾车，怎么回家成为一大问题。杨正脑袋豁然一亮：为何不可以为他们提供代驾服务，进而发展成为租赁公司呢？于是就有了下面的《创业计划书》。

企业名："重庆同行家用商品租赁公司"。主要经营范围：汽车、五金交电、日用杂品、健身器材、玩具。范围很宽，目前主要是考虑汽车租赁。顾客对象：1. 新建微、小企业；2. 驻渝临时机构；3. 个体工商户；4. 新驾驶员陪驾；5. 小区住户婚丧嫁娶、小孩老人接送。

市场容量的变化趋势：汽车多样性、普及性不可逆转。鉴于汽车消费过程存在大量直接和间接费用（如维修、保养、人员、损耗、换代等），使消费者理性思考消费方式，这就为汽车租赁提供了市场。在美国，租赁消费占70%，我国仅占3%。尤其是重庆市，汽车租赁起步较晚，潜力十分可观。

企业的主要劣势：起步晚，经验不足；未形成固定客户群；资金薄弱；网点少；缺高素质员工。主要优势：采用中高档车型，有完善的CIS战略计划；24小时服务，价格实行弹性制；有互联网优势，服务特色多；政策扶持，减免税费；自有一间门面，经营成本低。

在促销方式上，利用张贴、散发宣传资料，设置固定广告牌，登报刊，互联网广告，举办小区文艺活动、公益活动扩大影响。

采用自购二手车、组织签约车辆的方式添置必要的固定资产。公司地址选在杨公桥工建村，位于重庆南大门，成渝、渝长高速公路进出口，车流量、人流量大，小区住户集中，著名的"大川花园"、"阳光水城"均在附近。他设置了公司机构和服务价格，制定了销售和成本计划、现金流量计划，编制了费用计划，预测了12个月销售收入，感觉不错。

杨正的创业计划书经专家志愿团集体会诊，觉得思路清晰，条件允许，切实可行，仅提出了一些小的修改意见，比如在资金筹集上，合理运用再就业小额贷款政策，减少不必要的融资利息。他的创业计划书顺利通过。

在区就业局等相关部门的支持下，杨正申请到了8万元小额贷款，加上自筹的几万元资金，购买了一辆桑塔纳轿车，按照创业计划书的规划，办起了重庆同行汽车租赁公司。他通过报刊和互联网发布租车代驾信息，自己充当驾驶员，手握方向盘，在山城的大街小巷飞驰奔跑，心中充满主人翁的自豪，感觉爽极了！

在严格遵守交通法规的前提下，他尽量满足客户需要，好评如潮。如某晚9点多钟，他送一名成都客户到磁器口，按照协议，已经完成任务。但此时客户接到电话，临时要到南滨路去，杨正二话没说，调转车头把客户送到20公里之外的南滨路上，费用仍按原定协议价格收取。优质的服务带来良好的信誉，"回头客"越来越多，用户网越拉越宽，业务越来越红火。除本市之外，范围扩展到了四川的多个城市。仅10个月时间，杨正就增添了4辆长安之星客运车，还有10多名自带车辆的驾驶员加盟公司，他当上了真正的"小老板"！

案例讨论题
1. 杨正的成功经历说明成功的创业计划需涉及哪些方面？
2. 杨正创业的成功给你哪些启示？

【案例分析三】

张华的创业经历

张华原毕业于某名牌大学，经过多年的业余研究，他在室内环境污染治理方面取得了一项重要突破，这项技术如果在实际中得到应用，前景非常广阔。于是张华便辞去原来的工作，准备自己创业。但由于多年的积蓄都用在了室内环境污染治理的研究上，在七拼八凑注册了一家公司后，已经无力再招聘员工、实验试验材料了。无奈之下，张华想到了风险投资基金，希望通过引入合作伙伴的方式解决困难。为此，他多次与一些风险投资机构或个人投资者接洽商谈，虽然张华反复强调他的技术多么先进，应用前景多好，并拍着胸脯保证投资他的公司回报绝对低不了，但总是难以令对方相信，而且他有办法提供投资人问到的多数数据，如市场需求量具体有多少？一年可以有多大的销售量？投资后年回报率有多高？招聘技术骨干也比较困难，这些人也对公司的前景缺乏信心。

这时，曾经在张华注册公司时帮助过他的一位做管理咨询的朋友一句话点醒了他，"你的那些技术有几个人投资者搞得懂？你连一份像样的创业计划书都没有，投资者凭什么相信你？"于是，在向相关专家请教咨询后，张华又查阅了大量的资料，然后静下心来，从公司的经营宗旨、战略目标出发，对公司的技术、产品、市场销售、资金需求、财务指标、投资收益、投资者的退出等方面进行了分析和论证。在这个过程中，他还得不时搞一些市场方面的调查。一个月后就拿出了一份创业计划书初稿，经过几位相关专家的指点，又进行了修改和完善。凭着这份创业计划书，张华不久就与一家风险投资公司达成了投资协议，有了风险投资的支持，员工招聘问题也迎刃而解。

现在，张华的公司经营得红红火火，年销售利润已达到 500 万元。回想往事，张华感慨地说："创业计划书的编制与我搞的环境污染治理材料要求差不多，绝不是随便写一篇文章的事。编制计划书的过程就是我不断理清自己思路的过程。只有企业家自己思路清楚了，才有可能让投资人、员工相信你。"

案例讨论题
1. 为什么张华开始拍着胸脯的保证无法令投资者相信，甚至招聘技术骨干都很困难?

2. 创业计划书对张华的创业成功起到了什么作用?

【思考与练习】

1. 一份完整的创业计划包括哪些内容?
2. 创业计划对创业者、投资者、顾客都有什么作用?
3. 创业计划指标有哪些?
4. 一般而言,创业计划编制的程序是怎样的?
5. 创业计划中,哪些部分需要做详尽的定量分析?
6. 你认为创业计划编制应注意哪些问题?哪些部分是创业计划的核心?
7. 尝试撰写一份你自己的创业计划。

【推荐文献】

Tyebjee, T. T. & Bruno, A. V. (1984). A model of venture capitalist investment activity. Management Science, 30 (9): 1051—1066.

Vanceh, H. F. & Hisrich, R. D. (1994). Toward a model of venture capital Investment decision making [J]. Financial Management, 23 (3).

Kaplan, S. N. & Strömberg, P. (2004). Characteristics, contracts, and actions: evidence from venture capitalist analyses [J]. Journal of Finance, 59 (5): 2177-2210.

党耀国. 风险投资项目评价指标体系与数学模型的研究 [J]. 商业研究, 2005 (16): 84-88.

刘希宋, 曹霞, 李大震. 风险投资及投资风险评价 [J]. 中国软科学, 2000 (3): 42-46.

张玉利. 创业管理 [M]. 机械工业出版社, 2007.

第六章 旅游企业创业融资管理

【学习目标】

通过本章教学，使学生掌握旅游企业创业融资的概念和内涵，了解旅游企业创业融资的渠道和旅游企业不同成长阶段的融资策略，把握旅游企业创业融资的主要策略和风险，并掌握旅游企业创业融资风险的来源及规避策略。

【内容结构】

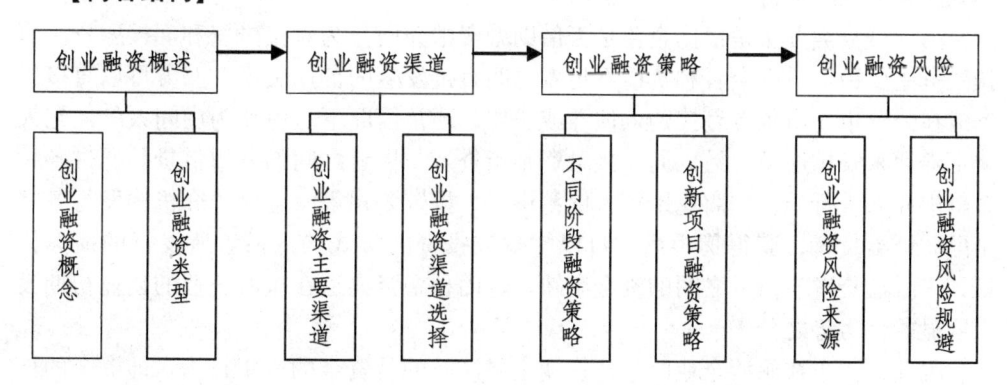

```
创业融资概述 → 创业融资渠道 → 创业融资策略 → 创业融资风险
    ↓              ↓              ↓              ↓
创业融资概念    创业融资主要渠道   不同阶段融资策略   创业融资风险来源
创业融资类型    创业融资渠道选择   创新项目融资策略   创业融资风险规避
```

【重要概念】

融资　旅游企业创业融资　内源融资　外源融资　直接融资　间接融资　债权融资　股权融资

第一节 旅游企业创业融资概述

"巧妇难为无米之炊"，没有资金，再好的创业策划，完美的创业构想，多好的旅游市场前景，企业还是无法成立。创业融资是能否将旅游企业创业从设想变为现实的关键，是企业创业的物质基础和资金保障，如果不能成功地实现创业融资，所有的策划预期和创业抱负都只能是纸上谈兵，空中楼阁，并最终使得旅游企业的创业走向夭折。因此，对于处于初创期的企业而言，融资问题几乎成了所有创办者或创办团队无法绕开且需要高度重视的问题。而旅游企业的创办者也概莫能外。积极开拓合适的融资渠道，制定合理的融资战略，谨慎规避融资风险是成功创业者重要的一课。

一、旅游企业创业融资的概念

融资（Financing）的概念根据不同的分类标准而有所不同，目前业界主要采用的分类标准有两种。

一种按融资的外延大小可分为狭义融资和广义融资。狭义的融资主要是指资金的筹集，即资金的融入。广义的融资又称金融，它既包括资金的融入又包括资金的运用，即融出。而旅游企业创业融资主要是指在企业创建的筹备阶段或企业发展的初期所发生的融资行为。

另一种分类方法是根据企业是否借助融资中介而分为直接融资和间接融资。直接融资主要指货币有余者和货币不足者之间直接发生的信用关系。双方可以直接协商或在公开市场由贷者直接购入债券或股票，通常情况下是由作为中间人的经纪人或证券商来安排这类交易。而间接融资则指贷者与借者之间的货币借贷是通过各种金融中介来进行的，如商业银行、储蓄银行、投资公司等。金融中介机构发行各式金融凭证给贷者，获得货币后，再以贷款或投资的形式购入借者所发行的债券凭证，来融通贷者与借者之间的资金余缺。这两种融资渠道在旅游企业的创业初期没有明显的优劣势之分。

因此，由于在旅游企业的创建初期主要涉及的是资金的筹集行为，即资金的耗费，如酒店修建，旅行社注册，交通工具的租赁等，所以从狭义的角度可以将旅游企业创业融资定义为：旅游企业在创办前期或创办初期为了满足旅游企业正常的生产需要和经营管理活动，通过科学的预测和决策，采用一定的方式，从一定的渠道向公司的投资者和债权人去筹集资金，组织资金供应的理财行为。

二、旅游企业创业融资类型

按照旅游企业创业活动中资金融入的方式、渠道等，旅游企业创业者的融资类型可分为内源融资与外源融资，直接融资与间接融资，股权融资与债权融资。

（一）内源融资与外源融资

1. 内源融资（Internal financing）

内源融资是指通过挖掘企业内部资源解决资金不足问题的方式。内部资金的主要来源包括：创业者投入的资金、经营利润的再投入、出售闲置资产取得的收入以及经营团队用红利或股票代替现金薪水等。内源融资的主要特点有原始性、自主性、低成本和抗风险等，是企业生存与发展不可或缺的重要组成部分。事实上，在发达的市场经济国家，内源融资是企业首选的融资方式，是企业资金的重要来源。

旅游企业内源融资是指旅游企业使用经营活动产生的收益资金，即公司内部融通的资金。它主要由留存收益和折旧构成，是指企业不断将自己的储蓄（主要包括留存盈利、折旧和定额负债）转化为投资的过程。不同类型的旅游企业对内源融资渠道的依赖有所区别。例如风景名胜区的创业对内源融资依赖较小，因为风景名胜区特别是一些国家重点保护的风景区或特殊旅游资源的内部资金来源主要或只能是门票收入，较少的门票收入与整个景区的资源保护、产品开发推广、景区的日常运转所需的资金量之间缺口极大，所以景区企业不能完全依赖内源融资。此外，很多景区的企业多为中小企业，并长期政、企不分，导致内源融资积累很少，企业运行也无法依赖于内源融资。总之，景区创业融资对内源融资的依赖性相对比较小。

2. 外源融资（External financing）

外源融资是指从企业外部获得资金的方式。主要筹资渠道包括：银行贷款、政府机构贷款、公开发行股票或企业债券、租赁等。外源融资相对于内源融资而言，具有成本较高、程序更正式也更复杂、渠道更广泛等特点。选择何种外部融资方式需要企业结合自身情况评估：资金可用时间长短、资金成本、公司控制权的丧失程度。

旅游企业外源融资是指旅游企业吸引其他经济主体的资金，具体指旅游企业通过银行、政府机构、股票和证券市场向企业外的资金持有者直接或间接筹集资金，并使之转化为企业资金的过程。它对旅游企业的资本形成具有高效性、灵活性、大量性和集中性的特点，因此也成为旅游企业获取资金的主要方式。旅游企业外源融资按照是否借助中介分为直接融资和间接融资，间接融资的主要渠道包括政府拨款和银行借款；直接融资的渠道主要包括股权融资和债权融资。

（二）直接融资与间接融资

1. 直接融资

直接融资是指无须通过金融中介机构，直接由资金的供求双方签订协议，或者在金融市场上由资金供给者直接购买资金需求者发行的有价证券（如股票、债券），使资金需求者获得所需要的资金。具体的方式包括：引入风险投资，寻求合作伙伴，争取朋友或家人的支持，转让债权，开出商业汇票，赊购商品，延期付款，推迟应付债务的支付，发行股票和债券等。

旅游企业直接融资是指旅游企业与资金供给方通过一定的金融工具直接形成债权债务关系或所有权关系的筹资方式。旅游企业直接融资的金融工具有商业票据、股票、债券。这种直接融资的优点在于资金供求双方联系紧密，有利于资金的快速配合，并能有效提高使用效益。对于旅游企业而言，直接融资的局限性主要表现在资金供求双方在资金、数量、使用期限、利率等方面受的限制比间接筹资多，且融资的便利程度和融资工具的流动性、自由度受金融市场完善程度的限制。

2. 间接融资

间接融资是指通过商业银行等中介机构获得资金。具体方式包括：银行贷款、政府机构贷款和票据贴现等。目前很多银行都推出个人短期小额创业贷款业务，在未来很长的一段时间内应该是创业融资的主要方式之一。

旅游企业间接融资是指旅游企业与资金供给方通过金融机构间接实现资金融通的一种财务活动，比如向银行借款。间接融资的优点在于灵活便利、规模经济。间接融资的局限性主要是割断了资金供求双方的直接联系，降低了投资者对资金使用效果的关注程度和筹资者的压力；作为帮助融资的中介，金融机构需要向旅游筹资企业收取服务费用，从而也相对增加了旅游企业的筹资成本。

(三) 债权融资与股权融资

1. 债权融资

债权融资是指通过商业信用、个人或银行借款、发行债券等手段获得资金。债权融资要求债务人必须按照协议约定的日期归还所借的全部资金，并且要按照事先确定的利率分期支付利息或到期一次支付全部的利息。债权融资不会影响到创业者对企业的控制权，但融资成本相对较高（不管企业是否盈利，这些利息是一定要支付的）。

旅游企业债权融资是指旅游企业以付出利息为代价，通过发行债券、信誉担保、融资租赁等方式向银行、其他金融机构、其他企业单位和个人等筹集资金的过程。债权融资的资金提供者不与旅游企业创业者共担风险，所以采用债权融资方式，旅游企业自身需要承担比较大的风险。

2. 股权融资

股权融资是指通过赋予资金提供者股东地位的方式获得资金。投资者作为股东，有权依据投资协议和相关法规行使股东权利。股权融资会分散创业者对企业的控制权，但融资成本相对较低。

旅游企业股权融资是指旅游企业创业者以出让部分或全部企业产权为代价，通过发行股票、吸引直接投资、内部积累等方式筹集资金的行为。股权融资不要求按期支付利息，不需要归还资本，但要求按一定比例分享该旅游企业的利润和资产处置权。股权融资的资金提供者与旅游企业创业者共担风险。

上述三种旅游企业融资方式之间并非严格区别，相反，它们是一种相互交错的关系。比如，一项具体的筹资活动既可以有股权融资，又可以包括直接融资和外源融资。其具体关系如表6-1。

表6-1 融资方式间的相互关系

		间接融资	直接融资（间接投资）	直接投资
股权融资	吸引投资（私募）			★
	股票融资（公募）		★	
债权融资	借款融资	★		
	债券融资		★	

三、旅游企业创业融资的意义

旅游企业创业融资不仅是创业者个人的事，其所涉及的利益相关方包括：创办者（融资者）、投资者、企业自身、旅游行业，乃至旅游企业创业、生存和发展的整个经济背景和政治气候。

（一）创业融资是旅游企业创业者实现个人人生价值和创业梦想的桥梁

经济学家卡尔·范思珀（Karl Vesper）认为，对一个经济学家来说，企业家是一个将资源、劳动、原材料和其他资产组合起来并创造比原先更大价值的人，也是引入变革、创新和新秩序的人。由此可以理解，旅游企业的创业者也可以被描述为"根据旅游市场的需求，将各项旅游资源结合旅游市场所提供的劳动力，以及一些必需的经营设施以追求更大价值的人"。根据以上解释可以看出，旅游企业创业者的主要职责在于整合资源，而整合资源的前提，理所当然是各种资源的存在与筹备。"天下没有免费的午餐"，尤其是在市场经济条件下，绝大多数资源的积累都需要资金的支持，因此创业融资是实现旅游企业创业者创业抱负的桥梁。没有融资的创业梦想永远都只是梦。

（二）创业融资能为旅游企业创业提供财务支持

旅游企业创业期需要解决的首要问题是融资问题。首先，创业融资紧密渗透于旅游企业创业期的三个不同时段，创业期的每一步都需要以融资铺路。只有在足够资金的保障下，旅游企业才能顺利实现注册登记，正常开展各项必要的建设，保证工程进度，以期迅速增强经营能力，抢占市场先机。其次，根据前文分析，我们可以看到创业期包含了从产品设计到初步进入市场的过程，此时，虽然企业已经能够开始生产运作，但旅游市场还未打开，技术风险和市场风险都还未得到有效释放，企业的整个财务状况处于现金流出远大于现金流入的状态，需要大量融资以平衡企业的财务状况。此外，作为新生的旅游企业，此时的生命力异常脆弱，企业的发展需要大量资金保驾护航。

（三）创业融资还有利于扩大对旅游企业的前期宣传

旅游企业创业融资主要是企业的一项外部公关活动。由于处于创业期，企业经营还未能形成利润，所以设想通过留用利润而形成内部融资的方式基本不可能。而企业要想实现外部融资，必须加大自己的融资宣传力度，甚至需要刊登一些融资广告，将企业的发展前景呈现给潜在的投资者，对这些潜在的投资者做出具有说服力的利益承诺，而这个努力吸引投资的过程，毫无疑问也是一个对企业不断进行前期宣传的过程。此外，如果企业采用的是直接筹资的方式，还能增强企业的信誉度和借款能力，对后期扩大企业经营规模、壮大企业实力具有重要作用。

（四）旅游企业创业融资还有利于提高旅游市场资金的利用率

旅游企业创业融资还可以有效吸纳旅游市场的部分闲置资金。对于已经成熟的旅游企业而言，在生产经营中，通常会因为盈余而出现一些闲散资金，或因为发展战略的调整而出现部分资源的闲置。新进入旅游企业的融资活动在一定程度上可以提高这些闲散资金和闲置资源的利用率。

（五）景点旅游企业的就地融资还有利于为企业营造友善的发展环境

对于景点旅游企业而言，一方面，采用民间集资的方式可以提高当地居民的参与度，有利于企业获得当地居民的支持；另一方面，就地筹资有利于活跃地方金融市场，还可以在一定程度上获得当地政府的支持。

（六）旅游企业创业融资有利于活跃金融市场

特别是在经济明显衰退，金融市场萎缩的情况下，尽管旅游企业自身的创业处境不容乐观，但对于金融市场而言，逆势而行的创业融资有利于增强市场信心，加快金融市场的资金循环，促进金融市场的复苏。

总之，旅游企业的创业融资无论是对于创业者个人（创业团队），企业自身的发展，旅游行业乃至整个市场经济都具有积极的影响。

四、我国旅游企业投融资政策

（一）我国旅游企业投融资政策回顾

我国旅游开发投融资政策是在改革开放的背景下，受整个国家投融资政策的影响制定的，但旅游开发融资模式与其他行业的融资模式相比较有其特殊性。我国旅游开发的融资模式与我国旅游发展的政策紧密相关,由于我国旅游发展实行的是"四个转变"与"五个一起上"的方针,因而旅游开发融资模式是以国家投资为引导,以社会资金和外资为主。旅游开发所需资金以社会资金和外资融入为主,在某种意义上国家投资旅游的资金可以作为旅游开发的"种子"资金。

1978—1984年,我国旅游业开始在计划经济体制的框架内利用市场机制,动员一切可以利用的社会资源来加快旅游产业的发展。中央提出"四个转变"、"五个一起上",即从只抓国际旅游转变为国际旅游、国内旅游一齐抓;从主要搞旅游接待转变为开发、建设旅游资源与接待并举。从这一时期开始,原有的以国家投资建设旅游设施为主转变为国家、地方、部门、集体、个人"一齐上",自力更生与利用外资"一齐上",旅游经营单位要从事业单位转变为企业化经营。

1985—1991年,旅游产业培育阶段。1986年"七五计划"提出要"大力发展旅游业,增加外汇收入,促进各国人民之间的友好往来",标志着旅游业被列入国家计划,产业地位开始被认可,进入到国民经济发展产业序列,实现了由单一入境旅游需求拉动的中国旅游发展模式向多重旅游需求推动的转变。国家从"七五"时期开始安排旅游基础设施建设投资,用于加强旅游基础设施建设。

1992—1998年,旅游产业地位得到提升。1992年《关于加快发展第三产业的决定》(中共中央、国务院)明确了旅游业是第三产业发展的重点,旅游业被列入国民经济和社会发展计划。2000年国家首次将旅游业列入国债投资计划,加强旅游基础设施建设,国家旅游局安排风景区建设资金,推动旅游资源的开发和保护。

目前,旅游创业融资坚持对外开放政策,积极吸引外资。同时充分利用国内社会资源,鼓励国家、集体、个人共同投资建设旅游项目。

(二) 我国旅游企业投融资特点

旅游开发投资的领域是旅游饭店、国家试办的旅游度假区、旅游基础设施、旅游景区景点、旅行社、人造旅游景观等。目前,对旅游开发领域几乎没有限制规定。《国家重点鼓励发展的产业、产品和技术目录》(2000年修订)鼓励投资旅游交通等基础设施建设、重大旅游度假项目和专项旅游项目建设、大型旅游资源综合开发项目建设、旅游信息服务系统开发。

总之,我国旅游开发投资在时序上,首先是旅游饭店领域,即"住"的方面,然后逐渐进入旅游基础设施领域、旅游景观领域、旅游服务设施领域,现在主体是观光旅游产品开发,但正向度假旅游产品、专项旅游产品开发转移。

此外,我国旅游开发形成了以政府投资为引导、社会投资为主体、外资为重要成分的投资融资结构。投融资呈现出旅游开发中生产性投资占主体、非生产性投资过小;旅游产业内饭店业投资过剩,基础设施投资不足;景区投资开发水平低,旅游购物开发滞后;旅游环境保护投资不足,人造景观投资过滥的特点。

(三) 我国旅游企业投融资效率

旅游开发融资活动促进了中国旅游的快速发展，基本满足了入境游和国内游的庞大需要，对于促进旅游消费、推动国民经济增长起到了重要作用。从中国旅游投资与收入的比例来看，社会资金的投入量与旅游业总产出的比例为 1∶6.9，利用外资与旅游外汇收入的比例为 1∶4.4。在微观方面，旅游开发融资效率主要体现于开发主体资金融入效率和法人治理效率方面。旅游开发主体分为旅游上市公司和非旅游上市公司开发商。总体上讲，旅游开发主体的资金融入效率偏低，因为多数开发商首先选用外源融资和权益融资，而这两者的融资成本远高于内源融资和非权益融资，当然这有深层次的原因。不同的融资方式对开发商的法人治理效率影响差别大。通过证券市场融资的开发商，其法人治理效率相对较高，主要得益于证券市场的监管压力。

第二节 旅游企业创业融资的渠道

融资渠道是指企业筹集资金的来源和通道，能够体现出所融资金的来源和性质。旅游企业创业融资需要根据企业自身特点和融资环境选择适合的融资渠道。

一、旅游企业创业融资的主要渠道

(一) 创业者个人资金

个人资金是指创业者个人所拥有的可以用于投入创业使用的资本，属于内源融资的一种。

个人资金的显著优势包括：获取渠道便捷、成本低、没有外在的附加条件，可使用时间长。这些优势使得个人资金通常成为创业者的首选，也是很多旅游企业第一笔创业资金的来源。研究表明，近 70% 的创业者依靠自己的资金为新企业提供融资。图 6-1 为美国新创企业创业资金的一般结构：

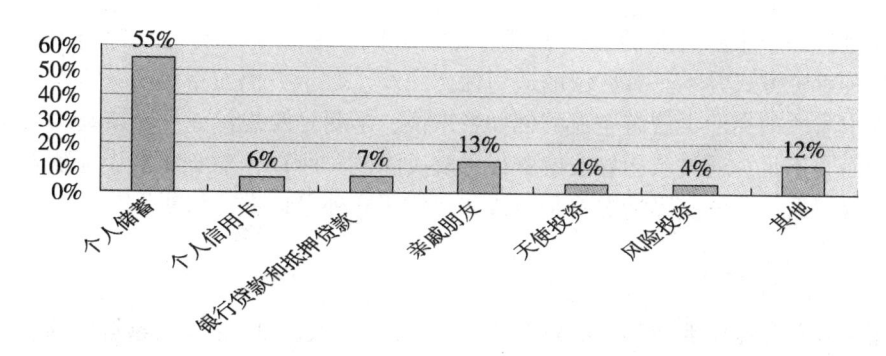

图 6-1 创业资金的主要来源

资料来源：Bhide 根据 1989 年《有限公司》500 强企业的数据整理。

个人资金不仅在旅游企业的初创期为企业提供了非常重要的资金支持，同时个人资金的投入情况通常也会成为其他投资者的参考。旅游企业创业者个人资金在一定程度上代表着创业者个人对于企业风险的判断以及个人精力的投入状况，其从某种意义上可以间接成为其他投资者的投资参考。

个人资金的缺点：首先，对于新创企业而言，旅游企业创业者个人的资金数量总是十分有限的，尤其是对规模较大的新创旅游企业，通常更是微不足道，杯水车薪；其次，个人资金使得创业者自身承担的风险比较大，一旦失败很有可能倾家荡产，从而带给创业者的创业压力也就比较大；再次，将个人资金用于旅游企业创业融资限制了个人资金用于其他投资的可能性，也就产生了个人资金的机会成本。

（二）亲朋好友借款

亲朋好友借款主要是指旅游企业创业者凭借亲情或友情纽带，向和自己有血缘关系或其他良好社会关系的个人（非专业投资者）借入资本的筹资活动。旅游企业创业通常离不开亲朋好友的理解与支持。因此，在个人创业资金不足的情况下，创业者会很容易想到从亲戚朋友那里获得一些资金支持。

亲朋好友借款筹资的主要优点包括：首先，由于是出于亲情或友情，资金筹集成功率比较大，筹集成本比较低，通常没有固定利息；其次，由于亲朋好友通常对创业计划相对更为熟悉、更为了解，因此，对于创业者而言借款会更容易些；再次，在一定程度上可以分散旅游企业创业者的财务风险。事实上，受传统经营模式的影响，比如餐饮业饭店类，通常倾向于通过家庭成员融资的方式来实现共同经营。

尽管这是一个被普遍使用的融资渠道，但这种模式也有它的局限性。第一，在筹资的过程中采用的是非正式程序，比如，没有签订明确的合同，没有明确的利益分享说明，这些都为以后可能出现的财务纠纷埋下了隐患。第二，向亲朋好友借款，有时可能会被要求让出部分利润，甚至是所有权，干扰正常的经营管理。第三，不是每一个旅游企业的创办者都有比较有钱且愿意予以资金支持的亲戚和朋友，这种筹资方式并不具有广泛的适用性。此外，对于类似航空租赁、汽车营运等资金需求量大的交通类旅游企业的创办者来说，亲朋好友想给予资金支持通常也是心有余而力不足，通过亲朋好友融资很难解决问题。所以，对于旅游企业创业者来说，需要根据企业的实际情况对是否或如何使用此种渠道进行判断。

(三) 留存收益

留存收益是旅游企业的自有资金，是企业在经营过程中通过积累形成的，包括企业从税后利润中按照规定比例提取的法定公积金、任意盈余公积金和未分配利润等。企业的留存收益可供企业扩大再生产和经营周转使用。使用留存收益的优势在于：首先，在旅游企业的初创期，旅游企业的融资渠道通常比较少，资金周转比较紧张，使用留存收益可以在一定程度上帮助企业缓解筹资压力；其次，留存收益产生于企业内部，不需要通过特别的融资方式去获得，筹资便捷。但由于旅游企业具有季节性强、市场竞争激烈、旅游收入不稳定等特点，因此企业的留存收益十分有限，对缓解初创期筹资压力作用有限。

(四) 国内企业、外商 (含港、澳、台) 投资

国内企业投资主要指持有技术或创意的自然人向一些具有实力的、设立创业基金并有相应投资意向的公司寻求创业资金，以完成创业融资的一种比较新的筹资手段。外商投资，则主要是指采取合资、合作、独资、补偿贸易等多种方式积极引进、大胆利用外资、港澳台侨资帮助旅游企业创业的一种筹资方式。

这两种筹资方式的好处在于，一方面可以获得创业资本，另一个方面可以获得国内成熟企业尤其是国外先进企业丰富投资管理经验。外商投资的第一个方面是外商在华投资高新技术产业；第二方面是国内和外国政府机构在高新技术研究开发领域的官方和半官方合作，也直接或间接地推动了高新技术产业的前进步伐，而这种合作有相当一部分是以外方提供经费的方式推进的。

而这两种筹资方式的主要不足之处在于筹资环境不成熟。一方面在我国设有创业基金并愿意向旅游企业提供创业融资的企业数量还很有限；另一方面，外商在旅游行业的投资范围还比较有限，这主要是因为：第一，受我国旅游行业投资政策的影响，引进外资受到约束；第二，旅游行业局部投资环境的不成熟和不规范也在一定程度上影响了外商投资的信心和积极性。

因此，为了扩大引进外资，应该引导旅游投资工作转变观念，确立服务意识。旅游投资管理的重点在于服务与协调，通过各种途径建立投资者与开发投资项目的联系，创造合作机会。引进外资是旅游开发融资的重要方面。引进外资，首先是要有良好的投资环境，包括软硬投资环境，要特别注重投资软环境的打造。制定各种优惠政策，大胆利用外资、港澳台侨资。引资时要注重投资者实力和行业水平的选

择，尽可能引进实力雄厚的海外大集团、大财团、国际知名旅游企业投资。要注重投资者地区优选和投资项目的效益，注意有效吸收外资和海外先进技术及管理经验。

（五）国家财政资金

国有财政资金是指国家以财政拨款、财政贷款、国有资产入股等形式向企业投入的资金。

国有企业的资本大多是由国家通过中央和地方政府的财政部门以直接拨款的方式形成的，还有些是国家通过"税前还贷"等税收优惠政策进行资助的。

国家财政资金优势主要体现为：具有稳定的来源、基础以及很高的信用等级，国家对旅游企业的直接投资是国有企业最主要的融资渠道。但国家财政资金对要求投资的旅游企业通常会有一些特殊的要求和严格的规定，因此适用的范围有限。

旅游产业是我国较早对外开放的产业，随着国家政府职能的转变，对国有于企业正施行"国退民进"的策略，国有资本逐渐退出旅游企业，而将民营资本引入旅游企业，依靠国家财政筹集的资金数目正减少。但目前为了解决社会就业问题，提高产品知识产权拥有率，国家也专门针对新创旅游企业推出了一些优惠的筹资政策，以推动特定人群、特定行业或者是某地区的创业。例如，青年创业政策，主要针对的是全国40岁以下的青年初次创业；大学生创业优惠政策，在就业形势严峻的情况下，鼓励大学生通过自主创业实现就业；西部创业计划，引导创业者去艰苦的地方实行创业，以拉动西部经济的发展；"5·12"灾后重建计划，同样出台了很多优惠的创业政策，希望借此拉动灾区经济恢复，帮助其早日完成灾后重建。对于旅游企业的创业者来说，民族地区有着非常丰富的旅游资源，再加上当地政府和国家政策的扶持，通过国家财政资金资助进行筹资是一个不可忽视的渠道。

（六）银行贷款融资

银行贷款融资就是旅游企业根据借款合同从有关银行或非银行机构借入所需资金的一种筹资方式，也称银行借款融资。银行贷款融资按照不同的分类标准大致可分为以下几种具体的融资形式：按照贷款的时间长短可分为长、中、短期贷款三种。短期贷款一般为一年以内，中期贷款为一年以上五年以内，长期贷款为五年以上。根据是否提供担保可分为信用贷款和担保贷款。

通过银行贷款进行融资的优点很明显，银行是金融中介机构，能够在全社会范围内筹集和分配资金，拥有资金量大、信誉高、费用低、风险低的特点，而且直接融入的为货币资金，可以更好地满足企业多方面的资金需求。

但对于新创旅游企业，银行贷款融资也有其局限性，首先，在我国目前的金融信用机制、金融监管制度还不够完善的条件下，以追求利润为目标的商业银行，难免会"嫌贫爱富"。

其次，作为新生的旅游企业，一方面具有市场发展前景难以预测、收益不稳定、规模有限等特点，另一方面，我国整个旅游行业还存在很多不规范的地方，正如北京市旅游局局长杜江所言，我国旅行社行业现存的主要问题是"小、散、弱、差"，银行贷款风险较大。在此情况下，银行给予旅游企业的贷款条件比较苛刻，手续复杂，费时费力。

再次，由于我国目前的贷款多为担保贷款，而作为新创企业，很难直接向银行提供担保。所以，对于旅游企业的创业者而言，要想从银行"借桥过河"，为企业初创期筹得资金绝非易事。但要从银行获得贷款也并非完全没有可能，转换思路，敢于创新，有时也可以使得借款融资柳暗花明。比如成都花水湾温泉度假区的案例就可以带给我们一些启发。

花水湾温泉度假区位于成都郊区，初期开发时面临资金短缺和开发风险大等问题，钻探温泉需要 1000 万元，而当时花水湾公司只有 50 万元启动资金，一旦打不出温泉，损失将十分惨重。花水湾公司用仅有的 50 万元作为钻井项目保险金，由保险公司向银行提供担保贷款 1000 万元。如打出温泉，50 万元归保险公司，如打不出温泉，由保险公司向银行支付 1000 万元贷款损失。由于创造了这种新的金融品种和资金运作方式，花水湾公司成功获得了初期发展的资金。

此外，动产融资也属于银行贷款融资的一种，是一种比较新的融资模式。相对于传统的以厂房、土地等不动产作为抵押的银行贷款，动产融资是指借款人以各种动产为担保物从银行获得各种资金支持的行为。动产融资主要包括 5 种形式：金融租赁、存货融资、应收贷款融资、仓单抵押融资、知识产权担保融资。

（七）天使投资融资（Angel investment）

天使投资融资是指由投资者或非正式机构向他们认为有创意的旅游创业项目或小型初创旅游企业提供一次性前期投资，是一种非组织化的创业融资形式。与其他投资相比，天使投资是最早介入的外部资金，即使旅游企业还处于创业的构思阶段，只要有发展潜力，就能获得资金。而其他投资者很少对这种刚刚诞生抑或还在"襁褓"中的新生企业感兴趣。

天使投资者是具有丰厚个人资产并愿意为初创企业提供启动资本的自由投资者或非正式风险投资机构。天使投资者的成员主要是：1. 曾经的创业者；2. 传统意义上的富翁；3. 大型高科技公司或跨国公司的高级管理者；4. 退休的企业主或者经理。他们的主要投资对象通常是其所熟悉的地域范围或职业范围内的初创企业。

由于天使投资者并不以天使投资作为其主要的谋生手段，他们提供投资的动机往往不单纯是为了获得资金上的回报，因而对于创业者而言天使投资具有与众不同的吸引力。首先，他们选择投资的原因可能是因为欣赏一些有才气的创业者，愿意相信并乐意帮助他们实现创业梦想，对于那些拥有很好创业设想却为创业金而苦恼的人来说无异于雪中送炭；其次，天使投资者很多都是非常成功或者有着丰富经验的企业家，他们不仅可以为新创旅游企业提供资金，还可以提供珍贵的经验指导。已经在我国拥有16家连锁店的美国桔子酒店集团于2006年开始进入中国时，为了增开新店扩大业务，曾经成功筹得天使投资1000万美元，成为其迅速在中国打开市场的保障。

天使投资者是许多创业者的伯乐，但天使投资对于旅游企业的创业者来说也有其局限性。首先，在我国通过天使投资筹集资金的做法还不普遍，尤其是对于旅游业，这种筹资方式使用的范围非常有限。其次，我国旅游企业的发展起步比较晚，靠从事旅游业致富的，既熟悉本行业又富有的天使投资者数量有限。尽管如此，天使投资这种对新创企业"情有独钟"的融资渠道，仍旧是很多创业者的"福音"。

（八）信托融资

信托投资公司是非银行金融机构，信托业务是银行业务的拓展与完善。信托融资是指信托公司和旅游企业以贷款方式合作，信托公司对外向社会投资者发行旅游企业项目专用信托证券，募集资金后，以信托公司的名义对旅游企业投资的项目进行中长期贷款，从而使项目建设顺利进行。信托资金运用方式为定向融资的集合资金信托方式，信托的期限要考虑公众的接受程度和旅游企业的实际资金需求，这样既可以保证信托权证的成功发行，又可以保证企业所需资金的连续性。成立旅游信托投资公司可以发挥"委托、代理、租赁、咨询"的功能，运用信托手段，拓展旅游开发融资渠道。通过委托存放款、金融租赁筹集资金，投资旅游项目，代理发行企业债券，为旅游开发融资。

（九）证券融资

证券融资是资金供求双方通过一定的金融工具直接形成债权债务关系或所有权关系的融资形式。证券融资是市场经济融资的直接形态，公众直接广泛参与，市场监督最严，要求最高。证券融资可以分为股票融资、基金融资和其他衍生品融资等。

证券融资的主要优点有：1. 资金供求双方联系紧密，有利于资金快速合理的配置和提高使用效率；2. 没有中间环节，融资成本较低；3. 由于证券融资公众的直接参与比较广泛，监督严，融资程序比较规范，可以避免一些由于程序不规范带来的后期财务纠纷。主要缺点是：1. 新创企业在融资数量、期限、利率等方面受到的限制比较多；2. 证券融资的风险比较大。

（十）租赁

租赁是财产所有人（出租人）将其财产定期出租给需要这种财产的人（承租人）使用，并由后者向前者按期支付一定数额的租金作为报酬的经济行为。在旅游企业创业初期，利用租赁方式融资和节约资金的情况相当普遍。在旅游企业的创业初期，很多企业的办公场所和厂房都是租来的，很少直接购买。租赁可以分为经营租赁和融资租赁。

经营租赁也称业务租赁、使用租赁、管理租赁等，是指租赁公司既为用户提供融资便利，又负责提供设备的维修、保养等服务，同时还提供设备过时风险保障的一种中短期商品借贷形式。融资租赁又称财务租赁，是区别于经营租赁的一种长期租赁形式，也被称为资本租赁。当企业需要筹集资金、增加设备时，不是以直接购买的方式融资，而是以支付租金的形式向租赁公司借用设备。

旅游新创企业租赁的主要优势有：1. 可以节约短期开支，增强新生企业支付能力；2. 可以有效避免技术更新造成的设备闲置，设备淘汰的风险小；3. 租赁的成本是可以控制的，因为租赁成本通常是预定协商的；4. 租金的支付是随着产品的生产销售逐步完成的，有利于缓解资金紧张的局面；5. 税收负担轻，租金可以在税前扣除，具有抵免所得税的作用。

尽管租赁对于新生的旅游企业是一个不错的融资渠道，但使用租赁融资也有它的局限性：1. 长期的总成本在增加，出租人要求的利率高于银行的利率或发行债券所承担的利率，长期依赖租赁会严重压缩产品的利润空间；2. 租赁合同的制定非常复杂。在租赁合同中需要对租赁物的名称、数量、用途、租赁时间、租金、支付方式、维修、保修等进行详细说明；3. 会使企业长期受租赁合同的制约，不能随便使用和处置所租设备。

（十一）风险投资（Venture capital）

吸收风险投资融资也是新创旅游企业的一个重要融资渠道。风险投资也称创业投资。经济合作与发展组织（OECD）将风险投资界定为"凡是以高技术与知识为基础，生产与经营技术密集的高技术或服务的投资，均可视为风险投资"。风险投资是由职业投资家或职业投资机构投入到新兴的、发展迅速的、有巨大潜力的企业一种权益资本。投资主体可以分为专业风险投资公司、风险投资基金和大企业附属的风险投资公司三种。

通过风险投资进行融资的主要优势有：1. 风险投资家不仅为旅游企业提供资金，还帮助经营新企业，识别关键员工、消费者和供应商；2. 可以帮助旅游企业更好实现上市；3. 风险投资的存在主要就是针对中小企业，因此对于处于创业期的中小旅游企业是个不错的选择；4. 比较容易实现。

主要不利因素包括：1. 高风险必定要求高回报，因此吸收风险投资的成本非常高；2. 风险投资是一种权益资本，风险投资者对旅游企业的经营、管理、决策具有干预权；3. 风险投资者主要关注的是其资本的快速增值，很少考虑旅游企业的长远发展。

（十二）其他融资方式

1. 转让债权

转让债权是一种银行保理业务，主要是指企业把应收账款等债权出售给银行等相关金融机构，该机构在扣除利息后，把等同于贷款的资金交付给企业。

转让债权对企业至少有这几个好处：（1）变卖远期债权，获得资金，增强支付能力，可以加速资金的周转；（2）通过银行把余款迅速转到旅游企业账户上，能有效提高流动比率；（3）转让债权是一种买断业务，需要银行追讨债款，避免了旅游企业因无法追回贷款等债权的风险；（4）无须旅游企业自身追讨债款，降低了资金的管理成本。

对于旅游融资企业，其局限性在于：银行只会在调查后，确定追回债款万无一失的情况下，才会接受企业的债权转让。

2. 引入合作伙伴

引入合作伙伴也是一种重要的融资途径。指旅游企业为了吸纳对企业发展具有重要作用的各种资本（技术、资金、特定物资），而接收这些资本的持有者加入的一种合伙行为。

引入合作伙伴的主要好处是：可以获得一些重要的资本；寻找到宽松的现金来源；旅游企业承受的压力较小和受到的制约较少。不足之处在于合作协议很难被规范化；在经营过程中，各合伙人可能出现意见相左的情况，如果不冷静，很可能导致私人关系破裂。

3. 商业汇票

商业汇票是指单位之间根据购销合同进行延期付款的商品交易时，开出的反映债权债务关系的票据。根据承兑人的不同，商业票据可以分为商业承兑汇票和银行承兑汇票。商业承兑汇票是指由收款人或承兑申请人开出，由银行审查同意承兑的汇票。商业汇票是一种期票，是反映应付账款和应收账款的书面证明。对于买方来说，它是一种短期融资方式。商业汇票融资属于商业信用的一种。

商业汇票融资的优点：（1）筹资便利，商业信用和商品买卖同时进行，不用非常正规的操作安排；（2）限制条件少，相对于银行借款融资，商业汇票融资的限制较少；（3）筹资成本低，在没有现金折扣或旅游企业不放弃现金折扣的情况下，利用商业信用进行筹资基本没有实际成本。

4. 红利或股票兑换薪水

新创企业经常依赖职工的优先认股权，或者以红利的方式来吸引并奖励经营团队中的成员。这种期权或股权代替薪水的方式可以节约资金。旅游企业以股权和期权来换取较低的职工薪金，可以降低人力资源成本。而分红是一种直至企业盈利才兑现的酬劳，有利于减轻企业在初创期的用人成本压力。此外，分红也是一种激励方式，因为其与员工的利益直接相关，从而可以激励旅游企业员工为企业实现盈利尽心尽力，这是一种一举多得的融资方式。

5. 供应商融资

供应商融资主要是通过灵活协定付款期限来实现。通过延期付款、分期付款，为旅游企业的资金周转赢得了时间，这对于陷入支付危机的旅游企业来说会比价格更重要。如果能在支付供应商贷款之前出售并且收回资金，该旅游企业需要维持经营的资金将大大减少。

6. 出售闲置资产

闲置的资产不仅占用了企业的资金还增加了资本管理成本，应尽快出售或通过其他渠道进行转让和出租。首先，它不仅能盘活存量资本，增加企业资金流动量，还能减少闲置资产的管理或维修费用。其次，还可以避免资产的进一步贬值。出售闲置资产的不足在于否定了旅游企业在将来再次使用该资产的可能。事实上闲置的资产同样也存在升值的可能，如需使用，则需要重新购置。

总之，筹资的渠道和方式是多种多样的，在旅游企业的创业期，创业者应根据旅游企业的类型和具体特征，认真权衡各种融资方式的优劣势，综合选择最合适的融资渠道。同时也应不断创新思维，转变思路，在新的环境下探求新的融资方式。

二、旅游企业创业融资渠道选择

不同的旅游企业由于其特点不同，可以选择的创业融资渠道也各有侧重。旅游企业的种类繁多，至今在旅游研究界关于旅游企业的分类仍未达成明确的共识。根据旅游的六要素（吃、住、行、游、娱、购）大致可分为：饭店、酒店、交通营运公司、旅行社、旅游娱乐休闲中心、旅游购物中心（主要针对游客的商场、超市等）。在这些分类的基础上根据规模的大小或品质的高低还可以进行多种分类。下面以酒店企业和风景区企业为例说明旅游企业创业融资渠道的选择。

（一）酒店企业的融资渠道

酒店企业基本可分为商务型、经济型、旅游度假型、汽车旅馆型等。目前最多的酒店是商务型酒店，旅游型酒店在我国仍处于发展阶段，汽车旅馆型在国外的高速公路附近设立得很多，但目前在我国还很少见。

而经济型酒店又称为有限服务酒店，最大的特点是房价便宜，服务优质，其服务模式为"b&b"（住宿＋早餐）。伴随国内旅游业的快速发展，经济型酒店也步入发展快车道，逐渐成为越来越多旅行者的宠儿，如速8、如家、锦江之星、7天连锁、汉庭连锁、七斗星、24K等经济型酒店已然成为许多人的首选。而经济型酒店也正受到更多旅游创业者的青睐。以下就以经济型酒店为例，对其在创业期可选择的各种融资渠道适用性进行简单对比。

经济型酒店的主要特点包括：规模小；设施有限，主要以客房经营为主，餐饮、康乐、会议等配套设施很少或没有；投资较少，运营成本低；负担相对比较小，回报比较快。为经济型酒店进行创业融资时需要注意两点：1. 融资额度应与投资目标取得合理的平衡。2. 融资数额的确定应基于对建设成本和运营成本的精确了解，以及对投资回报可行性和周期的客观计算。

因为经济型酒店其融资额度比较小，而且见效快，即回报比较快，一旦开始运营就会马上有收入，所以融资问题大多通过内源融资就可以解决，通常使用创业者个人资金、亲朋好友借款、留存收益等三种内源融资渠道。此外，也可采用外源融资的渠道，例如借助商业银行等金融机构融资、天使投资融资、政府优惠项目融资等。其中，天使投资作为一种新兴的、主要为新创企业提供小额资金的融资渠道，虽然普及率不高，但具有广阔的商业前景。具体对比分析见表6—2。

表6—2 经济型酒店创业期融资渠道选择

融资渠道	适用程度	创业期
内源融资	创业者个人资金	★★★★★
	亲朋好友借款	★★★★
	留存收益和折旧	★★★
外源融资	借助商业银行等金融机构融资	★
	天使投资者	★★
	政府优惠项目	★
	其他渠道	★

（二）风景名胜区旅游企业的融资渠道

景点是旅游系统中最重要的组成部分，是旅游产品的核心，同饭店业、旅行社业共同构成旅游业的三大核心产业。根据英斯基普分类方法，景点主要分为三大类，即以人类活动为基础的文化景点、人造景点和以自然环境特色为基础的自然景点。景点建造和经营的代价十分昂贵，能否开发成功的关键是资金，从这个意义上来说，有效实施项目融资也就成为景点成功开发的先决条件。景点项目经营者应根据不同类型景点的不同经营目的，选择其融资方式、渠道，政府管理机构对其采取的政策措施也稍有差别（如表6—3）。

表6—3　不同类型景点的融资方式

景点类型	内源融资	外源融资				利用外资
		间接融资		直接融资		
		政府拨款	银行贷款	股权融资	债权融资	
自然景点	★	★★	★	★		★
文化景点	★	★★	★			★
人造景点	★		★	★★	★★	★

1. 自然景区企业融资策略

以自然环境为基础的自然景点，如森林、海滨等，具有不可再生性的特点，一旦遭到破坏，就无法复原，从而造成旅游资源的损毁，因此，其筹资主要用于环境方面的改善，并使游客对景点产生的负面影响最小化。政府管理机构对这类景点通常采取以环境保护为主、兼顾投资经营效益的管理政策。自然景区的旅游企业投资者必须注重自然资源的生态平衡和保护。

政府相关管理机构对这类景点的投资经营者实行严格的监督和管理，但对其监管应该以市场调节为主，对经营价格不应该进行过多的干预。同时，为了督促投资经营者保护自然环境和野生资源，政府采取了一些税收优惠政策，并以某种监管方式要求投资经营者将享受优惠政策的额外收益用于自然资源的保护。由此可以看出，这类景点的融资一方面要依赖国家、政府直接拨款或银行贷款，另一方面，在环保的前提下，应充分利用资本市场进行直接融资，如通过上市发行公司股票。此外，还可吸引外商来投资。

2. 人文景区企业融资策略

人文景区是指以人类活动为基础的文化景点，如各种历史文物、古建筑等，这类景点注重的是对人文资源价值的保护，而不能将投资的经营效益放在首要位置，换句话说是不以盈利为主要目的的。这类景点大都为国家或政府所拥有，通常依靠国家拨款，很少利用私有资源。由于文化景点价值的唯一性，其本身具有不可替代的垄断独占性。

国家为防止旅游景点的游客拥挤造成对文化景点的破坏，可以以较高的门票价格来限制游客量，从而也保证必要的营业收入。但是仅靠门票的销售收入可能无法保证这些景点庞大的维修费用开支，特别是由于这些历史文物具有不可再生性，维护需要大量的人力和物力。因此，政府可以通过相应的财政补助或直接投资来加强对这类景点的支持，并提供相应的优惠政策加以扶助，如实行特殊的税收优惠政策等。另外，利用世界银行贷款正成为许多国外或国内景点重要的融资渠道。

总之，对以人类活动为基础的文化景点的投资，应在政府的统一规划下，采取严格的限制性措施。实际上，一般较少有旅游企业对此类景点进行投资。

3. 人造景区企业融资策略

人造景点是专门为吸引旅游者而建造的景点，如主题公园等。其融资目的与前两类景点大为不同，它更注重投资带来的效益，以盈利为首要目的。

与文化景点需限制游客流量相反，它的建造则是为吸引更多游客来消遣娱乐，并使其经济效益最大化。这类景点是融资的重点，也是研究的重点。规模不大的新项目（包括对现有景点的增建工程）主要依靠景点经营者自有资金或盈利来完成。但对于大型项目，由于所需资金数额巨大，同时人造景点具有高风险的开发特点，即使其资金足备也不愿意全部放在景点开发上，而是会通过其他途径减少对积累的消耗，因此内源投资一般不能满足人造景区的投资需要。在这种情况下，外源融资就成为其主要融资方式，主要有两种：与其他企业联合投资、向政府部门寻求合作。

（1）与其他企业联合投资

随着项目大型化和区域化，旅游业的单体投资规模相应增大，单一的投资商往往难以完成大型项目的投资活动，因此旅游企业也开始走上集团化之路。旅游集团投资所占的比例开始提高，并将成为未来旅游业投资活动的主要角色。与集团投资相关的投资方式是旅游企业的联合投资。联合投资可以使企业降低投资风险，减少资金投入，但也存在利益分配等问题。

（2）向政府部门寻求合作

大型项目的成功开发，将对当地的就业、经济发展、良好形象的树立有着重要作用，因此政府一般都会表现出极大的热情。地方政府往往通过两种方式来参与：一是为旅游企业开发提供优惠政策及一些相关的外部基础设施建设（如交通）；二是和旅游企业合作开发。前一种相当于旅游企业吸引了一部分财政性资金，主要用于旅游业的环境保护和基础设施及为旅游者服务的公共设施建设。后一种是由政府提供土地、基建设施以及部分兴建费用，旅游企业提供其余的建设资金。

总之，融资方式是多种多样的，企业除现有方式外还可探讨新的筹资方法，像融资租赁等。但无论采用哪种方式融资，旅游企业在融资过程中，都需要考虑企业的资本结构、企业的经营风险和财务风险，既要使融资成本尽可能小，又要降低风险。

第三节 旅游企业创业融资的策略

一、旅游企业不同阶段的融资策略

(一) 旅游企业创业期的融资策略

就旅游企业整个创业期而言，根据不同时段的工作重点，可以进一步细分为三个不同的阶段：市场预测及产品研发期、企业兴建期、企业启动及运营初期。在旅游企业不同的创业时段，由于工作的中心任务不同，企业所面临的可取得的财务资源类型和资金数量也不同。

首先，在旅游企业产品市场预测及研发期，个人、家庭储蓄和朋友融资是最主要的资金来源，因为这个时候企业基本还处在创业的构想期，才开始分析市场，尝试产品设计，相对于数码电子产品等高科技产品，大多数的旅游产品（如旅游路线设计、酒店菜系配置、旅游游乐设施采购）所需要的研发费用比较低，个人或家庭储蓄、朋友融资一般可以满足。此外，在这种探索调查阶段，企业还未正式挂牌，无法以公司的名义申请债权投资或利用股权融资。

其次，进入旅游企业兴建期后，资金的需求量大量增加，例如：土地资源购置与租赁；酒店、旅行社、娱乐场所等的经营设施和办公用品的购置等。这是最主要的物资筹备时段。可以采用债权和股权融资相结合的方法广开渠道，多方筹资。

最后，到了旅游企业创业期的最后一个时段——企业启动及运营初期。这是整个创业期的尾声，是企业从创业走向成长的一个转折点。前期的大量投入和相对便捷的渠道，如个人储蓄、亲朋好友融资、小额担保贷款等的普遍使用，使得此时资金的筹措渠道严重缩窄。为了满足本时段的资金需求，需要企业创办者和财务部人员另辟蹊径，充分挖掘和开拓新的创业融资渠道：及时关注政府在特殊时期给予旅游企业的一些惠顾政策，比如北京奥运会期间，对于酒店建设的支持；充分利用民间融资渠道，如：欧美的天使融资方式等。

具体分析，旅游企业在创业期不同阶段的融资特点如图6—2所示。

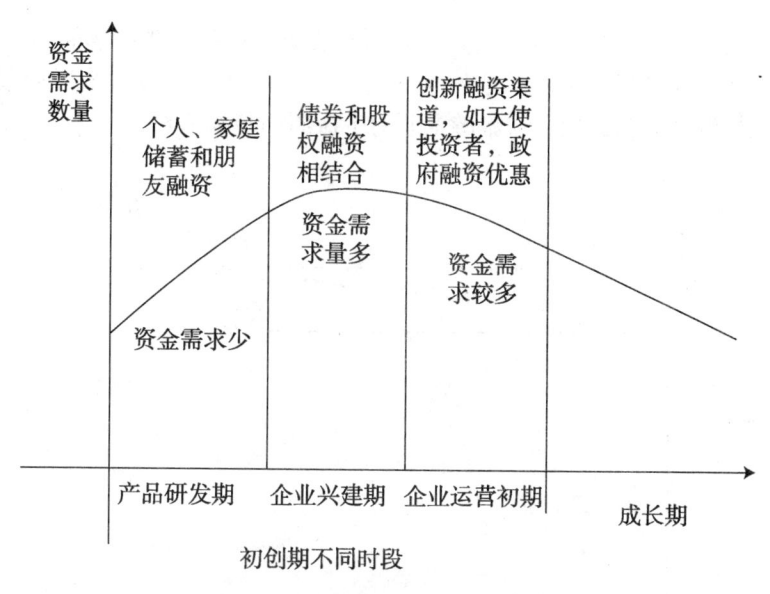

图 6—2 旅游企业在创业期不同时段的融资特点对比

（二）旅游企业完整生命周期的融资策略

产品的开发和使用必然导致资源的逐步耗费，社会和经济的发展引导着旅游者消费倾向和消费品位的提升。在市场经济中，任何一个旅游企业的发展都有着其特定的生命轨迹。

旅游企业的生命周期大致分为五个阶段：种子阶段、创建阶段、成长阶段、成熟阶段、衰落阶段（复苏阶段）。对于旅游企业的运营，不仅在创业初期各阶段需要采用不同的融资方式，就其完整的"生命历程"而言，在不同的生命阶段，随着业务开拓重点的改变，企业财务需求的不同，企业实力的变化以及发展战略的不断调整，旅游企业也需选择不同的筹资渠道，才能更好地满足融资需求。以下将结合旅游地的生命周期对旅游企业在各阶段的融资方式进行进一步分析。

加拿大学者巴特勒（Butler）于 1980 年在《旅游地生命周期概述》一文中，借用产品生命周期模式来描述旅游地的演进过程，提出旅游地发展周期一般要经过探索、起步、发展、巩固、衰落（或复苏）5 个阶段（如图 6—3），并以游客的增长率和旅游地旅游发展速度来判定旅游地所处的具体发展阶段。通常在旅游地开发初期，若接待游客呈不规则增长，则视为探索期；若持续增长且稳定上升（增长幅度一般发展在 0%~5% 左右），资金大量进入，则视为进入起步阶段；若游客高速增长，增幅超过 5%~10% 且持续不断，游客对旅游地的环境造成的压力增大，可视为进入发展阶段；若旅游地接待游客在经过高速增长以后，增长率低于 10%~15%，且增幅逐年下降，但仍稳定在 5%~10% 之间，可视为进入巩固阶段；若增长率持续稳定在0%~5%之间，而且增幅不断波动，则视为进入停滞阶段；若增长率出现负数并持续多年，则旅游地的生命周期已进入衰落（或复苏）阶段。Butler关于旅游地的生命周期的划分与旅游企业的生命周期基本相对应。

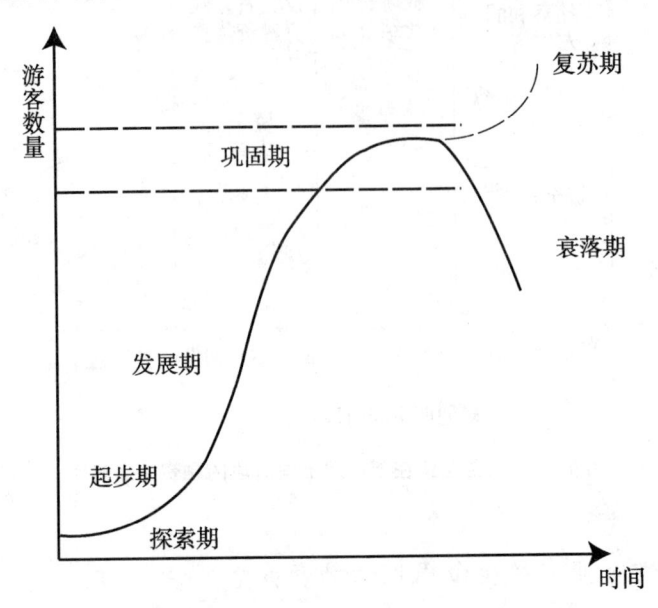

图6—3　巴特勒旅游地生命周期图

1. 种子阶段

这一阶段属于企业开张营业、开门迎客的准备期。对于新创建旅游企业来说，这个阶段的游客或消费者接待数量是不规律的，正处在接待量的不断统计和接待线路的不断尝试和修订中。同时，这个时期也是创业型企业最艰难的时期，创业者对旅游公司内部大小事务全权控制领导，生存是旅游创业企业的唯一目的。但是在资金缺乏、无业内知名度、人力缺乏的情况下，如何让企业快速发展，融到大量资金以利于旅游企业业务正常运作起来是旅游企业的创业者和创业团队所面临的首要任务。

种子阶段的资金支出和需求状况：此阶段旅游企业的工作重点在于产品设计与开发，资金的主要需求集中于研究和可行性论证，整个财务状况属于亏损期，尚无收入来源，取得的资金主要用来维持日常运作，一部分作为研究开发资金。但总体比较而言，种子阶段所需要的单项资金最少。

种子阶段的主要融资方式：此阶段主要依靠内源融资，资金来源主要是旅游企业的创业者及其创业团队的个人储蓄以及从他们的亲戚朋友那里获得必要的直接资金或间接资金。

在我国，旅游业发展主要受政府的指导，可以通过政府的专项拨款和一些大学的专项科研基金来进行融资。这个时期，创业投资家是很少介入的，但也有一小部分被称作"天使投资者"的个人创业投资家可能会为旅游企业提供股本金等小笔的"种子资金"，以求获得高倍数的回报。因此旅游企业的创业者也可以适当考虑此融资渠道。但在这个时期，想要获得商业银行的贷款难度很大。

2. 创建阶段

这个阶段是企业开始正常营业的起步阶段。就旅游企业而言，其往往已经有明确的发展规划和方案，开始简单的开发和接纳少量的游客。但同时还需要在许多方面加以改进和完善，进一步与市场相结合，打造旅游知名度，为旅游人数的增长做好宣传和接待准备。

创建阶段的资金支出与需求状况：这个阶段企业的主要支出包括投资固定资产（企业场所、设备）和引进人力资源（雇佣员工）等，资金需求量大。与此同时，企业在这个阶段的市场还未打开，盈利非常有限，企业利润还不足以完全平衡本阶段支出。

创建阶段的主要融资方式：这个阶段由于企业还处于创业期，技术风险和市场风险还未得到释放，不能保证创造出用以偿还短期债务的销量、利润和现金，想要获取债务融资不太可能。从投资者的角度看，融资风险依然很大，因此可行的融资渠道主要是吸纳风险投资。而旅游企业规模还较小，无法从资本市场获得直接投资，同样只能依靠风险投资。此外，还可以吸引政府、其他企业的资金，并可以由政府担保从商业银行获得信贷资金。

3. 成长阶段

成长阶段属于旅游企业的规范化运作阶段，这个阶段企业已经有了比较固定的商业运作模式，企业收益有了一定的保证，与前两个阶段相比，发展的不稳定因素大为减少。对于旅游景点企业来说，旅游设施已进一步完善，旅游知名度已经逐渐形成，接待量也有了基本保证。

成长阶段的旅游企业资金需求量迅速上升。对于较小的旅游创业企业，其资金需求量比较小，但可以单独寻找一家适合本企业发展的风险投资商；但依靠企业的自我积累不能满足其资金需要，而对处于快速发展期的旅游企业，资金需要量比较大，可以寻找愿意联合投资的风险投资商，这样做一方面可以分散风险，另一方面又能充分发挥多个风险投资商的不同作用。同时，处在成长期的旅游企业由于影响其发展的各种不确定因素大为减少，财务风险大大降低，旅游企业又拥有了较为稳定的顾客和供应商，如果还能保持其良好的信用记录，想要获得银行贷款和利用信用融资相对来说也是比较容易的。这时，旅游企业可以尝试利用资本市场进行融资，通过项目融资和发行债券，以及少量企业的上市融资，获得发展所需资金。这时，稳健的银行开始放心向一些实力派的企业直接投资。景区企业在这个阶段的融资地位开始由被动转向主动，可以根据本企业的特点选择融资组合。

4. 成熟阶段

成熟阶段是一个稳定市场、回收投资、享受收益的时期。旅游企业产品技术成熟，进入了规模化生产阶段，逐步在本行业特定市场站稳了脚跟，产生了稳定收益。旅游企业的经营风险开始有所降低，公司的战略重点应当调整到营销活动上来，此时的企业仍然有很大的资金需求，获得足够的资金以支持企业快速成长是处于扩张阶段的旅游企业的最大目标。

成熟阶段旅游企业资金支出与需求状况：这个阶段企业的发展重心是向规模化、品牌化、国际化方向发展，需要一定的资金投入以扩大生产力，进行品牌设计、宣传，拓展海外市场。此外，还需要承担一定的社会责任，并应预留足够的资金应对在本阶段出现的各种危机。对旅游企业而言，这时政府已经完成了对企业发展进行资金扶持的使命，资金支持应逐渐退出，转为政策性扶持，让企业掌握融资的自主权。

成熟阶段旅游企业的主要融资方式：此阶段旅游企业本身的实力增强，筹资的渠道也更加广泛。通过公开上市募集资金推动企业进一步发展壮大是很多企业的选择，因此证券筹资在此阶段是一个比较好的选择。以景区为例，处于这个阶段的景区建设已经成熟，外部融资十分活跃，可考虑公开挂牌上市；各种融资方式相辅相成。

5. 衰退阶段

经过长期资本耗损，以及其他企业对市场的侵入，旅游企业的产品更新速度开始放缓，企业的特定销售市场开始严重萎缩，收入开始下降。对于不能完成转型的企业来说，此阶段企业衰退明显，所需的投资并不大，进一步投资的边际收益呈递减趋势，如果不能起死回生，应尽量压缩投资，并根据经营状况选择退出，以避免更大的损失。

尽管如此，在旅游企业建设中应极力避免衰退阶段，尤其对于风景名胜区而言，衰退很可能导致景区资源的彻底破坏和毁灭，这是对社会不可再生资源的一种浪费。因此景区建设应在可持续发展的基础之上进行，使景区尽量保持长久的生命力。

二、旅游企业创新项目融资策略

旅游企业项目融资，不仅要综合评价和运用现有的各项融资策略，同时还应打开思路，根据市场的不断变化，大胆借鉴行业内外各种新的融资策略，以他山之石，结合自身特点开拓旅游融资新渠道和新策略。

（一）BOT 融资策略

BOT 融资方式是先在西方国家开始流行的，20 世纪 80 年代，由土耳其总统格托·奥扎尔首先明确提出，并逐渐成为发展中国家加强项目建设的一种有效融资方式。BOT 是英文"BUILD – OPERATE – TRANSFER"的缩写，意即"建设—经营—转让"或"建设—运营—移交"，是指政府通过签订特许协议方式，把通常由政府部门承担的某一重大项目的设计、施工、融资、经营和维修等责任，交给私人资本或国际商业资本，在建成此项目后的协议期内，投资方通过经营该项目收回投资、运营、维修费用和一些合理的服务费及租金等其他费用，并取得利润。在协议期满后，投资方将项目无偿转让给所在国政府。

BOT 融资方式相比其他融资方式有其独特的优点：1. 有利于减少政府的财政负担。2. 政府既可以完成项目设施的建设目标，满足经济发展和公众的需要，又可以解决缺乏资金的问题，从而减轻了政府财政负担，避免了政府的债务风险。3. 政府无须对外借款来实施所需项目的建设，所有筹资工作和项目的风险均可由商业资本和私人资本承担。项目授权期满后，政府即可无偿地拥有此项目的所有权和经营权。4. 由于有国外商业资本和私人资本的参与，可以提高项目的经营管理效率，从而带动国内的经营管理水平和效率的提高。采用 BOT 方式，可以在国外商业资本和私人资本的积极参与下，使那些亟须建设而政府又无力投资的项目提前建成并发挥作用。

运用 BOT 融资策略的局限性：1. 要想引进好的外资企业和其他地区企业对资源进行开发经营，需要各级政府摒弃地方保护主义，地区狭隘利益观念，从政策上给企业公平竞争的机会。2. 有可能造成政企不分或者政府完全放任不管。3. 开发商只考虑转让前的短期利益，从而对资源进行过度开发，忽视市场未来发展。

（二）PPP 融资策略

PPP（Private – Public Partnership）即公共部门与私人企业合作模式，是指政府、营利性企业和非营利性企业以某个项目为基础而形成的合作关系模式。通过这种合作模式，合作各方可以得到比单独行动更有利的结果。合作各方参与某个项目时，政府并不是把项目的责任全部转移给私人企业，而是由参与合作的各方共同承担责任和融资风险。

PPP 是在 BOT 理念的基础上进一步优化而衍生出来的，与 BOT 模式相比较，PPP 模式是一个完整的项目融资概念，是对项目的组织机构设置提出的新模式，是政府、营利性企业、非营利性企业基于某个项目而形成"双赢"或"多赢"合作局面的合作方式。PPP 模式的运作广泛采用项目特许经营权的方式进行结构融资，强调项目的选择、政府角色的转换、设计合理的风险分担结构、建立健全相关法律法规、形成有效的监管架构。可以在旅游投资项目中寻求专业的中介机构，设计方案提供融资咨询服务。

采用 PPP 策略进行旅游企业融资的优势与 BOT 融资策略相似，但使用 PPP 融资策略时，在组织机构中包括旅游企业，虽然没有达到自身利益的最大化，但总收益却是最大的，实现了"帕累托"最优，即社会效益最大化，有利于整个旅游市场的长远发展。

第四节　旅游企业创业融资的风险

改革开放以来，我国的旅游业在较短的时间内得到了迅速发展，许多旅游企业如雨后春笋般地建立起来。许多国外著名旅游企业在中国加入世贸组织以后逐步进驻中国市场，我国旅游企业在创业的过程中面临着行业内市场竞争日益激烈、融资困难以及企业经营管理过程中的各种风险。其中，旅游企业创业融资风险是指资金供需市场、宏观经济环境的变化或融资来源结构、期限结构、获利能力等的变化，给企业财务成果带来不确定性，导致实际结果与预期效果相偏离的情况。

在旅游开发活动中，对融资风险和投资风险的研究不平衡，相对而言往往更重视投资风险的研究，忽略对融资风险的研究。事实上，融资风险（失败）在旅游开发中日益凸显，如陕西秦兵马俑项目上市融资失败，上海新锦江上市后未能进行再融资。旅游开发融资风险就是要研究旅游开发资金融入成功与否的不确定性。旅游开发主体融资风险的研究对正确指导旅游开发融资活动具有重要意义。

一、旅游企业创业融资风险的来源

（一）国家政治环境及国际形势的变化

政治环境包括国家的方针政策、法令法规，如政府的税收、土地使用等方面的制度，还有国内外政治形势的发展状况。旅游业本身就是一个有一定风险的产业，其生存和发展又依赖于国民经济和国际经济环境的发展，旅游企业的创业融资与国家金融政策的变化息息相关。如果国家对旅游产业进行政策调整，支持旅游企业的创业发展，这样的变化会极大地影响旅游企业的融资数量和融资成本，刺激融资规模、降低融资成本，进而降低旅游企业的融资风险。如果旅游企业在融资的时候不能对国家经济金融政策的变化做出敏锐的反应和及时的调整，则必将会给旅游企业的融资带来一定的风险，进而影响到旅游企业创业资金的到位情况，产生融资风险。

例如，在由美国金融风暴引发的全球经济下滑的过程中，旅游业遭到巨大的打击。如果旅游企业在这时仍然进行大规模创业融资，会有很大的风险。旅游企业很可能面临业务减少、客源不足的困境。

（二）经营管理不善

旅游企业的经营管理者如果在认识能力、管理能力和控制能力上出现问题，很容易导致旅游企业的经营亏损。如果旅游企业融资中有一部分是借入资金，要是发生经营亏损，旅游企业只好用其自有资金支付借款利息，赔本经营，形成财务风险。如果在其经营过程中发生了拖欠账款、抽逃资金、会计信息不真实等不良记录，使得其资信度降低，其融资风险也会相应加大。

（三）资金运用不当

旅游企业的业务经营活动从货币形态上看就是资金的运动。资金的流入、流出以及周转时间的合理调度密切关系到资金占用率的大小、占用时间。如果旅游企业将融到的资金投入到过多的项目或者投入到一些资金回收周期较长的项目上，从而导致最终无法支付高额的融资利息时，将会造成旅游企业巨大的融资风险。

（四）利率与汇率的变动

在市场经济环境下，利率的高低由市场资金的供给和需求来决定。旅游企业在同样负债规模的条件下，负债的利息率越高，企业所负担的利息费用支出也就越高，企业融资成本增加，所承担的融资风险也就更大。

旅游企业由于外汇借款或境外购物而形成的债务会因债务有效期内汇率的变动而产生汇兑损益。当借入的外币在借款期间升值时，企业到期偿还本息的实际价值就高于借入时的价值。当汇率发生反方向变化时，借入外币贬值，企业便可得到额外收益。因为借入外币虽然贬值，但企业却仍按借入额归还本金，按原利率支付利息，这就使实际归还的价值降低。

二、不同融资方式的风险分析

从融资风险的角度来讲，各种不同的融资方式其风险大小也各不相同。

对于旅游企业来说，主权（权益）融资是不用考虑偿还的，即可以永久使用，不存在支付风险，因此风险最小。对于很多处于创业阶段的旅游企业来说，其初始资金主要由企业主、创业团队及其家庭共同提供。

如旅游企业采用负债融资，则会使企业面临到期必须还本付息的压力，如果旅游企业经营不善、销售额低，则容易引发财务危机。旅游企业一旦不能及时还款还将面临破产，因此其风险远远超过主权融资。同时，负债融资的风险还因其规模、利率以及期限的不同而不同。筹资规模越大、银行利率越高、负债期限越短则其风险越大；反之，规模越小、利率越低、长期负债的风险相对较小。

此外，采用股票、债券间接融资方式会遇到发行风险和金融市场风险。旅游企业在利用发行股票、债券方式筹集资金时，由于筹资成本过高、发行数量不当、时机选择欠佳、难以发行或只能低价发行等因素所造成的发行风险，使得经营成果遭受损失。金融市场风险又称为系统风险，也称不可分散风险，诱因往往在企业外部，旅游企业本身是无法控制的，其带来的影响面一般都比较大，表现在市场行情变化不定。一旦市场行情趋坏，企业将遭受各方面的损失。如果采用国际融资则还会遇到汇兑风险。

三、融资风险的规避

旅游融资是一把双刃剑，在给旅游创业企业带来大量资金的同时，也会伴随着引发各种风险。既然融资风险不能被消灭，那么旅游创业企业在创业融资的过程中就要从自身出发对其进行控制。

（一）正确认识风险，增强旅游企业自身风险防范意识

风险无处不在，风险无时不有，它是客观存在的。有风险就有其报酬，风险与报酬从来都是正相关的，高风险伴随高回报。如果因为惧怕风险而一味地排除或逃避风险，就无法实现旅游企业利润最大化的目标。因此，旅游企业要对风险有正确的认识，正确承认风险，科学估测风险，预防发生风险，有效应付风险。同时要相应地树立风险管理意识。旅游业本来就有其自身的依赖性与脆弱性，旅游创业企业在创业之初就应牢牢树立风险防范的意识，特别注意从风险角度进行探索，寻找融资风险产生的特点和规律，从而提高旅游创业企业的市场生存能力和竞争实力。

（二）合理确定融资规模

旅游企业创业融资时，需要确定企业的融资规模。如果融资过多，则可能造成资金的闲置浪费，增加融资成本；也可能使企业承担过多的负债，导致偿还困难，增加经营风险。如若融资不足，又会影响旅游企业融资计划的开展及其他正常业务的发展。因此，旅游企业在确定融资规模时，要根据企业对资金的需要、企业自身的实际条件以及融资的难易程度和成本情况，量力而行来确定企业合理的融资规模。

（三）降低融资成本，确定融资最佳资本结构

每一种融资方式都存在一定的融资成本，不同的融资方式又有不同的融资成本，融资成本的高低与融资风险存在着密切的关系。而所谓最佳资本结构是指企业在适度财务风险的条件下，使其预期的综合资本成本率最低，同时使企业价值最大的资本结构。企业进行融资时，必须调节好资本结构中权益资本与债务资本的比例关系，利用财务杠杆的作用，计算好企业的综合融资成本，即加权平均资金成本。

如果一个企业只有权益资本而没有债务资本，虽然其融资风险是最低的，但由于权益融资的成本会高于债务融资成本，因此总的融资成本是最高的，旅游企业的收益不能实现最大化。相反如果债务资本过多，融资成本虽然可以降低，但融资风险却也因此而加大了。保持合理的负债比率，适当的对外负债有利于旅游企业的发展，因此应该有选择地使用。所以旅游企业应确定一个最优资本结构，平衡融资风险和融资成本，使得旅游企业以最低的融资成本获得最高的收益。

（四）合理安排融资期限

旅游企业应该合理地运用和借入资金。在借入资金中，有短期借款和长期借款之分。短期融资的成本低，但风险大，长期借款成本则与之相反。要想防止还款期过分集中，就要根据旅游创业企业的自身需要对长、短期资金进行合理安排。因此，旅游企业在融资时要充分考虑融资的期限，要在短期融资与长期融资之间进行权衡比较，以制定最佳融资期限结构，从而控制融资成本，实现企业效益。

（五）建立风险预警系统，健全融资风险防范机制

风险预警系统是对风险进行预测、识别、监测和评价的信息系统。这个系统会对企业外部环境或企业内部的相关信息进行收集、加工和分析，并建立预警模型，监测反映财务状况的各项财务指标的变化情况，对未来可能发生的风险类型及其危害程度做出评价、预测，并在必要时发出警报。同时，还要建立一个事后应急系统，尽量使风险仍在旅游企业的控制当中，不断提高衡量风险和规避风险的能力。

旅游企业应把风险防范贯穿于企业经营的每一个环节，制定一套完善的融资风险管理机制。旅游企业的财务制度应规范而完善，会计信息应保证真实，财务基础工作应得到加强。严格控制事前、事中的资金支出，推行全面预算管理，保证资金的有序流动。

【内容举要】

融资对于处于初创期的企业是无法绕开且需要高度重视的问题。积极开拓合适的融资渠道，制订合理的融资战略，谨慎规避融资风险是成功创业者重要的一课。

融资可分为狭义融资和广义融资。狭义的融资主要是指资金的筹集，而广义的融资又称金融，包括资金融入与融出。此外，融资还可分为直接融资和间接融资。直接融资主要指货币有余者和货币不足者之间直接发生的信用关系，而间接融资则指贷者与借者之间的货币借贷是通过各种金融中介来进行的。从狭义的角度可以将旅游企业创业融资定义为：旅游企业在创办前期或创办初期为了满足企业正常的生产和经营管理活动需要，通过科学的预测和决策，采用一定的方式，从一定的渠道向公司的投资者和债权人筹集资金，组织资金供应的理财行为。

旅游创业企业的融资类型可分为内源融资与外源融资、直接融资与间接融资、

股权融资与债权融资。内源融资是指通过挖掘企业内部资源解决资金不足问题的方式，而外源融资是指从企业外部获得资金的方式。旅游企业间接融资是指旅游企业与资金供给方通过金融机构间接实现资金融通的一种财务活动，而旅游企业直接融资是指旅游企业与资金供给方双方通过一定的金融工具直接形成债权债务关系或所有权关系的筹资方式。旅游企业债权融资是指旅游企业以付出利息为代价通过发行债券、信誉担保、融资租赁等方式向银行、其他金融机构、其他企业单位和个人等筹集资金的过程，而旅游企业股权融资是指旅游企业创业者以出让部分或全部企业产权代价，通过发行股票、吸引直接投资、内部积累等方式筹集资金的行为。

旅游企业创业融资的意义在于创业融资是旅游企业创业者实现个人人生价值和创业梦想的桥梁，创业融资能为旅游企业创业提供财务支持，创业融资还有利于扩大对旅游企业的前期宣传，旅游企业创业融资还有利于提高旅游市场资金的利用率，景点旅游企业的就地融资还有利于为企业营造友善的发展环境，旅游企业创业融资有利于活跃金融市场。

旅游企业创业融资的主要渠道包括：创业者个人资金、亲朋好友借款、留存收益、国内企业、外商（含港、澳、台）投资、国家财政资金、银行贷款融资、天使投资融资、信托融资、证券融资、租赁、风险投资以及其他融资方式。

旅游企业创业融资风险的来源有国家政治环境及国际形势的变化、旅游企业经营管理不善、资金运用不当、利率与外汇汇率的变动。因此旅游企业应采取措施规避融资风险，例如旅游企业应正确认识风险，增强旅游企业自身风险防范意识，合理确定融资规模，降低融资成本，确定融资最佳资本结构，合理安排融资期限，建立风险预警系统，健全融资风险防范机制。

【案例分析】

我国旅游上市公司融资与投资分析

一、我国旅游上市公司概述

我国旅游上市公司伴随着新兴的中国资本市场、中国旅游产业的逐步发展确立而诞生。旅游上市公司是中国众多旅游企业、旅游开发商的先行者，是中国旅游生产力的先进代表。分析旅游上市公司，特别是分析旅游上市公司的融资与投资，对于中国旅游企业的融资与投资行为以及探讨中国从亚洲旅游大国走向世界旅游强国的途径具有重要作用。

（一）我国旅游上市公司总体概览

旅游上市公司是中国新兴资本市场和旅游新兴产业发展的新鲜事物。1983年，深圳银湖旅游中心股份有限公司在全国较早公开发行股票筹集资金发展旅游业。以后，旅游企业的股份制改造一直在实践中摸索与发展。进入20世纪90年代，随着我国证券市场的建立和发展，1993年6月，第一家旅游上市公司——新锦江上市。之后，主营旅游业的上市公司日益增多，市场表现活跃，以至于在证券市场股票投资分析中形成"旅游板块"概念。截至2000年底，在境内以旅游为经营主业或在经营业务中旅游业务占相当比例的上市公司达38家，共有25家旅游上市公司。旅游上市公司有单独发行A股、B股的，也有A、B股兼发的。

（二）我国旅游上市公司分类及特点

我国的旅游上市公司可分为旅游资源类上市公司、旅游酒店类上市公司和旅游服务类上市公司三类。旅游资源类上市公司有黄山旅游、华侨城、张家界、峨眉山、桂林旅游、龙发股份、中视股份、国旅联合、泰山旅游、京西旅游；旅游酒店类上市公司有：新都酒店、华天酒店、银基发展、ST百花村、新亚股份、贵华旅业、西藏明珠、宝华实业、ST东酒、大连渤海、庆云发展、石狮新发、寰岛实业、罗顿发展、首旅股份、新锦江、东方宾馆、国际大厦；旅游服务类上市公司有西安旅游、西安饮食、中国泛旅、青旅控股、ST金马。

旅游资源类上市公司特别是自然景观类上市公司拥有独特的带有一定垄断性的旅游资源，但旅游资源类上市公司的收入和盈利能力渐趋弱化，与旅游行业总收入高增长相悖离。旅游资源类上市公司被动发展特征明显。首先，它既受制于资源的吸引力和容纳能力，又受制于众多宏观因素和地域因素，如经济周期因素、周边经济发展水平、基础设施配套程度等，达到一定游客规模后，成长能力受到严重限制。其次，这类公司经营价格上调空间有限。全国各大知名景区的门票普遍偏高，加上区内分景点门票及索道车船等的花费，整体水平较高，就国内游客平均收入水平而言，上涨空间有限。再次，经营管理水平滞后。旅游资源类上市公司通常拥有国内一流的旅游设施，尤以黄山旅游和峨眉山为甚。黄山旅游上市后在主业方面进行了多层次的扩张，虽将多个景点纳入旗下，但相应的管理手段、促销措施和资金投入未能迅速跟进；而峨眉山上市后经营方针极为保守，没有进行对外扩张，就连筹集资金的计划投资项目都未完成，而成本和费用却逐年巨幅递增。最后，核心竞争力欠缺。大量景区景点缺乏个性，使得资源类旅游企业面临激烈竞争，以人造景观为主体的企业感受尤深，经营自然景观的企业也存在同样问题。

旅游酒店类上市公司因为酒店市场疲软，供大于求，出租率下降，经营成本提高，业绩逐年下滑，平均每股收益和净利润水平在旅游行业三类公司中排位最低。首先是激烈的市场竞争。一方面涉外酒店市场需求保持有限增长，另一方面是全国酒店供应量以每年10万间以上的速度递增，市场供求结构矛盾突出。无序、过度竞争对整个行业造成损害。其次是结构性失衡。从酒店规模看，中型规模企业多、大型企业和小型企业较少，无法体现规模效应，难以根据市场变化灵活转向。酒店类上市公司大部分是单店经营，或是像首旅股份一样的单店联合体，已经形成连锁经营业态的少之又少，仅有新锦江和新亚股份在尝试。从提供的产品类别看，传统的适应涉外团队观光客的酒店数量大，适应国内游客、商务游客等特色酒店少。最后，历史包袱沉重。较早上市的酒店企业由于关联企业资金占用或投资失误，形成大额不良资产，如ST东海、新都酒店等。

旅游服务类上市公司包括旅行社及相关的餐饮、生活、服务、物资供应企业，业务涉及面宽。旅游服务类公司是旅游板块中经营最为灵活的，尤其是旅行社贯穿于旅游业的各个环节，对旅游业的上下游资源，包括组织客源和行、游、住、食、购、娱的安排等方面都有着一定的影响力和控制力。旅游服务类公司与酒店类相比固定资产规模较小，与景点类相比发展地域局限性较弱，这种特征促进了旅游服务类公司向本行业及其他行业的扩张。频繁对外投资、业务结构庞杂的副作用和经营管理费用快速增长是利润下降的主要原因。

二、我国旅游上市公司融资实证分析

（一）我国旅游上市公司融资总体概况

我国旅游上市公司发行规模小、融资额小。这些公司资产规模不大，导致发行新股数量受限，流通盘普遍偏小，相当一部分公司募集资金低于1亿元。发行价格相对偏低。受股本结构和净资产收益率等因素制约，发行时市盈率不宜过高，发行价格定位在5~7元之间的公司所占比例较大。

截至2001年6月，旅游上市公司从境内股票市场筹集资金约为98亿元。从股票市场筹资方式看，发行A股筹资额占总筹资额的51%，发行B股筹资额占总筹资额的11%，通过配股筹资额占总筹资额的32%，通过增发筹资额占总筹资额的6%。从筹资时间来看，筹资额最高的是1997年，其次是2000年和1998年。截至2001年底，我国旅游业利用社会资金总体规模超过3700亿元。总体上看，旅游上市公司通过资本市场融资额与旅游业利用社会资金的总量相比，份额太小。但它毕竟是旅游开发中新的融资渠道，随着证券市场本身的发展和旅游上市公司业绩的改善及拟上市旅游公司的增多，证券市场对旅游开发融资的重要性会增强。

（二）我国部分旅游上市公司的融资概况

1. 融资方式

我国旅游上市公司的主要融资方式是IPO（首次公开发行股票）融资，例如黄山旅游同时发行B股融资，再融资方式为配股，但未能使用H股、增发、可转换公司债券、公司债券融资等方式。

2. 发行量

12家主要旅游上市公司中，发行量最高的是首旅股份，为7000万股，发行量最低为1000万股。发行量在5000万股（含）以上的公司有5家，发行量在3000万股（含）至5000万股（不含）之间的公司有4家，发行量在1000万股（不含）以上3000万股（不含）以下的公司有1家，发行量在1000万股（含）以下的公司有两家。

3. 发行价格

12家上市公司首发发行价最高的是桂林旅游，每股6.86元，最低的是西安旅游，每股3.8元。首发发行价格在5元（含）以上的公司有10家，发行价格在5元（不含）以下的公司有两家。12家上市公司中只有4家公司进行了证券市场再融资，方式均为配股。配股价格最高的是青旅控股，每股13元，配股价格最低的是西安旅游，每股3元。总体看，配股价格明显高于A股首发价格。

4. 股票发行市盈率

12家上市公司中发行市盈率最高的公司是国旅联合，为33.29倍，发行市盈率最低的公司是黄山旅游，为14倍。股票发行市盈率在20倍（含）以上的公司有3家，市盈率在15倍（含）以上20倍以下的公司有6家，发行市盈率在15倍（不含）以下的公司有4家。

5. 筹资净额

12家上市公司中筹资净额最高的公司是首旅股份，为39942万元，筹资净额最低为泰山旅游，为5200万元。12家旅游上市公司证券市场融资净额3亿元（含）以上的公司有3家，融资净额2亿元（含）以上3亿元（不含）以下的公司有5家，融资净额1亿元（不含）以上两亿元（不含）以下的公司有1家，融资净额1亿元（含）以下的公司有两家。黄山旅游A股融资净额为23083万元，B股融资金额约为1.7亿元（含融资费用）。

6. 融资总体特点

再融资方式单一，只采用配股，未能有效利用增发、可转换公司债券、公司债等融资方式；再融资能力弱，只有4家公司进行了配股再融资；股票发行量总体较小，筹资额不大；首发价格差距大，发行市盈率差距大，配股价格明显高于首发价格。旅游上市公司证券市场融资之所以呈现上述特点，一方面是因为证券市场的阶段性和历史特点，另一方面是旅游公司自身的原因使然。

表6—4 我国部分旅游上市公司基本情况

公司名称	属地	上市时间	股本结构			前三大股东持股比例	2000年主要收入业务
			股本总数（万股）	流通股数（万股）	流通股数/总股本		
首旅股份	北京	2000.6	23140	4400	19.01%	69.14% 0.92% 0.85%	酒店业务、旅游服务业务、展览广告业务
京西旅游	北京	1998.1	11625	3895.84	33.51%	66.45% 0.687% 0.671%	旅游服务业务、旅游产品加工销售、建筑及房地产业务

续表

公司名称	属地	上市时间	股本结构 股本总数（万股）	股本结构 流通股数（万股）	股本结构 流通股数/总股本	前三大股东持股比例	2000年主要收入业务
华侨城A	深圳	1997.9	37260	11700	31.40%	66.60% 1.56% 1.42%	为投资控股公司，投资领域主要涉及旅游和房地产业
张家界A	湖南	1996.8	18360	7345.8	40.01%	30.83% 8.33% 6.10%	旅游、土地销售
黄山旅游	安徽	1997.5	30290	15600 含B股10400	51.50%	48.50% 0.81% 0.73%	索道客运、园林门票及酒店服务
泰山旅游	山东	1996.8	11015	4580	26%	43.58% 0.51%	索道运输；索道设计安装调试设备供应
西安旅游	陕西	1996.9	16759.79	5304.00	31.65%	37.92% 17.90% 7.29%	旅游客房、餐饮、服务、石油开发
峨眉山A	四川	1997.10	11866	4000	33.71%	55.327% 10.9635 0.377%	游山门票、索道客运、宾馆及旅行社
桂林旅游	广西	2000.5	17700	6000	33.90%	43.18% 20.46% 0.82%	游船客运、公路旅行客运、汽车、出租车、旅行社业务
中国泛旅	北京	1997.9	18950.4	7200	37.99%	53.95% 3.04% 2.28%	旅游商品的经营、旅游设施、旅游资源的开发建设
青旅控股	北京	1997.12	26700	11700	43.82%	25.87% 12.94% 8.13%	旅游、科技、休闲房产
国旅联合	江苏	2000.9	14000	5000	35.71%	29.21% 14.40% 12.23%	旅行服务、旅游综合服务业务、旅游客运业务

注：截止时间：2001年12月31日。

表6—5 我国部分旅游上市公司证券市场融资明细表

公司名称	上市日期	发行数量（万股）	发行价（元/股）	市盈率（倍）	募集净资金（万元）	发行费用（万元）
首旅股份	2000.6 A股首次	7000	5.87	25.52	39942	1148
京西旅游	1998.1 A股首次	3000	4.72	14.3	13398.5	761.5
	1999.10 配股	1125	7.78		8502.5	250
华侨城A	1997.9 A股首次	5000	6.18	15	29900	1000
	1999.8 配股	2700	9		23800	500
张家界A	1996.8 A股首次	1000	6.8	18.13	6350	450
黄山旅游	1997.4 A股首次	4000	6.02	14	23083	997
	1996.10 B股	8000	0.258美元即2.14元人民币	5.88	17120	1544
泰山旅游	1996.8 A股首次	1000	5.6	18.98	5200	400
西安旅游	1996.8 A股首次	2236	3.8	15.83	8049.6	447.2
	2000.3 配股	1748.79	7		11891.53	350
峨眉山	1997.10 A股首次	4000	6.76	14.9	25900	1139.9
桂林旅游	2000.4 A股首次	4000	13	14.6	37920	1500
中国泛旅	1997.10 A股首次	2500	5.28	15	12370	830
青旅控股	1997.11 A股首次	6000	6.57	14.6	37920	1500
	2000.6 配股	2700	13		31404	996
国旅联合	2000.9 A股首次	5000	5.86	33.29	27978	1322

注：截止时间：2001年12月31日；泰山旅游1994年募资3500万元。

（三）我国部分旅游上市公司的投资概况

1. 旅游投资与非旅游投资

从表6—6可以看出，12家旅游上市公司旅游投资占总投资比例最高的公司是黄山旅游，为100%，比例最低的公司是京西旅游，为38.18%。旅游投资占总投资的比例在80%以上的公司有7家，比例在60%～80%之间的公司有两家，比例在50%～60%之间的公司有两家，比例在50%以下的公司有1家。以上分析表明，12家公司中绝大多数公司投资是围绕旅游进行的，旅游投资成为旅游上市公司投资的主体。但京西旅游旅游投资的比例只有38.18%，说明公司旅游业务的地位被严重弱化。分析也表明，多数公司在保持和强化公司旅游业务的同时，在积极探索公司经营业务非旅游化的适度扩展和延伸。

181

表6—6 旅游上市公司旅游投资与非旅游投资情况一览

公司名称	总投资（万元）	旅游投资（万元）	旅游投资/总投资（%）	非旅游投资（万元）	非旅游投资/总投资（%）
首旅股份	40657.29	34257.29	84.26	6400	15.74
京西旅游	28833.95	11009.27	38.18	17824.68	61.82
华侨城A	73285	65885	89.90	7400	10.10
张家界A	12738.2	7254	56.95	5484.2	43.05
黄山旅游	29581.09	29581.09	100	0	0
泰山旅游	14700.43	12975.23	88.26	1725.2	11.74
西安旅游	14255.91	13190.46	92.53	1065.45	7.47
峨眉山A	22607.9	15336.2	67.84	7271.7	32.16
桂林旅游	35633.05	31486.25	88.36	4146.8	11.64
中国泛旅	14463.94	12763.94	88.25	1700	11.75
青旅控股	74050	52050	70.29	22000	29.71
国旅联合	32194	18979	58.95	13215	41.05

2. 旅游上市募集资金投资与非募集资金投资

从表6—7可以看出，12家旅游上市公司中募集资金投资占总投资比例最高的公司是峨眉山A，为100%，比例最低的公司是张家界A，为41.84%。募集资金投资占总投资比例在80%以上的公司有3家，比例在60%~80%之间的公司有4家，比例在50%~60%之间的公司有3家，比例在50%以下的公司有两家。以上分析表明总体上募集资金投资占公司总投资的主体地位，峨眉山A没有利用非证券融资进行任何投资，其余多数公司在利用募集资金投资的同时，非证券融资投资也占总投资相当大的比重，具有一定的非证券融资能力。

表6—7 旅游上市公司募集资金投资与非募集资金投资情况一览

公司名称	总投资（万元）	募集资金投资（万元）	募集资金投入/总投资（%）	非募集资金投资（万元）	非募集资金投资/总投资（%）
首旅股份	40657.29	39819	97.94	838.29	2.06
京西旅游	28833.95	17077.03	59.23	11756.92	40.77
华侨城A	73285	53650	73.21	19635	26.79
张家界A	12738.2	5329.2	41.84	7409	58.16
黄山旅游	29581.09	26116.39	88.29	3464.7	11.71
泰山旅游	14700.43	6405.23	43.57	8295.2	56.43

续表

公司名称	总投资（万元）	募集资金投资（万元）	募集资金投入/总投资（%）	非募集资金投资（万元）	非募集资金投资/总投资（%）
西安旅游	14255.91	11169.53	78.35	3086.38	21.65
峨眉山A	22607.9	22607.9	100	0	0
桂林旅游	35633.05	21339.78	59.89	14293.27	40.11
中国泛旅	14463.94	11509.94	79.58	2954	20.42
青旅控股	74050	55050	74.34	19000	25.66
国旅联合	32194	18979	58.95	13215	41.05

资料来源：李富红．旅游开发融资策略初步研究，硕士论文，2003。

案例讨论题

1. 比较旅游资源类上市公司、旅游酒店类上市公司、旅游服务类上市公司的融资特点？
2. 你对旅游资源类上市公司、旅游酒店类上市公司、旅游服务类上市公司的融资渠道与融资策略有哪些建议？

【思考与练习】

1. 简述旅游企业创业融资的渠道有哪些？
2. 简述适合风景名胜旅游企业的融资渠道有哪些？
3. 简述旅游企业创业期不同阶段的融资策略有哪些？
4. 简述旅游企业融资的风险来源有哪些？
5. 简述旅游企业融资时规避风险的方法有哪些？

【推荐文献】

李时椿．创业管理［M］．北京：清华大学出版社，2008．
夏清华．创业管理［M］．武汉：武汉大学出版社，2007．
杨梅英，熊飞．创业管理概论［M］．机械工业出版社，2007．
顾颖，马晓强．中小企业创业与管理［M］．北京：中国社会科学出版社，2006．
张玉利．创业管理［M］．机械工业出版社，2007．
张涛，熊晓云．创业管理［M］．北京：清华大学出版社，2007．
丁栋虹．创业管理［M］．北京：清华大学出版社，2006．
陈德智．创业管理［M］．北京：清华大学出版社，2007．

第七章 旅游企业的创业组织管理

【学习目标】

通过本章的学习,使学生了解旅游创业企业的组织形式,掌握创业企业组织结构的含义、组织结构的设计原则、组织结构的类型及组织结构的再造。让学生了解旅游创业企业在运行中如何做到专业化、分权和授权,如何掌控企业的管理幅度和管理层次。

【内容结构】

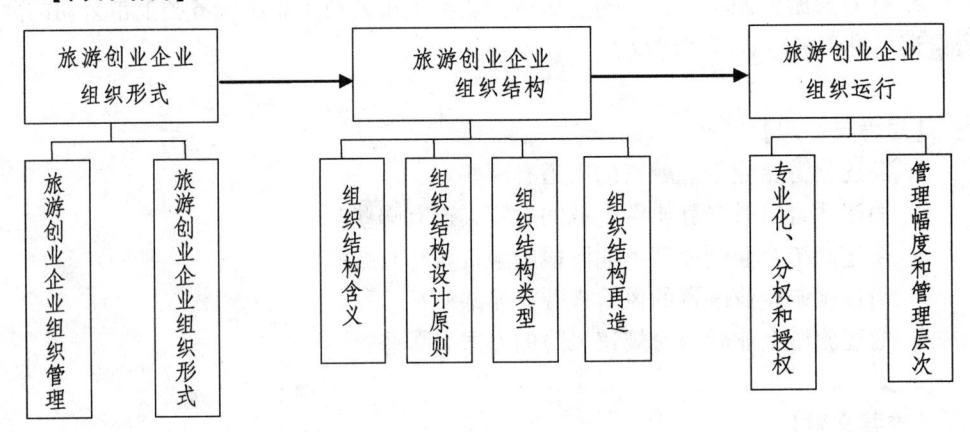

```
旅游创业企业          旅游创业企业          旅游创业企业
  组织形式     ──→     组织结构     ──→     组织运行
    │                    │                    │
 ┌──┴──┐         ┌────┬──┴─┬────┐         ┌──┴──┐
旅游   旅游       组织  组织  组织  组织      专业化、 管理
创业   创业       结构  结构  结构  结构      分权和  幅度和
企业   企业       含义  设计  类型  再造      授权    管理
组织   组织             原则                           层次
管理   形式
```

【重要概念】

企业组织形式　企业组织结构　组织运行

第一节 旅游创业企业的组织形式

企业组织管理的具体形式和内容,受社会制度、经济制度、企业制度和企业生产经营特点、企业规模、企业经济关系(内部和外部的)等因素的影响。不同企业组织管理的形式和内容千差万别。我国旅游企业的组织设计与管理也应该在科学的

组织管理理论的指导下，结合本企业创业阶段的实际情况，对组织进行规范化、标准化的整合，以适应市场经济的发展和竞争的需要。

一、旅游企业组织管理概述

（一）组织的含义

组织的含义可以从静态与动态两个方面来理解。从静态方面看，指组织结构，即反映人、职位、任务以及它们之间的特定关系的网络。这一网络可以把分工的范围、程度、相互之间的协调配合关系、各自的任务和职责等用部门和层次的方式确定下来，成为组织的框架体系。换句话说，组织是人们为达到共同目的而使全体参与者通力协作的一种有效形式。它规定各组成人员的职务及其相互关系，以职务与职务之间的分工与联系为主要内容。而组织机构的设计是执行组织职能的基础。

从动态方面看，组织指维持与变革组织结构，以完成组织目标的过程。通过组织机构的建立与变革，将生产经营活动的各个要素、各个环节，从时间上、空间上科学地组织起来，使每个成员都能接受领导、协调行动，从而产生新的、大于个人和小集体功能简单加总的整体职能。

（二）组织管理理论概述

自18世纪英国经济学家A. Smit第一次提出"按劳动组织分工"的概念以后，有关组织问题的研究发展迅速。1937年法国管理专家L. F. Urwicr出版了《组织的科学原则》一书，宣告"古典组织理论"的诞生。接着组织理论经历了古典组织理论、行为组织理论和现代组织理论三个发展阶段。

1. 古典组织管理理论

形成于19世纪末20世纪初，该理论认为，所有的组织都共同拥有一个最好的结构模式，即通过一种层级制的高度正式安排，使组织活动由统一规定的事无巨细的计划和制度来支配。其代表人物有美国的F. W. 泰勒、法国的H. 法约尔和德国的M. 韦伯等人。这一阶段的前期，泰勒等人重点探讨了组织内的企业管理理论，主张实行专业化和标准化的分工，按职能来设置组织结构。法约尔提出了直线——职能型的组织结构模式，设计了"法约尔跳板"。后期，以韦伯为代表的管理理论重点探讨了组织内部的行政组织管理。这一阶段的理论基础是"经济人"理论，认为人们工作是为了追求最大的经济利益以满足自己的基本需求。为了满足人们工作的经济利益，该理论提出要以科学管理方法追求组织的生产效率和合理化，因此要建立一套标准化的原则来指导和控制组织及成员的活动。

2. 行为组织管理理论

产生于20世纪20年代初，它以人的行为为中心，主张通过沟通和共同影响来促进普通员工参与组织的管理,这种组织管理理论也称为"人际关系组织管理理论"。人际关系组织管理理论用情感和人的行为来解释组织结构变化的原因。其代表人物有美国的 G. E. 梅奥、F. 赫茨伯格等人。梅奥区分了正式组织和非正式组织。他们认为人是有多种需要的"社会人",满足人的多种需要,在组织内建立良好的人际关系是提高组织效率的根本手段。这一阶段的理论重点研究了组织中的非正式组织、人际关系、人的个性和需要等。

3. 现代组织管理理论

产生于 20 世纪中叶,学派甚多,主要有以美国 C. I 巴纳德为代表的社会系统论、以 H. A. 西蒙为代表的决策理论,以 F. E. 卡斯特、钱德勒为代表的系统与权变理论和以 E. S. 巴法为代表的管理科学理论等。例如,巴纳德认为,社会的各级组织都是一个协作的系统,即由互相进行协作的个人组成的系统,这些协作系统是正式组织。钱德勒认为,管理者必须根据情况的变化不断调整组织结构,不存在普遍适用的最好的组织结构设计,当公司随着社会和经济环境的变化而制订出新战略时,要求组织结构进行相应的变革,即"组织结构跟进战略"。

这一阶段理论的特点是吸收了古典组织管理理论和行为科学管理理论的精华,并且在现代系统论的影响下有了新的发展。他们把组织看成一个系统,组织目标的实现与否和组织效率的高低取决于组织系统内各子系统及各部门之间的有机联系。

(三)组织管理的内容

组织管理就是通过建立组织结构,规定职务或职位,明确责权关系,以使组织中的成员互相协作配合、共同劳动,有效实现组织目标的过程。组织管理是管理活动的一部分,也称组织职能。企业目标的实现,要通过一系列组织活动,有效地配置资源,以保证有限资源充分发挥效益。组织管理赋予企业运营机制和框架,并为之进行人事安排和资源配置,企业以何种组织形式存在,企业就表现为何种生命力。所以从企业管理的内容上看,组织管理是核心部分;从企业经营的程序来看,组织管理是核心环节:1. 关系到企业内部能否形成凝聚力,从而实现企业理想;2. 关系到企业能否激发员工活力,为社会提供满意的商品(包括产品和服务);3. 关系到企业和员工的精神风貌,以及对社会文明的推动作用。

组织管理的工作内容,概括地讲,包括四个方面:

1. 建立企业管理的领导体制,确定合理的内部管理体制

规定组织结构中的各种职务或职位,明确各自的责任,并授予相应的权力。

2. 建立健全各级管理机构和职能科室

根据组织的特点、外部环境和目标需要划分工作部门,设计组织机构和结构。

3. 明确划分各级管理人员的职责

确定实现组织目标所需要的活动,并按专业化分工的原则进行分类,按类别设立相应的工作岗位。

4. 制定生产技术规程、管理工作制度和各种形式的责任制度

依照规章制度，建立和健全组织结构中纵横各方面的相互关系。

通俗地讲，组织管理，应该使人们明确组织中有些什么工作，谁去做什么，工作者承担什么责任，具有什么权力，与组织结构中上下左右的关系如何。只有这样，才能避免由于职责不清造成的执行中的障碍，才能使组织协调地运行，保证组织目标的实现。

二、旅游企业创业的组织形式

（一）决定企业组织形式的主要因素

企业组织形式反映了企业的性质、地位、作用和行为方式；规范了企业与出资人、企业与债权人、企业与政府、企业与企业、企业与职工等内外部的关系。它必须要充分考虑到旅游企业的行业特点。企业只有选择了合理的组织形式，才有可能充分地调动各个方面的积极性，使之充满生机和活力。在决定企业的组织形式时要考虑的因素很多，但主要包括以下几方面：

1. 税收

在西方发达国家，企业创办人首先考虑的因素是税收。以我国为例，我国对公司企业、合伙企业、股份有限公司实行不同的纳税规定。对于公司企业，国家首先对企业课征公司税，税后利润作为股息分配给投资者，个人投资者还需要缴纳一次个人所得税。而合伙企业则不征公司税，只征收合伙人的个人所得税。合伙企业只征一次个人所得税，而股份有限公司还要再征一次企业所得税。但如果综合考虑企业的税基、税率、优惠政策等多种因素的存在，股份有限公司也有有利的一面，因为国家的税收优惠政策一般都只对股份有限公司适用。例如国税发（1997）198号文规定，股份制企业，股东个人所获资本公积转增股东所得，不征个人所得税，这一点合伙制企业就不能享受等。

2. 利润和亏损的承担方式

独资企业业主无须和他人分享利润，但其要一人承担企业的亏损。合伙企业如果合伙协议没有特别规定，利润和亏损由每个合伙人按相等的份额分享和承担。有限公司和股份公司，公司的利润是按股东持有的股份比例和股份种类分享的。对公司的亏损，股东个人不承担投资额以外的责任。

3. 资本和信用的需求程度

一般情况下，规模不大的企业，采用合伙企业比较合适。通常投资人有一定的资本，但尚不足，又不想使事业的规模太大，或者扩大规模受到客观条件的限制，则适宜采用合伙或有限公司的形式。相反，规模较大企业应选择股份有限公司。因为规模较大的企业需要资金多，筹资难度大，管理较为复杂。如果创业人愿意以个

人信用为企业信用的基础，且不准备扩展企业的规模，适宜采用独资的方式。此外，企业的存续期限、投资人的权利转让、投资人的责任范围、企业的控制和管理方式等这些因素都会对投资人选择企业组织形式形成影响，必须对各项因素进行综合分析。

（二）企业组织形式

企业在经营时面对的第一个问题就是以何种形式作为其组织形态，依法律形式为标准来划分，可以分为独资企业、合伙企业和公司企业，这也是企业分类中最重要的一种。

1. 独资企业

独资企业是一个自然人投资并兴办的企业，其业主享有全部的经营所得，同时对债务负有完全责任。这种企业的规模都较小，其优点是经营者和所有者合一，经营方式灵活，建立和停业程序简单。这些优点使这种组织形式的企业在发达资本主义国家占有相当大的比重（主要是中小型企业）。这类企业的缺点是自身财力有限，抵御风险的能力较弱。

2. 合伙企业

合伙企业是由两个以上的自然人订立合伙协议，共同出资、合伙经营、共享收益、共担风险，并对合伙企业债务承担无限连带责任的营利性组织。按照《中华人民共和国合伙企业法》规定，设立合伙企业，应当具备下列条件：（1）有两个以上合伙人，并且都是依法承担无限责任者；（2）有书面合伙协议；（3）有各合伙人实际缴付的出资；（4）有合伙企业的名称；（5）有经营场所和从事合伙经营的必要条件。

3. 公司企业

公司企业是指以盈利为目的，由许多投资者共同出资组建，股东以其投资额为限对公司负责，公司以其全部财产对外承担民事责任的企业法人。公司的两种主要形式是有限责任公司和股份有限公司。公司企业有如下特点：（1）股东负有有限责任；（2）股份可转让，流动性好；（3）可以募集大量资金；（4）公司有独立的存在期限；（5）管理较科学，效率较高；（6）创办手续复杂，费用高；（7）保密性差，财务状况比较透明；（8）政府的限制较多；（9）社会负担重，要承担双重税赋。

有限责任公司股东以其出资额为限对公司承担责任，公司以其全部资产对公司的债务承担责任；以出资证明书证明股东出资份额；不能发行股票，不能公开募股；股东的出资不能随意转让；财务不必公开。

有限责任公司的设立条件：（1）股东符合法定人数为2～50人；（2）股东出资达到法定资本最低限额（根据行业不同而定）；（3）股东共同制订公司章程；（4）有公司名称，有限责任公司必须在公司名称中标明"有限责任公司"字样，并建立符合有限责任公司的组织机构；（5）有固定的生产经营场所和必要的生产经营条件。

股份有限公司，其全部资本分成等额股份；通过发行股票筹集资本；股东以其所持股份为限对公司承担责任；公司以其全部资产对公司的债务承担责任；股票可以自由转让；财务对社会公开。

股份有限公司的设立条件：（1）设立股份有限公司，应当有5人以上的发起人，其中必须有过半数的发起人在中国境内有住所；（2）国有企业改建为股份有限公司的，发起人可以少于5人，但应当采取募集设立方式；（3）注册资本的最低限额为1000万元人民币；（4）发起人制定公司章程；（5）有公司名称，建立符合股份有限公司的组织机构；（6）有固定的生产经营场所和必要的生产经营条件。

第二节　旅游创业企业的组织结构

企业组织结构是一个企业正常运转的基础框架，企业的运行效率和创新能力在很大程度上取决于一个合适的组织结构。旅游经济环境的变化要求旅游企业的组织结构能够顺应时代变革，创业期的旅游企业需要克服传统组织结构的弊端，提高组织运行效率和效益，以适应旅游者日益复杂多样的消费特点和旅游产业的运作规律。

一、组织结构的含义

企业组织结构是企业为了实现既定的经营目标和发展战略而确立的一种内部权力、责任、控制和协调关系的形式，是指组织将人、信息、资源和技术组合起来的方式，这种方式应当有效地帮助组织实现其目标。组织结构涉及管理的幅度与层次、组织机构的设置、管理权限与责任的分配，以及不同层次、部门的沟通方式等，是企业战略实施的方案，是构成企业运行和管理的基础，也是一个企业正常运转的基础框架。企业的运行效率和创新能力在很大程度上取决于是否有一个合适的组织结构。

随着我国经济的突飞猛进、对外开放程度的不断扩大以及旅游业的蓬勃发展，大量的旅游企业开始创业，尤其是旅行社行业，这成为旅游经济的一大亮点。通常来说，在创业阶段不适合的组织结构设计会严重影响旅行社、酒店等旅游企业组织效能的发挥，因此选择合适的组织结构是企业创业成功的前提条件。

此外，合适的组织结构并不是一成不变的，著名的管理学家钱德勒指出，"结构跟着战略走"。当外部经营环境发生深刻变化的时候，旅游企业作为市场经济环境中求生存和求发展的经济组织，理应结合自身的条件和特征，及时灵活地调整战略和策略，动态地设计出相应的组织结构模式。这意味着在企业进行二次创业时，其组织结构要适应企业内外部环境变化以及战略的转变，不断地进行调整或变革。

二、组织结构的设计原则

创业企业在设计组织结构时应考虑以下原则：

（一）目标一致性原则

这一原则要求组织结构设计必须有利于企业目标的实现。任何一个企业在创业阶段都有其宗旨和目标，因而企业中的每一部分都应该与既定的宗旨和目标相关联。否则，就没有存在的意义。一个生产企业的目标是通过生产某种满足社会需要的产品实现利润的最大化，那么它的组织结构一般包括为实现这一目标而设立的计划部门、采购部门、生产部门、销售部门、财务部门等。同时，每一机构根据总目标制定本部门的分目标，而这些分目标又成为该机构对其下属机构进行任务细分的基础。这样目标被层层分解，机构层层建立，直至每一个人都了解自己在总目标的实现中应完成的任务。这样建立起来的组织机构才是一个有机整体，为总目标的实现提供了保障。

（二）统一领导，分级管理原则

统一领导是现代化大生产的客观要求，它对于建立健全组织、统一组织行动、协调组织是至关重要的。要保证统一领导，组织机构一定要按照统一领导的原则来设计。根据这一原则，任何下级只能接受一个上级的领导，不得受到一个以上的上级的直接指挥。上级不得越过直属下级进行指挥（但可越级检查工作），下级也不得越过直属上级接受更高一级的指令（但可越级反映情况）。职能管理部门只能是直线指挥主管的参谋和助手，有权提出建议，提供信息，但无权向该级直线指挥系统的下属发号施令，否则就是破坏统一领导原则，造成令出多门，使下级无所适从。

要保证统一领导，应该将有关组织全局的重要权力集中在组织的最高管理机构。例如，组织目标、方针、计划、主要规章制度的制定和修改权，组织的人事、财务大权等，都必须集中在组织的最高管理层，以保证整个组织活动的协调一致。在实行统一领导的同时，还必须实行分级管理。所谓分级管理，就是在保证集中统一领导的前提下，建立多层次的管理组织机构，自上而下地逐级授予下级行政领导适当的管理权力，并承担相应的责任。

（三）专业化原则

专业化也可以称为部门化，就是按工作任务的性质进行专业化分工。专业化的原则是必须把做同一件事的人放在一个部门里交由一个经理来协调。如果没有把做同一件事的人放在一个部门里协调，资源就会被分解掉，也就会被浪费掉。专业化就是把分工所产生的专业技术员工集中在一个部门，由一个经理人来领导，以减少浪费。总之，组织内的各部门都应该尽量按专业化原则来设置，以便使工作精益求精，达到最高效率。

（四）相互协调的原则

相互协调原则是指为了确保组织目标的实现，在组织内的各部门之间以及各部门的内部，组织成员都必须相互配合、相互协调地开展工作，这样才能保证整个组织活动的步调一致，否则组织的职能将受到严重影响，难以保证完成目标。

（五）权责对等原则

权是指管理的职权，即职务范围内的管理权限；责是指管理上的职责，即当管理者占有某职位，担任某职务时所应履行的义务。职责不像职权那样可以授予下属，它作为一种应该履行的义务是不可以授予别人的。职权应与职责相符，职责不可以大于也不可能小于所授予的职权。职权、职责和职务是对等的，如同一个等边三角形三边等距一样，一定的职务必有一定的职权和职责与之相对应。

（六）控制管理幅度原则

一个管理者可以控制的幅度往往可以让这个人有着明确的感受，所以控制幅度的设计会直接产生满足感及绩效。也就是说，当一个管理者获得肯定后，扩充他所管理的幅度是一个很好的绩效肯定，也是他可以很容易获得满足感的原因。但是每个管理者能够管理的跨度其实是有限的，并不是控制幅度越大越好，因为根据古典设计原则，对控制幅度需要做一定的限制。从理论上来讲，越到基层，管理的跨度就越大，越到高层，管理的跨度越要变小。一般比较合适的管理跨度是五六个人。

（七）有效性原则

有效性原则要求组织机构和组织活动必须富有成效。1. 组织机构设计要合理。要基于管理目标的需要，因事设机构、设职务匹配人员，人与事要高度配合，反对离开目标，因人设职，因职找事。2. 组织内的信息要畅通。由于企业内组织机构的复杂性和相互之间关系的纵横交错，往往易发生信息阻塞，这将导致企业管理的混乱，因而对信息管理，一要准确，二要迅速，三要及时反馈。只有这样才不会导致决策失误，才能了解到命令执行情况，也才能及时得到上级明确的答复，使问题得到尽快解决。3. 主管领导者要能够对下属实施有效的管理。为此，必须制订各种明确的制度，使主管人员能对整个组织进行有效的指挥和控制。只有明确了规章制度，才能保证和巩固组织内各层次和人们之间关系的协调一致。

（八）集权与分权相结合原则

这条原则要求企业实施集权与分权相结合的管理体制来保证有效的管理。需集中的权力要集中，该下放的权力要大胆地分给下级，这样才能增加企业的灵活性和适应性。如果将所有的权力都集中于最高管理层，则会使最高层主管疲于应付琐碎的事务，而忽视企业的战略性、方向性的大问题；反之，权力过于分散，各部门各把一方，则彼此协调困难，不利于整个企业采取一致行动，实现整体利益。因此，高层主管必须将与下属所承担的职责相应的职权授予他们，调动下属的工作热情和积极性，发挥其聪明才智，同时减轻高层主管的工作负担，以利于其集中精力抓大事。但在一个企业中，究竟哪些权力该集中，哪些权力该分散，没有统一的模式，往往是根据企业的具体性质和管理者的经验来确定的。

（九）稳定性与适应性相结合原则

这一原则要求企业组织机构既要有相对的稳定性，不能频繁变动，又要随外部环境及自身需要的变化作相应调整。一般来讲，一个企业进行有效的活动能维持一种相对稳定的状态，企业成员对各自的职责和任务越熟悉，工作效率就越高。组织机构的经常变动会打破企业相对均衡的运行状态，接受和适应新的组织机构会影响工作效率，故企业组织机构应保持相对稳定。但是，任何企业都是动态、开放的系统，不但自身在不断运动变化，而且外界环境也在变化，当相对僵化、低效率的组织机构已无法适应外部的变化甚至危及企业的生存时，组织机构的调整和变革即不可避免，只有调整和变革，企业才会重新充满活力，提高效率。

三、组织结构的类型

企业的组织结构是企业制度的重要组成部分，企业在不同的发展阶段通常采用如下几种传统的模式：简单直线型结构、直线职能型结构、事业部结构、母子公司结构和矩阵结构等。不同形式的组织结构适用于不同的外部环境，同时也与企业的经营目标、企业的规模、所采取的战略等因素有关。目前流行的组织结构都有它们的优点、缺点以及适用的条件。

（一）直线型结构（又称为垂直型、U型结构）

直线型结构的基本特征是将旅游企业按不同的职能划成若干个部门，每一部门均由旅游企业的最高领导直接进行管理。这种把权力集中在最高领导一人身上、进行统一管理的特征被称为"纵向一体化"。企业的所有者或最高领导对若干下属实施直接控制，并由其下属执行一系列工作任务。企业的战略规划（若有）由领导完成，该领导还负责所有重要的经营决策。其组织结构见图7-1。

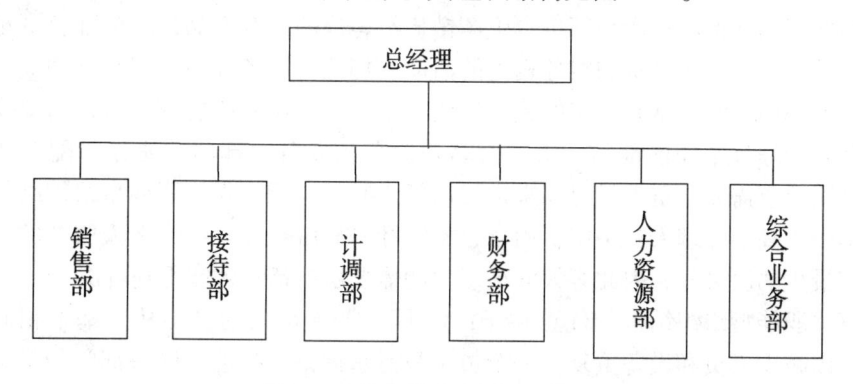

图7—1 旅行社直线型组织结构

（总经理下设：销售部、接待部、计调部、财务部、人力资源部、综合业务部）

直线型组织结构的优点在于：1. 组织结构简单、责权分明、组织稳定、信息传递快，是灵活性很强的集权制结构。2. 公司的短期、中期和长期决策责任都集中在公司最高领导身上，这种企业的最高领导往往是出资人和老板，他/她是公司的出资人，掌握着主要产品和服务的关键技术和市场渠道等，命令统一、决策迅速、工作效率较高。

但这种高度集权制的组织形式在有一定规模的旅游企业中存在明显的不足：1. 这一结构类型的弹性较小、缺乏民主意识、对上级绝对服从、缺乏专业分工，其成功主要依赖于该最高领导的个人能力。企业最高决策者，不得不把精力集中在日常的事务中，集中在如何扩大再生产和降低成本上，缺乏对市场的研究和企业的长远的规划。2. 企业中层只起"上传下达"的作用，难以发挥积极性，影响了企业决策的灵活性。

总之，这种"小作坊"式的经营只适用于创业过程中业务单一、规模较小、生产过程简单的私营旅游企业，例如小型旅行社、小型酒店等，尤其适用于发展初期处于创业阶段、产品导向型的旅游企业。当公司发展到一定的规模时，这种组织结构就难以适应了。这时，总经理或老板会发现自己再也无力控制和监督公司发展所带来的越来越多的任务和企业行为。他们有管理小企业的技能、知识和能力，但很可能缺乏经营大企业和迅速发展的企业的技能、知识和能力。在这种情况下，公司就应当及时重新设计组织结构，从简单型结构发展成职能型组织结构。

（二）直线职能型结构（又称为宝塔式层峰结构）

直线职能型结构是工业化时期产生的典型组织结构类型，是企业走向正规化管理的一种组织模式。当前仍是国内外各类企业组织中常用的一种形式，高星级酒店、中型旅行社一般都采用直线职能型的组织结构。

其基本特征在于根据分工的要求，按专业化的原则，将从事相同工作的人组织在同一部门，不同的工作分别由一系列行使不同职能的部门来完成。例如营销部负责产品的营销和推广；产品部负责生产销售给客户的所有产品；财务部负责记录所有交易并控制所有与经费和财务相关的活动。理论上，各部门之间相互独立，但是在实务上部门之间通常有一定的相互作用和影响。在这些职能部门中，需要安排中层经理来管理各个职能部门。由于对客户服务需要各个部门的协作与配合才能进行，高层经理需要花费大量时间来进行部门之间的协调。直线职能型组织结构的决策权集中于高层经理人员手中，酒店、旅行社等旅游企业直接为客人服务的一线人员拥有最少的决策权，因此客人的很多问题需要层层请示才能得到解决。

直线职能型组织结构的优点在于：1. 同一职能部门的员工从事基本相同的工作，可以减少人员和设备重复。一个员工只需掌握一种技能，同一部门的员工可以相互交流，使复杂的工作简单化，并实现规模经济。2. 直线职能式结构任务明确，权责分明，能促进职能目标的实现。3. 由于任务为常规和重复性任务，因而有利于提高工作效率。4. 便于董事会监控各个部门。

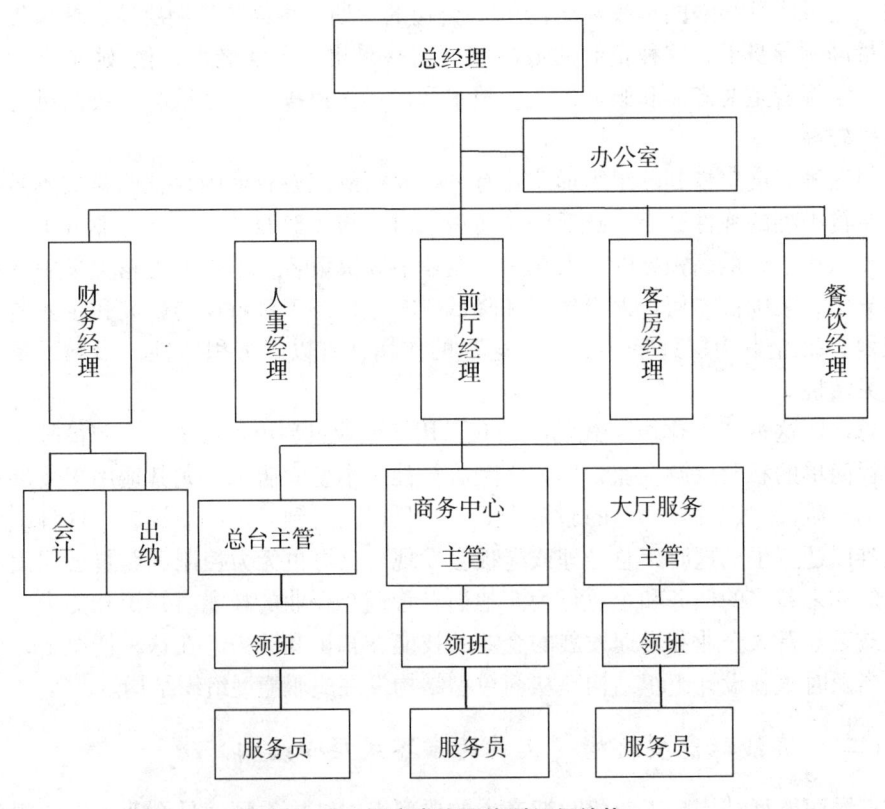

图7—2 酒店直线职能型组织结构

例如对酒店而言，采用直线职能型的组织结构具有一定优势。根据专业化分工的原则，酒店可设立客房部、餐饮部等部门，这些部门的员工只需掌握客房服务或餐饮服务一门技能，员工十分明白自身的发展方向，高度的专业化可使这些员工对单一的工作非常熟悉，将一个方面的服务尽量做到最好，不必分散精力去学习其他服务技能。对于财务等部门的员工来说也是如此。直线职能型的组织结构还可以使酒店清楚地确定各部门的绩效目标，明确责任，管理人员可以很快地熟悉情况，承担起管理职责。酒店直线职能型组织结构图见图7—2。

直线职能型又称"金字塔"形组织结构，其缺点包括以下几个方面：

1. 综合性差，部门间协调困难

在直线职能型旅游企业中，内部分工过于详细，各部门专注于本部门的工作，缺乏相互了解，沟通困难，难以在工作中相互协调与配合，导致失误和投诉增多。

例如在酒店内部，在对客人提供服务的过程中，由于客人的需求是多方面的，为了满足客人的各种需要，要求各部门紧密配合，但酒店采用直线职能型的组织结构时，分工过细，导致各自为政，当各部门的利益不一致时，各职能部门只对本部门的工作负责，而没有义务考虑其他部门的事情，各部门的行动很难保证协调一致，协调困难。例如销售部对团体客人许诺的服务与餐饮部门能提供的服务之间可能存在差距。解决方案可以是将对每一个部门的经理人的考核与绩效奖励与公司整体目标挂钩。

此外，协调的困难将导致企业对市场变化的反应变慢。一旦酒店的供求关系突变、酒店客人的消费倾向改变、产品与服务市场结构改变，常常需要跨部门协调，易产生决策堆积，管理者无法做出快速反应。此外，各职能部门间交流协调较少，使每个成员对组织的认识不够深入，往往强调各部门的目标而忽视组织整体目标，对市场反应能力弱，不能在短时期内调整产品与经营的，被市场淘汰的风险加大。

2. 管理层级过多，决策速度慢

传统的组织结构中，层级原则是最基本的原则，金字塔形结构从上到下进行分层管理，高层的决策层层向下传达，基层的建议与情况层层向上反映，这是一种纵向的信息传播方式，但这种方式大大地减缓了信息的流动速度，造成信息失真，其中还可能出现人为对信息的阻碍。同时，由于管理层次的增多，使总经理和员工之间的接触减少，下级的建议经常被忽略或不被采纳，市场中和工作中的重要信息得不到有效传递，影响了高层决策的科学性和准确性。

以酒店企业内部组织结构为例，由于层级过多，顾客超出规范化的个性化需求信息要经过员工——领班——主管——部门经理——总经理——部门经理——主管——领班——员工再传递、反馈给顾客，有些决策需要经过上一层管理人员做出和协调，有时候问题需要跨部门解决，遇到这种情况就需要更多的层级和时间来解决问题，往往延误了服务，引发顾客的投诉。复杂的组织结构必然会导致相互扯皮，漫长的管理线路必然会使工作效率降低，内耗与部门经理们的人工费用加大了企业运作成本。

3. 对员工个性和创造性的压抑

职能式组织中的人员，甚至包括高阶层人员在内，往往难以了解组织整体的任务，往往不知其本身工作与整体任务的关系，因而形成本位主义。这种组织只能使成员将自己的工作做得较好，而不能激发其成员接受新观念与新的工作方式。

例如在直线职能型的酒店组织结构中，员工被安排在不同的部门从事非常专业化的工作，劳动分工过细使员工的视野有限、思维狭窄、技能单一，很少碰见富有挑战性的工作，积极性和创造性不能发挥，进取心也难以满足。同时，传统组织结构很少考虑员工个人爱好与兴趣以及员工个性发展的需要，所有这些都是劳动分工细、管理层次多、管理幅度窄的不良后果。

另外，管理层次越多，等级森严，上下级之间沟通也越难，员工的心理距离被人为扩大了，缺乏民主管理、参与管理、自我激励，员工就无法将自己看作企业的主体、企业共同利益的创造者，也就无法充分发挥员工自身的创造性。

职能型组织结构是较为刚性的集权制结构，通常适用于从简单型结构企业演化而来的中小型企业，这类企业的产品和服务范围有限，而且有明确的市场细分和定位。当企业外部环境相对稳定，技术相对成熟，管理工作多属例行，且不需太多的跨部门协调、配合时，这种职能式结构是最有效的。但是以缺少灵活性和集权为特点的职能型组织结构会阻碍企业的产品多元化和开拓更加广泛的市场进程。如果企业发展到这一阶段，要适应新的发展和变化，公司必须对现有的职能型组织结构进行重新构建。

（三）事业部型结构

事业部型组织结构就是按照企业所经营的事业，包括按产品、按地区、按顾客（市场）等来划分部门，设立若干事业部。常见类型包括产品事业部（又称产品部门化）、区域事业部制（又称区域部门化）。事业部是在企业宏观领导下，拥有完全的经营自主权，实行独立经营、独立核算的部门，既是受公司控制利润中心，具有利润生产和经营管理的职能，同时也是产品责任单位或市场责任单位，对产品设计、生产制造及销售活动负有统一领导的职能。

事业部型组织结构的特征是：决策权并不完全集中于公司最高管理层，而是分权给事业部，有利于它们统一管理、独立核算；公司最高管理层摆脱了日常事务，集中精力进行重大决策的研究；公司的适应性强；适于规模大，产品种类多，经营范围广，分地区经营，技术上、生产上可以相互独立进行的企业。例如大型旅行社大都采用一种可概括为"地区部制的事业部型结构"模式设计组织结构，即按地域划分为多个地区部或分社，实现"集中政策下的分散经营"，其本质就是大企业内部实行小企业经营。以张家界光明国际旅行社有限公司为例，其组织结构图参见图7—3。

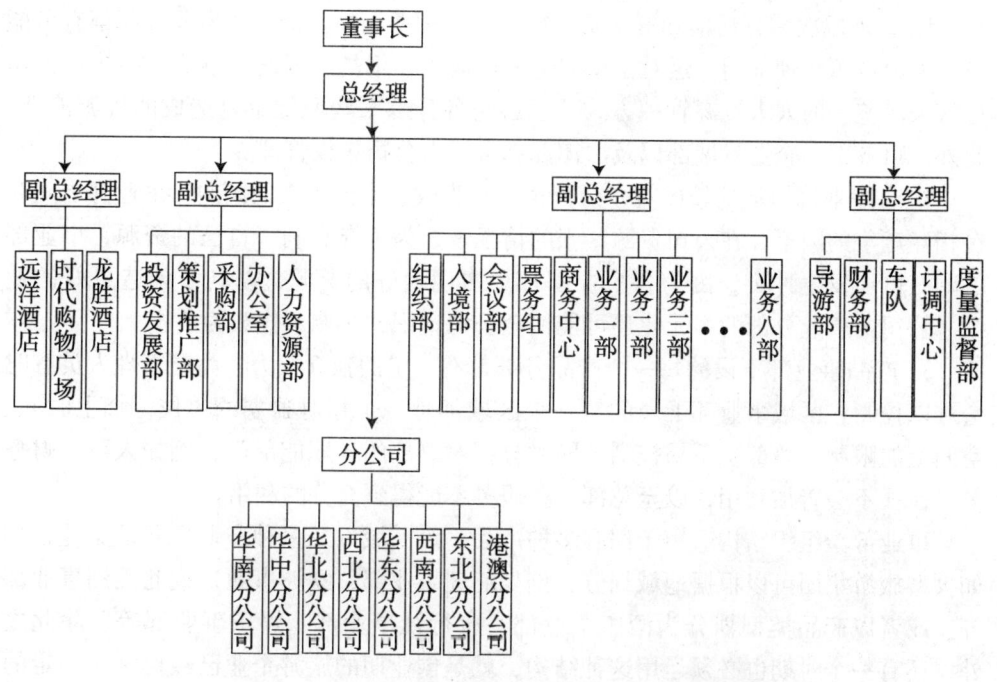

图7—3 张家界光明国际旅行社有限公司组织结构

事业部型组织结构的优点是：

1. 每个事业部都有自己的产品和市场，能够规划其未来发展，也能灵活自主地对市场出现的新情况迅速做出反应，所以这种组织结构既有高度的稳定性，又有良好的适应性。

2. 有利于最高领导层摆脱日常行政事务和直接管理具体经营工作的繁杂事务，而成为坚强有力的决策机构，同时又能使各事业部发挥经营管理的积极性和创造性，从而提高企业的整体效益。

3. 事业部经理虽然只负责领导一个比所属企业小得多的单位，但是由于事业部自成系统，独立经营，相当于一个完整的企业，所以他能经受企业高层管理者面临的各种考验。这有利于培养全面管理人才，为企业的未来发展储备干部。

4. 事业部作为利润中心，既便于建立衡量事业部及其经理工作效率的标准，进行严格的考核，又易于评价每种产品对公司总利润的贡献大小，同时各事业部门之间可以有比较、有竞争。由此而增强企业活力，促进企业的全面发展。

5. 按产品划分事业部，便于组织专业化生产，形成经济规模，采用专用设备，并能使个人的技术和专业知识在生产和销售领域得到最大限度的发挥，因而有利于提高劳动生产率和企业经济效益。各事业部自主经营，责任明确，使得目标管理和自我控制能有效地进行。

事业部型组织结构的主要缺点是：

1. 管理层次多，活动和资源重复配置，管理费用高。例如各事业分部都有可能设立人力资源管理部门，这对于事业部来说成本会很高。因此，事业部结构的公司最好采取统一的人力资源管理方式，以避免各分部某些职能重复造成的资源浪费。此外，财务部、企业发展部以及法律部都可以由公司集权管理。

2. 各事业部协调比较困难，易产生各自为政、本位主义的倾向。事业部之间存在相互竞争的因素，在公司资源紧张的情况下，为争夺有利于自己的资源，事业部之间有可能发生冲突，因为各事业部都想占用最好的资源，以利于创造更好的业绩。公司内事业分部的多元化还可能使全公司范围的协调工作成为负担。

3. 产品事业部下设的每一个产品分部都有一定的独立权力，高层管理人员有时会难以控制；区域事业部下属的每一个区域都是一个相对独立的单位，加上时间、空间上的限制，总部也不易控制。同时分部对总部的各职能部门，例如人事、财务等，往往不会善加利用，以至总部一些服务不能得到充分的利用。

事业部型组织结构适用于拥有多种产品、跨区域以及多种产业经营的企业，例如大型旅游集团可以根据地域划分，例如亚洲事业部、欧洲事业部或北美洲事业部等。或者以产品类型划分为酒店事业部、旅行社事业部、娱乐事业部等。除此之外，还有一个时期也必须运用这种结构，就是创业期的旅游企业已经奠定了一定的基础，具有了构建品牌和自我发展的能力，企业的专业化人员也具有了很好的基础时，事业部型组织结构是企业理想的组织结构。

（四）母子公司型结构

母子公司组织结构通常应用于大型企业集团，其中母公司作为投资公司，其主要经营活动是对其附属的子公司进行投资，以及子公司的收购和剥离等资本运营活动。其子公司可以是完全控股子公司，也可以是相对控股子公司。子公司的决策经营活动完全独立，因此母子公司结构是一种分权度非常高的组织结构形态。母子公司的控制系统主要体现在母公司要求子公司实现既定的财务目标，包括投资利润率和资产回报率等财务指标，或者母公司通过资本运营出售效益不好的子公司并让子公司承担被迅速剥离的风险。

母子公司结构的主要优点在于：1. 如果企业集团拥有不同行业的许多子公司，对于母公司来说，可以分散投资风险，同时可以获得较为稳定的平均利润。2. 集团公司利用子公司业务实现其多元化经营的目标，也是平息和稳定子公司担心被剥离的有效方法，特别是在子公司绩效较差时，子公司这种担心尤为明显。

母子公司结构的不足之处包括：1. 子公司总担心自己有一天会被母公司出售，这种情形可能会助长子公司经营管理和绩效的不稳定性，从而难以对其进行长期发展目标基础上的管理。2. 由于企业集团业务的多元化，与事业部结构的公司相比，母子公司制企业整个集团的管理和协调会更加困难和复杂。

（五）矩阵型结构

矩阵型组织结构是为了改进直线职能型结构制横向联系差、缺乏弹性的缺点而形成的一种组织形式，是由系列职能部门，例如旅行社的外联部、计调部、财务部等和系列项目小组组成的（见图7—4），特点是围绕某项专门任务成立跨职能部门的机构，例如组成一个专门的产品（项目）小组去从事新产品开发工作，在研究、设计、试验、制造各个不同阶段，由有关部门派人参加，力图做到条块结合，以协调有关部门的活动，保证任务的完成。这种组织结构形式是固定的，人员却是变动的，任务完成后就可以离开。

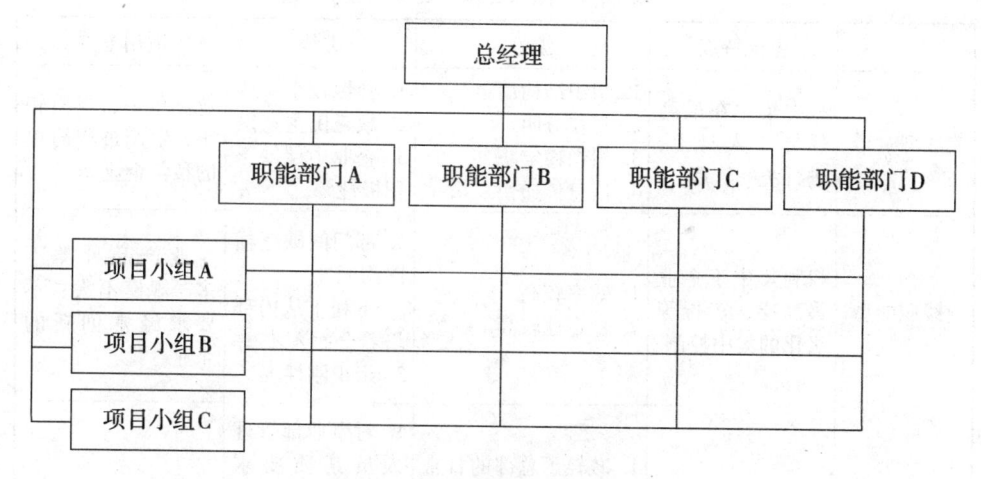

图7—4 矩阵型组织结构图

矩阵型组织结构的优点在于：1. 灵活性和适应性较强，有利于加强各职能部门之间的协作和配合、信息交流，有利于增加互相学习机会，解决了直线职能型结构中各部门互相脱节的问题。2. 由于这种结构是根据项目组织的，任务清楚，目的明确，各方面有专长的人都有备而来，有利于开发新技术、新产品和激发组织成员的创造性。3. 各部门人员的不定期的组合有利于提高专业管理水平，提高劳动生产率，不仅能促进一系列复杂而独立的项目的协调，而且拥有将职能专家组合在一起的经济性。

矩阵型组织结构的缺点包括：1. 人员上的双重管理的先天缺陷。由于参加项目的人员都来自不同部门，隶属关系仍在原单位，项目负责人对这些员工管理困难，同时双重职权关系容易职责不清，引起冲突。2. 由于项目组成员来自各个职能部门，当任务完成以后，仍要回原单位，因而容易产生临时观念，对工作有一定影响。3. 由于项目一般涉及较多的专业，而项目负责人对项目的成败有举足轻重的作用，所以要求项目负责人具有较高的协调能力和丰富的经验，但是优秀的项目负责人比较难找到。

　　矩阵型组织结构非常适用于横向协作项目和涉及面广的、临时性的、复杂的重大产品开发项目或管理改革任务。这种结构可以利用职能部门化来获得专业化经济性，如果企业一方面需要规模增长，另一方面需要专业化能力以及突破有限资源的限制，矩阵式结构是一个适合的结构。为了解决矩阵式结构本身的缺点，就需要公司从两个方面做出安排：第一，明确的计划管理，预算清晰并严格控制；第二，双向考核，每一个专业成员需要一方面接受专业部门的考核，另一方面接受业务部门考核。

表 7—1　组织结构各类型比较

	主要特点	优势	劣势	适用范围
直线型	权力集中在最高领导一人身上，进行统一管理	1. 组织结构简单 2. 责权分明 3. 组织稳定 4. 信息传递快	1. 弹性较小 2. 缺乏民主意识 3. 企业中层缺乏积极性	业务单一、规模较小、生产过程简单的私营企业
直线职能型	权利集中于企业最高层，实行等级化的集中控制	1. 效率较高 2. 稳定性较高	1. 部门间缺乏横向沟通 2. 不利于从内部培养全面人才 3. 组织刚性大	企业产品种类不多、规模不大、不要求经常创新的企业
事业部型	政策的制订与行政管理分开，政策管制集团化，业务运营分权化	1. 减轻了总部的日常管理压力 2. 有较高的稳定性和较强的适应性 3. 有利于管理人才的培养	1. 对事业部管理人员素质要求较高 2. 总部和分部机构重复设置，管理人员成本高 3. 集权和分权时机难以把握	企业规模比较大、下级单位要能够成为一个完整的企业结构的企业类型
母子公司型	母公司通过参股、控股、合同等形式对子公司施加影响	1. 母子公司都是独立法人，子公司具有较强独立性 2. 母公司的控制能力得以提高	1. 母子公司缺乏战略联系和协调 2. 优势母公司对子公司影响能力有限	大型的企业集团、跨国公司

续表

	主要特点	优势	劣势	适用范围
矩阵式结构	职能部门和项目小组结合，条块结合	1. 加强部门间协作与交流 2. 有利于开发新技术、新产品，激发成员创造性 3. 提高专业管理水平，提高劳动生产率	1. 双重管理容易职责不清 2. 成员有临时性观念，影响工作 3. 对项目负责人要求高	横向协作项目，涉及面广的并且复杂的重大产品开发项目

四、组织结构的再造

组织结构再造是旅游企业管理创新的重要内容，传统旅游企业，例如酒店、旅行社组织结构的设计借鉴了工业社会从亚当·斯密的分工理论开始至20世纪80年代一整套的管理理论，沿袭了传统的以劳动分工为基础的组织形式，组织结构也越来越庞大，表现为直线型、直线职能型等组织结构，其中尤以直线职能型组织结构最为常见，这些组织结构可被称为传统的科层制组织结构。科层制组织模式不可避免地存在部门沟通协调困难、强化职能部门分工使得组织无法取得整体最优效益、难以对市场需求的快速变化做出迅速反应等问题。

此外，科层制组织结构中，旅游企业的全部信息拥有权和决策权均集中于中高层领导，对市场的反应和对业务的最终决策，都需通过较长的沟通链来完成。在竞争形势瞬息万变和旅游者消费需求日趋个性化的旅游市场，这种集中决策的决策机制对信息的滞后性越来越明显，科层制组织结构已不能满足顾客迅速反应、定制化服务的需求。因此旅游企业组织结构的创新更显得必要和迫切。

（一）扁平化组织结构

扁平化组织正是由于科层制组织模式难以适应激烈的市场竞争和环境快速变化的要求而出现的。所谓组织扁平化就是通过破除公司自上而下的垂直高耸的结构，减少管理层次，增加管理幅度，裁减冗员来建立一种紧凑的横向组织，达到使组织更灵活、敏捷，富有柔性、创造性的目的。它强调系统、管理层次的简化，管理幅度的增加与分权。扁平化组织需要员工打破原有的部门界限，绕过原来的中间管理层次，直接面对顾客和向公司总体目标负责，从而以群体和协作的优势赢得市场主导地位。企业组织结构由传统型向扁平化的过渡见图7—5。目前世界上许多企业公司都大刀阔斧地压缩管理层级，扩大管理幅度，实施管理结构的扁平化。美国的通用电气公司原来从董事长到工人有24个管理层级，经压缩后现在只有6层，原有的60个部门也减为12个，管理人员从2100人减为1000人。太阳（Sun）公司扁平化后的垂直结构只有三层：总裁、事业部部长、工程师。而英国电讯公司的管理层级也压缩了50%。

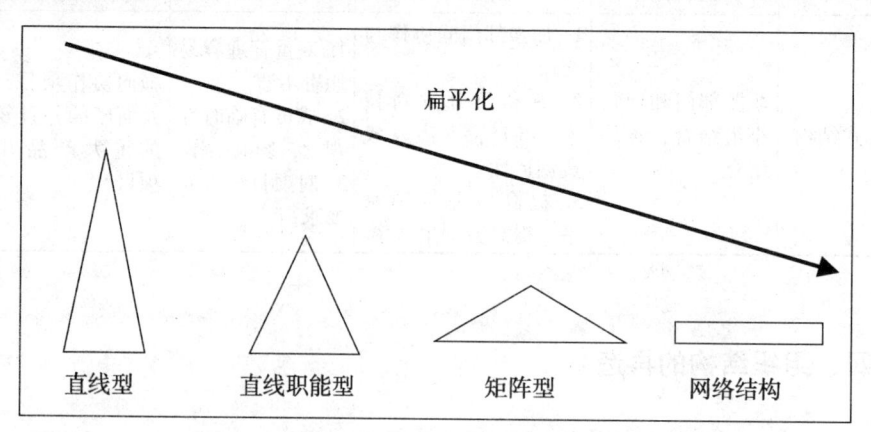

图7—5　企业组织结构扁平化趋势图

　　扁平化组织的特点可以概括为：1. 以工作流程为中心而不再是围绕职能部门来构建组织结构，职能部门的职责也随之逐渐淡化。2. 减少管理的中间层次，简化纵向管理层次，使企业指挥链条最短，告别直线型组织的那种多层级的金字塔模式。3. 企业资源和权力下放于基层，以顾客需求驱动管理。一线员工在某种程度上将成为企业直接的决策人，这种变化在旅行社的管理中表现最为明显。基层的员工与顾客直接接触，使基层员工拥有部分决策权能够避免顾客反馈的信息在向上级传达过程中的失真与滞后，大大改善服务质量，快速地响应市场的变化，真正做到"顾客满意"。同时员工也变成了企业的主人。总之，扁平化结构的优点在于反应快、灵活、运营成本低、责任明确，优秀的人才资源更容易成长。

　　扁平化结构的组织设计遵循以下一些原则：1. 面向顾客的原则，即组织结构再造必须明确树立和保持"顾客第一"的观念。2. 自主化的原则（Autonomy），即组织的执行层必须有一定的自主权来处理突发性事变。3. 柔性和灵活性（Flexibility），即企业主动积极地自我调整以求适应市场和环境的快速变化。4. 开放性（Openness），组织系统应不断加强与外界环境和其他组织的联系，以适应环境的差异性、动态性和不稳定性。5. 符合人性的原则（Humanity），即企业应调动员工的主动性、积极性，使人与事密切配合，提高效率。

　　旅游企业实施扁平化的组织管理可以从以下几方面进行：

　　1. "倒金字塔"结构

　　当企业规模扩大时，原来的办法是增加管理层次，即"金字塔"结构，而现在的办法是增加管理幅度，把金字塔"倒转"过来，铲除责任分配的等级层次。当管理层次减少而管理幅度增加时，金字塔状的组织形式就被"压缩"成扁平状的组织形式，即"倒金字塔"结构了。

以酒店为例，"金字塔"结构的酒店管理层级是总经理—部门—主管—领班—员工，它的最上层和最下层是不能精减的，部门一级是独立的收益或组织服务的单位，也很难取消。但是在主管和领班这两个层次上可以减少一层。美国大型饭店总经理以下设两级管理，就到了钟点工，较大而标准的酒店结构是"总经理—前厅部—接待主管—员工"。对于直接向客人提供服务的部门，例如餐饮部和客房，每班都由主管甚至经理在现场组织协调，领班的管理功能不明显，因此一线部门不设领班。此外，二线部门不设主管，比较典型的是财务部、工程部、人力资源部、洗衣部等。这些部门办公地点集中，班次集中，大部分时间经理或领班都在位，有领班就没必要再设主管。同时，在每一层次减少级别。例如，总经理室一正一副就能保证管理的不间断性。如果再加一个"总经理助理"就人为地多了一级，这方面国际连锁酒店集团几乎都是只设一人或两人。美国中等规模的酒店总经理一般有五个部门的负责人直接向他汇报，他的"管理幅度"就是五个下属。当酒店规模再扩大，有八九个部门向他汇报工作的时候，才配备一位"驻店经理"，以缩小总经理的管理幅度。

2. 员工授权

授权是将职责和控制权由管理层向从事企业核心工作的员工转移的一种观念，授权并不意味着委托责任，而是将责任与权力永久地交给一线员工。由于"倒金字塔"结构减少了管理人员，客人的需求要想及时得到满足就必须扩大员工的一线决策权力，不再需要等待批准就能够快速满足客人的要求，这有助于组织结构扁平化的酒店做好服务工作。同时，授权可以为员工提供更加有趣的工作，可以减少一线员工晋升中的瓶颈现象，以激发其工作热情。员工被授权后不会抱怨反而增加了对工作的满意度，因为授权对那些充满成就感和渴望得到发展的员工是莫大的鼓励。

例如在酒店中，直接接触顾客的是位于服务第一线的员工，他们对顾客的需求最为了解，同时对服务的设计也最有发言权。为了提供顾客所需要的服务，他们需要尽可能地掌握有关的信息，如酒店在经营和产品方面发生了哪些变化，在什么时间、什么地点将采取哪些促销措施等。扁平组织结构就是让一线员工在一定程度参与管理，同时也缩短了员工与管理层的距离，从而增加了管理层的亲和力。

3. 信息沟通网络化

信息和网络技术的飞速发展，为扁平化组织形式的普及奠定了技术基础。由于网络的普及，局域网、电子邮件系统、数据库等方式成为旅游企业内部沟通的重要方式和工具。

例如美国 Wyse 公司推出一种"数字酒店客房系统"。这一系统由客房中的智能网络电视和后台的软件平台及服务器群组成，可以通过酒店的运营管理系统与客房的空调、门锁、窗帘等自动控制装置集成起来，形成一个完整的智能化酒店网络系统。经营者可以通过互动网页、电视短片等丰富多样的形式与住店客人进行信息沟通，进而提供更加周到的服务，同时为酒店节省人力资源并缩减管理层级。

此外，让客人自己在酒店大堂的自助式服务柜台进行入店登记，也可以减少酒店员工的数量，从而降低酒店的人工成本。例如，万豪国际集团于2005年夏天在旗下酒店推出自助式柜台服务，让住店客人自助办理登记入离店手续。万豪集团也在考虑拓展其自助柜台的服务项目，如预订客房服务、设定叫早电话、预订餐厅、预订汽车和为客人打印地图等。喜达屋和希尔顿两家集团的一些酒店业也推出了类似的服务，并且还将进一步推广。从一定意义上讲，正是由于信息与网络技术提供的强有力支持，促成了沟通高效平台化和决策过程透明化，从而进一步推动了饭店组织系统的扁平化。

扁平化组织形式主要有矩阵制、团队型组织、网络型组织等，本节重点介绍网络组织结构来加深对扁平化组织结构的理解。

（二）网络组织结构

网络型组织的一个被较为普遍接受的定义是：网络型组织是由多个独立的个人、部门和企业为了共同的任务而组成的联合体，它的运行不依靠传统的层级控制，而是在定义成员角色和各自任务的基础上通过密集的多边联系、互利和交互式合作来完成共同的目标。

网络型企业组织结构中，企业各部门都是网络上的一个节点，每个部门都可以直接与其他部门进行信息和知识的交流与共享，各部门是平行对等的关系，而不是以往通过等级制度渗透的组织关系。密集的多边联系和充分的合作是网络型组织最主要的特点，而这正是其与传统企业组织形式的最大区别。这种组织结构在形式上具有网络型特点，即联系的平等性、多重性和多样性。

各个公司的网络型组织也不完全一样，但它们都有一些基本特征：

1. 合作、民主、自由、宽容

知识化生产时代的产品特点是不断创新，且以创造性劳动为主。但是，创新所需要的知识和信息的分布从来就是不平均的。创造性劳动需要上级尊重下级，鼓励创新，允许失败，鼓励不同意见相互交流。网络型组织与此相适应的形式有合理化建议、同级业绩评议等。

2. 供给关系以企业间合作为基础，企业边界模糊

在新企业网络型供给关系中，合作具有更为重要的地位，核心企业可以帮助供应商解决技术问题，节约的成本双方共享；供给企业也可以修改核心企业的设计要求，降低的成本也可以双方共享。企业由追求自身利益最大化转向追求整个价值链（供应链）上的价值最大化。

3. 通过团队来适应创造性劳动对知识的密集性要求

创造性劳动需要不同知识背景的人相互组合，企业团队就是由此而产生。团队是加强合作、加强信息交流的一种方式，也是网络型组织的一种形式。

4. 通过权力和责任本地化来激发人的积极性、能动性与自我管理能力

在实行分权和授权的变革后，即使在非独立核算的下级单位，决策也并非是由上级部门做出后下达执行，而是下级部门自行决策后上报，或上级与下级商议后决策；重要的不是权力而是业绩。设立利润中心和成本中心、缩小和建立独立的核算单位也是网络型组织的特征之一。

5. 具有柔性化的特点

柔性化是指在组织结构中设置一定的非固定和非正式或临时性的组织机构，这些组织机构往往是以任务为导向的，可以根据需要而设置或取消，与正式的组织机构有着网络型而不是直线型的关系。

6. 有多文化、个性化和差异化的特点

在网络型组织中，每一个人都是网络组织上的节点，他们之间的联系比在传统直线型组织下更密切。企业内部多种文化和差异、个性的存在则有利于知识和信息的整合。

网络型组织结构企业的运作方式是让公司确定和认知自己在价值链上的能力，同时也让公司的每一部分能够独立地生存，即公司内部所有的部门之间都是市场价格关系。例如，某部门的产品或服务，如果公司内部其他部门愿意接受就可以提供给公司内部，如果内部部门不愿意接受也可以出售给公司外部的企业。在这样的结构里面，每一个部门离开公司的其他部门都可以存活，因为这个部门是市场上最具有竞争力的，而不是被公司保护的部门。如果公司的每一个部门都可以独立生存，这样的企业就有非常强的竞争力。此外，公司各部门可以外包的就外包，可以战略联盟的就安排战略联盟，公司可以集中资源做价值链上最能体现公司价值的部分。

网络组织结构的优点就是能够变化，能够适应整个环境带来的竞争，把有限的资源集中在自己最擅长的业务上，而让其他人做他们擅长的业务，最后组合在一起。同时，可以降低管理成本，提高管理效益；可以实现企业全世界范围内供应链与销售环节的整合；可以简化机构和管理层次，实现企业充分授权式的管理。

网络组织结构部门间联结自由松散的缺点可以借助两个安排来解决，第一，品牌管理，强大的品牌可以把价值链上所有的环节联结在一起，而品牌的核心就是顾客价值的创造，其中最重要的是品质的承诺；第二，核心经理人团队，一定要构建一个强有力的经理人团队，运用团队的能力和价值链上的每一个环节对接，能够指导和管理价值链。虽然在目前的情况下，并不是每一个行业和每一家企业都可以采用网络结构，但是建议旅游企业朝这种结构发展。

第三节　旅游创业企业的组织运行

组织的存在是为了实现目标，组织管理是为了提升效率，每个企业都应有自己的组织运行规划和程序，还要及时改变企业的运行构造，以保证企业这一特殊机体的有效运行。许多创业者既是创业者又是经营者和所有者，一般企业在创业阶段普遍存在这样的现象："大企业，小管理"。高层经营者往往优先关注业务的增长，重业务，轻管理。在企业经营过程中，没有长远发展规划，没有及时改善企业的运行构造。

一、专业化、分权和授权

专业化是指组织内各类工作划分到不同部门和职位的精细程度。集权程度指组织内决策权力的分布和集中情况。在中国的企业中不尊重专业化的情况非常普遍，大部分的公司有分工，但是不会在职务的名称上明确地表达出来，因此只要是总裁，不管他在什么专业领域，都可以让所有下属接受他的意见。但是不应该这样，企业必须尊重专业能力而非职位，同时因为没有明确的专业安排，大多数情况下每位副总裁都会对所有的职能或者专业发表意见，下属又必须执行，在这样的情况下，绩效就会受到伤害。所以在这个层面，所有的部门都需要全称界定，比如财务副总裁、营销副总裁、成本主管、质量主管等，只有这样设计，才会让专业人士发挥作用，同时使专业能力受到尊重。

当一家企业非常讲究分工、责任和目标的时候，这家企业就具有很好的组织管理特性。组织必须保证一件事是同一组人在承担。很多管理者都被复杂的组织管理搞得焦头烂额，无所适从。人们总是从制度建设、激励体系和人员素质方面着手，认为这些措施可以解决组织混乱的问题，但是无论大家怎样努力，管理制度的健全、激励体系的完善和人员素质的提升，根本的问题还是没有解决，所以又开始尝试用末位淘汰或者内部竞争的方式来解决问题，经历了几年的努力，发现效果也不明显，问题仍然存在，一个根本的原因是没有理解到组织需要明确的责任、权力和目标。也就是说，同一个权力、责任和目标必须由同一组人承担。在组织中看到结构臃肿、效率低下、人浮于事、责任不清、互相推诿的情形出现的时候，必须先看看是否同一件事情有两组人在做，同一个责任有两组人在承担，同一个权力有两组人在使用，这是出现上述情况的原因所在。这些情况我们可以用一个词来表述，即"组织虚设"。

分工是个人和组织联结的根本方法，组织的能力来源于分工带来的协作，没有分工就没有组织结构的活力。对于组织而言,无论是结构设计还是人员的选择,如果使用得当,可以简化和澄清组织中一个很关键的问题,就是谁控制什么的问题。在任何一家公司中,清晰的沟通线、控制线、责任线和决策线都是至关重要的。拥有这一清晰的脉络,需要分工的设计,不能依靠人的自觉,或者管理的制度,组织结构本身就应该做好这件事情。组织的分工主要是分配责任和权力。组织必须保证对于一家企业所要承担的责任有人来负责,同时让负有责任的人拥有相应的权力。因此组织中个人和组织的关系事实上是一种责任的关系,分工让每一个人和组织结合在一起,同时也和组织目标结合在一起。组织分工需要理性设计和法律界定,没有共同的对于分工的承诺和认识,没有人们对于分工的权威的认同,事实上是无法实现组织管理的。

分权是组织中最难做到的一个方面,有时候企业也有分权手册,也有分权制度,但是实施起来常常走样,很多高层经理人喜欢把分权看作调整人事的武器或者把分权看成是一种政策的资源。分工有横向和纵向两个方向。纵向分工是企业的经营分工,这条线决定绩效的分配、权力的分配,所以常常又称之为职权线。纵向的分工安排可以看到企业承担绩效的层级、管理的层级以及考核的对象。因此在这条线上,必须保证承担绩效的人权力最大,而不是职位高的人权力最大。纵向分工就是确保承担绩效的人权力最大,与总经理的距离最近。横向的分工是资源分配,也就是说公司所有的资源都在这条线上进行专业分配,保障业务部门能够获得支持,所以横向分工也称职能线。横向分工最重要的是专业化分工以及专业化水平,为了确保资源的有效使用,横向分工一定要尽可能简单、精简,能够减少就不增加,能够合并就合并。

部门的划分。部门的划分可以彰显专业化,也可以确定每一个部门成员的自我认知,尤其是其对自身公司地位和作用的认知。比如大客户部,这个部门因为被称为大客户部,部门内的很多成员就对自己有了不同的认知,他们会认为大客户很重要,因此在这个部门工作也说明自己很重要,同时更重要的是将他和其他没有在大客户部工作的同事区分开来,使其有了不同的感觉,而为了保有这个感觉,他们会努力地工作。部门的划分可以有多种方式,大致可以分为两种:按照目的划分和按照程序划分,但是不管使用哪一种划分方式,最终都体现一个思想,在明确划分的部门里面,成员最具有这个部门专业领域的权威性。组织结构的核心是分责、分权,所以我们还需要确定一件事情,就是纵向分工所形成的职位,最好大过横向分工所形成的职位,这样,让职能部门为一线部门服务才不会成为口号。

二、管理幅度和管理层次

管理制度越少越好,因为制度本身就是一个成本。当代组织理论强调现代企业组织结构应具有弹性,以适应网络技术新环境带来的巨大变化。所谓弹性结构,是指企业内部的部门结构、人员职责和工作职位都应不断调整，以适应企业内外环境的急剧变化。对组织结构进行动态调整，体现在组织设计的权变理论中，如明茨伯格组织设计权变理论、劳伦斯和洛希组织设计权变理论，都反映了对弹性组织结构的要求。

根据这一原理，首先应使部门结构富有弹性，即根据组织目的之需要，定期审查企业内部任何一个组织是否具有存在的必要性，如果已属不必要，就应该撤销或改组这个部门。此外，还可设置临时工作小组，以适应组织环境和不同工作性质的需要。弹性组织结构原则还要求部门内工作职位的设置也富有弹性，使之可以及时更换和调整。

在管理职能的安排上，只有组织结构回答了权力和责任的关系，因此组织结构要解决权力和责任的相互关系问题，最为重要的是组织结构必须保证权力和责任是匹配的，只有在匹配的权力和责任关系中，组织管理才会有效发挥作用。所以组织结构需要清晰地设计出沟通线、控制线、责任线和权力线，其中权力线和责任线是组织结构的纵向安排，沟通线和控制线是组织结构的横向安排。

组织结构的纵向安排需要考虑两个问题：一个是设计多少个层级，一个是公司主业务线是什么。对于第一个问题，设计的原则是以考核点为准，在公司的考核设计中，只要是需要考核的点，就需要设计一个层级。比如，一家公司需要考核副总经理、厂长、车间主任，那么这家公司的组织结构从总经理开始算起就有四层的纵向关系了，如果这家公司关键绩效指标是考核厂长的，那么这家公司的组织结构从总经理开始算起就只有两层的纵向关系。对于第二个问题，设计的原则是以公司的主营业务为标准，比如说这家公司是销售公司，那么主业务线就是总经理对应销售系统，其他的都是辅助线；如果这家公司是制造公司，那么总经理对应的是制造系统，这个时候销售系统变成了辅助系统。最关键的是组织结构的纵向安排是责任和权力线的安排。

组织结构的横向安排需要考虑的问题是：需要多少个职能部门完成资源的专业安排，因此设计的原则是以主业务对职能的需求来决定，其中最关键的是尽可能地减少细分，突出关键职能就可以了，部门越少越好。需要说明的是，职能部门不能够拥有权力，只能够给予专业的指导意见和专业的服务。所以从这个意义上讲，在一家企业的组织结构中，职能部门不能够拥有权力，原因很明显，因为职能部门并没有承担经营责任。所以，在组织中权力和责任需要匹配，不能使拥有权力的人不承担责任，承担责任的人却没有权力。

三、管理制度的执行

首先，企业必须有效克服管理组织中的依赖性，不失时机地对各层次管理人员进行竞争感、紧迫感和危机感的教育与沟通，促使他们能积极参与当前的变革，在复杂多变的市场环境中把握趋势,敢于创新,不畏困难,迎接挑战。

其次,对管理人员实施轮岗制度,让不同层次的管理者经常处在一种富有进取、挑战和刺激的环境中,接受锻炼考验。这既有利于广大管理人员综合素质的提高,又有利于实现人力资源的动态化优化配置。

再次,对管理人员进行有效的考核和组织不断的培训。重点要放在对网络经济新知识的学习培训和对市场经济新动态的认识把握上。让管理始终处在一种动态思维之中,使管理人员在调查研究、信息反馈、过程咨询、市场分析、决策建议和团队建设中升华自己。

最后,组织需要创造一个使双方良性互动的机会。例如,建立开诚布公的沟通体系,让员工清楚地知道自己在结构中的位置,直到他们感觉到确实的责任和权力,他们才可能专心地工作。确保确定结构的准则是公平的。组织程序的公平性将会消减契约违背时的员工负面反应,即使发生心理契约违背,如果组织在程序上是公平的,那么员工会认为自己仍然是组织里具有价值的重要成员之一。恪守承诺。心理契约的构建基础是信任,为了稳定现有员工的心理预期而轻易做出的承诺,可能成为未来组织食言的证据。很多组织在设计结构的时候,总是对员工宣称:我们调整现有的结构和人员的目的是让大家得到一个更大的平台,是给大家提供更多的机会。一旦实际操作开始后,裁员、结构调整随之发生,员工因感觉被出卖而愤怒不已。切记的一点是,不要在结构设计过程中轻易做出承诺。

【内容举要】

组织即反映人、职位、任务以及它们之间的特定关系的网络,是人们为达到共同目的而使全体参加者通力协作的一种有效形式。它规定各组成人员的职务及其相互关系,以职务与职务之间的分工与联系为主要内容,而组织结构的设计是执行组织职能的基础。

企业的组织结构是企业制度的重要组成部分,企业在不同的发展阶段通常采用如下几种传统的模式:简单直线型结构、直线职能型结构、事业部结构、母子公司结构和矩阵结构等。不同形式的组织结构适用于不同的外部环境,同时也与企业的经营目标、企业的规模、所采取的战略等因素有关。

组织管理的存在是为了提升效率,每个创业企业都应有自己的组织运行规划和程序,还要及时改变企业的运行构造。为保证企业这一特殊机体的有效运行,创业企业应实现专业化、分权和授权。同时应使部门结构富有弹性,即根据组织目的之需要,定期审查企业内部任何一个组织是否有存在的必要性,如果已属不必要,就应该撤销或改组这个部门。此外,还可设置临时工作小组,以适应组织环境和不同工作性质的需要。弹性组织结构原则还要求部门内工作职位的设置也应富有弹性,使之可以及时更换和调整。

【案例分析一】

常州春秋旅行社组织结构

  常州春秋率先在行业中实行总公司管理模式，以常州春秋（旅游）投资管理有限责任公司为总公司，管理下属常州春秋国际旅行社、江苏龙途国际旅行社、常州春秋国际旅游广场（常州市旅游推广中心）、常州龙途网络公司（市旅游咨询中心/呼叫中心）、常州春秋航空服务公司、常州春之旅广告公司6家子、分公司。其中下属的常州春秋国际旅行社成立于2002年1月，历经8年的发展，目前已拥有300余名员工、20个连锁店，2009年营收逾1亿元，固定资产超过5000万元，其中拥有自有产权的营业用房5000多平方米，业务涉及旅游、航空票务、酒店、旅游咨询、会议、会展、电子商务、广告等领域。2008年被国家旅游局评为全国百强旅行社第37名，2010年被常州市旅游局指定为常州地区世博会门票主要销售单位之一。

  常州春秋连续多年位列常州市旅行社行业前三强，是常州年营收增长速度最快的旅游企业之一，8年内营收增长了30倍。使用自行研发的网络系统销售春秋旅游产品，做到"散客天天发，一人也可游天下"便利的散客预订服务，拥有"贵族之旅、自由人、红色之旅、亲子游、自驾游、老年游、野外拓展"等特色旅游产品。常州春秋国际旅行社的组织结构包括客服中心、旅游咨询中心、门店销售中心、大客户部、营销部、发展部、武进分公司、市场营销部、国内旅游中心、国际旅游中心、导服中心、行政管理中心、财务结算中心、春秋旅游车队。其中客服中心下设常州春秋国际旅游广场。旅游咨询中心下设15个分店，包括欧尚五星店、欧尚兰陵店、华润苏果店等。

  常州春秋设有严格的质量监督管理机构，诚信经营，坚持"没有最好、只有更好"和"每团必访"的优质服务理念。"说到就要做到、要做就做最好"是常州春秋的经营宗旨和诚信服务理念。"要旅游，找春秋"已经成为众多市民出游的选择，确立了"春秋旅游"在业界的品牌。

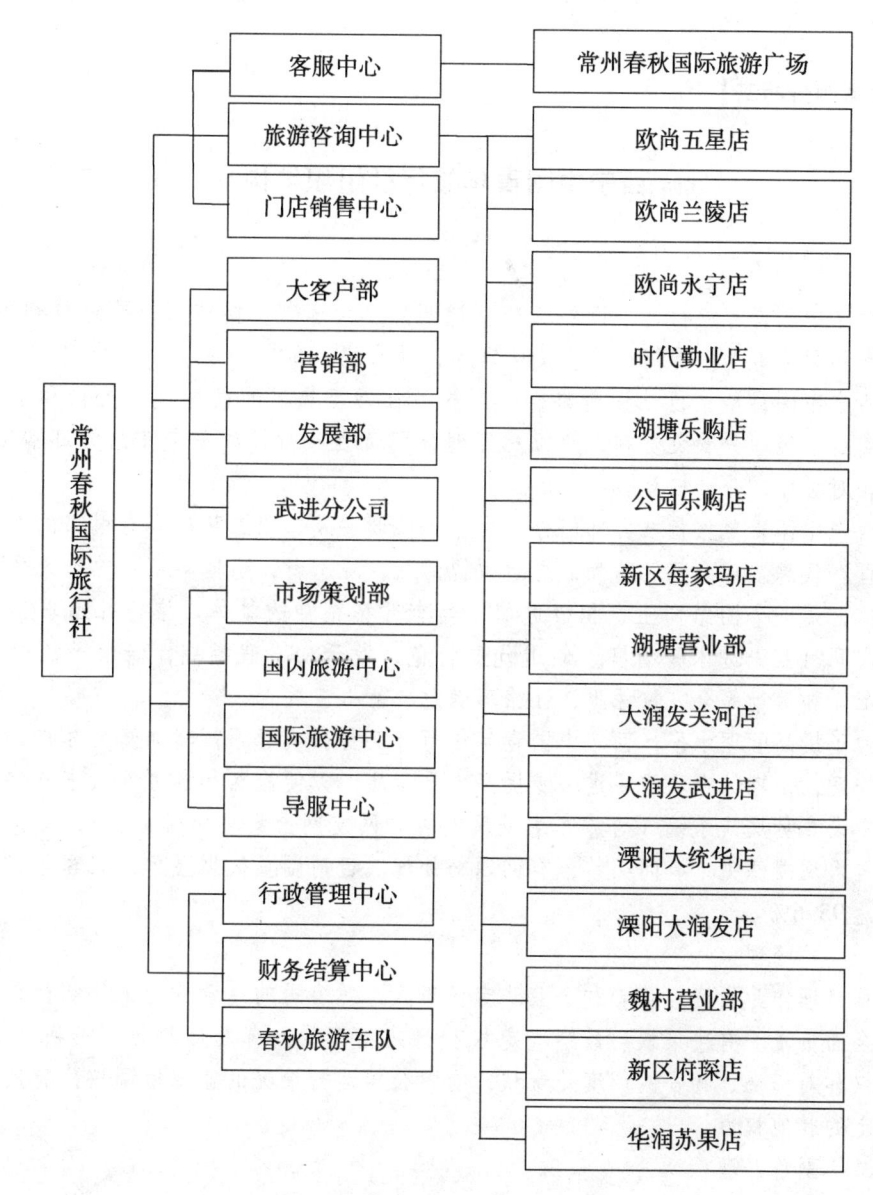

```
                    ┌── 客服中心 ──────── 常州春秋国际旅游广场
                    ├── 旅游咨询中心 ──── 欧尚五星店
                    ├── 门店销售中心 ──── 欧尚兰陵店
                    │                     欧尚永宁店
                    ├── 大客户部           时代勤业店
                    ├── 营销部             湖塘乐购店
 常州春秋           ├── 发展部             公园乐购店
 国际旅行社  ──────┤                     新区每家玛店
                    ├── 武进分公司         湖塘营业部
                    ├── 市场策划部         大润发关河店
                    ├── 国内旅游中心       大润发武进店
                    ├── 国际旅游中心       溧阳大统华店
                    ├── 导服中心           溧阳大润发店
                    ├── 行政管理中心       魏村营业部
                    ├── 财务结算中心       新区府琛店
                    └── 春秋旅游车队       华润苏果店
```

图 7—6　常州春秋旅行社组织结构

资料来源：常州春秋旅行社网站，http://www.czcqly.com/company/company.htm 整理。

案例讨论题

1. 常州春秋国际旅行社的组织结构属于哪一类型？分析该组织结构的优缺点。
2. 如何对常州春秋国际旅行社进行组织结构再造？

【案例分析二】

西宁中国青年旅行社组织结构

西宁中国青年旅行社下设外联部、计调部、散客部、接待部、导游与翻译部、办公室和财务部七个部门,另设美宁宾馆,共有职工50人。

西宁中国青年旅行社设董事会,是旅行社乃至集团的最高权力机构和决策机构;实行总经理分管负责制,两位总经理分别负责旅行社和美宁宾馆的日常工作,财务相对独立,分开核算。

西宁中国青年旅行社各部门分工协作,协调一致。职工队伍具有很高的专业素质,青春气息浓郁,朝气蓬勃,思想敏锐活跃,观念新,感情丰富,热情大方,诚实可信,是一个团结向上、积极进取、具有开拓精神的集体。旅行社追求星级服务,向同行业先进水平看齐,创造优质特色,敢于向自我挑战,能给予旅行者导游、翻译和后勤等全方位保障,让旅客满意、舒心、放心、省心。

为了提高管理水平,西宁中国青年旅行社实行微机管理,建立健全客户和旅行团队档案,长期保存。为了进一步提高人员素质,方便旅客和各方面人士监督,旅行社专设意见反馈系统(含旅客意见反馈表和网友网上意见反馈留言),安排专人处理客人反馈意见,有问必答,有问题必处理。目前调查数据显示,旅客与客户满意率达95.6%。

一、总经理

总经理作为投资经营者和企业法定代表人,对公司的经营管理工作实行统一领导,全面负责。有决策权、最终决定权和行政指挥权,有人员调动、任免、聘用、奖罚权和对资金、物资的调度处置权,有对公司运行情况的监督协调权,有法律法规规定的其他权力。

二、副总经理

副总经理是总经理的工作助手,在总经理的授权下,协助总经理主持、处理公司的日常工作,受总经理领导,对总经理负责。具体负责市场研究、经营管理、成本预算、效益核算,参与公司发展规划和工作计划的制定,协调各部门和有关方面的工作。

三、外联部

外联部是公司对外联络、搜集信息的部门,担负着建立对外协作网络的重任。与宾馆、交通、餐饮、商店、娱乐、兄弟旅行社、旅游景点及保险部门保持良好的合作关系,为畅通旅游渠道、销售旅游产品做好前期准备和善后工作。

四、接待部

接待部是公司的窗口之一，负责公司业务受理、团体旅客接待、具体执行线路、实施旅游计划、听取旅客意见并处理突发事件；系统培训与接待工作有关的员工，考察和监督公司的接待工作，会同导游翻译部等部门，全面树立保持公司良好的企业形象。

五、导游翻译部

导游翻译部是公司直接为旅客服务的部门，是公司对外的重要窗口，负责导游、翻译工作和对导游翻译人员的管理，并规范导游翻译服务。

六、计调部

计调部是公司负责计划调控的核心部门，负责制订旅行计划，提供旅游产品，并对旅游产品实行统一定价、统一调控、统一经营、统一研究。

七、散客部

散客部是公司对外的重要形象部门和窗口，负责散客接待、组织、线路推荐、旅行安排等工作，制订和实施散客旅行计划。

八、财务部

财务部负责公司财务的全面工作，健全会计制度，管理公司器材设备和资产，执行国家经济法规，编制公司资金计划和年度预决算，进行经济分析，受总经理领导并向总经理负责。

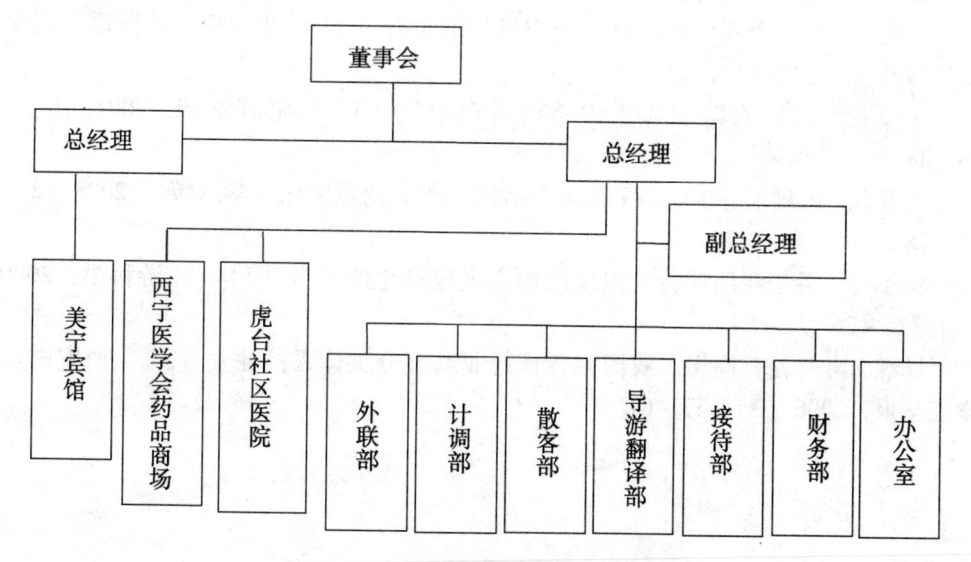

图7—7　西宁中国青年旅行社组织结构

资料来源：西宁中国青年旅行社，http://www.xnyts.com/gongshi/photo.htm 整理。

九、办公室

办公室负责公司日常行政、人事、档案、法律、后勤、秘书业务和福利、劳动保险等工作，协调和监督各部门职能的履行，开展公司工作总结，与政府主管机构和有关部门建立和保持良好的工作关系，接受有关部门的检查监督。

案例讨论题
1. 西宁中国青年旅行社的组织结构属于哪一类型？分析该组织结构的优缺点。
2. 如何完善西宁中国青年旅行社的组织结构？

【思考与练习】
1. 旅游创业企业各种类型组织结构的优缺点有哪些？
2. 旅游创业企业如何实现组织结构的再造？
3. 旅游创业企业如何实现分权和授权？
4. 旅游创业企业如何实现弹性结构？

【推荐文献】
戴斌，杜江．旅行社管理（第三版）［M］．北京：高等教育出版社，2010．
丁栋虹．创业管理［M］．北京：清华大学出版社，2006．
魏卫，邓念梅．旅游企业管理［M］．北京：清华大学出版社，2006．
马爱萍．从四个实例看旅行社组织机构的设计［J］．北京第二外国语学院学报，1997（1）：75-81．
王保伦．我国旅游酒店组织结构再造研究［J］．旅游学刊，2001（6）：43-48．
曹逸凡．构建旅游企业扁平化组织结构［J］．商业文化（学术版），2008（2）：77-78．
贺小海．关于我国旅行社组织结构高度战略化的思考［J］．旅游科学，2000（4）：25-26．
林红，叶祥松，高煜．我国旅行社行业新型分工体系的建立［J］．西安财经学院学报，2006（3）：57-61．

第八章　旅游企业的创业激励管理

【学习目标】

通过本章学习，使学生了解产权激励、薪酬激励理论、专利权理论的内涵，掌握产权激励的两种方式：股票期权与员工持股计划，了解薪酬激励的含义、依据、定位方法及具体措施，熟悉专利权激励的管理程序及管理方法。

【内容结构】

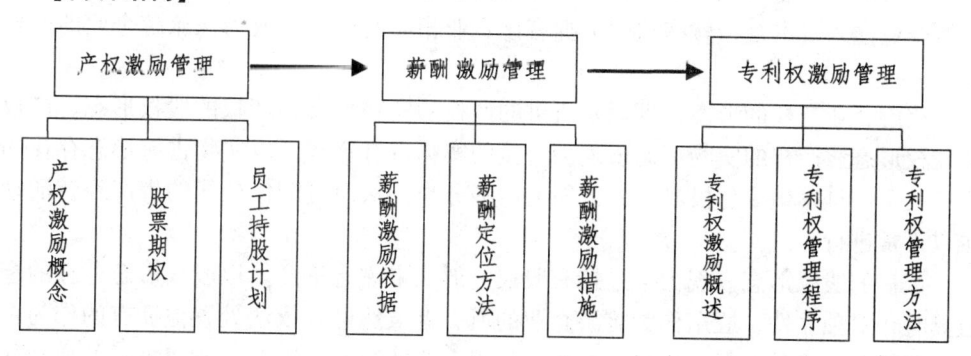

产权激励管理 → 薪酬激励管理 → 专利权激励管理

- 产权激励管理
  - 产权激励概念
  - 股票期权
  - 员工持股计划
- 薪酬激励管理
  - 薪酬激励依据
  - 薪酬定位方法
  - 薪酬激励措施
- 专利权激励管理
  - 专利权激励概述
  - 专利权管理程序
  - 专利权管理方法

【重要概念】

激励　产权　股票期权　员工持股计划　薪酬激励　专利权激励

第一节　产权激励管理

在企业创立初期，对创业团队成员或员工所进行的激励，称之为创业激励。创业激励就是在企业创建过程中，从创业人员的多层次、多元化需求出发，针对不同层次的人员设定不同的绩效标准和奖酬值，以求最大限度地激发创业人员的积极性和创造性，进而实现组织的共同目标。建立良好的创业激励机制，有利于创业团队成员获得归属感、成就感，调动团队成员的积极性，提高其工作效率，并可以使员工个人目标与企业目标相统一，从而促进新创企业和谐、稳健、快速的成长与发展。美国哈佛大学教授威廉·詹姆士研究发现,在缺乏科学、有效激励的情况下,人的潜能只能发挥出20%~30%,而科学有效的激励机制则能够让员工把另外70%~80%的潜能也发挥出来,所以激励机制是现代企业人力资源管理的核心。创业阶段的旅游企业能否建立起完善的激励机制,将直接影响到其生存与发展。旅游企业的创业激励机制主要包括产权激励、薪酬激励和专利权激励。

一、产权激励理论

产权激励是对企业员工的首要激励,是最有效果的激励方法。产权激励就是通过产权合约的形式将企业的所有权卖给员工,是长期激励的一种有效形式。

(一) 旅游企业产权

旅游企业产权,是指以财产所有权为基础,反映投资主体对其财产权益、义务的法律形式。一般情况下,产权往往与旅游企业的经营性资产相联系,投资主体向旅游企业注入资本金,就在法律上拥有该企业相应的产权,成为该旅游企业的产权主体。

旅游企业产权的形态,即通常所讲的产权的实物形态、产权的股权形态、产权的债权形态。产权的实物形态表现为直接的实物占有资产。以实物占有形态存在的产权关系一旦发生变化极易导致公司财产的分裂,从而可能使公司的生产经营活动难以正常进行。

产权的股权形态表现为通过持有股权的形式来占有资产。以股权形态存在的产权具有相对独立性,股东作为旅游企业的所有者虽然可以依法处置他拥有的作为企业产权凭证的股份,但无权自作主张地处置企业的财产。因此,股权关系的变动往往并不影响旅游企业财产的完整性。

产权的债权形态表现为经济主体将资产放贷出去之后对这部分资产形成的债权占有。

(二) 激励理论

我国旅游企业普遍存在"小、散、弱、差"的问题,不少旅游企业管理者专业素养偏低,对激励机制仍然缺乏基本的认识,在管理过程中要么将其束之高阁,要么逆其道而行。比如,很多旅游企业的奖金发放办法仍是年底的平均主义。因此,即便旅游企业在激励方面投入很大,却未必能够真正对员工起到激励作用。所以,对旅游企业相关激励问题进行探索就显得非常有必要。

激励(motivation)一词最早来自拉丁语,是心理学的一个术语,指影响人们的内在需求或动机,从而加强、引导和维持行为的活动或过程。该词是指心理上的驱动力,含有激发动机、鼓励行为、形成动力的意思。应用于管理,激励就是我们通常所说的调动人的积极性。对于旅游企业而言,就是从满足人的多层次、多元化需要出发,针对不同员工设定绩效标准和奖酬值,以求最大限度地激发员工的工作积极性和创造性,以达到实现组织目标的目的。

1. 激励理论在旅游企业管理中的必要性

改革开放后,我国社会经济的崛起为旅游产业发展提供了非常有利的条件,各种旅游企业如雨后春笋般迅速建立起来。相对于其他类型的企业旅游企业具有不同的特征,其中最主要的就是其产品的无形性,旅游产品多以服务的形式体现出来;这就使得产品质量的好坏不仅取决于提供服务的员工的素质、技能和能力,还取决于其工作的积极性、主动性和创造性。对于前者,旅游企业可通过招聘时的选择和招聘后的培训来解决,而要解决后一个问题,企业就需要研究如何对员工进行有效的激励。

激励理论在现代旅游企业管理过程中的重要作用是显而易见的,旅游企业可以选择多种激励方式。然而,激励本身就是一个复杂的过程,旅游企业又具有其特殊性,不论采用何种激励方式,都要以提高企业效率、促进旅游行业持续发展为出发点,结合各旅游企业的具体情况采取有效的激励措施和手段,激发员工的积极性和创造性,最终实现旅游企业的各项效益最大化。

2. 基于"经济人假设"的激励理论

"经济人假设"即假定人都是追求经济利益最大化的,金钱是唯一的激励因素。20世纪初,泰勒提出用金钱刺激工人的工作积极性,认为激励员工努力工作的方式主要依赖于经济手段。基于"经济人假设",一些学者对激励理论进行了更深入的探讨,并将人们追求"经济收入最大化"扩展为追求"效用最大化",把闲暇的效用也考虑进来,形成了近年来以非对称信息博弈为基础的各种激励模型。

3. 基于"行为主义"的激励理论

从1924年到1932年间,由哈佛大学心理学教授梅奥(Elton Mayo)主持的"霍桑实验"发现,经济利益并不是员工工作积极性的唯一激励因素,员工除了追求经济利益以外,还追求其他一些东西,如受他人重视、被团体接受等。由此,行为主义学者摒弃了"经济人假设",开始从"行为主义"的角度对激励理论进行深入探讨,形成了所谓的"内容型激励理论"和"过程型激励理论"。前者如马斯洛的"需要层次论"、赫茨伯格的"双因素理论"、阿尔德福的"ERG"理论和麦克利兰"成就需要"理论等;后者主要包括弗洛姆的"期望理论"、亚当斯的"公平理论"、洛克的"目标设定理论"以及凯利和魏纳的"归因理论"等。再后来,行为主义学者将两者结合起来形成更为完整的"综合激励模式",包括斯金纳的"强化理论"和"挫折理论"、"波特—劳勒"模型、"迪尔"模型和豪斯综合激励模式等。

从20世纪70年代开始,随着现代企业制度的演变和发展,"委托—代理"模型等逐渐成为研究的焦点,在旅游企业管理研究中也是如此。例如,委托人——旅游企业所有者可以将部分剩余索取权转让给代理人——旅游企业的管理层，使旅游企业经理们的收益与旅游企业绩效相对应，这种产权结构的调整可以通过内部的激励来刺激代理人——管理层的积极性。在具体操作中，可以采用以下激励措施：实行年薪制、年终红利、适当配股、给予较高的职务消费等。同时，必须通过经理市场来随时判断经理人员的人力资本价值，以起到约束和激励的作用。

4. 我国旅游企业管理中的激励因素分析

运用在旅游企业管理中的激励因素总体上可分为物质激励因素和精神激励因素两种，它们是相辅相成、不可分割的。就人们的生活来讲，既希望提高物质生活水平，又希望能够满足自己的精神生活需要，而在人们运用和理解激励因素时，物质激励因素与精神激励因素往往又合二为一。具体来说，构成激励的因素有多种，如物质激励、精神激励、目标激励、情感激励、角色激励、竞争激励、奖罚激励、危机激励等。虽然可以利用的激励因素很多，但选择什么样的激励因素却要根据实际情况而定。

在旅游企业中，因为产权合约是企业合约中最高的合约，决定了其受益人是受法律保护的企业终极所有者，因此，产权激励迅速成为最具激励效应的途径和工具。一般来说，产权合约最重要的激励对象是企业投资者，即权益层，但随着员工持股计划的流行，产权激励的对象也拓展到员工层。针对经营管理者的激励手段包括"股票期权"（Executive Stock Option，ESO）、"激励期权"（Incentive Stock Option，ISO）、融资收购（Management-Buyout，MBO）等；针对企业员工的激励手段有"员工持股计划"等，两个层面的激励能够使企业经营者与生产服务员工共同持有该企业的产权。

二、对创业管理层的产权激励——股票期权（Stock Option）

（一）股票期权激励

在旅游企业创业阶段，当企业利润不足、不适合采用薪酬方式激励创业者时，股票期权被公认为是可行的产权激励安排。股票期权激励制度是公司授予激励对象股票（份）期权，在未来一定的时间内，当股票（份）增值时，期权持有人可以按约定的价格执行期权，并可选择即刻或将来按市场价格将股（份）转让，从而获得价格差价收益的制度安排。如果在规定期限内，股票（份）市场价格低于约定的期权价格，期权持有人可以选择不行使期权。创业阶段的旅游企业基本上是中小企业，多是有限责任公司形式，是我国经济中最活跃、最有增长潜力的企业类型。实施股权激励制度对于它们的健康成长、发展壮大有着极为重要的现实意义。

股票期权产生于20世纪50年代的美国，20世纪80年代以来迅速成为西方国家公司普遍采用的制度。有关研究资料显示，美国大多数公司给予总裁以期权激励，市值超过 100 亿美元的公司中实施股票期权制的比例为 89%，市值小于 2.5 亿美元的公司中，比例为 69%。西方股票期权激励的实践为我们提供了宝贵的经验，对我国企业经营者激励问题的解决有很大启示。我国的股票期权计划始于 20 世纪末期，曾出现了上海仪电模式、武汉模式及贝岭模式等多种版本，但都还处于政策不规范前提下的摸索阶段，直到 2005 年 12 月 31 日，中国证监会颁布了《上市公司股权激励管理办法（试行）》条例，我国的股权激励特别是实施股票期权计划的税收制度和会计制度才算有章可循，并有力推动了我国股票期权激励方式的发展。

例如，在 1994 年 1 月，联想集团拥有 68% 权益的联想香港公司就已经按照国际规范制定了经营者股票期权计划。根据公司信息披露，公司于 1998 年 9 月 30 日授予柳传志等 6 位执行董事期权，其中授予柳传志的为 200 万股。作为一家高科技企业，联想正试图通过更大规模的股票期权报酬激励和吸引科技人才。此外，武汉三家上市公司的共同大股东——武汉国有资产经营公司也推出了股权激励方案，使得这三家上市公司的董事长都获得了股票期权报酬。它们的具体做法是由国资公司买入股票，由此越过了"上市公司不能回购股份"这一法律障碍，然后在几年内将买入的股份逐步归还给经营者，由他们将其变现获得收益。

（二）股票期权激励的重要性

实施股权激励制度，可以在很大程度上缓解中小旅游企业目前面临的人才问题，进而调整旅游企业内部结构，释放组织潜能。实施股权激励的重要性概括起来主要体现在以下几个方面：

1. 有利于形成旅游企业的利益共同体

企业股东（企业所有者）注重企业的长远发展和投资收益，而企业的管理、技术人员更关心的是在职期间的工作业绩和个人收益，二者价值取向的差异必然导致双方在企业运营管理中行为方式的差异，甚至出现员工为个人利益而损害企业整体利益的行为。实施股权激励的结果是旅游企业的管理者和关键技术人员成为企业的股东，其个人利益与公司利益趋于一致，为公司的长远发展提供了一个良好的平台。

2. 有利于创业期降低成本

受资金特别是现金流的压力，旅游企业在初创期一般无法给员工以较高的现金工资或奖励。实施股权激励，创业旅游企业短期内较少付出现金，管理者和技术人员的收入主要来自于企业将来的发展状况。旅游企业经营得好，企业资产增值显著，经营者将会从股权增值中获利。因此，股权激励非常符合创业旅游企业一方面需要挽留、激励人才，另一方面又需避免过多现金支出的需要。

3. 有利于经管者关注旅游企业长期发展

传统的激励方式客观上刺激了经营决策者的短期行为，不利于旅游企业长期稳定和发展。而引入股权激励后对公司业绩的考核不但关注本年度的财务数据，而且更关注公司将来的价值创造能力，可以有效防范经营者的道德风险。

4. 有利于留住人才、吸引人才

实施股权激励计划一方面可以让员工分享旅游企业成长所带来的收益，增强员工的归属感和认同感，激发员工的积极性和创造性；另一方面，当员工离开企业或有不利于企业的行为时，将会失去这部分收益，这就提高了员工离开公司或"犯错误"的成本。因此，实施股权激励计划有利于旅游企业留住人才、稳定人才。另外，股权激励制度还是旅游企业吸引优秀人才的有力武器。由于股权激励机制不仅针对公司现有员工，而且旅游公司为将来吸引新员工预留了同样的激励条件，这种承诺给新员工带来了很强的利益预期，具有相当的吸引力，可以聚集大批优秀人才。

（三）创业阶段股票期权激励的具体形式

创业阶段的中小旅游企业多未上市，其股权不能在公开市场上进行交易买卖，因而这些公司无法使用经理股票期权、期股等上市公司常用的激励方式；由于无法通过资本市场分摊股权激励所需成本，企业要完全独自承担这些成本，支付现金给激励对象；因为公司的股票或股份价值无法通过市场确定，经营者的业绩无法通过股票市场判断，必须制订一套综合指标体系去衡量经营者的业绩。

1. 股份期权

股份期权是股票期权的变通方案，一般只针对高管层及技术骨干实施这样的计划。激励对象经业绩考核或实现既定目标后，有权在将来特定时期，以目前评估的每股净资产的价格购买一定数量的股份（权）。届时如果每股净资产价值已经升值，则股份期权持有人获得潜在收益。该种激励模式使激励对象实际成为公司股东，行使股东权利，享有股东权益，真正将所有者与经营者有机结合起来。

2. 虚拟股权

虚拟股权即是我们通常所说的干股，是指经营者实现公司的业绩目标，公司则授予激励对象"虚拟"的股权，被授予者可以据此享受一定数量的分红，但没有所有权和表决权，不能转让和出售，在离开公司时自动失效。虚拟股权是通过其持有者分享企业剩余索取权，将他们的长期收益与企业效益挂钩，是公司给予管理层现金年薪以外的特别奖励，实质也是奖金的延期支付。只不过奖励给经营者的股份并不实际存在，而是仅反映在公司账面上。经营者对所持"虚拟股份"没有所有权，可以分红，达到约定期限后予以兑现。1999年7月，上海贝岭公司首先推出了"虚拟股票期权计划"，其操作方式是公司根据经营者经营业绩，从税后利润中提取一定数额形成公司的"奖励基金"，作为进行"虚拟股票"奖励的基础，受益人主要是公司的高级管理人员和技术骨干，对受益人进行考核，并确定虚拟股票的分配比例系数。公司与每位受益人签订合约，并以签约日的市场价格按一定比例折扣作为虚拟股票的内部价格，从而计算出受益人当年所获虚拟股票期权的数量，并在契约中确定兑现时间、兑现条件等。期权兑现时也以股数计量,且兑现时以实际市场价格结算。当受益人任期超过两年,股票累计超过万元时,可兑现超过部分的股票,任期届满,正常离职一年后可按事先约定时间兑现股票。股票来源是新增发行、减持国有股并向公司职工配售、以其他方的名义回购、从送股计划中切出一块作为股票来源。

（四）创业阶段股票期权激励的实施

1. 激励对象

传统的股权激励对象一般以旅游企业经营者为主,但是,由于股权激励的效果良好,在国外股权激励对象的范围正在扩大,其中包括普通雇员的持股计划、以股票支付董事报酬、以股票支付基金管理人员的报酬等。国内旅游企业的主要激励对象是董事长和总经理,一些企业也有员工持股会,但这种员工持股更多地带有福利性质。

2. 购股规定

即对经营者购买股权的相关规定,包括购买价格、期限、数量以及是否允许放弃购股权等。上市旅游公司的购股价格一般参照签约当时的股票市场价格确定,其他公司的购股价格则参照当时股权价值确定。购股期限包括即期和远期,购股数量的多少影响股权激励的力度,一般根据具体情况而定。

3. 售股规定

即对经营者出售股权的相关规定,包括对出售价格、数量、期限的规定。出售价格按出售日的股权市场价值确定,其中上市旅游公司参照股票的市场价格,其他公司则一般根据事先确定的方法计算出售价格。为了使经营者更多地关心股东的长远利益,一般规定经营者在一定的期限后方可出售持有股票,并对出售数量做出限制。大部分旅游公司允许经营者在离任后继续持有公司的股权。国内一般企业要求经营者在任期结束一段时间后,方可出售股权;一些企业则要求经营者分期出售。

4. 权利义务

在股权激励中,需要对旅游企业经营者的权利义务进行明确界定,包括对旅游企业经营者是否享有分红收益权、股票表决权和如何承担股权贬值风险等权利义务作出规定。不同的规定对应的激励效果是不同的。

5. 股权管理

股权管理包括管理方式、股权获得原因和股权激励占总收入的比例等。比如在股权激励中,国外一般规定期权一旦发出,即为持有人完全所有,公司或股东不会因为持有人的重大错误、违法违规行为而做出任何扣罚决定。国内的一些地方性规定则认为旅游企业经营者经营不利或弄虚作假时,公司的股东大会或主管部门可以对其所持有的期权作扣减处罚。股权获得来源包括经营者购买、奖励获得、技术入股、管理入股、岗位持股等,旅游企业给予经营者的股权激励一般由经营者薪金收入的一部分转化而来。股权激励在经营者的总收入中所占的比例不同，其激励的效果也不同。

6. 操作方式

操作方式包括是否发生股权的实际转让关系、股票来源等。在一些情况下，为了回避法律障碍或其他操作上的障碍，在股权激励中，实际上不发生股权的实际转让，一般称之为虚拟股权激励。在激励股权的来源方面，有股票回购、增发新股、库存股票等，具体运用与证券法规和税法有关。

（五）股票期权激励面临的问题

1. 规范公司化改造，建立旅游股份公司

一方面，由于非股份公司的所谓"虚拟股"难以发挥作用，因此，要加快旅游企业产权制度改革的步伐，对国有旅游企业实行规范的公司化改造，从而建立起真正的股份公司；另一方面，通常情况下，用于期权激励的股票额度既可在发行时预留，也可以从二级市场回购，还可以通过再发行取得。而我国目前还没有合法的渠道来解决这一问题。因此，必须对现行的有关法规进行调整和修改，或者开辟新的通道，从而保证企业实施股票期权有正常的股票来源。

2. 处置企业的不良资产

不少国有旅游企业或存在由于历史原因形成的银行债务，或存在仅在账目上反映的不实资产，或两者兼而有之。在旅游企业进行二次创业时或深化改革时，实施期股激励要经营者拿出一大笔钱入股时，这些不良、不实资产不好处置。如果不剥离，则旅游企业经营者往往不愿意因入股而承担由此带来的经营风险；如果剥离出来，又难以找到恰当的剥离办法。比如某一国有旅游企业准备二次创业，改制为多元投资主体的股份有限公司，其中经营者以现金入股的方式占有一定比例的企业股份，成为企业的发起股东之一，这家企业在十多年前由于投资失误欠银行债务几千万元，当初借这笔银行贷款的经营者早已离开企业，现在企业暂无能力还贷。为实施改制方案，该企业与银行反复交涉，希望能从国有银行呆账准备金中核销这笔贷款，使旅游企业轻装上阵，但因政策限制，一直没有找到可行的办法。1999年国家出台的债转股政策，可部分解决此类问题。

3. 培育股票市场

经理股票期权的实施需要有一个良好的市场环境，具体而言，股票期权激励作用的发挥是以一个高度有效、结构合理的股票市场为依托的，没有这个市场或者这个市场存在严重缺陷，都会影响甚至阻碍股票期权的激励效力。从上海和深圳两个证券交易所成立到现在，我国股票市场经历了二十多年时间，但其发展速度之快是有目共睹的：股票发行额及股票筹资额明显增加，上市公司数量、流通市值、市价总值、成交数量及金额也迅速扩大，投资者数量及素质、市场技术化程度、监督管理水平也不断提高。但是，更要看到的是，我国股票市场依然还很年轻，甚至可以说还很幼稚,无论是在发行市场方面,还是在交易市场方面,都存在着许多不可忽视的问题和不规范之处,如股票价格走势与公司业绩严重脱节;股价剧烈振荡、异常波动;股权结构失衡;机构投资者缺乏;个人投资者素质低下,投机过度;上市公司行为扭曲、质量差(不少公司是"包装"甚至"伪装"上市);券商素质低下;股票交易市场设计、布局不合理,股票发行方式仍不尽如人意;市场监管乏力等。在这样的股票市场氛围中实施股票期权激励,可以设想其作用是相当有限的。因此,加快改革步伐,进一步完善和发展股票市场应该尽快提上议事日程。最关键的有两点:一是要真正按市场原则行事,尽量减少不必要的行政干预;二是要制定市场规则,确定市场主体的行为规范。

4. 建立健全一系列相关的法律规章制度

在我国目前的《公司法》、《证券法》、《合同法》等法律框架内实施股票期权激励,还存在不少法律上的障碍;在企业财务会计制度、税收制度、信息披露、监督管理等方面,也还存在一些制度缺陷;在建立完善的企业内部控制机制,健全公司内部的法人治理结构以及对经营者进行股票期权激励的同时,如何注意保护公司"利益相关者"利益,尤其是所有者的利益,并处理好经营者与公司员工的关系,也还面临着不少难题。诸如此类的问题都有待于在今后股票期权的实践过程中逐步予以解决。

三、对一般员工的产权激励——员工持股计划(ESOP)

(一)员工持股计划的含义

员工持股计划(Employee Stock Ownership Plans,简称 ESOP),是一种针对员工的产权激励方式,是指由企业内部员工出资认购本公司部分股权,委托员工持股组织作为社团法人托管运作和集中管理并以员工持股管理委员会或理事会作为社团法人进入董事会参与公司管理的一种新型股权形式。或者说,员工持股计划是指企业内部职工通过一定的法律程序,有条件地拥有企业股份的一种企业制度。它是一种特殊的报酬计划,通过建立利益分享机制、决策参与机制来实现吸引、保留、激励员工的目的,是现代企业的一种有效的员工激励制度。创业型旅游企业强调团队认同协作,应根据旅游企业具体情况决定受股权激励的员工人数,并根据企业收益变动、股份额度变动情况对旅游企业员工持股计划进行相应的调整和安排。

自美国律师路易斯·凯尔萨在 20 世纪 50 年代提出员工持股计划理念并实施第一个员工持股计划以来,员工持股计划在国外得到了引人注目的发展,被称为是"静悄悄的革命"。美国的实证调查表明,实行员工持股计划的企业与同类企业相比,劳动生产率高 1/3,平均利润率高 50%,平均工资高 25%~60%。员工持股计划与风险资本被认为是带动硅谷高速成长的两部"发动机"。

员工持股计划是企业与员工之间的内部化契约，参与该计划的员工必须声明接受有关员工持股计划的条款，其核心内容是对什么样的员工配股、怎么配、配多少。持股政策的重点是如何保证员工不会短线卖股套现，以实现持股计划的激励目标。要使持股计划实现有效激励的关键，是如何协调新加入的员工与原来的老员工的利益关系，不断在动态中达到平衡管理。因为员工持股计划不可能时时刻刻都进行调整（股权的分配），通常是一年调整一次。那些离开企业的员工持有的股票如何处理，股票的回收、转让都是随时可能发生的。因此，对员工持股计划做出即时的动态安排，使其达到一段时期内的动态平衡是非常重要的。

国外员工持股制度主要产生于以下两种情况：一是新办企业采取员工持股的方式；二是现有公司股权结构改变时选择实施员工持股制度，如国有企业非国有化、大型股份公司遗弃或改组其子公司等。据有关资料，从1974年起，美国ESOP的数量有了一个相对快速的增长，从1975年到1984年由1000家增长到6000家，平均每年增长22%，美国实行全员持股的公司有17000多家，其中至少有1000家企业的大股东是全体员工；在超过1/4的"财富500强"企业中，员工持有10%以上的股份。

1994年，在联想集团进行大规模的新老交替之前，联想进行了大规模的股权结构调整。当时，联想的所有者——中科院将联想35%的"分红权"分给了联想的员工，其中：35%分配给了参与创业的老员工，25%分配给了一般的老员工，另外的45%留给了未来的新员工。这里的"分红权"至少具有一部分股权激励的功能。

（二）员工持股计划的类型

ESOP可分为杠杆性和非杠杆性两种类型。

杠杆型的员工持股计划，是利用信贷杠杆来实现的，需要涉及职工持股计划基金会、公司、公司股东和贷款银行四个方面，主要是引进了金融机构提供的贷款，由企业提供担保，用每年企业捐赠给持股信托的资金还贷，直到还清贷款再将股票分配给参加计划的员工。这对于解决员工认购资金不足问题以及企业获得资金运作便利是十分有利的。

非杠杆性的员工持股计划则是指由公司每年向该计划贡献一定数额的公司股票或用于购买股票的现金。这一数额一般为参与者工资总额的15%，当这种类型的计划与现金购买退休金计划相结合时，贡献的数额比例则可达到工资总额的25%。对于非杠杆化的ESOP来说，其基本的运作原理是与养老基金计划这样的员工福利计划相似的。在整个计划中将涉及三方关系：企业、员工、ESOP信托基金。即企业捐赠给信托基金，然后由信托基金购买企业股票，当完成ESOP计划中员工持股份额认购后，再由信托管理机构将股票分配给员工。因此，ESOP信托基金的最终受益者为企业的员工。当然在此过程中，企业捐赠的是工资的一部分，同时是享受政府税收优惠的，因此对于企业来说这是一项低成本的福利计划。

（三）员工持股计划的作用

1. 有利于享受税收优惠

非上市旅游公司的股权持有者可以通过员工持股计划为他们所持的股份迅速地建立一个市场。通过这个方法，旅游公司可以从出钱回购离开公司员工的股份中获得税收减免的现金利益，或者可以帮助其他的员工借钱购买股权一旦员工持股计划的参与者拥有了旅游公司 30% 的股权，出售股份的一方可以再投资其他的有价证券，在这个过程中也能享受税收优惠。

2. 有利于以一个非常低的税后费用借钱

员工持股计划是所有福利计划中唯一可以借钱的计划。员工持股者借钱是为了向旅游公司或者其他的持有者购买股权。公司在替他们还贷款的时候可以享受税收优惠，本金和利息都可以减免。

3. 有利于建立一个额外的员工福利体系

一家旅游公司可以简单地为员工持股计划提供新的或者已有的股权，这些股权的价值可以从税前收入中扣除（在 2001 年 12 月 31 日之后，这种扣除的比例在计划年度最高可达到 25%，计划午度的前　年可以达到 15%）。旅游公司也可以提取现金从现有的公众所有者和私人所有者那里购买股权。在上市公司中，将员工持股计划和员工储蓄计划联系起来的占计划的 10% 和参与人数的 40%，比向他们提供配套的现金更好的是，旅游公司常常通过员工持股计划向他们提供配套的股票，这种配套的比例常常能达到一个很高的水平。

（四）员工持股计划（ESOP）的操作流程

对于一个欲实施员工持股计划的旅游企业来说，遵循哪些步骤来推进计划，每一步骤需要解决哪些关键问题是必须了解的。因为 ESOP 在不同的环境中的实施会有不同的规定和不同的做法，因此寻求一个一成不变的公式是不现实的，但是观察多年来西方国家实施 ESOP 的过程，总结一些通用的原则却是十分有意义的。下面为企业实施一项 ESOP 所应该注意的几个步骤。

1. 确定是否所有的股东都同意这项计划

因为即使大股东愿意实施一项 ESOP，出售自己的股份，也不能保证其他所有的股东都乐意拿出他的股份，若如此，在实施这项计划时会遇到大量的麻烦。

2. 进行可行性研究

可行性研究通常可以采取由外部咨询顾问来完成详细的、全面的研究，包括市场调查、管理层调查、财务工程等，或者采取一些较为详细的内部商业计划的形式。但是不管采取哪一种形式，通常都必须仔细考虑以下几个问题：首先，该旅游公司未来有多少富余的现金流量可以捐赠给 ESOP，是否能够满足实施 ESOP 的需要；其次，该旅游公司必须考虑员工薪水的适当水平以保证给予 ESOP 的捐赠是可以获得税收减免优惠的；最后，该旅游公司需要考虑其义务是怎样的、应该怎样处理。

3. 进行精确的价值评估

对于一家公众旅游公司来说，可行性研究中使用的数据一般来说都是比较准确的，因此对实施 ESOP 的股权价值有比较准确的估计；但是对于私人旅游公司来说，在实施 ESOP 前进行准确的价值评估则是十分关键的。价值低估，所有者不愿意；价值高估了，员工不会有购买力。因此如何寻求一个合理的定价是需要认真考虑的。

4. 聘请 ESOP 专业咨询顾问机构

通常在前面几个步骤中，旅游企业都需要寻求专业咨询机构的帮助，但是如果企业自身具有完成这些任务的能力，并且得出的结论又是积极乐观的，那么现在就是需要制作材料申报的时候了，而此时专业咨询顾问机构的介入则是十分必要的，因为他们具有企业所不具有的综合专业知识和协调多方关系的能力，可以帮助企业成功顺利地实施理想中的计划。

5. 获得实施 ESOP 的资金

ESOP 可以有多种筹资渠道。首先，ESOP 可以向银行借款，当然一些大型的 ESOP 会涉及发行债券以及向保险公司借款等；其次，是企业的捐赠，并且是用于偿还贷款以外的部分；再次，现有的一些福利计划也是可行的渠道，主要是一些利润分享计划；最后，员工自己筹资也是可考虑的渠道，包括员工的工资和一些福利让步。

6. 建立一套运行 ESOP 计划的程序

对于建立一套程序来说，基金的托管人至关重要。对于小旅游公司来说，通常选择公司内部组织来完成，而对于一些大的公众旅游公司来说，比较倾向于选择外部的托管人来管理信托基金。另外企业的 ESOP 委员会也是需要的，以对整个计划进行管理。

第二节　薪酬激励管理

薪酬激励已成为现代人力资源管理的重要组成部分，它对提高旅游企业的竞争力有着不容忽视的作用。激励是管理的核心，而薪酬激励更是企业激励机制中最重要的激励手段，也是目前企业普遍采用的一种有效的激励手段，这种激励方法更容易被管理者掌握，并且也较容易衡量其使用效果，如果能真正发挥好企业薪酬对员工的激励作用，就可以实现企业与员工"双赢"的目的。

一、薪酬激励的含义

薪酬指员工因雇佣而获得的各种形式的支付。按照不同的划分角度，员工薪酬可以分为不同种类。按照薪酬的支付形式，员工薪酬包括两个部分：1. 以工资、薪水、奖金、佣金和红利等形式支付的直接货币报酬。2. 以各种间接货币形式支付的福利，如公司支付的保险、休假、员工旅游、病假、退休金等。

从对员工激励角度讲，可将薪酬分为两类：1. 基本薪酬，具有保障性质。2. 可变薪酬，具有奖励性质。但无论基本薪酬还是奖励薪酬都应具有激励性。

基本薪酬是指员工较稳定的基本收入部分，包括工资、固定津贴、社会强制性福利、企业内部统一的福利项目等。它的作用主要在于保障员工的基本生活条件，是员工维持生活、提高生活质量的重要前提。它可使员工产生一种安全感和对可预测风险的心理保障意识，从而增强对企业的归属感。同时，也是企业留住人才的基本保障。基本工资应与员工的工作岗位（职务）、工作时间长短等挂钩。要根据员工劳动的复杂程度、承担责任的大小、劳动强度的高低划分不同的工资等级，这样可以促使员工积极努力通过提高个人工资等级来提高个人收入。

可变薪酬更富于弹性，更容易通过调整来反映和适应企业目标的变化。构建有激励性的薪酬体系，要特别强调可变薪酬的运用。这是因为与基本薪酬相比，多种可变薪酬形式的灵活运用，以及由此产生的激励性和灵活性的有机结合，正是激励性薪酬体系的一个重要特征。可变薪酬又包括两种：第一，具有激励性的技能工资。技术创新是现代企业的灵魂，作为企业管理者应该充分运用技能工资来鼓励员工进行科技创新。技能先进的付酬多，技能落后的付酬少；技能广泛的付酬多，技能狭窄的付酬少。激励员工学习多样技能，为企业积累知识资本。第二，重奖关键人才的高薪。对关键人才付以高薪重奖，不仅仅是对他们付出劳动的回报，更是对他们出色才能的认同和奖赏。有研究表明，员工受教育程度越高，对企业的依赖性越弱，所以支付高薪往往能有效地激励和挽留他们。因此在正常的薪酬体系之外，应该采取一些特殊的奖励办法对一些关键部门的重要人才和对企业做出重大贡献的人才实施高薪酬重奖，对他们的能力予以肯定。

从员工从属的组织形式角度，薪酬可以分为两种：1. 个人性薪酬，它只与个人的努力程度和工作成绩有关，目的是使人更好地履行角色所规定的任务。2. 组织性薪酬，它与某人是否属于某个组织有关，只要他是这个组织的成员，就会付给他这份薪酬。这种薪酬的支付是为了使他能继续留在该组织内，却不一定能激发他的更高的生产能力。因此，个人性薪酬会较大地影响人的活力水平。在设计公司薪酬体系前，必须首先定义公司合理的薪酬体系。由于公司的情形不同，在考虑公司文化、产业特性、组织规模、支付能力等变数后，才能客观地确定公司薪酬体系。

总之，员工所得到的薪酬既是对其过去工作努力的肯定和补偿，也使他们形成对未来努力工作所得报酬的预期，因此有利于激励其在未来努力工作。在员工心目中，薪酬不仅仅是自己的劳动所得，它在一定程度上还代表着员工自身的价值和企业对员工工作的认同，甚至还代表了员工个人的能力、品行和发展前景。所以，不要把薪酬激励单纯地看作是金钱激励，实质上，薪酬激励已成为旅游企业激励机制中一种复杂的激励方式，隐含着成就激励、地位激励等，成功的薪酬激励要能够从多角度激发员工强烈的工作欲望，成为员工全身心投入工作的主要动力之一。员工期望通过积极的表现和努力工作，一方面提高自己的工作绩效，另一方面争取薪酬的提升。在这个过程中，员工会体验到由于晋升所带来的自我价值实现感和被尊重的喜悦，激发员工的工作创造性。公正、合理、客观地补偿为企业做出贡献的每一个员工，既有利于企业的发展，又能保证员工从薪酬中获得经济上、心理上的满足，有利于提高企业员工的积极性。

二、薪酬激励的依据

（一）公平性

对公平的追求是决定薪酬率最重要的因素，这里提出三种类型的公平：外部公平、内部公平和员工公平。所谓外部公平，一般是指与同行业内其他企业的薪酬水平相比较，该企业所提供的薪酬必须有吸引力，这样才能留住企业的优秀员工，并吸引外来求职者。为达到外部公平性，人力资源部门通常要进行正式或非正式的市场调查，以确定本企业的薪酬水平是否达到同行业平均水平，或与其他企业相比是否具有竞争力。

所谓内部公平是指，企业内的每位员工都十分关注企业内部不同工作之间的薪酬对比问题，将自己的工资与比自己低的级别的工资、比自己高的级别的工资、不同的技能类别、不同的职能部门相同级别的工资进行对比。内部公平性要求公司内要制订客观标准，同组织内其他人所得到的薪酬相比，应让每位员工认为他的薪酬是公平的。内部公平性是薪酬体系设计的主题，考虑的是员工的投入和产出比及企业的人力成本状况，内部公平性影响到员工之间的合作、员工的晋升、调配、工作的轮换、员工的工作态度和对企业的忠诚度。为了维持内部公平性，企业通常要定期了解员工对薪酬体系的意见，以形成一个透明、竞争、公平的薪酬体系。

员工自身公平是指员工的个人能力和工作的努力程度是制定薪酬体系的基础，自身公平应依据员工的业绩水平和资历等个人因素对同一家公司完成类似工作的员工进行公平支付。员工会将所得的薪酬和自身在工作中付出的努力相比较，如果企业支付的薪酬与员工的个人努力及其工作结果相关性低，不能按劳付酬，那么那些积极工作、有着良好表现和工作业绩的员工就会产生不公平的感觉，甚至导致企业离职率升高。因此，企业在设计员工薪酬体系时，必须以员工的努力程度、工作绩效为基础，对内具有公平性，对外具有竞争性。

（二）影响薪酬的有关立法

在制订员工薪酬时，首先要考虑相关法律对公司最低工资水平、加班率和福利等因素的约束，依法而行。有关薪酬的法律就是运用法律工具和法制机制，协调公司薪酬运作中所体现的劳动关系，以达到保护劳动者的合法权益，促进公司经济效益增长的目的。

例如，我国旅游市场导游无基本工资、无三险福利、无最低保障的现象已经引起了国家旅游局的重视。自2013年10月1日起施行的《中华人民共和国旅游法》第三十八条规定：旅行社应当与其聘用的导游依法订立劳动合同，支付劳动报酬，缴纳社会保险费用。旅行社临时聘用导游为旅游者提供服务的，应当全额向导游支付本法第六十条、第三款规定的导游服务费用。旅行社安排导游为团队旅游提供服务的，不得要求导游垫付或者向导游收取任何费用。

（三）公司薪酬政策

公司的薪酬政策也会影响其为员工支付的薪酬和福利。由于每家旅游公司的情形不同，公司在制订薪酬时会考虑本公司的文化、产业特性、组织规模、支付能力等变数，然后才能客观地、因地制宜地确定本公司的薪酬政策。本公司的政策是最终决定员工薪酬的基本指导方针。例如，一家软件公司可能制定这样的政策：新招聘的软件工程师的工资至少要比目前的市场工资高20%。

（四）工会意见

工会是一个群众性组织，工会有依法代表职工的权利，有依法维护职工合法权益的权利，有依法代表职工参与国家和社会事务的管理和参与企业的民主管理的权利，有依法代表职工与企业一方就劳动报酬、工作时间、休息休假、劳动安全卫生和社会保险福利等事项进行协商谈判、签订集体合同的权利。总之，工会具有维护职工群众的经济效益和民主权益的职能。当员工对公司的薪酬政策不满意时，工会能够通过与公司的沟通来改善员工的工作条件、工作福利，并与公司签署集体合同来保障员工的合法权益。

三、旅游企业的薪酬定位方法

（一）基于职位的薪酬定位（Post-based Pay）

此种定位方法可能导致四种情形：其一，职位的重要度很高，员工的素质也很高；其二，职位的重要度很高，但员工的素质较低；其三，职位的重要度较低，但员工的素质很高；其四，职位的重要度较低，员工的素质也较低。这种定位的总原则是，只有当"重要的岗位由完全胜任的人才来担任"时，才真正做到了"人职匹配"，否则，其余任何一种情形的搭配均非最佳状态，甚至是错误的搭配。

（二）基于技能的薪酬定位（Skill-based Pay）

即根据员工的技能与职位的要求吻合度来确定薪酬。这是一种颇为合理的定薪方式，但是，这种定位方式的假设条件是"所有的员工是均质"的，即每一位员工都能自觉地发挥其主观能动性。然而实践中此种定薪方略执行起来十分困难，最常见的情况便是员工"出工不出力"，他有能力、有水平，但就是不发挥，于是出现了定位价格与实际价值背离的情况，导致员工薪酬价格大于价值的现象，继而引发雇主的不满。

（三）基于绩效的薪酬定位（Performance-based Pay）

即根据员工的绩效表现来支付薪酬。从理论上说，此种薪酬定位模式比较合理，但在实施此种方案的过程中，也会遇到许多难以克服的问题。首先，新员工是否按绩效定薪？如果回答是肯定的，那么，在没有绩效之前如何确定薪酬，其基本薪酬必须符合市场价格，否则就无法吸纳该新员工。问题是，一段时间后，这位新员工有了绩效，再按绩效确定薪酬时如何处理？如果采取加薪的方式，则其薪酬可能超过该员工的市场价格，也就是产生了"溢价"现象；如果减薪，则意味着对该员工的否定，也就打破了最早定薪时的契约式平衡；如果回答是否定的，那就说明按绩效确定薪酬的模式具有相当大的局限性。比较可行的做法是：参考其在原单位的薪酬，再结合该单位对其考察情况定薪，比如其适应过程、适应速度、业绩表现等。

此外，企业的寿命周期大致可以分为四个阶段，即创业期、成长期、成熟期和衰退期，旅游企业也一样，在企业寿命周期的不同阶段，其管理、领导体制、财务状况都会不一样，因此，需要在企业不同的阶段采取不同的薪酬定位方法。一般来说，在企业发展的四个阶段薪资策略有如下几种类型：第一，创业初期。职工还处于不稳定阶段，以强调公平为主，提高企业的总体平均工资水平，以促进员工安心工作，敬业尽职尽责。同时因为企业还无明显业绩，不宜把工资等级差距拉大；第二，成长期。讲究公平与效率兼顾，并逐渐拉开一定的工资差距，建立相对规范的工资制度，适当使用业绩奖励；第三，成熟期和衰退期。以强调效率为主，并通过激发员工们的工作热情和创造性，来延长企业的寿命周期，因此适合实行拉大收入差距的工资制度；第四，当企业盈利较多时，可以给员工增加工资，相反则需要削减工资。

四、我国上市旅游公司经营者的薪酬激励

我国旅游企业的薪酬激励有行业自身的特点，现以我国旅游上市公司经营者的激励情况为例进行说明。以2000年4月30日年报公布的29家A股旅游上市公司为样本，在分析经营者货币性报酬、持股情况与公司业绩的相关性时，剔除了未披露经营者年薪和持股情况的4家公司，以25家公司的数据作为研究对象，将旅游上市公司经营者的薪酬特点总结如下：

（一）我国旅游上市公司高级管理人员的薪酬过低

由于高级管理人员的薪酬过低，产生的激励作用不明显，存在"激励真空"。与西方国家相比，我国旅游上市公司高管人员的薪酬实在太低，不能产生明显的激励作用是可以理解的。薪酬较低可能导致管理人员的低效和抱怨，进而影响企业的活力。此外，总体报酬水平行业差异不明显，各公司差异显著。从表8-1可知，我国旅游上市公司经营者的总体年度货币收入在行业之间差异不明显。从年度总体货币收入均值的统计结果来看，收入最低的是酒店类上市公司，为67499.25元，其次是景点类上市公司，为70972元，最高的是综合类上市公司，为99325元。行业间的这种差异是与行业的景气度密切相关的，此外从年度收入的方差统计结果来看，各公司的差异十分显著。

表8-1 旅游上市公司经营者分行业年度货币收入　　　　单位：元

行业	均值	中值	方差	最小值	最大值	样本
酒店类	67499.25	60000	8.32E+10	21000	21307	11
景点类	70972	57600	9.56E+10	20000	25000	7
综合类	99325	35000	9.74E+10	29800	30000	6

资料来源：2000年2月至4月的《中国证券报》和《证券时报》公开披露的上市公司年度财务报告。

（二）不在公司领取报酬的经营者比例偏大

从表8-2可以看出一个比较奇特的现象，那就是我国旅游上市公司经营者从

公司领取报酬的人员比例较低，为70%。也就是说，有将近1/3的经营者在公司是"白干"的，是什么原因导致其"零报酬"呢？

主要有以下几个原因：第一，经营者由主管部门任命，还属国家干部，不从公司领取报酬；第二，经营者从母公司或集团公司或关联公司领取报酬，而在上市公司挂职。这和上市公司改制不彻底有关，也在很大程度上体现了企业经营者收入分配制度的非市场性，另外也表明我国旅游上市公司的独立性差，公司的内部治理结构还须改进。对于广大投资者而言，这种不在公司领取任何报酬的任职形式确实有问题，有关监管部门也已经意识到这个问题的严重性。1998年10月6日，中国证监会发布了《关于对拟发行上市企业改制情况进行调查的通知》，开始对拟发行上市企业实行"先改制，后发行"的办法，证监会在通知中强调，上市公司的董事长原则上不应由股东单位的法定代表人兼任；总经理、副总经理等高级管理人员不得在上市公司与股东单位双重任职；股份公司的劳动、人事及工资管理必须独立。

表8-2 旅游上市公司董事长、总经理年度货币收入、持股数

股票代码	股票名称	年度报酬（元）董事长	年度报酬（元）总经理	持股数（股）董事长	持股数（股）总经理	公司总股本（万股）	利润总额（万元）	净资产收益率（%）
0033	新都酒店	20000	20000	0	0	28772	-289	-0.63
0428	华天酒店	60000		0		9890	26967	5.12
0524	东方宾馆	0	131000	13166	10532	3902	15373	13.39
0600	国际大厦	23949	21307	10200	10200	5304	16759	6.57
0610	西安旅游	31788		0		3378	8450	8.63
0616	大连渤海	0	110000	4901	0	328	7286	11.6
0639	庆云发展	0	0	0	0	8645	23007	11.48
0691	寰岛实业	0	72000	0	0	13500	5944	15.19
600007	中国国贸	190000	190000	0	0	23574	5000	10.31
600709	罗顿旅业	0	45000	0	0	55324	11794	10.15
600754	新亚股份	57000	57000	6097	2940	11104	2286	7.28
600873	西藏明珠	55000		10140		4653	6097	6.73
0069	华侨城	0	225000	9000	9000	34560	5333	8.8
0802	京西旅游	57600	72000	13000	3900	11625	3065	8.28
0888	峨眉山A	0	20000	6800	6800	11866	2579	6.52
0978	桂林旅游	66288	62932	0	0	4000	6097	5.28
600054	黄山旅游	0	20000	0	71800	30290	8615	12.6

续表

股票代码	股票名称	年度报酬（元）董事长	年度报酬（元）总经理	持股数（股）董事长	持股数（股）总经理	公司总股本（万股）	利润总额（万元）	净资产收益率（%）
0602	金马集团	0	0	21200	21200	10050	-5728	-39.59
0721	西安饮食	29800	29800	1000	1000	4000	11441	6.5
600138	中青旅	300000	300000	0	15600	24000	11086	17.05
600258	首旅股份	40000		0		18210	5159	7.28
600749	西藏圣地	35000		4800		8000	84	0.8
600791	贵华旅业	30000	30000	0	0	9900	1721	8.74

资料来源：2000年2月至4月的《中国证券报》和《证券时报》公开披露的上市公司年度财务报告。

（三）经营者总体年度货币收入过低，个别差异显著

统计结果显示，我国旅游上市公司董事长2000年货币收入均值为69405元，月收入为5783.75元，其中最高收入300000元，月收入25000元；最低仅为20000元，月收入为1666.67元，前者是后者的15倍强。从董事长和总经理年收入排名结果来看，年收入最高的是青旅控股（600138）董事长，300000元；年收入最低的是新都酒店（0033）董事长，20000元（表8-3）。总经理年收入最高的也是青旅控股（600138）的总经理，300000元，年收入最低的总经理是黄山旅游（600054）和峨眉山（0888）的总经理，15000元（表8-4）。

表8-3　旅游上市公司年度货币收入最低和最高的董事长排名

	行业	名称	代码	董事长年度货币收入（元）	净资产收益率（%）
最低排名	酒店类	新都酒店	0033	20000	-0.63
	景点类	泰山旅游	600756	36000	12.01
	综合类	西安饮食	0721	29800	6.5
最高排名	酒店类	中国国贸	600007	210000	15.19
	景点类	中视股份	600088	80000	7.28
	综合类	青旅控股	600138	300000	17.05

资料来源：2000年2月至4月的《中国证券报》和《证券时报》公开披露的上市公司年度财务报告。

表8-4 旅游上市公司年度货币收入最低和最高的总经理排名

	行业	名称	代码	总经理年度货币收入（元）	净资产收益率（%）
最低排名	酒店类	新都酒店	0033	20000	-0.63
	景点类	峨眉山	0888	29800	6.52
		黄山旅游	600054	36000	12.01
	综合类	西安饮食	0721	29800	6.5
最高排名	酒店类	东方宾馆	0524	131000	3.14
	景点类	华侨城	0069	250000	8.8
	综合类	青旅控股	600138	300000	17.05

资料来源：2000年2月至4月的《中国证券报》和《证券时报》公开披露的上市公司年度财务报告。

（四）报酬结构不合理，形式单一

绝大多数的经营者报酬是工资加奖金，实行年薪制的很少。另外，在西方极为普遍的股权激励，在我国旅游企业中基本上处于"真空"状态。美国上市公司经营者的报酬结构比较合理，其中基本工资占42%，奖金占19%，股票期权占28%。其他福利占11%。而我国旅游上市公司经营者总体持股者较少，持股数量偏低。统计结果显示，综合类上市公司的经营者总体持股比例较高。总体持股人数占总股东比例最高的是综合类，为0.014%，其次是酒店类，为0.0085%，最后是景点类0.005%。景点类上市公司经营者的持股数量占总股本比例平均是最低的，这主要是因为景点类上市公司的股本结构中，国有股比例偏高，达到60%以上。

（五）人均持股数量少，比例低，"零持股"现象严重

据统计，25家样本公司中，经营者人均持股8787股，占总股本的比例仅为0.0092%。从行业看，人均持股量最多的是综合类，为10800股，其次是景点类8350股，最后是酒店类7212股。经营者"零持股"的现象非常普遍。25家公司共有董事长和总经理45名，其中22名未持有本公司股票，占48.89%。

五、旅游企业薪酬激励的具体措施

（一）建立科学的绩效评价制度

工作绩效评价是建立旅游企业薪酬激励体系最基本的工作之一，要制定出每个

岗位科学的量化的评价依据，并确定科学合理的薪酬标准依据。随着员工素质不断提高，他们对"公平感"的期望值也越来越高。激励机制既是员工工作能力评价的指针，也是企业任免人员、员工培训和薪酬管理等的有力依据。因此，是否建立一套科学的、完整的企业绩效评估体系直接关系到激励机制运用的有效性。尤其是长期激励机制效果的发挥是以一套规范的管理体系为前提的。旅游企业可运用员工分析系统、平衡计分卡、关键绩效指标等工具将企业目标与业绩评估目标紧密联系在一起，并严格执行。这样，才能真正激发员工的公平竞争意识，使这种外部推动力量转化成一种自我努力工作的动力。另外，旅游企业还应建立一套评价会见机制，使考核执行者能及时与员工进行交流，倾听反馈。

（二）完善集体协商机制，推行岗位工资制

旅游企业薪酬制度在注重管理和强调核心人才重要性的同时，也应关注普通员工，为其建立相应的工资激励机制，积极推行岗位工资制。依据员工岗位的不同特点，在坚持按劳分配、同工同酬、效率优先的基础上，引入劳动力市场价格，打破用工身份，以岗位测评为依据，并参考劳动力市场工资价位，合力确定岗位工资标准和工资差距，并与企业的经济效益挂钩，上下浮动。

（三）建立特殊人才和关键岗位薪酬制度

特殊薪酬奖励制度是用来调动旅游专业技术骨干人员积极性的一种激励方法。确定企业特薪人员，应根据岗位要求及其在企业各个领域做出的贡献，根据企业实际情况而定。针对特殊人才制定关键岗位薪酬制度，关键要做好岗位分析和岗位评价，从岗位职责、岗位工作量、工作复杂程度、岗位与经营业绩的关联程度以及所需的旅游知识水平等方面出发制定量化的评价体系，让特殊人才的奖金和利润挂钩，利润越高，奖金越高，特殊人才或关键岗位员工的边际产出和劳动生产率将得到提高。利润挂钩奖金制度对企业绩效的影响除了劳动力供给外，还可能增强员工之间的协作精神，促进信息在员工间的快速流动，强化员工对企业的认同，具有很强的正外部性。

（四）建立旅游企业经营者年薪制

企业经营者年薪制是旅游企业薪酬激励制度的一个重要组成部分。西方国家多年的实践证明，年薪对企业经营者具有较大的激励和约束作用。一个旅游企业的兴衰成败很大程度上取决于经营者的才能，对企业经营者实行年薪制，符合市场经济的特点，也有利于企业经营者聪明才智的发挥。

在我国，"年薪制"是国务院1993年以来国有企业管理体制对经营者工资收入提出的新考核管理制度。它以年度为单位，根据经营者的生产经营成果和所承担的责任、风险确定其工资分配方案。在各地试点中，确定年薪的方法很多，但大多是

采取"基本收入+风险收入"的办法,有些地区还设置了奖励收入。其一般做法是:将企业经营者的年薪分为基薪和风险收入两部分。基薪按企业规模、经济效益和本地区、本企业职工平均工资的一定倍数来确定,风险收入则以企业上缴利润、国有资产保值增值、劳动生产率增长等经济指标的完成情况,按基薪收入的一定比例来确定;基薪与风险收入之和超过本企业职工平均工资7倍的,超过部分设置奖励收入。具体做法如下:

1. 基本年薪

经营者基本年薪是指以旅游企业当年度职工平均工资为基数,依据经营者管理的企业规模分类确定经营者年度基本收入。其标准为:大型旅游企业及以上经营者基本年薪 = 3倍于本企业职工平均工资;中型旅游企业经营者基本年薪 = 2.5倍于本企业职工平均工资;小型旅游企业经营者基本年薪 = 2倍于本企业职工平均工资。

2. 效益年薪

经营者效益年薪是指依据实际经营管理业绩,以企业实际保值增值率为考核指标,以基本年薪为基数,按一定办法计核的经营者年度收入。(1) 当旅游企业保值增值时,其效益年薪按如下公式计算:效益年薪 = 超基数分成系数 ×(保值增值的实际完成数 - 基数)。(2) 当旅游企业资产减值时,其效益年薪为零,同时由经营者予以补贴。贴补额为:每减值1%,按经营者基本年薪30%予以赔补(赔补额 = 资产增值率×100×基本年×30%),赔补款从经营者的风险抵押金和基本年薪中抵扣,直到扣完为止。(3) 奖励。经营者效益年薪与基本年薪合计所得一般不应超过本旅游企业职工平均工资的7倍,如果企业经营业绩好,超额完成核定的资产保值增值率基数指标,其超过部分经年薪考核部门核准,由上级旅游局或出资者给予奖励,奖励最高不得超过本企业职工平均工资的3倍。(4) 风险抵押金。在以资产保值增值率为考核指标对经营者进行考核的同时,还必须辅之以净资产收益率、应收账款平均余额占营业收入总额的比率、固定资产折旧率等作为辅助考核指标(计算口径按国家统一规定执行)。经营者还需缴纳一定的风险抵押金,经营者风险抵押金由企业专户储存,并按银行一年期利率计息。风险抵押金以现金或有价证券、房产等缴纳、抵押(其中现金部分不低于50%),风险抵押金在经营责任期满或经营者工作变动时经审计终结后返还。

(五) 采用长期激励机制

旅游企业的经营者在创业阶段不仅要注重短期内企业经营业绩的提升,而且要做出对企业长远发展有益的决策行为。因此要采用长期激励的办法使经营者在其创业及今后的经营过程中更多地关心公司的长期价值。股权激励对防止经营者的短期行为、引导其长期行为具有较好的激励和约束作用。因此旅游企业可以实行一种新型模式,即将年薪制的利益激励机制与股票期权制的风险控制机制结合起来,使二者相辅相成,建立一种新型激励模式。

经营者的基本收入可以采用年薪制。经营者年薪中的基薪按月预支，年薪中其余的部分按协议中约定的标准，采用定量和定性相结合的办法，年终予以兑现或兑减，其中30%以现金形式支付，其余部分转化为股票期权，按公司规定行权。通过这种方式，可以让经营者在一定时期内持有股权，享受股权的增值收益，并在一定程度上承担风险。对于完成协议中约定指标50%以下的经营者，公司应扣罚一定比例的以前年度的股票期权；对于审计中发现企业经营者任期内以往年度潜亏、虚盈的，按一定比例扣罚当年股票期权；对于离任审计中发现经营者在期内潜亏、虚盈的，按一定比例扣罚其留存的股票期权。此外，为激励普通员工关注旅游企业长期业绩，可同时推行员工持股计划，让员工的表现与收益同企业的长期效益挂钩。

（六）实行企业福利的多元化

福利是企业薪酬的重要组成部分，可对增强企业凝聚力起到巨大的基础性作用。旅游企业通过福利吸引优秀人才的一个途径就是在福利方面进行创新，在为员工提供养老保险、医疗保险和失业保险的基础上，设计低成本，多元化的福利项目，使福利的效用最大化，实现薪酬管理的支持和激励目标。比如，在该旅游企业员工生活观念中，旅游占相当重要的地位，企业就可以采取为员工提供旅游补贴或提供免费旅游的激励措施，使员工能安心工作。对于高级管理人员和骨干员工，甚至可以使他们无偿使用企业的车辆、报销带家属的旅游费、报销小孩学费、为其购买额外的商业人寿保险等。

第三节　专利权激励管理

员工离开公司的一个重要原因是由于员工感觉在该公司无法发挥自己的专长，缺乏技术创新、提高技能的机会，或者说自己的技术创新没有得到相应的回报，感觉自我价值没有得到认可。可见鼓励员工发明创造、技术革新是激励雇员不断成长和更长时间地留在企业的一种有效的激励方法。这对于旅游企业也同样适用，尤其是在创业阶段，新技术、新产品会赋予创业阶段的旅游企业竞争力。而新产品的发明和技术创新需要专利权的保护。林肯说，"专利是要给天才之火添加利益之油"，只有给予员工的发明创造一定的收益并保障这种收益的合法权利，才能激发他们的创造力。总之，专利制度能够对技术创新和经济发展起巨大的推动作用，对于初创旅游企业来说，专利权激励管理更是现代企业基本制度的重要内容之一。

一、专利权激励概述

（一）专利权概念

专利是专利权的简称，法律所承认的专利权，是个人所享有的垄断性权利。它是国家按专利法授予申请人在一定时间内对其发明创造成果所享有的独占、使用和处分的权利。对于旅游企业创业者来说，如果企业员工拥有一项具有商业价值的技术，并及时申请这种技术创新成果的专利，就可以利用专利所具有的排他性生产出创新产品，从而获得丰厚的生产利润；而其他旅游企业未经授权不得生产专利产品，不得使用专利方法，从而可以保护创新员工的技术优势。

创业企业专利权激励是指在企业创立初期，企业为员工创造各种条件，激励员工开发各种新技术、新产品，引导其为相关产品或技术申请专利，并根据相关协约明确发明创造权属和收益分配方法，强化专利发明人或设计人的权益保障。企业提取职工教育经费税前扣除、加大对创新人员的分配和奖酬力度、加强对领军人才和创新团队的激励，都有利于形成企业长期固定的激励机制。

旅游企业，尤其是众多餐饮企业为了赋予企业生命力，不遗余力地耗费人力、物力、财力搞菜品创新：部分规模餐饮企业已经圈定3个月为一周期，要求每个厨师每期开创一道新菜，如果创新菜品销量超过菜谱上的经典菜品，厨师可以获得升级、现金奖励等；还有的企业专门派菜品开发人员到全国各地寻求新特原材料，有的厨师和摆盘设计师共同创造新品。然而如果餐饮企业不申请专利权，那么大费周章获得的创新菜品，却很可能被部分餐馆以盗取菜谱等各种手段抄袭，坐收渔翁之利。因此很多创新发明要申请专利权保护。

（二）专利权分类

我国《专利法》将专利分为三类，即发明专利、实用新型专利和外观设计专利。第一类发明专利是指对产品、方法或者其改进提出的新的技术方案，例如餐饮企业新开发的菜品设计。第二类实用新型专利是指对产品的形状、构造或者其结合提出的适于实用的新的技术方案，例如旅游工艺品设计。第三类外观设计是指对产品的形状、图案或者其结合以及色彩与形状、图案的结合做出的富有美感并适于工业应用的新设计，例如景区、餐饮酒店企业的商标。

以餐饮行业为例，由于餐饮业的特殊性，仅靠单一的知识产权部门法保护比较困难，必须寻求知识产权整体保护。可以考虑以以下几种方式结合来保护其知识产权。一是用商业秘密来保护。企业应与熟知菜系工艺、配方、调料等的工作人员以及企业内部重要人员签订相关保密合同，根据其岗位重要程度可在合同中加入竞业禁止条款，防止人员和菜品的流失；二是申请专利保护。部分菜式和茶水的配方和工艺可申请发明专利保护，企业设计的具有独特式样和色彩的酒柜、桌椅、餐盘、器具等可申请外观设计专利保护；三是申请注册商标保护。餐饮企业可根据商品分类表上的商标分类在相关类别商标中选择合适的项目进行注册，可以将图形和文字分开注册，扩大保护范围，再申请近似商标进行防御性注册保护。

此外，专利发明形式有两种，一种是非职务发明，一种是职务发明。非职务发明是指发明者利用个人所有的硬件、软件条件，没有利用本单位的设备、物质技术所完成的发明。相反，职务发明是"利用本单位的物质技术条件所完成的发明创造，单位与发明人或者设计人订有合同，合同中对申请专利的权利和专利权的归属做出约定，单位与发明人应遵从合同约定"。在我国当前体制条件下，大部分发明属于职务发明。对于职务发明涉及的利益分配问题，既要保护单位利益，又要在利益的分配上重视真正的发明人的利益。对于企业来说，专利权激励管理的首要内容就是要理清职务专利发明的利益关系，合理分配专利应用或转让形成的各种效益。

（三）专利权的特点

1. 专利权是一种财产权

专利权是运用法律保护手段"跑马圈地"、独占现有市场、抢占潜在市场的有力武器。它具有独占性、时间性和地域性等特征。专利权与有形财产权的最大不同在于，它是对知识和信息所享有的权利，专利制度能够实现对技术创新激励作用的关键在于它是关于产权界定的制度。专利权是私人财产权，也是人们对其发明创造享有的独占权。对这种产权进行界定将大大激发人们的创新活力。

例如，新疆阿勒泰晨牛旅游工艺品公司自主研制开发的牛骨彩绘手链、彩绘牛角杯、骨质耳环、岩板刻像、硅化木象棋等 18 种哈萨克族旅游工艺品先后获得了国家专利，成为阿勒泰地区首批获得专利保护的少数民族工艺品。该公司自 2007 年 4 月正式运营以来，一方面致力于创新开发哈萨克族旅游工艺品，另一方面十分重视对产品的专利保护，配备了 3 名专职专利人员，使专利管理延伸到了设计、制作、生产、检验、销售等各个环节。2007 年以来，公司已申请外观设计专利 18 项、新型专利 6 项、发明专利 4 项——共计 28 项专利，其中 18 项已获得授权。专利保护有效地防止了自主开发的旅游工艺品被剽窃侵权，该公司的专利产品先后在全国旅游工艺品大赛中获得 6 个奖项，在新疆获得 16 枚金银奖牌。目前，公司的产品已有 11 大类 148 个系列 2000 多种，年销售额达 100 多万元。

2. 专利权具有垄断性

专利制度给予专利权人一定时期的垄断权，即让专利权人在一定期限内独占市场经济利润，还可以从利润中提取若干奖金再投资产品和工艺研究，这样就可以调动广大专利权人的积极性，从而形成一种良性循环，提高技术和资本的效益。

在我国餐饮业，"抄袭"事件随着餐饮行业的不断发展、竞争不断升级频繁发生。据了解，创新菜、创新菜谱时常被同行"照葫芦画瓢"仿制。水煮鱼、麻辣小龙虾、麻辣香锅等菜品都在漫天抄袭中红极一时。为了追逐经济利益，抄袭菜品成为餐饮业内竞争的"潜规则"。抄袭成风会阻碍菜品创新发展，建议餐饮企业加强知识产权保护意识，保证企业乃至行业的活力。对此，旅游业相关企业应申请专利加强自己企业研发的创新产品的垄断性。例如，旅游景区申请商标专利、餐饮企业申请菜品专利、旅游工艺品公司申请民族旅游工艺品专利等，在一定时间内拥有独家使用权，使其他企业不能模仿、不能照搬照抄。

同时，专利权制度也是从国家、集体和个人利益的角度出发，鼓励专利权人将其发明向社会推广，在全社会应用其成果——专利意识使得发明者的个人利益同其发明的推广应用密切联系起来。由于专利权人的个人利益与社会利益之间既相互统一又相互对立，在界定专利权的边界时就要以在这两种利益之间寻找一个理想的平衡点为准则。

3. 专利制度是最有效的创新机制

在知识经济占主导地位的今天，科学技术的创新对一国的经济发展至关重要，直接关系着企业的盈利与否甚至生死存亡。与专利制度密切相关的创新主要是指技术创新，它使具有创新精神和竞争意识的旅游企业、个人投资于知识产品的研究开发，并承担相应的市场风险。因此，专利制度是一种最有效的创新机制，它能够促进技术创新和经济发展。

旅游创业企业要鼓励员工创新，就应在制定员工收入分配方案时，考虑技术创新及知识产权等智力成果，即在资产会计管理中提高无形资产的比例。例如对创新员工和为成果转化做出重要贡献的人员给予奖励，并允许创新员工从技术转让的净收入中提取一次性奖励，对以股份入股形式转化成果的，可以用不低于一定比例的股份给予奖励等。

(三) 专利权激励管理的理论基础

根据管理学理论知识，有关激励的理论涉及马斯洛（Maslow）的"需求层次"理论，赫茨伯格（Herzberg）的"激励—保健"双因素理论、奥尔德弗（Alderser）的 ERG 模式，即激励因素理论（图 8-1），而专利权激励在这三个理论中均可以找到与之相对应的层次。

在马斯洛需求层次理论中，需要是人类内在的、天生的、下意识存在的，而且是按先后顺序发展的，即从生理需要（个人生存的基本需要：吃、喝、住）到安全需要（心理和物质上的安全保障：职业有保障、有社会保险和退休基金等）、社交需要（人作为社会的一员，需要友谊和群体的归属感）、尊重需要（受到别人的尊重及建立内在的自尊）、自我实现需要（通过自己的努力，实现自己对生活、工作的期望）。已被满足的需要就不再能成为社会成员的激励因素，所以最高层次的需要即人类潜能的发展、自尊和自我实现是最高层次的激励因素。专利权激励就属于最高层次的自我实现，是对企业雇员的最高需求的激励。

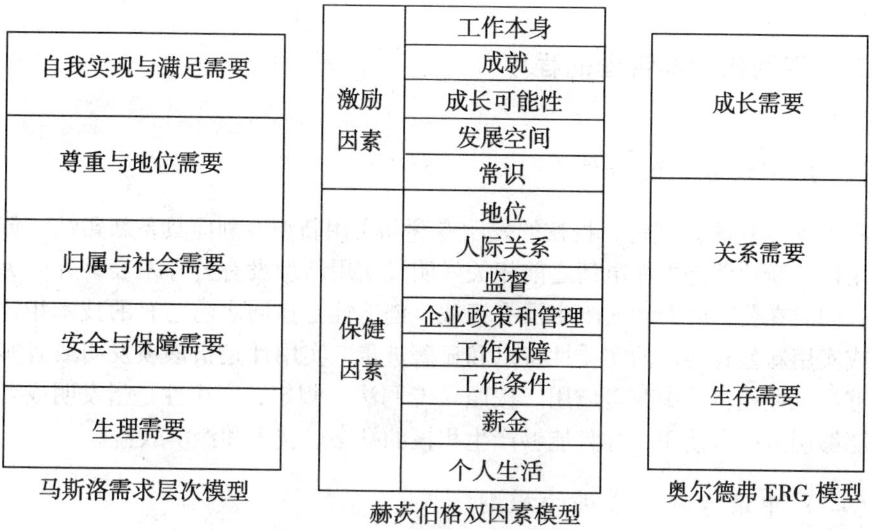

马斯洛需求层次模型	赫茨伯格双因素模型	奥尔德弗 ERG 模型
自我实现与满足需要	激励因素：工作本身、成就、成长可能性、发展空间、常识	成长需要
尊重与地位需要		
归属与社会需要	保健因素：地位、人际关系、监督、企业政策和管理、工作保障、工作条件、薪金、个人生活	关系需要
安全与保障需要		生存需要
生理需要		

图 8-1 三种激励理论模型

资料来源：约翰·W·纽斯特罗姆．组织行为学（第十版）．陈兴珠等译．北京：经济科学出版社，2000。

在赫茨伯格提出的"激励—保健因素理论"又被称为双因素理论中，赫茨伯格发现能够使职工感到满意的都是属于工作本身或工作内容方面的；使职工感到不满的，都是属于工作环境或工作关系方面的。他把前者叫作"激励因素"，后者叫作"保健因素"。那些能带来积极态度、满意和激励作用的因素就叫作"激励因素"，就是那些能满足个人自我实现需要的因素，包括：成就、赏识、挑战性的工作、增加的工作责任以及成长和发展的机会被称为"激励因素"。如果这些因素具备了，就能对人们产生更大的激励，专利权激励就属于激励因素。

在奥尔德弗的 ERG 模型中，奥尔德弗修正了马斯洛的论点，他认为人的需要不是分为 5 种而是分为 3 种：1. 生存的需要（Existence），包括心理与安全的需要。2. 相互关系和谐的需要（Relatedness），包括有意义的社会人际关系。3. 成长的需要（Growth），包括人类潜能的发展、自尊和自我实现。专利权激励属于成长的需要。

因此，专利权激励是三种激励理论模型中的共有因素，同时还处于三种模型的最高层次，由此可见，专利权激励管理在激励理论中具有较高地位，是现代企业制度亟须完善的激励内容，是初创企业成功赢得市场的有力支撑。

二、专利权激励管理的程序

(一) 申请专利的条件

我国《专利法》规定,授权的发明专利和实用新型专利应具备新颖性、创造性和实用性。新颖性是指在申请之前相关发明或实用新型没有公开发表,并未为公众所知,同时在公布的专利文献中没有记载。创造性是指同之前已有的技术相比,该发明或实用新型有突出的实质性特点和显著进步。实用性是指该项发明或者实用新型能够在工业或产业中获得应用。按照《专利法》规定,实用性是指发明或者实用新型能够制造或者使用,并且能够产生积极的社会、技术和经济效益。

(二) 申请专利应遵循的原则

创业者在申请专利的时候应遵循的原则包括书面原则、先申请原则和单一性原则。

1. 书面原则

专利申请人及其代理人在办理各种手续时都应当采用书面形式,也就是说,有关申请手续不得采用口头形式,也不得以电报、电话、传真、网络等形式代替书面文件,更不得以向专利局提交实物的方式;专利申请人及其代理人提交的书面文件必须使用专利局的指定格式,由申请人签名盖章。

2. 先申请原则

当两个或两个以上的人分别就同样的发明创造申请专利权时,专利权授予最先申请的人。目前世界上绝大多数国家都采用此原则,少数国家如美国、菲律宾采用先发明原则。由于申请专利的技术具有新颖性,因此当发明人有了技术成果之后,应首先申请专利,再发表论文,以免因过早公开技术而丧失申请专利的机会。

3. 单一性原则

一份专利申请文件只能就一项发明或实用新型提出专利申请,但属于一个总的发明构思的两项以上的发明或者实用新型,可以作为一件申请提出。这样做有利于专利局对专利申请进行分类检索和审查,也有利于将来专利权的转让和专利许可合同的签订。

(三) 申请专利的程序

专利申请程序因专利种类不同而略有不同,主要表现为发明专利申请需要进行两次审查和两次公告,而实用新型和外观设计专利申请只需要一次审查。以下分别就发明专利(图8-2)和实用新型专利以及外观设计专利(图8-3)绘制审批流程图如下。

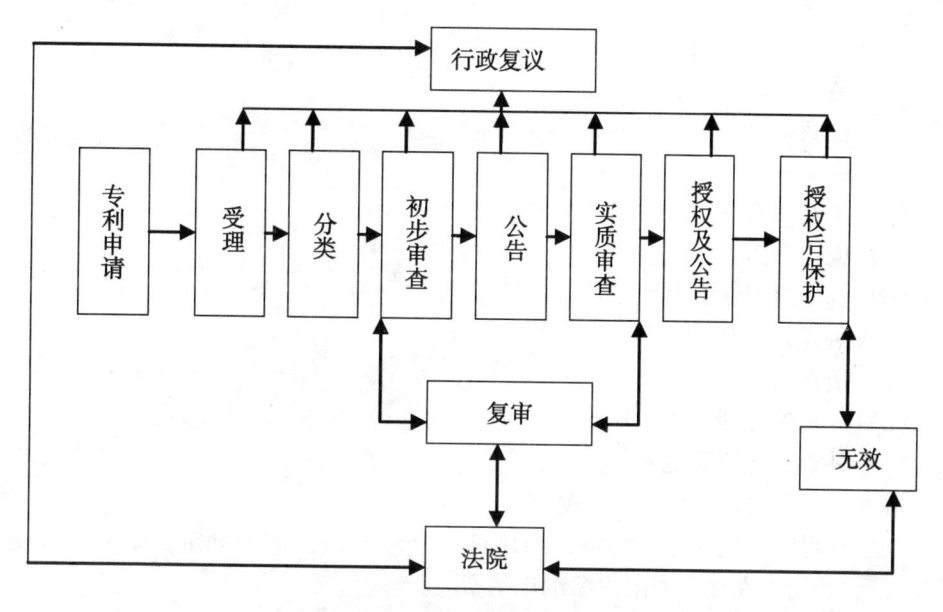

图 8-2 发明专利申请审批流程图

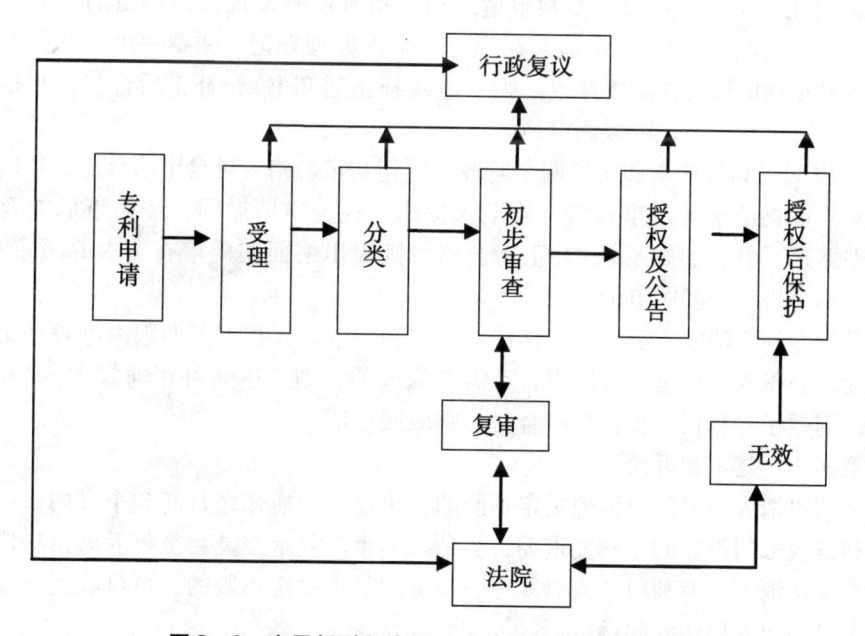

图 8-3 实用新型和外观设计专利申请审批流程图

第一步：向国家知识产权局专利局（下称专利局）或各地区国家知识产权局专利代办处（下称代办处）递交如下规范性申请文件：

1. 发明专利和实用新型专利

(1) 请求书；

(2) 权利要求书；

(3) 说明书；

(4) 说明书附图（有些发明可省略）；

(5) 说明书摘要；

(6) 摘要附图（有些发明可省略）。

2. 外观设计专利

(1) 请求书；

(2) 外观设计图片或照片；

(3) 外观设计简要说明。

第二步：专利局（代办处）受理。

经过专利局（代办处）初审，如果符合《专利法》有关规定，则下达《受理通知书》，申请人在规定期限内缴纳申请费。

第三步：专利局审查和批准。

1. 实用新型和外观设计专利申请经初步审查没有发现驳回理由的，下达《授权通知书》，授予专利权；申请人在规定期限内办理登记、缴费手续，获得专利证书。如果专利申请文件需要修改，则下达《补正通知书》，补正后合格，则授予专利权；补正后不合格，则驳回申请。

2. 发明专利分初审和实审两个阶段。申请初审合格，可自申请日起3年内提出书面实质审查请求并缴审查费，逾期未提出，视为申请撤回；经初审后需要修改的，则下达《补正通知书》；补正后合格，则提出书面实质审查请求并缴审查费；补正后不合格，则驳回申请。

发明专利申请实质审查合格，授予专利权，申请人在规定期限内办理登记、缴费手续，获得专利证书；实质审查后需要修改的，则下达《补正通知书》，补正后合格，则授予专利权，补正后不合格，则驳回申请。

第四步：复审和诉讼。

专利申请人对驳回申请的决定不服的，可自收到通知之日起3个月内，向国务院专利行政部门设立的专利复审委员会请求复审。复审委员会复审后做出决定，并通知专利申请人。专利申请人对复审委员会的复审决定不服的，可自收到通知之日起3个月内向人民法院起诉。

三、专利权激励管理方法

专利权作为知识资本，是一种重要的生产要素，它对技术创新的激励作用主要体现在专利权人能从专利权的运用中获得丰厚的回报。因此，对于创业阶段的旅游企业来说，专利权激励管理的手段包括采用灵活多样的分配方式，保障专利创新者获得高回报，同时建立技术创新基金，为专利申请和专利产品的产业化特别是高新技术专利产业化提供资金上的保障和扶持，并对专利维持费用给予适当补助。

在具体执行过程中，企业可以对国家专利局授予专利权的发明创造进行评估，以评估价值作为产品的投入资本，给予利润分成。下面以几家公司为例说明专利权激励的管理办法，这些方法可以给旅游企业提供一些借鉴。

（一）技术发明的奖金激励

威斯丁豪斯电气公司规定，凡由本公司雇员完成的发明创造被美国专利局受理专利权申请的，如果这项发明作者为1人，公司一次性发给他200美元奖金；如果发明项目的作者不止1人，那么不管人数多少，奖金额为300美元；一旦这项发明被授予专利权，发明者获得的奖金可提高到500美元，重大发明创造项目的奖金额则在1000美元以上。

海湾石油公司规定，不论发明专利权申请是在受理中还是已被批准，一律发给发明者100美元奖金。相比之下，国际商用机器公司出手较大多数公司为"阔"，它规定的奖金额为1000美元至3000美元；发明者除了按规定得到一笔奖金外，成果出众的还能获得公司设置的"董事长奖"，金额逾5000美元。

关于奖励资金来源和利润分配比例，美国公司的一些做法值得借鉴。例如，麦克唐纳——道格拉斯公司和洛克希特飞机公司用于奖励发明者和专利权使用的费用占专利权使用费总额的比例高达15%。这些公司大致规定两种提取标准：一种是从第一笔专利权使用费收入中提取30%~40%，另一种是从3年（或5年）内的全部专利权使用费收入中提取5%~10%，作为奖金一次性发给发明者。总结起来，美国公司发给其雇员发明者的奖金主要来自三个方面：一是制造专利产品、使用专利方法所获得的利润；二是收取的专利权使用费；三是出售专利权的收入。

日本的私人企业一般都设有专利部，负责科技成果的奖励和推广。为鼓励公司科技人员多出成果，日立公司设立科技奖。该奖按两种情况颁发：对取得可以申请专利的成果的科技人员，给予申请奖（每份2000日元）或登记奖（每份5000日元），对其技术开发成果不能申请专利的科技人员，则给予"社长技术奖"。此外，公司每年还为获得显著实施效果的专利成果颁奖，共分五等，特等奖每份20万日元，奖金依次递减。

绝大多数公司在奖励专利发明者时并不十分强调根据发明项目的经济价值来决定奖金数额，而是把这项发明的专利权申请是否有可能被受理和获得专利权作为给予多少奖金的考虑因素。

除了现金奖励以外，也有许多美国公司把本公司股票奖给发明者。采用这种奖励形式的大公司中，有通用电气公司和杜邦公司等，杜邦公司甚至允许发明者把奖给他们的本公司股票出售或转让他人。

(二) 经营管理建议的奖金激励

在美国，可以获得物质奖励的发明创造，不仅仅指技术发明，也包括改进生产经营管理的意见和建议。这不言而喻刺激了私人公司雇员积极提出有利于生产经营和管理的建议，进而给公司带来很大益处。如威斯丁豪斯电气公司所采纳的大部分合理化建议出自非工程技术类雇员。尽管这些建议不符合专利权申请的要求，但提出建议的人还是能够得到高达 5000 美元至 15000 美元的奖励。要是合理化建议能使公司在节约资金和原材料方面受益的话，一次性奖金额可达到公司所有节约总额的 100%，或者在建议被采用的第一年内所得节约净额的 20%。有些公司还成立发明者俱乐部，发给发明者休假旅游费，在发明者购买本公司商品和劳务时给予优惠，等等。经营管理建议的奖金激励也同样适用于创业阶段的旅游企业。

(三) 公益及社会活动的奖金激励

瑞典的私人企业沃尔沃集团有限公司认识到环境对工业发展的重要性，认为有必要支持和鼓励公司以外世界各地的人们从事这项工作。基于这个原因，该公司设立了沃尔沃奖。沃尔沃集团提供给环境奖励基金会基金 2000 万克朗。1988 年成立奖励委员会，1990 年第一次颁奖，1995 年是第 6 届。基金会每年要奖组织者，工作必须具备独创性、创新性，获奖人不仅仅是科学家，还包括参加政策规定、实施等实际工作并在工作中为企业做出贡献的人员，同时，还奖励对推动科技进步做出卓越贡献的社会活动家。该公司的具体做法是每年秋天开始登消息，并发出 600 份提名函，世界各地有关机构开始提名。科学委员会先从中选出 3~10 人，作为候选人，送奖励委员会，在联席会议上再从中选出两人，最后送到奖励委员会四人小组最终确认。奖金数额为 150 万克朗，证书则根据获奖人的成就设计。

(四) 精神奖励激励

上述私人公司在对发明者进行物质奖励的同时，还把精神奖励置于重要地位。它们采取的方式主要有：授予发明者专门的荣誉证书和证章，授予专门的荣誉称号等。国际商用机器公司授予本公司发明者"Fellow"的称号即学术团体会员，拥有该称号的雇员在一定时期内被允许在工作时间内从事他自行选择的课题研究工作；发明者每获奖一次，就得到一枚金质奖章，以确认他是国际商用机器公司发明创造竞赛的优胜者。年终，他可作为贵宾被邀请与公司董事们共进午餐。

【内容举要】

对于旅游企业而言，激励就是从满足人的多层次、多元化需要出发，针对不同员工设定绩效标准和奖酬值，以求最大限度地激发员工工作的积极性和创造性，达到实现旅游企业组织目标的目的。在企业创立初期，对创业团队成员或员工所进行的激励称为创业激励。旅游企业的创业激励机制主要包括产权激励、薪酬激励和专利权激励。

产权激励是对企业员工的首要激励方法，是最有效果的激励方法。产权激励就是通过产权合约的形式将企业的所有权卖给员工，是长期激励的一种有效形式。其中，旅游企业产权是指以财产所有权为基础，反映投资主体财产权益、义务的法律形式。产权的形态包括实物形态、股权形态、债权形态。产权激励通常包括管理层激励和普通员工激励两个层次，对创业企业管理层的产权激励主要为股票期权，对普通员工的产权激励主要表现为员工持股计划。股票期权激励制度是指旅游公司授予激励对象股票（份）期权，在未来一定的时间内，当股票（份）增值时，期权持有人可以按约定的价格执行期权，并可选择即刻或将来按市场价格将股（份）转让，从而获得价格差价收益。股票期权激励的重要性主要体现在：有利于形成旅游企业的利益共同体、有利于创业期降低成本、有利于经营者关注旅游企业的长期发展。员工持股计划是一种针对员工的产权激励方式，是指由企业内部员工出资认购本公司部分股权，委托员工持股组织作为社团法人托管运作和集中管理并以员工持股管理委员会或理事会为社团法人进入董事会参与公司管理的一种新型股权形式。或者说，员工持股计划是指企业内部职工通过一定的法律程序，有条件地拥有企业股份的一种企业制度，可分为杠杆性和非杠杆性两种类型。员工持股计划的作用包括有利于企业享受税收优惠、有利于在一个非常低的税后费用下向员工借钱、有利于建立一个额外的员工福利体系。

薪酬指员工因雇佣而获得的各种形式的报酬。按照支付形式，薪酬可分为以工资、薪水、奖金、佣金和红利等形式支付的直接货币报酬和以各种间接货币形式支付的福利两部分。从对员工进行激励的角度讲，薪酬可分为基本薪酬、可变薪酬两类。从员工从属的组织形式角度讲，可分为个人性薪酬和组织性薪酬两部分。旅游企业的薪酬定位方法包括基于职位的薪酬定位、基于技能的薪酬定位、基于绩效的薪酬定位。旅游企业薪酬激励的具体措施包括五方面：建立科学的绩效评价制度、建立特殊人才和关键岗位薪酬制度、建立旅游企业经营者年薪制、采用长期激励机制、实现企业福利的多元化。

专利是专利权的简称，法律所承认的专利权，是个人所享有的垄断性权利。它是国家按《专利法》授予申请人在一定时间内对其发明创造成果所享有的独占、使用和处分的权利。创业企业专利权激励是指在企业创立初期，企业为员工创造各种条件，激励员工开发各种新技术、新产品，引导其为相关产品或技术申请专利，并根据相关协约明确发明创造权属和收益分配原则，强化专利发明人或设计人的权益保障。我国《专利法》将专利分为三类，即发明专利、实用新型专利和外观设计专利。专利权有三个特点：专利权是一种财产权，专利权具有垄断性，专利制度是最有效的创新机制。专利权激励的管理方法包括技术发明的奖金激励、经营管理建议的奖金激励、公益及社会活动的奖金激励以及精神奖励激励。

【案例分析一】

特色龙虾做法已申请专利　南京一酒店连告三家同行

近日，南京某专门做特色龙虾的酒店将另外三家饭店告上南京市中院时称，自己的特色龙虾做法已经申请专利，其他饭店不能再如此烹制龙虾。因此，该饭店为每一种特色龙虾索赔侵犯专利费10万元。

两种龙虾做法成专利

蝲蛄（俗称小龙虾）于20世纪七八十年代成为民间餐桌上的菜肴，因味道鲜美吸引了大量的消费者。民间食用方法通常是蒸、煮、烧，清洗的方法也较原始。目前，大家所采取的烹制方法大多是加入各种调料烧煮，都属于中式制作。

南京某酒店称，该酒店克服了龙虾烹制方法单调的缺陷，创新出中菜西做的"麦场烤虾"及采用高温快速杀菌的"清水龙虾"，这两种烹制方法属于酒店独创，并在2003年申请了国家专利，专利名称分别为"麦场烤虾的制作方法"和"清水龙虾的制作方法"。国家专利局最终认定，两种龙虾做法与传统龙虾的烹制有鲜明的区别，属于独创，可以获得专利权。2005年7月，该龙虾做法获得国家专利。

实地吃虾取证打官司

但最近，酒店负责人通过熟人得知，自己的独门秘方被人偷用了。其他三家饭店也经营起了"麦场烤虾"、"清水龙虾"。

于是，酒店负责人带上律师分别来到其认定侵权的南京酒店实地吃龙虾。菜单上，自己申请专利的特色龙虾连名字都没有改，价格还不便宜，标价170元以上一盆。他们点了一盆尝过发现，口味也是如出一辙。饭店负责人偷偷留下了侵权饭店的菜谱作为证据。

经过调查，酒店负责人发现三家侵权饭店与他们有些渊源，那些厨师要么曾就职于自己的酒店，要么曾拜师于酒店厨师。酒店律师建议，针对三家饭店侵权的品种数量，应提起专利侵权诉讼。因此，三家饭店分别被索赔10万~20万元不等，并被要求立即停止侵权行为。

（资料来源：江苏省中小企业知识产权服务网：http：//www.jste.gov.cn：8082/smeip/infoshow.php？id=421&class=10）

案例讨论题
1. 如何理解专利权在保护旅游企业知识产权方面的作用？
2. 是否熟知其他类似的旅游企业侵犯专利权的案例？

【案例分析二】

爱琴海酒店的人力管理问题

爱琴海酒店坐落于南方某市的海滨，风景美丽，交通方便。酒店自开业之初就确定了走高档路线、以高价位入市的经营策略，将主要的客源市场瞄准了港、澳、台等地的商务客人，并大力开发本地具有消费潜力的大公司客户，定位为商务型酒店。爱琴海酒店虽然规模不大，却因其典雅别致为客人营造出一种别样的温馨和舒适，使客人的身心能够得到彻底的放松，并带来真正的享受。爱琴海的这一特色迎合了当时的市场需求，不但创造了不菲的经济效益，还带来了良好的社会效益，为其日后的发展奠定了坚实的基础，被国家旅游局评为四星级旅游涉外酒店。

然而1996年，爱琴海酒店在顺利度过培育期，踌躇满志、意气风发地步入成长期时，却没能继续辉煌。酒店的经营每况愈下，先是营业额及利润大幅退减，继而发展为亏损，并从此一蹶不振。该酒店衰落的原因之一就是人力资源管理上出现了问题，其中员工的奖酬制度和绩效考评问题尤为突出。

爱琴海酒店的奖酬分为基本工资和奖金两部分。基本工资中含有级别工资、工龄工资以及各项补贴，每个上下级别之间的基本工资差距仅为 10～20 元，而工龄工资为每年增加 5 元。因此，基本工资部分并未因岗位、职位的不同而拉开差距。奖金则由财务部根据每月各部门及酒店整体的营业状况制定发放标准，然后根据已定各级别的发放系数发放。员工的奖金分为 A、B、C、D 四个级别，每月由各个岗位的主管就每位员工当月的工作表现给予评定，经部门经理签字批准报人事部门制表。在1997年以前的几年中，因酒店经营情况较好，每月的奖金发放标准均在每人200元以上，以客房、中餐、西餐、康乐等营业部门各自不同的销售业绩为根据发放。然而尽管爱琴海酒店的奖金分四个级别，却没有明确的评定标准，对员工的工作量也没有设置合理的量化标准，仅由主管一人来衡量和评判员工的工作质量，致使奖金的评定缺乏应有的客观性、公正性、公平性，导致员工经常会产生强烈的不公平感，挫伤了员工的工作积极性，引发内部矛盾，造成人际关系恶化，形成不安定因素，直接影响到酒店的服务质量及品牌形象。

爱琴海酒店员工的晋升也没有形成一个良好的竞争机制，没有将员工的个人素质、工作能力、操作技能、工作业绩、工作的责任心作为晋升的标准，而是论资排辈或是靠关系，因而不能真正选拔出合适的人才，最终使一批具有潜力的员工对酒店失去了信心，相继离职。

（摘自陈觉．餐饮经营失败与案例评析．辽宁科学技术出版社，2007.4．）

案例讨论题
1. 爱琴海酒店的奖酬制度有何问题，应如何改进？
2. 如何改进爱琴海酒店的绩效考核和晋升制度？

【案例分析三】

××大酒店薪酬管理制度

一、总则
1. 本制度经酒店董事会审议通过，自某年某月某日开始执行。
2. 本制度实行的准则：坚持按劳分配、多劳多得，支持效率优先，兼顾公平原则。
3. 本制度努力实现的目标：按效分配，唯才是用、唯功是赏的薪酬分配原则。

二、工资结构
员工工资的具体结构如下：
1. 个人工资收入＝职务岗位等级工资＋店龄津贴＋浮动效益工资。
2. 职务岗位等级工资含：基本工资＋岗位津贴＋生活津贴（包括员工中、夜班津贴，独生子女费等）＋技术津贴（仅限特殊工种）。
3. 职务岗位等级工资，依据担任的职务、岗位职责、技能高低，经考核后确定。
4. 店龄津贴：依据员工服务年资（含试用期间）计算（以每年1月1日为限，即头年某日入店均以次年的1月1日起算）每年调整1次，在酒店服务满一年的员工，可享受店龄津贴。店龄津贴起点为每人每月30元，每月随工资发放，并逐年按此标准递增，店龄工资最高为300元，超出此数，酒店另外补贴。
5. 浮动效益工资：即奖金。随酒店经营效益的高低，并结合管理质量的优劣而上下浮动，具体方案另拟。
6. 每年6月30日前，依据岗位工资等级标准和员工的业务技能以及本年度考核结果进行调整。
7. 上列计算结果若有小数点产生时，一律舍去不计。

三、岗位工资等级
酒店为公正评价每位员工的资历能力和贡献，将全店职能部门所有岗位自上而下划分为10级30档。管理人员以现任职务确定工资等级，职工以现有岗位确定相应的工资等级。

四、工资的计算与支付

1. 等级工资计算期间为当月 1 日至当月月底,工资发放时间为次月的 15 日(若遇节假日顺延)。

2. 每月工资以 30 天计算,每工作 5 天享有有薪假期 2 天。

职务岗位等级工资总额＝出勤工资×（出勤天数＋应享有有薪假天数）×30

五、浮动的效益工资

与效益工资有关的考核指标：

1. 月份营业收入指标数。

2. 月份成本率。

3. 月份费用率。

4. 月份利润率或利润总数。

5. 月份其他指标（或个别特殊部门的单独指标）。

参见《×××大酒店工资与效益挂钩方案》。

《×××大酒店工资与效益挂钩方案》

又称：浮动效益工资

第一部分：浮动效益工资部分。

一、由酒店总经理一次性下达各营业部门的月度、季度、年度经营指标数,并由酒店总经理和各营业部门的第一责任人签订"经营指标确认书"。

二、月度以每月 1 日—每月 30 日（31 日）为月份考核的结算时间,并据此发放月度浮动效益工资和超产奖金；年度的每年 1 月 1 日—每年 12 日 31 日为年度考核的结算时间,并以此为计算依据发放年度双薪,作为年度的总奖金。

三、浮动效益工资的计算方法：

1. 全店领班级以上（包括领班级）管理人员的基本工资和当月营业指标完成情况挂钩,即当月浮动效益工资,普通员工的工资不参与浮动。

2. 全店领班级以上（包括领班级）管理人员的基本工资计算方式为：每人职务岗位等级工资的 80% 为基本工资,其余 20% 为各种津贴。津贴部分（即 20%）不参与浮动。

比如：（1）某领班,每月职务岗位等级工资为 750 元,则其中 80%（600 元）为基本工资数,每月参与浮动,其余 20% 为各类津贴,不参与浮动。

（2）某部门经理,每月职务岗位等级工资为 1600 元,则其中 80%（1440 元）为基本工资数,每月参与浮动,其余 20% 为各类津贴,不参与浮动。

其余类推。

第二部分：超产奖金部分。

一、奖金的含义

奖金：含奖给与扣奖两个含义，即奖与罚。有奖有罚，奖罚平等。

二、奖金的类别

××大酒店的奖金种类有：

1. 经营效益奖
2. 管理绩效奖
3. 服务质量奖
4. 特殊贡献奖
5. 年终双薪奖
6. 其他单项奖

（1）先进部门或班组（团体）

（2）某项集体奖（团体）

（3）先进工作者（个人）

（4）优秀员工（个人）

（5）微笑明星（个人）

（6）优秀通讯员（个人）

（7）岗位技能（技术能手）比武（团体或个人）

（8）协作精神（团队或个人）

（9）见义勇为（团体或个人）

（10）创新、创意项目奖（团体或个人）

（11）拾金不昧（个人）

（12）节支降耗（团体或个人）

（13）文体活动（团体或个人）

（14）酒店形象大使（个人）

（15）特殊贡献（团体或个人）

（16）其他……

三、经营效益奖

1. 本项奖金的设置，与××大酒店全体员工挂钩（又可称为效益工资奖）。
2. 本项奖金的评定，根据各部门月度经营效益的完成情况计算与评定。
3. 本项奖金的设定，与上述第一部分"浮动效益工资部分"同时存在，并分别进行计算。

第三部分：年终双薪奖

（一）年终奖的范围

1. 2004年度为特殊的试行年度，计算日期为：4月1日—12月31日。
2. 2005年度以后，均以每年的1月1日—12月31日结算。

3. 年终奖的计算基数：基本工资+职务岗位工资。

（二）营业部门年终奖：即第一板块所有部门的每一位员工。

1. 按本部门年度总营业额的完成比例计算年终奖。

2. 倘若某营业部门只完成全年总营业额指标数的80%以下（含80%），不发年终奖。

3. 倘若某营业部门完成了全年总营业额指标数的80%~100%（不含80%，亦不含100%），原则上不发年终奖，但酒店可发给部分安慰奖，或称董事会的赠送奖。

4. 倘若某营业部门完成了全年营业额指标数的100%以上（含100%），则按比例发给年终奖。

年终双薪奖的计算方式：

比如：某营业部门当年完成了全年营业总额的115%，这个部门的每一位员工均可获得全年12个月职务岗位等级工资以外的年终奖（亦称第13个月的工资），计算方式为：

该员工（或管理者）的每月基本工资+每月职务岗位工资×115%。

假设：某员工（或管理者）每月基本工资+每月职务岗位工资为1000元，那么他即可获得：1000元×115%=1150元。

（摘自青岛酒店管理学院网：http://www.qchm.edu.cn/jpkc/rlzy/）

案例讨论题

1. 评价本案例的薪酬制度中基本工资待遇、浮动效益工资的发放原则是否合理？

2. 本案例的薪酬制度能够发挥经济杠杆和激励作用吗？

【思考与练习】

1. 简述股票期权的概念及其重要性。
2. 简述员工持股计划的概念及作用。
3. 简述旅游企业薪酬激励的具体措施。
4. 简述专利权的含义及特点。
5. 简述申请专利的原则和程序。

【推荐文献】

李时椿. 创业管理 [M]. 北京：清华大学出版社，2008.

夏清华. 创业管理 [M]. 武汉：武汉大学出版社，2007.

陈觉. 餐饮经营失败与案例评析 [M]. 沈阳：辽宁科学技术出版社，2004.

魏卫，邓念梅. 旅游企业管理 [M]. 北京：清华大学出版社，2006.

杭争．创业阶段中小企业的股权激励［J］．商场现代化，2007（33）：93-94.

黄敏．企业激励机制的理论分析．武汉科技学院学报［J］．2005（18）：123-124.

曾祥焱，林木西．试论产权激励的两个层面［J］．经济与管理．2009（23）：17-22.

第九章　旅游企业的创业模式管理

【学习目标】

通过本章的学习，使学生掌握四种类型旅游企业的创业模式。了解餐饮企业四种创业模式的特征、类型、优势、劣势。能够比较出六种酒店企业创业模式的优缺点，并能列举出国际知名酒店品牌的实例。把握景区企业的三种创业模式及各自的特征。熟悉旅行社企业的三种创业模式，并能活学活用。

【内容结构】

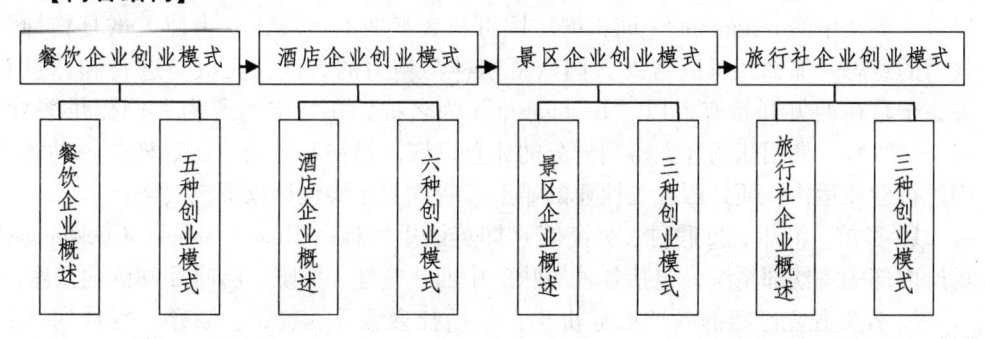

```
餐饮企业创业模式      酒店企业创业模式      景区企业创业模式      旅行社企业创业模式
   │      │              │      │              │      │              │      │
餐饮企业 五种           酒店企业 六种          景区企业 三种         旅行社企业 三种
 概述   创业             概述   创业            概述   创业           概述     创业
        模式                    模式                   模式                    模式
```

【重要概念】

　　单一业主创业　特许经营创业　委托管理创业　带资管理创业　联销管理创业　战略联盟创业　整体租赁创业

第一节 餐饮企业的创业模式

一、餐饮业概述

（一）餐饮业的内涵

餐饮业是指利用餐饮设备、场所和餐饮原料，从事饮食烹饪加工，为社会生活服务的生产经营性服务行业。有些学者认为，餐饮业基本上应该涵盖三个组成要素：1. 必须要有餐食或饮料提供；2. 有足够令人放松精神的环境或气氛；3. 有固定场所，能满足顾客差异化的需求与期望，并使经营者实现特定的经营目标与利润。而提供餐饮的场所，古今中外有很多称呼，如酒馆、餐馆、菜馆、饮食店、餐厅等。英文中的 restaurant 一词，据法国百科大辞典的解释，意为使人恢复精神与气力的意思。那么，可以帮助人们恢复精神与精力的方法，大抵与进食和休息有关，于是在西方开始有人以"Restaurant"为名称，在特定场所为人们提供餐食、点心、饮料，使招徕的客人得到充分的休息以恢复精神和体力，在这样的一种场所中进行营业运作，便是西方餐饮业的雏形。餐饮业主要包括以下三大类：

1. 宾馆、酒店、度假村、公寓等（即英语里所称的 Hotel、Motel、Guesthouse）场所内部的餐饮部系统，包括各种风味的中西式餐厅、酒吧、咖啡厅和泳池茶座。

2. 各类独立经营的餐饮服务机构，包括社会餐厅、餐馆、酒楼、餐饮店（即英语中所称的 Restaurant）、快餐店、小吃店、茶馆、酒吧和咖啡屋。

3. 企事业单位的餐厅及一些社会保障与服务部门的餐饮服务机构，包括企事业单位食堂、餐厅，学校、幼儿园的餐厅，监狱的餐厅，医院的餐厅，军营的餐饮服务机构。

（二）餐饮业在旅游产业链中的地位

餐饮业是旅游产业重要的组成部分，其在旅游产业链中具有其他产业或企业无法替代的重要地位和作用，主要表现在以下几个方面：

1. 餐饮是旅游业"六大"要素的重要组成部分

旅游活动是由一系列相关的连续性活动构成的，包括食、住、行、游、购、娱六大要素。餐饮业是进行一次完整的旅游活动不可缺少的，如果在整个旅游行程中其他相关服务近乎完美，而在餐饮方面不尽如人意，就会影响旅游活动的整体效果。同时，高超的烹饪艺术、独具特色的饮食产品，也是饮食文化的结晶，本身又可以成为旅游资源，广泛吸引海内外旅游者前来旅游。因此，餐饮是发展旅游业的物质基础。

2. 餐饮业是创造社会财富、实现国民收入再分配的重要服务行业

餐饮业利用餐饮设备、技术，通过食品原材料加工制造产品，本身可以增加产品价值，创造社会财富。涉外餐饮业在为海外旅游者服务的过程中，可以创收外汇，将其他国家的国民收入转化为我国的国民收入。同时餐饮业为国内旅游者、当地居民和各种企事业单位服务，处于国民收入再分配环节，可以大量回笼货币，从而对国民经济的发展起到积极的推动作用。

3. 餐饮业是促进社会消费方式和消费结构变化、扩大劳动就业的重要行业

餐饮业的发展，为大批人员提供了就业机会，成为解决我国职工就业和下岗职工再就业问题的重要方式之一。到目前为止，我国餐饮业的从业人员已达到2000万人左右，而在旅游业中，餐饮业是用工最多的行业之一。因此，随着我国餐饮业的发展，将会为越来越多的人提供就业机会，从而缓解我国社会的就业压力。

4. 餐饮业是宣传饮食文化，有效促进相关行业发展的重要行业

餐饮业担负着弘扬我国饮食文化、挖掘我国旅游资源、塑造我国旅游形象的宏伟使命。此外，餐饮业的迅速发展，需要国民经济提供基础设施、生产技术设备、物资用品和各种食品原材料，这必然促进轻工业、建筑、装修、交通、食品原材料和副食品生产等相关行业的发展。

5. 餐饮收入是旅游业收入的重要组成部分

在相关的旅游业统计中我们发现，餐馆、旅店等营业收入往往被纳入旅游业的统计之中，餐饮收入成为一个地区或国家旅游收入的重要组成部分，在某些相关的旅游业比较研究中，餐饮收入还被作为衡量一个地区或国家旅游业发展状况的重要指标。

（三）餐饮业与酒店业的异同

1. 定义不同

餐饮是从西方概念food & beverage（F&B）发展而来的，按欧美《标准行业分类法》的定义，餐饮业是指以商业赢利为目的的餐饮服务机构。在我国，据《国民经济行业分类注释》的定义，餐饮业是指在一定场所，对食物进行现场烹饪、调制，并出售给顾客，主要供现场消费的服务活动。

酒店或饭店一词的解释可追溯到千年以前，早在1800年《国际词典》一书中就写道："饭店是为大众准备住宿、饮食与服务的一种建筑或场所。"一般说来，就是给宾客提供歇宿和饮食的场所。目前在国内运用较多的是酒店（Hotel）一词，此词来源于法语，本意是贵族在乡间招待贵宾的别墅，在港澳地区及东南亚地区被称为"酒店"，在中国台湾地区也被称为"酒店"，在中国内地被称为"酒店"、"饭店"、"宾馆"、"旅店"、"旅馆"。

2. 经营内涵不同

餐饮是向顾客提供食物的现场烹制，并出售给顾客，主要提供现场消费的服务活动。从这一定义中可以归纳出餐饮业的核心就是为顾客提供食物消费。

而从满足现代酒店的基本条件的角度我们可以看到，餐饮与住宿是酒店的基本服务功能之一，除此之外，还要求酒店为旅客及顾客提供娱乐设施，理想的住宿、餐饮、娱乐服务，甚至对开展活动的场所的要求，使酒店的功能也明显优于餐饮；餐饮只是酒店业众多服务领域中的重要一支。同时也是对酒店业影响最大的一支。现代酒店要求具备完善的餐饮服务功能。

3. 建筑设施不同

餐饮业不可缺少的营业场所包括旅客用餐大厅或包厢、烹制食物的后厨重地、储藏原材料的仓库以及员工宿舍等。酒店的经营场所首要的是舒适安全并能吸引客人居住的客房，有能提供地方特色风味的美味佳肴的各式餐厅。而现代意义上的酒店还要具备商业会议厅、贸易洽谈时所需的现代会议设备和办公通信系统，旅游者所需要的康乐中心如游泳池、健身房、商品部、礼品部、银行、邮局等。

二、餐饮企业的创业模式

（一）单一业主模式

单一业主创业模式是传统的"白手起家"式创业模式，是由一个人出资和经营，对企业承担无限责任的创业模式。在我国就业压力大、职业学校学生创业资金不足的现实情况下，这种模式成了创业的一种必然选择。我国第一代民营企业家的创业大都采用这类模式，这种投资少、经营灵活的模式非常适合餐饮企业创业。例如，沈阳"小土豆"餐饮有限公司的董事长刘新、在赞比亚开设旅行社的华人女性鄢冬岩等都采用了这种单一业主的创业模式。对于投资规模小、资金需求少的新创企业，单一业主模式是不错的选择。

1. 单一业主模式的特征

（1）单一业主创业的企业起步规模小，注册资金少，容易组建，创办程序简单快捷，而且在遇到经营难题时处理快捷简便。

（2）单一业主拥有该企业的绝对控制权、经营权、决策权、资产所有权、收益权并对其负责。

（3）企业也可以像其他类型的企业一样雇佣员工，聘用与解雇员工较灵活。

2. 单一业主模式的类型

单一业主模式包括个体工商户、个人独资企业两类。两者的区别如下：

（1）两者成立的法律依据不同。个人独资企业是依据《个人独资企业法》成立和规范运行的，而个体工商户是依据《城乡个体工商户管理暂行条例》成立和规范运行的。

（2）两者成立的条件不同。个人独资企业必须有合法的企业名称，企业名称要与其责任形式经营内容相符合，不得使用"有限"、"有限责任"或者"公司"字样。而个体工商户是否采用字号名称，完全由经营者自行决定，法律、法规无特别要求。

（3）个人独资企业必须有固定的生产经营场所和必要的生产经营条件及从业人员。而个体工商户无此限制，从事客货运输、贩运以及摆摊设点、流动服务的个体工商户无须固定的经营场所。

（4）个人独资企业享有企业名称专用权，其企业名称可以依法转让。而个体工商户的字号名称一般不能转让。

（5）个人独资企业可以设立分支机构，由投资人或者其委托的代理人向分支机构所在地的工商行政管理机关申请登记，领取营业执照，分支机构的民事责任由设立该分支机构的个人独资企业承担。而个体工商户不能设立分支机构。

（6）个人独资企业享有广泛的经营自主权，包括依法申请贷款权、取得土地使用权、外贸经营权、获得有关技术权、广告发布权、商标印制权、招用职工权等。而个体工商户在土地使用、外贸经营、广告发布、商标印制及招用职工等方面受一定的限制。

（7）个人独资企业的投资人可以自行管理企业事务，也可以委托或者聘用其他具有民事行为能力的人负责企业事务的管理。而个体工商户必须亲自从事经营活动。

（8）两者核发营业执照的期限不同。工商行政管理机关自收到设立个人独资企业申请或变更申请文件之日起15日内，对符合法定条件的予以登记，发给营业执照。而工商行政管理机关自受理个体经营申请之日起30日内做出审查决定。

（9）两者缴纳的税费不同。个人独资企业依照国家对企业征税的有关规定执行，不需缴纳管理费。而个体工商户除依法纳税外，还必须向工商行政管理机关缴纳一定比例的管理费。

（10）两者的清算程序不同。个人独资企业解散，由投资人自行清算或者由债权人申请人民法院指定清算人进行清算。而个体工商户歇业时无清算程序，只需到原登记机关办理歇业手续，缴销营业执照。

（11）两者承担民事责任的时效期限不同。个人独资企业解散后，原投资人对企业存续期间的债务仍应承担偿还责任，但债权人在五年内未向债务人提出偿债请求的，该责任消灭。个人独资企业应当承担民事赔偿和缴纳罚款、罚金责任，其财产不足以支付的，应当先承担民事赔偿责任。而个体工商户偿还债务的时效期限及承担责任的先后顺序无特别规定，适用《民法通则》中有关两年的诉讼时效。

3. 单一业主模式的优势

单一业主创业模式有着连锁加盟等模式不可替代的优点：

（1）创业自主性强。自主创业完全是为自己的事业奋斗，没有人指指点点，更能激发创业者的激情，经营管理上制约因素少，可以按自己的意愿展开经营活动。创业成就感也相对更强。

（2）利润相对较高。连锁加盟采用标准化经营模式，不仅限制了创业者对商机、创意的利用，而且也分摊了部分利润。而自主创业却可随时根据市场情况调整创业方向、抢占市场份额，使得利润最大化。

（3）创业灵活度较高。起步规模小，启动资金少，容易组建，可以从家里做起。没有连锁加盟合同条款的制约，在货源渠道、经营方式上不受限制，转让生意也可由自己决定。

（4）发展空间更大。从长远来看，自主创业如果经营得当，树立起了自己的品牌，发展的空间将远远超过连锁加盟。

4. 单一业主模式的劣势

（1）自主创业在没有约束的同时，也没有任何依靠。自主创业者需要进行深入的市场调研，比较、筛选出最适合自己的项目，在时间、资金与精力上的前期投入较大。融资难度大，不容易获得银行信贷，因此注册资金少，企业抗风险能力差。

（2）自主创业的企业和产品知名度要从零开始建立，规模小，产品技术含量低，缺乏竞争力。在进货、推广等方面都可能遭遇重重困难，因此失败率较高。

（3）自主创业的企业缺乏企业管理经验，管理模式、服务水平相对落后，经营者素质较差。

（二）合伙经营模式

合伙经营模式是指合伙人按照规定分担自己相应的出资，同时享受与其出资比例相宜的利润分配，并承担与其出资比例相宜的亏损及法律责任的经营模式。

1. 合伙经营模式的特征

（1）合伙人由两人以上组成，合伙人必须是具备完全民事行为能力的自然人。

（2）合伙企业的合伙人无共同出资、合伙经营、共享收益、共担风险的关系。

（3）有合伙企业的名称和生产经营场所。

（4）有合伙人认缴或者实际缴付的出资。

2. 合伙经营模式的类型

合伙经营可分为两种：普通合伙企业与有限合伙企业。普通合伙企业由普通合伙人组成，合伙人对合伙企业债务承担无限责任。

有限合伙企业由普通合伙人和有限合伙人组成，其对合伙企业承担的债务责任以其认缴的出资额为限，其利润和亏损由合伙人依照合伙协议约定的比例分配和分担，合伙协议未约定利润分配和亏损比例的，由各合伙人平均分配和分担。

3. 合伙经营模式的优势

（1）资金的压力较小，几个合伙人共同承担资金压力，可以获得较高的启动资本。

（2）合伙人之间可以互相鼓励，增强信心，能够分工合作，分担责任，可以承担较大的市场压力与风险。

（3）合伙人之间可以形成互补，并各自负责擅长的工作，如某一合伙人专长于某种技术，另一合伙人具有管理天赋，还有人善于理财，可以实施较为复杂的创业构想与计划。

（4）税收较低。和独资企业一样，只需要缴纳企业所得税，不用缴纳个人所得税。

4. 合伙经营模式的劣势

（1）一旦合伙人中某人经营失误，则所有合伙人都被连累。无论是谁的过失，每个合伙人都对公司的债务负责，合伙人之间会出现一定的矛盾，影响工作的积极性。

（2）利润被合伙人分配，个人所得往往十分有限，降低了创业经济利益的吸引力。

（3）合伙人财产转让困难。向外转让必须经全体合伙人同意，而非采取少数服从多数的原则。退伙也存在这个问题，一般情况下很难抽身。

（4）合伙人在管理方面、企业发展、利润分配等方面一旦有分歧，难以达成一致意见，将影响业务开展。

（5）缺乏连续性和稳定性。如特定合伙人中途退出，将对创建的事业形成巨大的风险。合伙人契约期满后，企业须重新合伙或解散，合伙也就宣告结束。因此其连续性、稳定性不够。

（三）公司模式

公司是指按照《公司法》成立的全部资本由股东出资构成，股东以其出资额或所持股份为限对公司承担责任，公司以其全部资产对公司债务承担责任的企业法人。其类型包括有限责任公司和股份有限公司。2006年评出的中国十大餐饮品牌企业中既有有限责任公司也有股份有限公司，排名如下：第1，中国全聚德（集团）股份有限公司；第2，广州酒家企业集团有限责任公司；第3，上海杏花楼（集团）有限责任公司；第4，西安饮食服务（集团）股份有限责任公司；第5，天津狗不理集团有限责任公司；第6，成都谭鱼头投资股份有限责任公司；第7，杭州饮食服务集团有限责任公司杭州知味观；第8，重庆陶然居饮食文化集团；第9，山西太原江南餐饮集团有限责任公司；第10，南京大惠企业发展有限责任公司。现将两种类型公司的特点分别总结如下：

1. 有限责任公司

有限责任公司是指投资者（即股东）以其出资额为限对公司债务承担责任，公司以其全部资产对公司的债务承担责任的公司。有限责任公司以发起方式设立，发起人即股东认缴出资全额,股东人数限于两人以上50人以下。有限责任公司成立后应当向股东签发出资证明书,载明《公司法》规定的事项。

餐饮业有限责任公司的特征为设立程序较为简便、按照合同确定的比例出资。除法律、行政法规规定的特殊行业须经有关部门审批外,一般只需持公司登记申请书、公司章程、验资证明等文件,即可向公司登记机关申请设立登记。

有限责任公司的优势表现为:餐饮业公司成员承担有限责任,财务责任仅限于所支付的股份成本。管理明确,高层的任用、解聘等按照相关规定办理。可以通过出售股份的方式筹集额外需要的资本。

有限责任公司的劣势表现为:组建费用较高,组建时需要专业人士的指导帮助,要求公司股东提供个人担保。

2. 股份有限公司

股份有限公司是将其全部资产分为等额股份,股东以其所持股份为限,对公司债务承担责任,公司以全部资产对公司债务承担责任的公司。股份有限公司的注册资金最低为1000万元人民币。股东人数下限为5人。经有关机关批准,公司可向内部职工或其他企业法人募集股份,也可向社会公众发行股份,募集资金。符合《公司法》第一百五十二条规定的股份有限公司经有关部门批准,其公司股票可以在证券交易所上市交易。

股份有限公司的特征为公司具有法人资格,股份可以公开发行、自由转让,公司的所有权与经营权相分离,公司资本分成均等的股份,公司的财务账目公开,股东承担有限责任。

股份有限公司的优势为筹资范围广,股票上市后可向社会募集资金;资本的流动性大,由于股票易于转让,当股东认为公司经营不善时,会在证券市场上抛售股票,激励经理人员提高企业的经济效益。

股份有限公司的劣势是公司的设立条件、设立程序严格,须由国务院授权部门或省级人民政府审批。

3. "股份有限公司"和"有限责任公司"的区别

(1)有限责任公司属于"人资两合公司",其运作不仅依赖资本的结合,而且还有赖于股东之间的信任关系,在这一点上,可以认为它是基于合伙企业和股份有限公司之间的;股份有限公司完全是合资公司,是股东资本的结合而不依赖于股东间的信任关系。

(2)有限责任公司的股东人数有限制,为两人以上50人以下,而股份有限公司股东人数没有上限,只要不少于5人就可以。

(3)有限责任公司的股东向股东以外的人转让出资时有限制,需要经过全体股东过半数同意,而股份有限公司的股东向股东以外的人转让其出资没有限制,可以自由转让。

(4)有限责任公司不能公开募集股份,不能发行股票,而股份有限公司可以公开发行股票。

（5）有限责任公司不用向社会公开披露财务、生产、经营管理等信息，而股份有限公司的股东人数多，流动频繁，需要向社会公开其财务状况。

（四）家族企业模式

家族企业是一种基于血缘、亲缘、姻缘基础之上的企业形式，在当今市场经济条件下普遍存在。特别是在我国，400多万个餐饮网点中，98%以上属于民营餐饮业，其中90%以上是家族企业。

1. 家族企业模式的优势

（1）家族企业模式适合于门槛较低、风险较高的餐饮业。收银、采购类工作需要家庭成员的参与才放心。

（2）家族企业具有效率高、成员稳定、财务风险小、内部运作灵活性强等优点，在相当长时间内是有生命力的。在创业前期尤其其有优势，但未来发展还要走职业经理人管理的道路。

2. 家族企业模式的劣势

（1）家族餐饮企业经营环境差。对家族餐饮企业的管理涉及工商、税务、环保、物价、消防、卫生、技术监督、街道办事处等多个部门，因缺乏具有规范性和透明度的标准、执法的随意性，使得企业经营的不确定因素较多。餐饮市场秩序不规范，字号、名字随意仿冒的现象严重。地方政府行为不规范，法制不健全的市场环境制约了家族餐饮企业的发展。

（2）产权不清。家族餐饮企业主要是以家庭为基础发展起来的。家族餐饮企业在初创阶段依靠家族成员资本和人力上的互补及传统家族企业的伦理道德资源来进行原始积累，企业产权没有细分。人、财、物的处置权力主要集中在业主或其家庭手中，没有一套现代企业制度和监督管理体制。当企业发展到一定程度后，家族成员就非常关心真正属于自己的财产到底有多少，并可能因此产生矛盾，最后导致分家，不利于企业做大做强。

（3）专业技术人员缺乏。在起步阶段，家族餐饮企业不需要太多的专业知识和丰富的管理经验，从业人员的文化水平大都限于初、高中程度，绝大多数没有受过专门训练，技能和素质普遍不高。而家族企业任人唯亲的用人制度，难以吸引高素质的经营管理者和厨师等专业人才。产品只得简单模仿他人，质量得不到保证。从业人员素质偏低已经成为制约家族企业发展的重要因素。

（4）专业化管理水平低。家族企业的管理往往以情代管，随意性强，难以摆脱血缘或婚姻关系对企业的不正当干预，不能遵照行业标准和行业规范来细化管理。餐饮产品的质量标准、服务标准、卫生标准、定价标准以及餐饮设备设施及场地规划标准等不健全，影响家族企业管理的现代化、规范化和专业化进程，使家族餐饮企业经营长期处于较低水平。

（5）资金投入不足。家族餐饮企业单一的产权结构使其难以从社会获得金融资本，限制了再融资途径，融资的途径有限必然阻碍企业规模的扩大和设备的更新，企业的生存和发展可能面临危机。

（6）品牌意识淡薄。家族企业在完成资本原始积累的过程中，缺乏长远发展战略，"短期"行为非常严重。品牌是餐饮企业综合竞争力的体现。家族餐饮企业因规模小，不重视产品和服务的特色，将价格作为主要竞争手段，容易在经营过程中忽视品牌的建立与推广；一些家族餐饮企业为了生存，不惜牺牲消费者的利益，牟取暴利，最终损害企业信誉，制约了企业发展。

（五）特许经营模式

2007年1月31日国务院《商业特许经营管理条例》称商业特许经营（以下简称特许经营）是指拥有注册商标、企业标志、专利、专有技术等经营资源的企业（以下称特许人），以合同形式将其拥有的经营资源许可其他经营者（以下称被特许人）使用，被特许人按照合同约定在统一的经营模式下开展经营，并向特许人支付特许经营费用的经营活动。企业以外的其他单位和个人不得作为特许人从事特许经营活动。

1. 特许经营模式的特征

特许人和被特许人是两个独立的法律实体，被特许人是其企业的所有人，特许人没有责任和义务为其企业投资。被特许人不但要自己投资建立企业，而且要对企业投险。被特许人要受到特许人的监督、指导和控制，并且向特许人缴纳提成费。

2. 特许经营模式的类型

特许经营通常包括产品品牌特许经营和经营模式特许经营。产品品牌特许是指特许人向被特许人转让某一特定品牌产品的制造权和经销权，对被特许人的生产经营活动不做严格规定。

相反，经营模式特许是指特许者对经营总店、加盟店的产品、服务、经营方针、质量标准等都做出统一的规定。被特许者应缴纳加盟费和特许权使用费，这些经费能够为被特许人提供广告、培训、研发、业务经营方面等项目支持。

3. 特许加盟创业的流程

特许经营加盟创业一般要经过以下步骤：

（1）了解相关特许行业。

（2）访问特许人样板点（旗舰店）。

（3）提供必要资料，申请加盟。

（4）双方签订意向书。

（5）调查、选点、评估。

（6）签订特许合同。

（7）证照办理。

(8) 招募、培训员工。
(9) 准备开店。
(10) 正式开业。

4. 特许加盟创业的优势

(1) 节省创业成本。相比自己独立开业，以特许加盟方式创业被特许人通常需要较少的资金。因为特许人所传授的试点经营的经验将为其节省不必要的花费。加盟者可直接利用总公司的经营系统、商标、技术、商品等，因此在市场调研、品牌推广、产品开发等方面节省了不少人力、物力。

(2) 统一管理，统一培训，缩短了创业摸索期。被特许人基本知识或专门化知识的缺乏可通过特许人的培训项目得到弥补。成熟的加盟项目一般都形成了一整套行之有效的管理体制，总公司一般会统筹处理促销、进货乃至会计事务，加盟者只需"依葫芦画瓢"即可，不必从头学起，从而缩短了摸索期。

(3) 享受配套服务。特许人为被特许人提供的一系列服务，能保证被特许人在经营上获得与特许人同样的成功。这些服务包括：应用已开发的标准，选择贸易地点或区域；指导被特许人做开业前的各种准备工作；对被特许人及其职员进行业务经营方面的培训，并提供一份包括各种经营细节的操作手册；培训被特许人，使之掌握会计、业务控制、市场营销、促销和商品化的方法；设备购买方面的服务；为被特许人开展业务提供财政方面的支持。此外，被特许人还可从加盟商的广告和市场推广活动中直接受益。

(4) 降低创业风险。对加盟者来说，总部的品牌可以拿来就用，经营得益于已经在消费者心目中建立起来的名号或声誉（品牌印象），避免了顾客因为不熟悉品牌而造成的经营风险。

5. 特许加盟创业的劣势

(1) 特许加盟创业面临各种风险，例如特许人的道德风险，有些企业为了发展特许经营采用造假、欺诈等手段迷惑创业者，引诱创业者加盟。由于缺乏高知名度的品牌和成熟的管理经验，创业者很快就会陷入经营失败的境地。另外，投资回报率的不确定性会使创业者面临巨额投资风险。

(2) 被特许人受到与特许人签订的特许经营合同和协议的限制和监督，缺乏自主权，特许经营合同限制了创业企业策略和战略调整的灵活性。例如，过分标准化的产品和服务既呆板欠新意，又不一定适合当地情况，可能造成企业的拓展在特许经营地区内受到限制。

(3) 被特许人必须与经营分店同呼吸、共生存，工作强度大，尤其在创业初始阶段。当特许人出现决策错误时，被特许人会受到牵连。同时，分店的业务发展速度过快，总部的后续服务有可能跟不上。

第二节 酒店企业的创业模式

一、酒店业概述

(一) 酒店的定义

酒店(Hotel)一词来源于法语,原指招待贵宾的乡间别墅,后来欧美国家沿用这一名称。我国 2003 年颁布的中华人民共和国国家标准《旅游饭店星级的划分与评定》(GB/T14308—2003)正式规定,旅游酒店(Tourism Hotel)是"能够以夜为时间单位向旅游客人提供配有餐饮及相关服务的住宿设施。按不同习惯它也被称为宾馆、酒店、旅馆、旅社、度假村、俱乐部、大厦、中心等"。依据徐文苑等学者的说法,现代化酒店是由客房、餐厅、宴会厅、多功能厅、酒吧、歌舞厅、商场、邮电所、银行、美容美发厅、健身房、游泳池、网球场等组成,能够满足宾客吃、住、行、游、娱、通信、商务、健身等各种需求的多功能、综合性建筑设施。

从整体范围来划分,我国的酒店可分为星级酒店和普通酒店两种。星级酒店指国家旅游局等相关部门根据国家标准《旅游饭店星级的划分与评定》审定并正式行文批准的酒店,按其所达到的标准不同,可分为一、二、三、四和五星级酒店,近年来又兴起了七星级酒店的建设。普通酒店则是未参加星级评定的社会各类酒店,档次规格参差不齐。

(二) 酒店的分类与分级

英国萨里大学酒店、餐饮与旅游管理系主任、旅游学家迈德利克教授(S. Medllic)在他所著的《酒店业》一书中曾列举出十种酒店分类方法。通常情况下,酒店一般根据用途、规模大小、经营方式等不同标准来分类。划分在同一类别中的酒店有其共性,但也有许多不同的个性。

1. 按照用途划分,酒店可分为商业酒店(以接待经商客人为主,提供长途直拨电话、电报、电传以及打字、速记、文秘及录像、投影等特殊服务项目)、旅游酒店(一般建在旅游点附近,除了吃、住,还向客人提供娱乐、保健、购物等服务)、住宅区(公寓、别墅)式酒店(采用家庭式结构,并提供厨房设备、办公设备及小孩游戏设施,使住客能充分享受家庭之乐)、度假酒店(接待旅游度假者,通常在风景名胜区,有良好的沙滩、游泳池、滑雪场、溜冰场、高尔夫球场和运动场)。

2. 按照位置划分,酒店可分为机场酒店(设立在机场附近)、公路酒店或汽车酒店（坐落在主要公路旁或岔路口）、选择性酒店（对住店客人有特别的选择和规定）、火车酒店、摩托车酒店（以交通工具或其位置来命名）。

3. 按照经营方式或拥有权划分，酒店可分为全民所有制酒店（公有制企业）、集体所有制酒店（公有制、集体所有）、合资酒店（由两个或两个以上的投资者合作兴建）、外资酒店（外国投资者在我国境内开设的独资酒店）、个体酒店（个人投资经营）。

4. 按照规模划分，酒店可分为小型酒店（客房数小于300间，有的划分标准为200间以下）、中型酒店（客房数在300~600间）、大型酒店（客房数大于600间，有的划分标准为700间以上）。目前，国际上对酒店等级还未有正式的统一标准，根据学者徐桥猛的总结，各国和地区都有自己的标准。例如：中国台湾以梅花数量分等级；瑞士酒店协会采用五星等级制度；意大利的饭店采用"豪华/1-4级"制。

（三）酒店组织的各种形态及结构特征

国际酒店的组织模式较国内酒店组织复杂得多，尤其体现在规模、所有权、管理和从属关系上。酒店组织的各种模式界限模糊而且互相混合，归纳起来大致有单体酒店、品牌酒店（国外称为饭店联号）、酒店管理公司、酒店集团、酒店联盟、战略联盟等几种形态。对它们的描述见表9-1，其结构特征如下：

1. 品牌酒店（饭店联号）是国际酒店集团的早期扩张方式，联号总部拥有所有营运业务单位。组织紧密，联号总部有管理权，成员店有统一品牌，例如香格里拉一直采用此种模式进行资本管理、品牌营销。

2. 特许经营型酒店是目前的主流酒店模式，如圣达特的天天、豪生、速8等联号，精品国际所有联号等。酒店总部下设的特许经营店通过统一品牌、统一营销进行联结，规模大，组织较紧密，酒店总部对下属联号管理权不定，所有成员店品牌统一。

3. 酒店管理公司属于联号管理公司，依托联号存在，向拥有联号的酒店集团提供服务，成员酒店既与联号签订特许经营协议，也签订委托管理合同。该模式被广泛采用，所有联号酒店通过管理合同进行联结，规模较大，组织较紧密，成员店品牌统一。

4. 独立管理公司，也称为第三方管理公司，始于20世纪60年代，一般与联号酒店签订特许经营合同，如早期的美国洲际饭店公司。这类酒店管理公司仅单纯提供管理服务，签署管理合同，规模较小，组织较紧密，总部对联号酒店有管理权，但不能提供品牌。

5. 酒店联盟一，这种酒店联盟采用成员店品牌+联盟名号的形式经营管理。联盟店拥有有限的品牌和营销自主权，规模较大，组织结构较松散，总部对成员店无管理权。

6. 酒店联盟二，随着信息技术的兴起、网络预定系统的发展而发展起来，这种酒店联盟无共同的品牌，仅提供全面电子预定转换系统，各联盟酒店共享营销—销售技术服务，规模大，组织松散，总部对成员酒店无管理权，成员店品牌不统一，例如飞马解决方案公司（为最大酒店联盟）。

7. 酒店集团，指拥有多个饭店联号的大型酒店集团，例如目前各大国际酒店集团公司。集团下属酒店拥有统一品牌，统一营销。规模大，组织紧密或较紧密，总部对集团下成员酒店的管理权不确定，成员店品牌统一。

8. 酒店战略联盟，指具有互补特点的酒店通过合作协议结成联盟。互补型酒店通过共同投资促进各自发展。规模不确定，组织紧密程度不确定，联盟内酒店的管理权不定，成员店品牌不统一。战略联盟常出现在大酒店之间，例如，四季酒店与丽晶酒店已结成酒店战略联盟。

表9—1 各种酒店组织的特征

组织类别	特征	实例
单体酒店	或由自己管理，或由别人管理	
品牌酒店（饭店联号）	由多家在同一品牌下运转的单体酒店集合构成，以资产、特许经营协议或委托管理合同联结	假日酒店、假日快捷酒店、万豪酒店、万丽酒店、万怡酒店、华美达酒店、索菲特酒店
酒店管理公司	一类是依托于品牌酒店（联号）存在的管理公司，称为联号管理公司，它们拥有品牌，同时提供管理服务	万豪酒店管理公司、假日酒店管理公司……
酒店管理公司	一类是不依存任何品牌酒店而独立存在的管理公司，即独立酒店管理公司，仅提供单纯的管理服务，不向酒店提供品牌及与品牌相关的营销和预订服务	美国州际酒店管理100多家酒店，通过特许协议使用万豪、希尔顿、假日品牌
酒店集团	拥有一个或多个品牌酒店（联号）的大型酒店组织	万豪酒店集团、洲际酒店集团等
酒店联盟	第一类：成员加入该类联盟后自身品牌不会消亡，改为自身品牌+联盟名号形式，获得联盟有限的营销服务，同时自己承担较多营销工作	世界一流酒店组织、世界小型豪华酒店、超国界酒店联盟等
酒店联盟	第二类：提供信息技术资源支持的酒店联盟，联盟的名号对消费者不具品牌含义，更注重与销售有关的信息技术服务的提供	飞马解决方案公司（将各酒店预订系统连到全球分销系统）
战略联盟	互补型饭店组织，目前都是在大型酒店组织之间形成的，通过共同投资或利用对方优势资源促进相互发展	

二、酒店企业的创业模式

酒店业与餐饮业有很多相似之处，二者都为顾客提供饮食服务，餐饮业的创业模式，例如单一业主经营模式、合伙经营模式、公司模式、家族企业模式尤其是特许经营模式同样适用于酒店企业。然而酒店企业的规模和资金投入往往大于餐饮业，其创业的常用模式又与餐饮业创业的常用模式有所差异。酒店企业的创业模式以购买不动产投资创业、委托管理、带资管理、战略联盟等为主。此外，不同类型的酒店企业，如经济型酒店、中端酒店与高端酒店创业模式的侧重点不同。

（一）酒店企业的创业模式

1. 购买不动产投资创业

20 世纪初至 50 年代，在全球范围内早期的国际酒店集团多是通过购买不动产方式实现创业的，如希尔顿、喜来登、Statler Hotel Chain 等。创业者通过购买不动产投资单体酒店，随后通过不同渠道进行品牌培育及扩张。

从单个酒店角度看，可以同时与一个或多个饭店组织以不同方式形成不同的联营关系，也可以保持自己的独立性。比如：同时接受一家酒店集团的联号公司提供的委托管理服务及签订特许经营协议；与一家酒店管理公司签订委托管理合同，使用另一家酒店品牌并签订特许经营协议；选择独立酒店管理公司管理，使用某一酒店品牌的特许经营；选择独立酒店管理公司管理，不用特许经营方式，加入某些酒店联盟；由业主自行管理，并加入酒店联盟获得营销与预订支持；作为单体酒店存在，不与其他酒店组织发生关系。

2. 委托管理创业

委托管理是通过酒店业主与管理集团签署管理合同来约定双方的权利、义务和责任，以确保管理集团能以自己的管理风格、服务规范、质量标准和运营方式来向被管理的酒店输出专业技术、管理人才和管理模式，并向被管理酒店收取一定比例的"基本管理费"（约占营业额的 2%~5%）和"奖励管理费"（约占毛利润的 3%~6%）的管理方式。新创酒店如果缺乏酒店管理的经验可以委托知名酒店管理集团来管理，可以更快步入经营与管理的正确轨道，避免因独自摸索而走弯路。

【延伸阅读】

强强联手打造五星饭店

成立雅香金陵饭店之初，洛阳雅香楼餐饮就做出了非常科学的决策——与南京金陵国际酒店管理集团签订顾问管理、特许经营合同，使雅香金陵大饭店一问世就站在了"巨人"的肩膀上。事实验证了"1+1>2"的强强联合效应。一年多来，雅香金陵凭借先进的经营理念和管理模式，加上雄厚的资金、宣传、品牌优势支撑，实现了跨越式发展。

回到几年前，拥有20余年优良酒店管理运作经验和丰厚品牌沉淀的南京金陵饭店集团正强势进行品牌扩张，大举推进高星级连锁酒店的发展，在全国范围内选择目标合作对象。而此时洛阳雅香楼餐饮也正愁于没有国际大饭店管理经验，四处寻求合作。

双方一拍即合，雅香金陵大饭店签约会如期举行。南京金陵饭店集团董事长沈永平与雅香楼董事长褚汉生签订了酒店委托经营管理协议。南京金陵饭店董事长沈永平在签约会上郑重承诺：合作以后，南京金陵饭店将20多年的酒店管理运作经验和品牌沉淀悉数拿出来与雅香楼分享，携手创造属于雅香金陵的辉煌。也正是这一句话，感动了洛阳雅香楼餐饮的当家人褚汉生。雅香金陵大饭店的成立，标志着洛阳从此结束了没有国际级饭店管理团队与高品质五星级饭店的历史。

（资料来源：洛阳日报 http://lyrb.lyd.com.cn/html/2009/04/01/content_490340.htm）

3. 特许经营创业

特许经营是以特许经营权的转让为核心的一种经营方式，是特许方将自己的专有技术和品牌与酒店业主的资本结合，来扩张经营规模的一种商业发展模式，它通过出售特许经营权的方式将管理集团所拥有的具有知识产权性质的品牌名称、注册商标、定型技术、经营方式、操作程序、预订系统及采购网络等无形资产的使用权转让给被特许酒店，并一次性收取特许经营权转让费或初始费，其后每月根据营业收入收取浮动的特许经营服务费（包括公关广告费、网络预订费、员工培训费、顾问咨询费等）。

20世纪50年代起，希尔顿酒店集团和假日酒店集团分别以委托管理和特许经营的方式二次创业，到了20世纪90年代，越来越多的酒店集团通过特许经营和委托管理模式创业发展，直到目前发展壮大。新创酒店通过获得特许经营权可以拥有知名管理集团的品牌、技术、经营理念、操作程序，可以降低独自创业摸索的风险。

例如，圣达特集团（Cendant）目前的母公司是位居全球特许经营饭店集团第一名的圣达特饭店集团。圣达特集团是一个著名的全球地产、旅游和服务业经营集团，总部设在纽约，有3万多名员工，经营足迹遍布100多个国家，"天天"就是它特许经营的子公司。圣达特集团一贯重视服务质量，它向集团成员提供的全面支持得到了广泛的认可，而且在价格上具优势，因此能够获得较高的收益。圣达特集团为加盟者提供一套"资产管理系统"（Property Management System，包括硬件、软件、安装和培训）。

4. 带资管理创业

带资管理是指通过独资、控股或参股等直接或间接投资方式来获取酒店经营管理权并在其下属系列酒店推行相同品牌标志、相同服务程序、相同预订网络、相同采购系统、相同组织结构、相同财务制度、相同政策标准、相同企业文化及相同经营理念的管理方式。

带资管理是管理咨询界很常用的方式，就是资本投入和管理同时进行，这种带资管理方式在国际上主要体现在大公司中，其中最典型的是香格里拉集团，香格里拉集团在国内有28家酒店，都是带资管理，现在也在调整这一模式，因为投入资金太多。所以香格里拉集团下一步准备采取贴牌的形式，即饭店用它的品牌，它输出管理，但是不要求资金的注入。在国内，这一模式主要体现在锦江集团的扩张上，锦江集团的扩张很大程度上是以带资管理的方式进行的。带资管理的方式严格说不是国际上的通行方式，但却是中国市场上现在比较被接受的方式。新成立的酒店企业如果在创业初期资金不足且缺乏成熟的管理经验，可以接受知名酒店集团的带资管理，可以帮助新建的单体酒店同时解决融资和专业化管理的问题。另一方面，成熟的大型酒店集团要扩张企业规模，进行二次创业，也可以寻找需要合作的单体酒店输出带资管理，进行品牌推广。

【延伸阅读】

首开带资管理先河的香格里拉酒店

"香格里拉"是香港上市公司香格里拉（亚洲）有限公司的品牌，该酒店集团隶属于马来西亚著名华商——"糖王"郭鹤年的郭氏集团。香格里拉一向注重硬件设施的豪华舒适，加上亚洲人的殷勤好客，成为适合亚洲文化的知名酒店品牌。

首开带资管理先河

郭鹤年，马来西亚声名显赫的华人企业家，祖籍福建省福州市，有"亚洲糖王"之称。郭氏集团控制着超过100家公司，拥有数十亿美元的资产，业务渗透到新加坡、泰国、中国、印尼、斐济和澳大利亚等地,他的经营范围从甘蔗种植、制糖、面粉、饲料、油脂、矿山一直到金融、酒店、种植业、商贸和船运等。1971年,他与新加坡经济发展局合资建成了新加坡第一家豪华大酒店——香格里拉大酒店,并开始在亚太地区扩张,打造香格里拉酒店品牌。

作为较早进入内地的酒店管理集团,香格里拉从1984年在杭州开设第一家香格里拉饭店开始,就实行带资管理,也是当时唯一采用此方式的国际酒店管理集团。香格里拉所到之处,都成为当地的标志性酒店,在中国内地成功地打造了香格里拉品牌。自2001年起,香格里拉开始"两条腿走路",输出管理和带资管理齐头并进。截至2013年,香格里拉在中国大陆已建成54家酒店。

香格里拉在内地的大手笔与郭鹤年在内地的投资是分不开的。20世纪80年代初,香格里拉酒店集团看中内地市场,开始全面布局。1984年,在风景如画的西子湖畔,杭州人耳熟能详的杭州饭店的招牌不见了,一家五星级酒店经过重新装修全新亮相,取而代之的名字是"杭州香格里拉"。杭州饭店是于1956建成的老饭店,曾经是当年毛泽东主席到访杭州下榻的酒店。这是香格里拉酒店集团第一次试水内地,他们选择的合作伙伴是浙江省旅游局,即现在的浙江旅游集团公司。香格里拉酒店集团拥有杭州香格里拉45%的股权,也正式开始了在内地的带资管理。

布局北京

在香格里拉的中国布局中,北京是第二站。1987年北京香格里拉饭店落成,香格里拉集团占有49%股份,是当时京城最高、最豪华的五星级饭店。1985年,郭鹤年在内地进行的首项投资就是与国家经贸委合作,斥资3.8亿美元,兴建北京国际贸易中心。国贸中心是包括酒店、写字楼、商场、高档国际公寓在内的综合建筑群,至今仍是北京CBD的代表性建筑,国贸饭店和中国大饭店是其重要组成部分。

1989年国贸饭店开业,1990年中国大饭店开业,香格里拉拥有两家酒店50%的股份。1995年,郭氏旗下的嘉里集团看到CBD地区符合国际标准的高档写字楼稀缺的状况,和北京北奥公司兴建了高级写字楼嘉里中心,其中包括嘉里饭店,香格里拉拥有绝对控制权。至此,香格里拉在北京拥有了四家酒店。

香格里拉拥有"香格里拉"和"商贸饭店"两个品牌。"香格里拉"品牌主要为五星级酒店,多数酒店的客房量都超过500间,1989年设立的"商贸饭店"为四星级品牌,价格定位适中,国贸饭店是第一家。

香格里拉的设计一向以清新的园林美景、富有浓郁亚洲文化气息的大堂闻名于世,北京香格里拉饭店就秉承了这种风格。香格里拉酒店集团中国区公关总监王宏玲介绍说,中国大饭店、国贸饭店、嘉里饭店三家虽然距离很近,但却是三种不同的风格,针对不同的市场。中国大饭店装修和设计十分豪华,颇具帝王风范,适合跨国公司的全球CEO等高级商务人士下榻;国贸饭店则重点满足商务客人的需求,跟香格里拉在管理和服务上并没有区别,但更注重实用,与香格里拉酒店相比房价低、客房面积小，服务次数相对少一些；而嘉里饭店针对的是相对年轻的商务人士。

两条腿走路

20世纪90年代，香格里拉以迅猛的速度展开了其在中国内地的拓展行动，尤其是在1996年到1999年短短4年内共开设了9家饭店。

2000年后，香格里拉在国内开始实施新一轮的酒店拓展计划，实施投资和管理酒店"两条腿走路"的策略。2001年，香格里拉接管了南京丁山饭店，改名为南京丁山香格里拉大酒店，以纯输入管理的方式介入。香格里拉公布了8家正在建设中的酒店，其中有一半是输出管理，另一半是自己投资兴建。

近两年来，国际酒店管理集团从策略性投资转向战略性投资，并加大了资本的投入量。香格里拉认为国际酒店集团在国内的扩张已成定局，在未来3~4年内，世界上所有的著名豪华品牌酒店都会在北京和上海占位，高档品牌以内地省会城市为主要发展目标，而大众品牌则以二类城市为主要发展目标，中国酒店市场会很快走向成熟。

（资料来源：连锁中国网 http://join.lenso.cn/jiudian/vcft.htm）

5. 联销经营创业

伴随着全球分销系统（GDS）的普及和互联网实时预订功能的实现，国外的联销经营集团应运而生并且发展迅猛。酒店联销集团是由众多单体经营管理酒店自愿付费参加并通过分享联合采购、联合促销、联合预订、联合培训、联合市场开发、联合技术开发等资源共享服务项目而形成的互助联合体。换种说法，联销经营是建立战略联盟的方式，通过其全球预订系统，把各个成员饭店联合起来。

例如，2008年4月2日，三亚爱琴海岸康年套房度假酒店加盟美国首选酒店集团（Preferred Hotel Group），成为世界600多家豪华酒店联盟中的一员，该联盟在全球有28个办事处。这是该集团在中国签约的第一家度假酒店。其管理模式是不直接参与单体酒店的实际管理，只为成员酒店提供设备、技术和创新的业务解决方案及策略，并为加盟酒店提供一个覆盖全球的酒店营销网络。成立40年来，该联盟酒店网络覆盖全球65个国家和地区，成员酒店40%以上来自美国、英国、法国等地，在中国内地已有近十家商务酒店加盟，集中在北京、上海、广州等大城市。康年集团旗下拥有35家精致的五星级度假酒店。

此外，为适应市场竞争需要和加强同行业间的沟通和交流，华东地区部分酒店于1997年初自发组建、成立了酒店联销协会，协会的主要任务一是组建联销网络，拓展营销渠道、领域，提高酒店的市场占有率；二是交流酒店营销工作经验。华东地区部分酒店联销协会是市场经济的产物，是区域联销的一种新尝试。

2008年4月，WORLDHOTELS宣布其在中东地区的总收入、客房间夜数以及房价均实现了巨幅的年增长。2007年间，位于巴林、科威特、约旦、黎巴嫩、沙特阿拉伯以及阿联酋的7家全球酒店集团旗下酒店总收入同比增长了43%；客房间夜数增长了19%；平均房价上涨20%，达到240美元。2008年第一季度总收入和间夜数分别同比增长52%和36%。在未来两年，全球酒店集团将在中东地区至少新建三家酒店。这些酒店包括三家Buddha Bar酒店和度假酒店，其中一家位于迪拜的"The World"，另外两家位于阿布扎比和巴林。

WORLDHOTELS在2007年连续第5年获得双位数字增长，旗下近500间酒店、104000间客房的总收入达到3.7亿美元；全球每晚客房收入则达1600万美元。与上年同期营运业绩相比，集团旗下的酒店客房总收入增加两成，达到2.27亿美元；同期酒店客房入住晚数则上升7个百分点至110万房晚。以上数据基于WORLDHOTELS旗下与去年同期相同的成员酒店（不包括2008年新成员酒店）的统计资料，共涵盖352间酒店，68000间客房。2007年的平均房价上升8个百分点，至每晚196美元，有76间新加入酒店。

全球最大的独立酒店及地区酒店推广组织WORLDHOTELS在中国内地已拥有30家酒店，上海共有包括五星级的裕景饭店、巴黎春天（2005年4月12日加入）；四星级的王宝和大酒店、上海海鸥饭店（2005年5月1日加入）等在内的7家，未来将把重点放在中国的二线城市。加盟酒店在保持自有品牌的同时也能享受到国际化的酒店运营服务。上海的7家会员酒店与世界各地的旅行社、航空公司及其他旅游供货商实时交换房间预订情况及房价等数据，提高了其收入与利润管理职能。酒店一方面可以透过GDS系统暂停供应个别房间种类，另一方面可以继续接受其他类别房间的预订。目前在全球拥有近140家成员休闲度假村及酒店，增长率达27%。2005年4月1日，WORLDHOTELS与中国国际航空公司达成合作协议，200万名国航知音会员可于入住WORLDHOTELS全球逾500家会员酒店时享受每次入住换取额外800公里飞行里数的优惠。2005年，WORLDHOTELS在全球的客房收入达到了MYM248000000美元，共有1400000间/晚。2005年，WORLDHOTELS盈利20%的预订来自互联网。2004年和2005年，WORLDHOTELS的全球客房收入增加16%，达到MYM194000000美元。从地理角度看，EMEA地区增加营运收入9%，美洲地区增加19%，亚太地区增加17%。2005年平均房价增长2%，达到175美元。2007年8月1日，厦门翔鹭国际大酒店加盟独立酒店及地区酒店集团WORLDHOTELS，是第32家中国成员酒店，有1525间客房。2007年11月，WORLDHOTELS选择了57家新的独立酒店加入，其中16家是全新开张的。全球酒店集团拥有全球超过300个目的地、70个国家的500多家酒店，网络覆盖全世界30个战略地区，与超过400个主要跨国企业客户保持联系，与18家航空公司达成合作协议，联系2.16亿名常飞行旅客。2008年1月29日，WORLDHOTELS宣布西班牙的Iberia航空公司成为其第18家航空公司合作伙伴，近500家独立酒店可以为Iberia 航空的常旅客计划 Iberia Plus 的三百万飞行常客记录积分。

（资料来源：中国价值网 http：//www.chinavalue.net/Article/Archive/2008/5/14/115259_4.html）

6. 战略联盟创业

战略联盟就是两个或两个以上的企业或跨国公司在二次创业过程中为了达到共同的战略目标而采取的相互合作、共担风险、共享利益的联合行动。由于战略联盟在组建时，合作各方都以自己最核心的资源加入到联盟中来，联盟的各方面实力都是一流的，在目前分工日益深化的情况下，战略联盟的实力是单个企业很难匹敌的。在合作条件下，联盟可以高效运作，完成一些单个企业难以完成的任务。近年一些新兴的以强有力的技术资源支撑的酒店联盟以及联销经营体迅速崛起。酒店战略联盟大多是由互补型饭店组成的，目前大都在大型酒店组织之间形成，通过共同投资或利用对方优势资源促进相互发展。战略联盟分为竞争对手联盟型、顾客伙伴联盟型和供应商伙伴联盟型等多种形式。

邹统钎认为，跨国企业缔结战略联盟的原因有四个：第一，联盟成员之间的技术与经营优势互补。第二，通过计算机预订联网体系能达到进入市场的目的。第三，服务贸易的自由化为酒店的国际化经营提供了良好的外部环境，酒店的国际化经营因此得以迅速发展。例如，1999 年 2 月 3 日喜达屋酒店集团推出集团性"酒店常客计划"，是酒店集团与民用航空企业之间进行战略合作的案例。凡参加该计划的商务旅游者可以在该集团分布在 60 个国家的 550 家酒店及度假地通过住宿赢得积分并兑现奖励，客人在酒店花费 1 美元，即可赢得 2 分。至于奖励，客人可有两种选择，一是免费住宿，二是折算成航空里程——喜达屋与 20 家航空公司实行合作，每 2 分可折算成 1 英里。酒店的奖励还包括随时入住，即使在旅游旺季也没有任何限制。

综上，酒店企业的创业模式包括委托管理、特许经营、带资管理、联销经营、战略联盟等，各种创业模式的区别见表 9-2。全球著名酒店集团的创业模式见表 9-3。

表 9-2　酒店创业模式比较

创业模式	特点	优点	区别	代表企业
委托管理	较强的酒店管理经验和能力	对下属酒店进行紧密的控制与管理；减少投资风险	管理输出、直接经营管理权、利润较高	洲际集团、万豪集团、喜达屋集团

续表

创业模式	特点	优点	区别	代表企业
特许经营	有较强品牌实力及经营、管理、服务运作的能力；有效的低成本扩张和品牌输出	减少直接投入和资金风险	加盟店有助于提高品牌影响率与市场占有率，没有直接经营管理权，只有监督及指导权，利润较低	圣达特集团、精品国际集团、万豪集团（中档定位的华美达品牌）、喜来登集团、全球卡尔森
带资管理	通过独资、控股或参股等直接或间接投资方式来获得酒店经营管理权，并对其下属系列酒店实行相同品牌标识	集团下属酒店有相同服务程序，相同预订网络，相同采购系统，相同组织结构，相同财务制度，相同政策标准，相同企业文化及相同经营理念	既输出管理、统一品牌标识，又对下属酒店融资，拥有酒店管理权甚至绝对控股权	香格里拉酒店集团
联销经营	参与联销集团的酒店共享联合采购，联合促销，联合预订，联合培训，联合市场开发等互助服务项目	联合营销便于进入不同国家与地区的市场，分享营销的经验	联销集团主要承担联合采购、促销、联合市场开发，在其他的经营管理方面联合较少	酒店推广组织WORLDHOTELS
战略联盟	联盟集中于民用航空、旅游酒店和旅行社等领域。联盟成员基本技术和客源共享、战略合作涉及服务产品创新、共建信息平台、项目策划、营销组合、联合进入等	技术与经营优势互补、信任关系一般较为牢固	航空、酒店、旅行社企业互助联合，优势互补，联合拓展客源与市场	喜达屋酒店与民用航空公司，组成联盟，携程网与其签约酒店组成联盟

表9-3 国际著名酒店集团所属品牌及创业与经营模式

酒店集团	酒店（座）/房间（万）	品牌	创业及经营模式
洲际（英）	3250/53.6	洲际、假日、皇冠、假日快捷、恒桥公寓、Candlewood	特许经营约占88.9% 委托管理约占6% 带资管理及其他5.1%

续表

酒店集团	酒店（座）/房间（万）	品牌	创业及经营模式
圣达特（美）	6399/51.8	豪生、天天、速8	全球排名第一的特许经营酒店集团，特许经营饭店数占100%
万豪国际（美）	2655/48	万豪、万丽、万怡、丽嘉、华美达、新世界、行政公寓	特许经营占53.1% 委托管理42.3% 带资管理及其他4.6%
雅高（法）	3894/45.3	老沃特尔、伊比斯、墨奇勒、索菲特、佛缪勒汽车旅馆	带资管理46.5% 租赁饭店21.8% 特许经营16.3% 委托管理15.4%
精品国际（美）	4810/38.9	Clarion Hotels; Comfort inn&Quality Suits; Quality Inns Hotel & Suites; Sleep Inn; Econo Loddge; Rodeway Inn; MainStay Suites	特许经营100%，是世界排名第二的饭店特许经营公司，并引入新经营模式战略联盟
希尔顿（美）	2142/34.5	希尔顿	特许经营23.8% 委托管理3% 带资管理及其他73.2%
喜达屋（美）	774/23.8	圣·瑞吉斯；福朋；寰鼎；至尊精选；W饭店	特许经营41.8% 委托管理28.5% 带资管理及其他29.7%
香格里拉（港）	45/18	香格里拉、商贸、嘉里中心	以带资管理为主，委托管理为辅
凯悦（美）	210/4	凯悦、君悦、柏悦	以特许经营为主

注：以上资料截至2004年1月。

（二）不同类型酒店企业常见的创业模式

1. 经济型酒店连锁创业模式

经济型酒店（Budget Hotel）的概念是个"舶来品"，是相对于传统的全服务酒店（Full Service Hotel）而言的一种酒店业态。Powers（1995）认为，经济型酒店是指不提供全面服务的、房价在1991—1993年间维持在33美元以下的酒店。根据经济型酒店的特点，其概念可总结为：以大众旅行者和中小商务者为主要服务对象，以客房为唯一或核心产品，价格低廉，服务标准，环境舒适，硬件上乘，性价比高的现代酒店业态。其中"经济"的概念应该落实在产品的高性价比中，而不是纯粹的低价。经济型酒店的房价是低廉的，但其提供的硬件设施和服务水平并不低，提倡为客人提供价格适中、物有所值和满足型的服务。世界著名的经济型酒店品牌陆续进入中国,如雅高集团的宜必思(Ibis)、方程式1(Formula 1)、圣达特集团的速8(Super 8)、天天客栈(Days Inn)、洲际集团的假日快捷(Holiday Inn Express)等,纷纷瞄准了亚洲市场。同时,本土的酒店品牌也开始发展,例如,如家、锦江之星、莫泰、七日天天、城市客栈等经济型酒店。

经济型酒店的基本特征如下:

(1)功能简化。经济型酒店紧扣酒店的核心价值——住宿,以客房产品为灵魂,去除了其他非必需的服务,从而大幅度削减了成本。一般来说,经济型酒店只提供住宿和早餐(Bed & Breakfast),这也是为什么经济型酒店在国外被称为B&B酒店的缘故。一些有限服务酒店还提供简单的餐饮、健身和会议设施。

(2)性价比高。与一般社会旅馆不同的是,经济型酒店非常强调客房设施的舒适性和服务的标准化,突出清洁卫生、舒适方便的特点。经济型酒店把现代家居的卫生、简约、清新、温馨、舒适、实用等特点融入客房,努力给客人以"家"的感觉。

(3)成本节约。经济型酒店的能源、水资源、人工、各种用品等都高度节省,以保证提供给客人的房价是"经济的"。如人工一项,星级酒店的客房数与员工数比例通常在1∶1.2以上,而经济型酒店仅为1∶0.5以下。因此,相对于高档饭店动辄上千元的房价,经济型酒店的价格一般在人民币300元以下,一些青年旅舍和汽车旅馆甚至只有几十元至一百元左右。

(4)目标市场是一般商务人士、工薪阶层、普通自费旅游者和学生群体等。而高档酒店往往以高端商务客人、高收入阶层、公费旅客为主要目标市场。

经济型酒店的创业一般采取连锁经营的方式,通过连锁经营达到规模经济,提高品牌价值,这种趋势越来越明显。这也是经济型酒店区别于其他星级酒店和社会旅馆的一个明显特征。经济型酒店成本低、抗风险能力差,如果在创业初期就加入酒店连锁经营,可以让专业的酒店管理公司提供系统的酒店管理技术,可以利用酒店管理公司的品牌、客源网络提高经济型酒店的经营水平,能够更快地进入市场。

经济型酒店要实现集团化经营,必须实现连锁化。在未来的连锁化经营中,布局连锁化、客源系统的连锁化、标准化是最重要的三个因素。在布局方面,经济型酒店必须要有突破区域限制、进行全国布局的意识,形成全国一盘棋。目前如家已初步连点成线、连线成网,不仅在单体酒店的软硬件上而且在规模化发展的轨迹上与国际品牌保持一致。在客源系统连锁化的趋势中,经济型酒店的中央预订系统是关键,拥有强大的中央预订系统,可以使全国范围的酒店分享中央预订系统的客源,全国各地的客人都可以随时随地订到酒店。对于连锁企业来说,最重要的一点就是各个连锁店的软硬件要一致化,服务要一致、产品要一致。连锁化经营是酒店业发展的必然趋势,由分散走向集中,进行集团连锁化经营管理也是我国酒店业发展的必然之路。

以如家为例，如家未必是中国经济型酒店的"第一人"，却是迅速将连锁业态模式运用于经济型酒店的"革命者"。由于快速地加盟、复制、扩张，如家快捷酒店及时地占据了区位优势，在众多的同行业竞争者中率先赢得华尔街的青睐，于2006年10月26日成功登陆纳斯达克。在中国的一线商务城市，如家入住率接近100%，定位在150元至300元之间的经济型客房，对中小企业商务人士、休闲及自助游客具有极大的吸引力。

如家的示范效应：如家的商业模式引发了复制热潮，经济型连锁酒店概念在中国炙手可热。如家上市后仅半个月，位于广东的七天假日连锁酒店于2006年11月获得美国华平投资基金千万美元的投资。目前，在经济型连锁酒店领域，出现了更为细分的市场，如莫泰168、汉庭瞄准了比如家略高一个档次的市场。

如家模式的难题：中国的不同城市差异巨大，如何在维持低成本运作的前提下，以相对统一的服务品质保证在各个城市均获得成功？众多的加盟店管理不善也会影响品牌形象。若想取悦华尔街，经济型连锁酒店需要保持更高的增长速度和利润。

如家的潜在竞争者：来自海外的宜必思、速8，国内的莫泰都是如家的有力竞争者。

2. 中端酒店个性化创业模式

目前国内酒店市场经济型酒店扩张速度极快，并以规模化、低价位占领市场，同时国际品牌豪华酒店也不断入驻国内市场，以奢华、高品质赢取高端客源。这两块市场定位明确、客源细分清晰，都能保持稳定上升发展态势。中端酒店处于两者之间，其创业更加艰难，必须要找准自己的定位，明确自己的细分市场。

中端酒店是指我国现存的三星级酒店、设施与服务较好的二星级酒店、一些设施和服务较差的四星级酒店，以及设施服务与此类似的未评星的酒店、宾馆和招待所。中端酒店的创业不能单纯模仿经济型酒店压低成本的规模化之路，因为要保持独特的艺术气息与氛围、个性化的面孔及精品化的服务，中端酒店创业者要承担比经济型酒店高得多的成本。同时中端酒店也不能走高端酒店高资本投入的创业之路，因为创业者缺乏有力的资本支持甚至缺乏著名品牌的影响效应。其理想的创业模式只能是走个性化、精品化的中端细分市场之路，价格定位一般在300元左右。

目前在国外，W Hotel 和 Banyan Tree 等一些追求个性设计风格的酒店流行起来，在我国，桔子酒店也在此类。桔子酒店是典型的走个性化、精品化道路的中端酒店代表。桔子酒店作为定位于中端市场的酒店是如何在市场上快速凸显的？其创始人曾经入住过美国加州桔子郡的一家私人酒店，酒店很小，但简约、时尚，很有艺术气息，尤其走廊上的壁画以及桔色的环境氛围让人印象深刻。这让其创始人觉得，做个性化酒店并凭借设计取胜应该是"桔子"的经营方向。

桔子酒店不盲目追求数量和规模的扩张，精品路线决定了它必须经营出每一家分店的独特品位和良好口碑，而不是千篇一律地简单复制。为了强调与众不同的设计感，创始人高薪聘请了美国加州大学伯克利分校设计系的高才生 AMY 为总设计师，对每家桔子酒店进行量身定造。在北京，"桔子"在劲松桥东边和西边的两家酒店相距不过 500 米左右，一家像是小巧安静的私人别墅，另一家更像是明亮宽敞的艺术博物馆。创始人刻意把桔子元素融入酒店的细节中。每天下午，服务员都会在房间内放上两只桔子，遇到节庆日或带小孩的客人，服务员会送桔子酒店的形象代言人：一只橘红色的桔子娃娃。"桔子"是连锁经营，但全国的 20 多家桔子酒店并不是千篇一律的面孔，而是努力让每家分店给客人留下不同的感受。在"桔子"，一家分店的走廊以镜子和黑白风景壁画为主要妆点，而另一家店以壁龛和艺术画为主装扮走廊。"桔子"房间的布置也风格各异。

因为要营造独特的艺术气息与氛围，"桔子"要承担比经济型酒店高得多的成本。"桔子"一间房的成本投入是 10 万元，而经济型连锁酒店每间房的成本才 5 万元。目前，"桔子"全国平均房价是 270 元左右，而经济型酒店的价格约为 200 元。"桔子"在房价上仍有提升空间。目前市场上最受欢迎的是价格在 300 元左右/间的酒店。桔子的目标价格是 300 元左右，不同的价格体现不同的品牌定位。"桔子"将自己的目标消费群体与经济连锁型酒店区分开。目前，"桔子"有 44 家直营店。

个性化精品路线决定了桔子酒店不会盲目追求数量和规模，而是要经营出每一家店的独特味道和良好口碑。桔子酒店如果要进一步发展，可能要解决规模化和个性化之间的矛盾，并努力进入酒店业的"主流社会"。

3. 高端酒店创业模式

高端酒店通常指高星级酒店，大多是国际知名品牌的连锁高星酒店。高端酒店的创业也可以采取连锁经营的模式，但近年来其创业表现出两种典型的模式："世茂模式"与"碧桂园"模式。

"世茂模式"：指开发企业、投资机构或者个人投资者的独立酒店创业，或者称开发商专注于开发独立的五星酒店。越来越多的国内品牌开发商进入酒店开发，并投资高档酒店。对于开发商而言，不仅开发和持有高星级酒店将享有相当稳定的长期投资回报，而且拥有高星级酒店等持有型物业，即便想要退出，也可以通过发行 REITs 而顺利脱身，甚至可以卖个高价。目前世茂在上海已开发和在建的五星级酒店达 4 个，2006 年公司来自租赁及酒店的营业额达 1.78 亿元，比 2005 年增长 373%。

"碧桂园模式"：指"住宅+酒店"的创业模式，即在高档住宅社区内配置高端酒店，高端酒店既属于住宅的配套设施，又能提升住宅的品位。高端酒店可为地产企业带来持续的现金流，而且日后还可以打包发行 REITs。例如今年 3 月，号称"香港首个酒店房地产投资信托基金"的富豪产业信托在香港主板挂牌。

碧桂园集团是广东著名的地产企业，其综合实力在全国排名第二。他们的地产开发模式是大型楼盘配上主题公园、五星级酒店、高尔夫球场、商业街等旅游元素，形成吃、住、游、购、娱要素齐备的、既有常住功能又有休闲度假功能的大型现代化楼盘，为全国房地产开发开创了一种新的模式。碧桂园集团在广东清远和广州花都交界处开发的大型楼盘假日半岛便是其中的代表作。在占地22平方公里的楼盘里配上了故乡里主题公园、假日半岛五星级度假酒店、商业街和大型高尔夫球场。主题公园的火爆，在一定程度上带动了楼盘销售和酒店入住，取得了联动效应。实践证明，这种立体的地产开发模式非常成功。假日半岛自开盘以来，不但吸引了大量的珠三角城市居民购房，还吸引了大量的游客前往游览度假，产生了很大的联动效应，也大大提升了碧桂园房地产的文化附加值。

这种大型楼盘配主题公园、高星级酒店和高尔夫球场的度假区式的旅游组合模式获得了很高的评价，这种模式在全国旅游业中具有独特性和典型性。目前，碧桂园集团处于扩张期，新的楼盘在全国范围内如雨后春笋，遍地开花，这种大型楼盘配上主题公园和五星级酒店的开发模式也在全国碧桂园地产开发中迅速推广开来。

早在2005年宏观调控初期，酒店开发就成为国内住宅开发商热切关注的转型出路之一。合生创展、富力集团、金融街、绿地集团等国内知名住宅开发商陆续将触角延伸至此，且获得这些地产巨头们青睐的几乎无一不是四星、五星级别的高端酒店。仅就上海而言，目前开发面积超过50万平方米的高档住宅多在项目内规划有高端酒店，走的是大盘开发下"住宅+酒店"的模式。如大华锦绣华城内引入的洲际酒店，上海置业绿洲雅宾利项目内规划的五星级酒店等。对于开发能力较为单薄尤其是在宏观调控中资金链紧张的开发商而言，高投入、周期长的高端酒店或许会让他们望而却步，但更具实力的开发商显然更看重其背后的整体产业升值空间。

第三节 景区企业的创业模式

一、景区业概述

（一）旅游景区的概念

1999年国家质量技术监督局制定和颁布了《旅游区点质量等级的划分与评定》的国家标准，其中将旅游景区定义为"经县以上（含县级）行政管理部门批准设立，有统一管理机构，范围明确，具有参观、游览、度假、康乐、求知等功能，并提供相应旅游服务设施的独立单位。包括旅游景区、景点、主题公园、度假区、保护区、风景区、森林公园、动物园、植物园、博物馆、美术馆等"。旅游区的概念在文件中的英文译名是 Tourist Attractions，即多数英美学者认同的旅游景区的概念。

本章采用我国旅游区点质量等级划分与评定中的定义，将经县级以上行政单位批准设立的旅游区点作为研究对象,这是我国旅游景区的主体。按此定义,我国县级以上的风景名胜区、森林公园、自然保护区、文物保护单位、历史文化名城、主题公园、博物馆、爱国主义教育基地等均为旅游景区;但城市周边分散的农家乐或农业观光基地因变动性大,存续时间不稳定,批准级别低,不属于此列。

(二) 旅游景区的分类

截至 2006 年底,我国有国家重点风景名胜区 187 个,国家自然保护区 2395 个,国家森林公园 627 个,国家地质公园 138 个,工农业旅游示范点 500 多家,列入《世界遗产名录》的遗产 33 个。此外,全国县级以上自然、人文和人造景区约 20000 家,优秀旅游城市 247 个,初步形成了多层次、多系列的旅游景观体系。如文物古迹、山水风光、民俗风情等观光型旅游景观;家庭度假、乡间度假、海滨度假、周末度假、节日度假等度假景观;农业、森林、湿地、珍稀动植物等生态型景观;革命圣地、革命战争遗址等红色旅游景观;公园、游乐园等。

旅游景区具有多种形态,类型复杂多样。相应的,在旅游景区分类的问题上也没有统一的标准。本节将根据目前比较常见的、具有代表性的旅游景区分类方法对我国主要旅游风景区类型进行介绍。

1. 风景名胜区

风景名胜区是指环境优美、自然景物和人文旅游景物分布集中,有一定规模和范围的地区。我国幅员辽阔,历史悠久,许多大山大都经历了历史文化的洗礼,留有大量的文物古迹,形成众多风景名胜。目前我国共有风景名胜区总面积近 11 万平方公里,约占国土面积的 1.13%。

2. 自然保护区

自然保护区是指为保护自然环境和自然资源,保护具有代表性的自然景观和生态系统而划出的一定区域范围。自然保护区在我国只有 40 多年的发展史。截至 2006 年,我国已建立起 2395 处自然保护区,占国土面积的 15.16%。这些自然保护区的建立对保护、恢复和发展自然资源、保护自然历史文化遗产、维护生态具有重要的意义。

3. 主题公园

主题公园(Tourism Theme Park)是为了满足旅游者多样化休闲娱乐需求而建造的一种具有创意性游园线索和策划性活动方式的现代旅游目的地形态。它通过人为创造或移植一个当地不存在的自然或人文景观,或将反映一定主题的现代化游乐设施集中在公园里,再现特别的环境和气氛,让旅游者参观、感受和参与,达到增长见识和娱乐的目的。

4. 旅游休闲度假区

旅游休闲度假区是在环境质量好、区位条件优越的旅游景区,以满足康体休闲需要为主要功能,并为游客提供高质量服务的综合性旅游景区。其主要特征是:对环境质量要求较高、区位条件好、服务档次及水平高、旅游活动项目的休闲、康体特征明显。度假区的旅游项目主要是满足旅游者消闲、健身的需求，以丰富假期生活、使游客身心健康、精神愉快、感受深刻为目的。

5. 历史文物景区

历史文物景区包括历史文化遗址旅游景区和文物保护单位两种类型。文物是遗存在社会上或埋藏在地下的历史文化遗物，一般包括与重大历史事件、革命运动和重要人物有关的，具有纪念意义和历史价值的建筑物、遗址、纪念物等，核定为文物保护单位的可以依法建立博物馆、保管所或者开辟为参观游览场所。

6. 森林公园

森林公园是以良好的森林生态环境为主体，充分利用森林生物的多样性、多功能，经过科学保护和适度开发，为游人提供游览、休闲、度假、保健、科教等服务的场所。驾车观光、骑马、野营、垂钓等都是人们在森林公园中的主要娱乐休闲活动。截至2005年底，全国共建立各类森林公园1928处，成为又一个重要的旅游景区类型。

7. 地质公园

地质公园即地质遗迹保护区。地质遗迹是指在地球漫长的地质历史演化时期，由于内外力的地质作用，形成、发展并遗留下来的珍贵的、不可再生的地质自然遗产。地质遗产不仅是地质研究和科普教育的基地，往往也是重要的自然旅游景区。

8. 工业旅游示范点和农业旅游示范点

工业旅游示范点是指以工业生产过程、生产风貌、工人工作生活场景为主要旅游吸引物的旅游点。农业旅游示范点是指以农业生产过程、农村风貌、农民劳动生活场景为主要吸引物的旅游点。2001年12月25日国家旅游局确定首批100个工业旅游、农业旅游示范点候选单位名单。2002年10月14日国家旅游局局长办公会审议通过了《全国农业旅游示范点、全国工业旅游示范点检查标准（试行）》。

（三）旅游景区功能

旅游景区的功能是指旅游景区对于旅游业和社区所具有的作用或影响。旅游景区的功能是多元化、多层次的。我国旅游景区类型复杂多样，景观变化丰富，文物古迹众多，其功能主要有游憩、教育、生态、科考、经济五大类。

1. 游憩功能

游憩功能是旅游景区的首要功能，也是旅游景区最基本的功能。旅游景区一般都拥有良好的生态环境、优美的自然风景和丰富的文物古迹，因而成为广大人民群众向往的游览观赏之地。旅游景区的功能就在于它能提供给人们各种形式的愉悦体验，从而满足人们观赏、度假、休闲、审美、求知、健身等多种心理需要。不管是哪一种类型的旅游景区，旅游景区的游憩功能越强，就越能吸引广大游客。

2. 教育功能

旅游景区是个天然的课堂，能够提供审美、自然、历史、文化等多种教育。例如，我国山河壮丽，历史悠久，古迹众多。这些文物古迹许多都存在于旅游景区当中。尤其是我国的风景名胜区，有的是古代"神山"，有的是宗教活动发源地，有的是近代发展起来的避暑胜地……它们是文学史、革命史、艺术史、科技发展史、建筑史、园林史的重要史料，是历史的见证，是历史教育的理想场所。

3. 生态功能

由于地球的自然环境遭到大面积破坏，森林遭到滥伐，绿地迅速缩小，人口急剧增长，工业污染导致大气自净能力减弱，环境生态失去平衡，影响了人们的身心健康。旅游景区一般都拥有良好的环境条件，尤其是在风景名胜区中，大多还保存着山清水秀的良好生态环境。因此，旅游景区在维持生态平衡方面具有重要的作用。

4. 科考功能

许多旅游景区，尤其是风景名胜区往往是特殊的地形、地貌、地质构造、稀有生物及其原种、古代建筑、民族乡土建筑的宝库，而且都有一定的典型性和代表性，因而旅游景区往往具有极其重要的科学价值，成为很多学科进行科学研究、科普教育的实验室和课堂。

5. 经济功能

旅游景区本身并不直接创造经济价值，而是通过其自然景观、人文景观及其风景环境吸引人们游览观赏，再通过为游人的饮食、住行等提供服务等经济活动而创造经济价值，因而旅游景区具有发展地方经济、增加就业等经济功能。随着人们生活水平的提高，外出旅游的人愈来愈多，旅游业也会越来越发达，旅游景区的经济功能也将越来越突出。

二、景区企业的创业模式

十一届三中全会以来，我国旅游景区投资体制沿着市场化的方向发展，以渐进的方式发生了巨大的变化，其中投资主体的转化集中反映了从计划经济体制到市场经济体制的过渡。在建立社会主义市场经济的过程中，旅游景区政企分开带来了政府、企业、个人等投资主体的多元化。景区的公共资源特性决定了其资源保护只能由政府投资和管理，经营性项目在符合规划的前提下可以交由企业、个人投资经营。因此，创业者可以以独资、合资、股份制合作、外资的形式进入景区投资创业。

创业者作为投资主体在景区创业有三种模式：整体租赁创业、股份制创业、项目特许经营模式创业。

（一）整体租赁创业模式

20世纪90年代中期，一些地方政府苦于无资金开发旅游景区，于是通过出让景区整体经营权的方式吸引民营资本进入旅游景区，为个人或企业在旅游景区创业提供了机会。几乎所有有条件出让经营权的景区，都将部分景点或景区的部分地域以出租、委托经营、买断经营、合股经营等方式出让给民营企业、个人或集体独家经营。民营资本对资源保护类景区的开发创业模式主要采取的是整体租赁运作模式，兼以混合资本成分的股份制企业运作模式。整体租赁运作模式是国内旅游开发实践中普遍运用的一种模式，由政府代表国家行使资源所有权，投资创业主体以向地方主管部门缴纳租金的形式获取资源经营权；在实践中存在着租赁、买断、承包、委托经营等延伸形式。

租赁形式是创业者以向地方政府缴纳租赁费用的形式获得开发权，地方政府主管部门出让经营权，租期不等（一般为30～50年）。承包形式与租赁相似，承包方获得景区的经营权，同时自负盈亏，独立经营。买断形式的实质是获得特许经营权，又可以分为两种运作方式：有投资意向的企业或个人与景区主管部门进行协商，遵照国家对资源管理的有关规定，共同确定买断费用，签订协议后，创业者或创业企业获得一定时限内的垄断经营权；景区主管部门事先确定好要开发的项目、投资金额以及投资收益等，以招商引资或项目招标的方式，吸引有投资意向的企业竞标，中标者与主管部门签订协议，获得垄断经营权。委托经营的实质也是租赁经营，只不过是为了规避禁止出让景区经营权规定的一种变通方法，委托经营的最早实践者是张家界出让黄龙洞景区经营权。

四川雅安碧峰峡旅游景区、四姑娘山旅游景区等是整体租赁创业模式的代表。1998年1月8日，经过成都民营企业万贯置业投资有限公司（简称"万贯集团"）与碧峰峡景区所在的雅安市政府的努力，签订了《开发建设碧峰峡的合同书》，达成了整体性开发协议，标志着整体租赁经营这一新的旅游景区开发经营模式的诞生。万贯集团以350万元租赁了碧峰峡旅游景区50年的经营权，由其进行独立开发经营、整体规划、市场化利用。地方政府把经营权"下放"给了企业，让其放手投资、经营。作为投资主体，万贯集团拥有长期的经营权，这就促使其必须着眼于长远规划，严格保护并合理开发景区资源，高效运作管理。碧峰峡景区的成功开发产生了巨大的示范效应，其后四川成都西岭雪山国家风景名胜区按照这一模式开发经营，也取得了巨大的成功，阿坝州四姑娘山风景名胜区和汶川卧龙大熊猫自然保护区、凉山泸沽湖旅游开发都是按照这一模式展开的。

这一创业模式的主要特征是：1. 在明确旅游景区国家所有的前提下，将其所有权与经营权有效分离，这是整体转让模式的核心内涵。2. 旅游景区经营企业是景区外企业。3. 旅游景区经营主体拥有门票专营权。4. 由政府统一规划并授权一家企业对旅游景区进行长期垄断性整体开发。5. 政企各司其职，相互制约。由政府设立景区管理机构，负责旅游资源的规划编制、项目审批和实施，对经营管理和环境保护等进行有效监督，协调各方关系。企业负责整个景区的日常经营，保证国有资产保值增值。

（二）股份制创业模式

规模较大、级别较高的国家级风景名胜区、遗产类旅游景区在景区开发中最迫切的问题就是资金困难，因此会采用股份制公司形式拓宽筹资渠道，扩大资金投入规模。通常景区管理委员会所属的国有企业会被改造为股份制企业，并授权股份有限公司独家经营旅游景区，同时吸引其他资金共同投资旅游景区。在这种情况下创业者个人或创业企业可以参股到景区经营企业中去。通过股份制改造，可以迅速募集资金，进行大规模开发。同时，开发建设期内不需承担高额利息，由负债经营转变为自筹资金建设，从而提高了资金的使用效率，也使旅游资源得到了更好的开发。股份制经营可分上市和非上市两种。

1993年12月18日，浙江富春江旅游股份有限公司作为全国首家以风景资源为主要资金投入目标的规范化股份制企业，吸收了300多个股东参股，共吸引资金4000万元，投资景点建设和配套设施，投资回报率达20％以上。浙江绍兴柯岩风景名胜区在1999年成立了柯岩风景区旅游开发有限公司，吸纳47家单位和个人参与景区投资开发，总资产2亿元。采用股份制方式创业开发景区，可以筹集充足的开发资金，将旅游资源迅速转化为经济资源。

此外，景区股份制公司还可以采用上市公司形式。景区国有企业经股份制改造后发展为上市公司，受管理委员会的委托，代理经营包括景区门票在内的一切旅游业务，对景区旅游资源进行垄断性的开发利用，成为景区内唯一负责旅游投资经营的企业。我国建立规范化的股份制公司并成功上市的旅游景区只有黄山和峨眉山。黄山风景名胜区在1996年由原黄山旅游发展总公司独家发起，以其所属的10家企业的全部经营性资产为出资，成立了"黄山旅游发展股份有限公司"，年底成功上市。1999年，原黄山旅游发展总公司更名为"黄山旅游集团"，成为黄山旅游发展股份有限公司的控股公司。黄山旅游集团与黄山风景区管理委员会实行"两块牌子、一套班子"的运作模式，事实上黄山的投资主体就是企业，黄山的业务由这两个公司按照市场方式经营。

股份制创业模式的主要特征是：1.旅游景区所有权与经营权分离。2.受让旅游景区经营权的创业企业拥有门票专营权。3.政府控股或参股的股份制企业成为旅游资源和经营性资产的独家经营主体，对旅游景区实行长期垄断经营。4.旅游景区管理权与保护权一般由政府设立的景区管理机构行使，负责组织实施旅游规划、审查监督开发建设项目、建设管理和保护景区的基础设施及其他公共设施。

旅游景区股份制改造是一个复杂的过程，简单地说就是在三权分离的基础上，即旅游资源的所有权归国家，管理权归国家委托的政府主管部门，经营权归股份制企业。根据市场经济运行的要求，应以市场为导向，以经济效益为中心，以旅游资源开发为基础，在保持景区国有产权不变和环境保护的前提下，使景区从传统的事业型经营方式向企业型经营方式转变。

（三）项目特许经营创业模式

很多旅游景区将一些服务性项目、游乐性项目、交通设施项目经营权转让给民营和境外的创业者或创业企业经营和管理，这种创业模式被称为项目特许经营。项目特许经营创业模式是指旅游景区管理机构以外的创业者或创业企业从旅游景区管理机构处获得景区内服务性和经营性项目的特许经营权，并缴纳一定的特许经营费的创业模式。

特许经营项目面很广，分为两大类别：一是依托旅游景区门票收取范围外的服务性和经营性项目，如餐饮、住宿、商品销售、娱乐和区外交通、游道等；二是在旅游景区门票收取范围内的项目，如游人步道、区内交通、船队、索道、电梯、摄影、摄像等。获得项目特许经营权的创业者或创业企业不拥有门票的专营权，应按约定向特许项目经营权的出让方缴纳特许费用。这种模式一般用于公益性强、生态脆弱、级别较高的旅游景区，旅游景区的开发建设主要由政府设立的管理机构统一负责管理。例如，厦门火烧屿景区内的餐饮、小木屋住宿等经营性项目转让给民间创业者就属于此类创业模式。

这种模式的主要特征是：1. 旅游景区所有权与经营权统一。2. 获得项目特许经营权的创业者或创业企业只对所中项目拥有经营权，不参与门票的经营。3. 旅游景区内各项目的开发建设由多家创业者或创业企业参与。4. 旅游景区管理机构统一负责景区的开发经营与日常管理工作，并对景区旅游资源和生态环境的保护负责。

第四节　旅行社企业的创业模式

一、旅行社概述

（一）旅行社的性质和职能

旅行社是为人们旅行提供服务来获得有偿服务的专门机构，它在不同的国家和地区具有不同的含义，有些国家和地区以法律的形式对旅行社的性质做出了明确规定。不同国家和地区对旅行社性质的认识有两个共同特征：提供与旅行有关的服务是旅行社的主要职能、旅行社的企业性质决定其以赢利为目的。

作为一个为旅游者提供各种有偿服务的旅游企业，各国的旅行社在企业职能和经营业务方面有着许多共同之处，其基本职能是向公众提供有关旅行、住宿条件以及时间、费用和服务项目等信息，并出售产品；受交通运输、饭店、餐馆及供应商的委托，以合同规定的价格向旅游者出售他们的产品。销售合同（票据等）表明购买者和销售者是两相情愿的，旅行代理商只起中间人的作用；接受它所代表的供应商的酬劳，代理商按售出旅游产品总金额的一定比例提取佣金。具体地讲，旅行社的职能可分为以下几个方面（见表9-4）：

表9-4 旅行社职能一览表

旅行社基本职能	主要表现形式
生产职能	设计和组装各种包价旅游产品
销售职能	销售包价旅游产品；代销其他产品
组织协调职能	组织各种旅游活动；协调与各有关部门（企业）的关系
分配职能	分配旅游费用；分配旅游收入
提供信息职能	向有关部门（企业）提供旅游市场信息；向旅游者提供旅游目的地、有关部门（企业）及其产品的信息

资料来源：杜江. 旅行社管理. 天津：南开大学出版社，1997.

（二）旅行社的分类

旅行社的分类根据分类制度的不同而有多种形式。旅行社的分类制度是不同国家、不同地区旅行社业分工体系的具体体现。我国内地通常采用典型的水平分工体系将旅行社分为国际旅行社和国内旅行社两种类型。本节依据常见的几种分类方法，对旅行社进行如下分类：

1. 按旅行社销售旅游产品的职能分类

（1）旅游批发商（Tour Wholesaler）：指主要从事批发业务的旅行社或旅游公司。这类旅行社通过大批量购买交通、饭店、浏览景点和当地经营接待业务的旅行社等旅游企业之产品（使用权），并将这些单项产品组合成各类不同日程、节目和等级的报价旅游线路（产品），通过各种旅游零售渠道销售给旅游消费者。

（2）旅游零售代理商（Tour Retailer）：指向旅游批发商及各有关旅游企业购买产品，出售给旅游者的商业组织或个人。旅游零售商扮演着双重角色，它既代表旅游者向旅游批发商及有关旅游企业购买产品，又代表旅游批发商向旅游者出售产品。它的营业费用及收入主要来自销售佣金。不同职能旅行社之间的关系见图9-1。

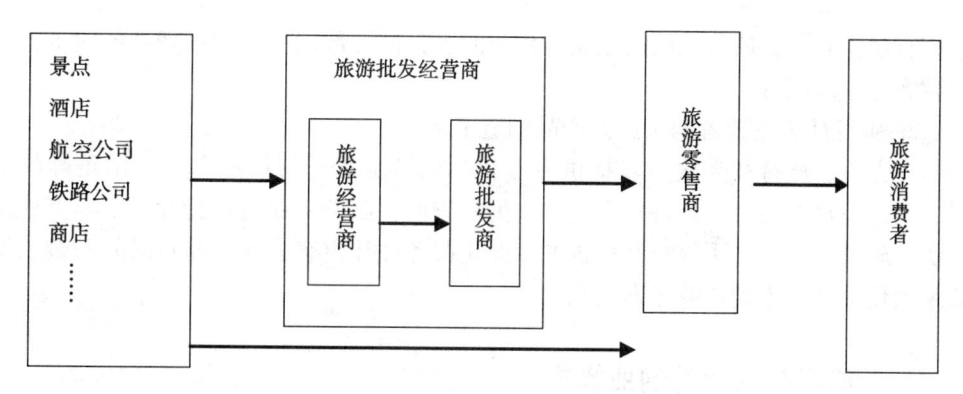

图 9–1　不同职能旅行社之间的关系

2. 按旅游市场客源流向分类

（1）客源输出旅行社：存在于旅游发生国、主要负责招徕本国旅游者并组织出境旅游的旅行社被称为客源输出旅行社。这类旅行社主要招徕、组织旅游者去异地参加游览活动并可提供全程导游服务。

（2）客源输入旅行社：指存在于旅游目的地国家、主要负责接待入境旅游者并为他们提供相应旅游服务的旅行社。这类旅行社主要负责组织、安排旅游者在当地的参观游览活动，并提供地方导游服务。

3. 按旅行社经营业务范围分类

中国内地旅行社分类：国务院于 1985 年 5 月颁布了《旅行社管理暂行条例》，把我国的旅行社划分为三类：一类旅行社经营对外招徕并提供接待外国人、华侨、港澳同胞、台湾同胞和中国内地归国或回内地的外籍华人的旅游服务。二类旅行社不对外招徕，只经营、接待一类社或其他涉外部门组织的外国人、华侨、港澳同胞、台湾同胞来中国内地旅游。三类旅行社经营中国公民国内旅游业务，包括输出客源和引进客源两种服务。1996 年 10 月 15 日国务院颁布了《旅行社管理条例》（简称《条例》），取消原来的一、二、三类社的划分，改为国际旅行社与国内旅行社两大类。国际旅行社的经营范围包括出入境旅游业务和国内旅游业务，而国内旅行社的经营范围仅限于国内旅游业务。

（三）旅行社在旅游业中的地位和作用

作为旅游业的重要纽带和旅游客源组织者，旅行社在促进现代旅游业发展中的作用毋庸置疑，旅行社在旅游业中具有重要的作用和地位，主要体现在以下方面：

1. 旅行社具有纽带作用

旅行社通过中间服务，将与旅游者的旅游需求密切相关的各个组成部分组合加工成相对完整的旅游产品，然后销售给旅游者。旅行社的纽带作用集中表现在：其一，旅行社的存在使原本相对松散、繁杂的旅游服务供应部门以旅行社为中心变得紧密有序；其二，旅行社同时还是连接旅游服务供应部门和旅游消费者的纽带，是旅游客源地组织者。

2. 旅行社为旅游者购买旅游产品创造了条件

一方面，旅行社为旅游者提供专业化的旅游信息，帮助旅游者做出正确的选择，同时满足旅游者的各种安全需要。另一方面，旅游者通过旅行社可以丰富旅游经历，旅游者通过购买旅行社提供的专业化服务往往更容易实现旅行时间和金钱价值最大化，从而推动旅游走向大众化。

二、旅行社企业的创业模式

（一）从打工做起的创业模式

以未来个人创业为目的的打工，要有目的地去学习和积累。旅行社工作需要对行业有充分了解，有一定的专业技能和经验，并有人脉关系网。很多创业者在独自投资旅行社创业之前，都应聘于大型旅行社，从职业导游做起，开始先独立带旅游团，通过带团外出旅游，开阔眼界，积累经验，拓宽人脉关系网。对于刚毕业的大学生，直接投资经营一家旅行社不是简单的事情，可以先从导游做起，同时学习所在公司和企业的管理知识、产品知识和营销知识，而不仅仅是岗位知识。要勤奋地做事，工作上做出优异的业绩，与老板和同事成为朋友，使他们能够帮助你，乐意把工作经验告诉你。此外，要充分利用好你的平台资源。要利用公司或企业的平台，广泛结交和积累人脉资源和其他资源。尝试利用现有的平台资源为自己做点事，先兼职或叫在职创业，积累自己的事业基础，在客户群、人际关系、经济实力等条件成熟时，再脱离打工，开创自己的事业。

例如，新加坡天地假期旅行社的老板岳学斌1997年来到新加坡，他在中国本来就是学旅游的，并先后在新加坡几家最具规模的旅行社任职，设计中国路线的旅游产品。在新加坡奋斗了几年后，岳学斌逐渐了解了新加坡人的口味和要求。积累了一定的经验后，岳学斌终于决定要自己出来闯一闯，成立一家旅行社。类似的，新加坡东方假期旅行社的杨越伟从最初在酒店里担任饮食部经理到后来在航空公司任职，转换了好几份工作才决定自己开办旅行社创业。

（二）直接投资创业

旅行社的投资门槛并不高，基本要求包括：有固定的营业场所，有必要的营业措施，有符合《条例》规定的注册资本和质量保证金。其中国际旅行社要有不少于150万元的注册资金，经营入境的要有60万元的质量保证金，出境的要有100万元的质量保证金。国内旅行社要有30万元的注册资金，并缴纳10万元的质量保证金。然后要进行开办审批，审核合格以后，得到业务许可证，到工商局领营业执照。如果只是经营者不需要有什么资格证，导游就必须要有导游资格证。很多创业者满足以上条件就会选择直接投资创业。

通常缺乏旅行社工作经验的创业者在创业初期会选择一个有经验的团队共同创业。创业者会考虑成员之间的知识、资源、能力或技术上的互补，充分发挥个人的知识和经验优势，这种互补将有助于强化团队成员间彼此的合作。例如，旅行社创业期要有经验丰富的导游、产品设计人员、财务管理人员、与航空公司和酒店业关系密切的营销人员等。

（三）从挂靠经营到加盟连锁创业

挂靠经营是旅行社屡见不鲜的创业手段，也是国家屡禁不止的现象。挂靠经营是指企业、事业单位或公民在一定时期内使用其他企业法人名义对外从事经营活动的行为。在旅游业中，各挂靠旅行社对外自称是某旅行社的某个营业部（如国内部、外联部、业务部等），每年向被挂靠社交付一定款额的保证金或按经营比例缴纳"管理费"，被挂靠旅行社则转让其企业性质和名称。各"营业部"在经营中均独立核算、自设账户、自备护照、自持公章和财务章，形成非独立法人的经济实体。

申请挂靠的人多是多年从事旅游行业工作的旅行社业务人员或一些"老导游"。他们大多有稳定的客户群作保障，有一定的业务功底作基础，想独立创业但资金不足以向旅游局缴纳质量保证金，因此申请挂靠在一个大社下，解决这些障碍。挂靠在大的国际社下，既有响亮的招牌，又能做出境业务，而这一块的利润率要远大于经营国内旅游业务的利润率。

但这种创业方式存在多种弊端，主要表现在：首先，会给被挂靠旅行社带来经营风险。被挂靠旅行社只收取相对较少数额的固定收益，却要承担由此产生的债务、投诉等经营上的风险和义务。其次，服务质量存在不确定性，消费者权益无法保证。常常几家旅行社的客人拼在一起做散客拼团，若有什么意外，游客都不知去哪里投诉，缺乏权益保障。再次，逃漏国家税收。挂靠的营业部单独进行税务登记，旅行社既缺乏统一缴纳其税收的热情，也缺乏对营业部缴纳税负的监督。因此形成税务部门和旅行社两不管的真空地带，逃漏税的空间很大。最后，不利于旅行社人力资源的管理。这种营业部的经营形式能给挂靠旅行社带来创业的便捷性。因此，一些大社中的业务骨干难免会对这种"独立创业"有所向往，使旅行社人员流动性更大。

基于以上原因，国家限制挂靠创业旅行社，2013年10月开始执行的《中华人民共和国旅游法》第三十条规定："旅行社不得出租出借旅行社业务经营许可"，或者以其他形式非法转让旅行社业务经营许可。建议参照中旅总社的"控股并购"模式或广之旅的"品牌特许加盟"模式对各挂靠营业部加以引导，使其成为各旅行社的分社或报名收客点，走国外大批发商与小零售商垂直分工的路线。旅行社加盟连锁创业有其显著优势，例如利益共享，风险共担。创业者只需支付一定的加盟费，就能借用加盟旅行社的知名品牌，并利用现成的产品和市场资源，还能长期得到专业指导和配套服务，创业风险也有所降低。因此，旅行社的加盟连锁创业是替代挂靠创业的好方法。

旅行社连锁经营是旅行社凭借自己的优势，以自由连锁、特许经营和直营连锁等方式组合成一个联合体，在旅行社总部的规划下各店铺相互合作、相互支持，使资源达到最优配置，获取规模效益的经营方法。旅行社总部对各店铺拥有财产所有权和经营决策权，各店铺对总部负责，受总部指挥和监督，并在整个连锁体系中实现经营理念的统一、企业识别的统一和经营管理的统一，实现这三方面的连锁化和高度的对外统一。

其中，网络技术的支持使得连锁经营方便快捷。电子商务的全球化使旅行社间的信息沟通成本大幅下降，而且网络传输速度快、方便易行，使旅行社总部能快速地对各个分社和店铺实施有效的控制和管理，解除了总部的后顾之忧。全球酒店预订系统和机票预订系统的完善将为拥有信息网络的旅行社提供更多的信息支持。

由于旅行社连锁经营能为企业降低成本，实现规模经济，使旅行社由粗放型向集约型过渡，于是各大旅行社纷纷走上连锁经营的探索道路。2001年中青旅在北京地区实现16家店面的连锁经营，广之旅更是与峨眉山合作构建市级社的跨省经营模式，并且与香港康泰旅行社合作组建了广州康泰国际旅行社。

【延伸阅读】

旅行社连锁：中青旅给你全新感受

目前，我国的旅行社行业仍停留在"散、小、弱、差"的状态，没有形成良好的经营体系，真正意义上有领导地位的大旅行社也尚未出现。面对激烈的市场竞争，为抢占市场先机，迎接中国入世的挑战，2000年8月，中青旅积极进行旅行社的连锁经营探索试验。中青旅首批五家连锁店在北京开业。在此后短短的几个月中，旅游连锁店以便捷的服务、个性化的产品赢得了人们的认可。目前，中青旅在北京已有18家连锁店，在上海、广州等地开设24家有营连锁店。

品牌与形象：拓展市场

走进北京白石桥的中青旅连锁店，可以看到以绿色为基调的门面上，阳光、沙滩、天空与显著的视觉标志——"中青旅连锁"及 www.cytsonline.com 融为一体，使人立即感受到一种清新而高效的气息；进入店内，陈列架上整齐地摆放着各种旅游咨询资料，6台电脑一字排开，职员衣着整洁、热情大方，让人顿生一种信任感。

中青旅有关负责人说，目前中青旅连锁已建立了统一的 CIS 形象识别系统，具有统一的品牌、统一的标识、统一的经营理念、统一的市场推广活动和鲜明的形象特征。在"以客为尊"的经营理念指导下，中青旅连锁定位于"您身边的旅行助理"，力争做到方便、快捷、周到、安全地为顾客服务。中青旅连锁经营的业务除了常规旅游产品零售以外，还承担了青旅在线网上旅游产品的分销配送、区域市场推广及大众旅游咨询服务等。

据介绍，连锁经营是一种从资源效益型增长向市场规模型扩张转变的经营方式。长期以来，由于各方面的原因，我国的旅行社行业没有形成相当的规模。专家们认为，面对入世的压力，我国旅游业必须尽快占领市场，发挥规模优势，降低成本，以规模求效益，以优质服务赢得消费者的认可。中青旅连锁通过销售旅游产品，力求进一步扩大销售覆盖面，以赢得消费者最大限度的认同，在更广泛的社区范围内树立中青旅的品牌形象，使中青旅的品牌和服务更贴近消费者、贴近市场。

效率与质量：巩固市场

连锁经营不是简单的经营网点遍地开花。中青旅连锁设立了统一的操作流程，确保连锁门市经营各方面的高度统一。中青旅连锁的运作体系包括 VI 系统导入、800 免费咨询系统、统一广告策划宣传及计算机操作系统等环节；而营业部店规、人事管理制度、收益分配方案、售后服务规则、财务管理制度、客户档案管理等，构成了中青旅连锁管理体系的基本架构。

2005 年 5 月青旅开通在线综合性旅游网站遨游网，突破了传统的旅游经营模式，使互联网与传统经销网络并轨运行。中青旅在先进的网络技术支持下，力求实现信息的充分整合，实现资源最佳配置，为连锁经营扩充业务容量。中青旅总部则负责市场调研、旅游产品的开发与推出、接待保障及广告等环节的运作，确保连锁规模化优势的形成与巩固。如果说青旅在线是"鼠标"，那么中青旅连锁就是"水泥"，中青旅旅游总部就是"钢筋"，三位一体形成"鼠标+钢筋混凝土"的经营体系。这为连锁经营内部运作效率最优化的实现提供了机制上的保证。2012 年全年中青旅主营业务收入 102.8 亿元，较好地实现了公司总体战略和规模效应。

目前，我国连锁经营的旅行社为数不多，连锁经营的具体模式、规模也各不相同。然而有一点相同的是，连锁经营为旅游消费者提供了更多的便利，使旅游消费者在选择产品时不必为货比三家而伤脑筋，节约了时间和精力。专家们还指出，旅游业连锁经营在保障旅游商品质量、提高旅游商品的品位、降低旅游商品价格等方面也能起到积极的作用，使消费者能够买得方便、买得放心。

（资料来源：http://info.yidaba.com/newscenter/380887.shtml）

【内容举要】

本章概述了四种旅游企业：餐饮企业、酒店企业、景区企业、旅行社企业的创业模式。

餐饮业是指利用餐饮设备、场所和餐饮原料，从事饮食烹饪加工，为社会生活服务的生产经营性服务行业。餐饮业企业的创业模式有五种，包括：单一业主模式、合伙经营模式、公司模式、家族企业模式、特许经营模式。单一业主模式包括个体工商户、个人独资企业两种类型，单一业主创业的企业起步规模小，注册资金少，容易组建；单一业主拥有该企业的绝对控制权、经营权、决策权、资产所有权、收益权并对其负责。合伙经营模式是指合伙人按照规定分担自己相应的出资，同时享受与其出资比例相宜的利润分配，并承担与其出资比例相宜的亏损及法律责任。公司模式包括有限责任公司与股份有限公司两种类型。家族企业是一种基于血缘、亲缘、姻缘基础之上的企业形式，在当今市场经济条件下普遍存在。特许经营模式包括产品品牌特许经营和经营模式特许经营两种类型。

旅游酒店（Tourism Hotel）是"能够以夜为时间单位向旅游客人提供配有餐饮及相关服务的住宿设施"。酒店企业的创业模式以购买不动产投资创业、委托管理、带资管理、战略联盟等为主。购买不动产投资创业是指创业者通过购买不动产投资单体酒店，随后可以通过不同渠道进行品牌培育及扩张。委托管理创业是通过酒店业主与管理集团签署管理合同来约定双方的权利、义务和责任，以确保管理集团能以自己的管理风格、服务规范、质量标准和运营方式来向被管理的酒店输出专业技术，管理人才和管理模式。特许经营创业是管理集团以自己的专有技术和品牌与酒店业主的资本相结合，来扩张经营规模的一种商业发展模式。带资管理创业是指通过独资、控股或参股等直接或间接投资方式来获取酒店经营管理权并对其下属系列酒店施行统一品牌标志，统一服务程序，统一预订网络，统一采购系统，统一组织结构，统一财务制度，统一政策标准，统一企业文化及经营理念的管理方式。战略联盟创业就是两个或两个以上的企业或跨国公司在二次创业过程中为了达到共同的战略目标而采取的相互合作、共担风险、共享利益的联合行动。此外，不同类型的酒店企业，如经济型酒店、中端酒店与高端酒店的创业模式的侧重点不同。经济型酒店创业一般采取连锁经营的方式；中端酒店最理想的创业模式只能是走个性化、精品化的中端细分市场之路；高端酒店创业表现为两种典型模式："世茂模式"与"碧桂园模式"。

旅游景区是经县以上（含县级）行政管理部门批准设立，有统一管理机构，范围明确，具有参观、游览、度假、康乐、求知等功能，并提供相应旅游服务设施的独立单位。景区创业者作为投资主体创业有三种模式：整体租赁创业、股份制创业、项目特许经营创业。

整体租赁运作模式是国内旅游开发实践中普遍运用的一种模式，由政府代表国家行使资源所有权，投资创业主体以向地方主管部门缴纳租金的形式，获取资源的经营权，在实践中存在着租赁、买断、承包、委托经营等延伸形式。股份制创业模式可分上市和非上市两种，可以迅速募集资金，进行大规模开发。项目特许经营创业模式是指旅游景区管理机构以外的创业者或创业企业从旅游景区管理机构处获得景区内服务性和经营性项目的特许经营权，并缴纳一定的特许经营费的创业模式。

旅行社是以为人们旅行提供服务来获得报酬的专门机构，旅行社企业的创业模式包括从打工做起的创业模式、直接投资创业、挂靠经营和加盟连锁创业。从打工做起的创业模式是指创业者以未来个人创业为目的先行打工，有目的地去学习和积累。例如很多创业者在独自投资旅行社创业之前，都应聘于大型旅行社，从职业导游做起。直接投资创业指创业者满足开办旅行社的各种条件就会选择直接投资创业，通常缺乏旅行社工作经验的创业者在创业初期会选择一个有经验的团队共同创业。另外，我国旅行社创业正经历从挂靠经营到加盟连锁创业的转变。旅行社连锁经营是旅行社凭借自己的优势，以自由连锁、特许经营和直营连锁等方式组合成一个联合体。旅行社连锁经营能为企业降低成本，实现规模经济，使旅行社由粗放型向集约型过渡，于是各大旅行社纷纷走上连锁经营的探索道路。

【案例分析】

如何加入万里路青年酒店连锁

特许经营已成为21世纪中国的主要商业模式，特别是在服务业，作为中小创业者自身怎样看准并走好特许经营（连锁加盟）这步棋？

青年旅舍是从加盟连锁到直营连锁起步的，2000年，北京的第一批创业者通过加盟北京青年旅舍协会，获得了国际青年旅舍品牌和商标的使用权。但是，管理经验则是在日后自己摸索和总结出来的，因为洋品牌在中国也有一个适应过程，青年旅舍事业在中国经过9年的积累和发展，孕育了万里路青年酒店连锁品牌，它最贴近中国的市场需求，通过总部统一规划及人员技术的统一培训，通过对店面有特点的装饰等，使个人投入的资金快速进入运营并获得利润。这种方式对没有创业经验的创业者来说，可以避免个人创业时不得不经历的一些弯路。由于特许经营启动的成本低于其他经营方式，而且可以在短时间内收回投资并赢利，所以不管创业者有无经验及足够的资金，都可以通过特许连锁加入一个知名成熟品牌的经营体系，从中学习这种商业模式并把握商机，从而拥有自己的公司。

特许加盟条件

加盟需提供以下相关资料：

1. 所选物业公司的营业执照，物业产权情况及背景说明，经营者情况及背景说明。若属租赁经营，请提供与业主签署的租赁合同（租赁年限应不低于5年）。
2. 所选物业情况介绍：位置、交通、规模、功能和设施等（包括锅炉、供水、供电、空调系统、消防系统等，附详细情况列表）。

3. 标注有青年酒店/旅舍位置的城市地图（原件）及以青年酒店/旅舍为中心的小区域地图（地图包括交通状况、地理位置等）。

4. 所选物业平面图（一套），比例为1∶100。

5. 所选物业照片一套（包括建筑外观、内部设施等）。

6. 如何乘公共交通抵达等情况介绍。

加盟费标准：

2007年1月1日起，北京市、上海市新申请加盟Utels品牌的单店加盟费为每年一万元人民币，质量保证金五万元。省会城市、重要旅游城市每年三千元人民币，质量保证金一万元。特殊地区可以根据情况予以减免优惠，任何城市第一家加盟店均可享受单店加盟费的优惠待遇。

特许加盟流程：

1. 按市场定位选点；

2. 制订租赁及改造方案；向公司咨询。如有项目经理或设计师参与者建议先把草图交项目处审核，必要时可请项目处派员现场指导；

3. 到当地工商、公安部门办好有关注册（更名）、涉外手续；

4. 上报加盟所需资料；

5. 向项目处发出邀请，派员检查验收并签订加盟协议；

6. 开业前准备：员工培训（可视情况请统筹处派员讲授有关酒店/旅舍服务规程、网络预订、会员制操作、酒店/旅舍活动组织等有关课程。需配备具有外语会话能力的员工）；建章立制（参照统一标准手册）；开业仪式（新闻发布、气氛营造等）；

7. 进入日常运作。

特许加盟合作方式

1. 收购：由万里路青年酒店连锁公司投资购买现有物业，并投资将其改造成万里路（Utels）旗下的青年酒店/青年旅舍/红灯笼客栈旅馆。要求：

(1) 出让方必须拥有产权与土地使用权；

(2) 房屋或土地可用于商业服务业；

(3) 能获得建设万里路青年酒店连锁店的立项批准。

2. 租赁：由万里路租赁现有物业，并投资将其改造成万里路青年酒店连锁店。要求：

(1) 出租人应拥有房屋或土地的产权与使用权，产权关系清晰；

(2) 租赁价格合理，租赁期一般为10~20年；

(3) 房屋可用于商业服务业或可改变为该用途；

(4) 能获得建设万里路青年酒店连锁店的立项批准。

3. 加盟：由业主自己投资，按照万里路青年酒店连锁品牌的要求将其拥有的物业改造后加盟。加盟要求：

（1）加盟者有适合长期经营物业的产权或使用权；

（2）承认加盟章程、按期缴纳费用；

（3）同意按照万里路青年酒店连锁品牌的加盟原则进行装修改造和经营管理；

（4）接受万里路青年酒店连锁品牌的经营理念，服从总部统一领导，遵守统一的服务管理标准。

这样的创业模式听上去似乎不错。当我们面对各种各样形形色色的连锁加盟项目时，必须要有深入思考和周详的考察，千万不可盲目决策，一哄而上！目前特许加盟项目种类很多，其中难免鱼目混珠，一些特许经营商急功近利，一心只想赚取加盟费，只看重连锁加盟店的发展数量，很少顾及或不顾加盟者的利益，个别的甚至设下种种陷阱。有的特许项目只提收益，不提风险；有的虽然加入门槛低，但提供给加盟者的服务并不完善，其保证赢利机制也经不起推敲。

由于部分创业者对特许经营这一概念与经营方式认识不足，在分析及考虑特许经营项目时极易被误导。一些加盟连锁项目对加盟者来者不拒，本身又没有完善的章程及明确的加盟标准，有的连简单的投资回报分析与记录都没有，其营运模式也不过是一个抽象的架构，甚至连培训场地和计划都没有。也有的特许连锁项目所经营的产品是流行性产品，产品只有1~2年的寿命或更短。这类项目的经营者利用一两家成功案例，通过媒体炒作，使得那些信息来源较窄或了解不全面的加盟者容易过分乐观，造成错误决策，跟着别人一窝蜂地进入这个行业。

案例讨论题

1. 旅游企业创业时采用特许经营、加盟连锁店的方式进入市场有何优势、劣势？

2. 加盟旅游企业连锁项目时应充分考虑哪些因素？

【思考与练习】

1. 餐饮企业创业的模式有哪几种？
2. 酒店企业创业的模式有哪几种？
3. 景区企业创业的模式有哪几种？
4. 旅行社企业创业的模式有哪几种？
5. 比较餐饮企业几种创业模式的优缺点。
6. 适合经济型酒店、中端酒店、高端酒店的创业模式有哪些？
7. 通过对特许经营创业模式的学习，调查1~2个值得投资的餐馆特许经营创业项目。
8. 调查1~2个单一业主模式的餐饮企业，并讨论其利弊。

【推荐文献】

Powers, T. (1995). Introduction to the hospitality industry. New York: Wiley.

陈才,龙江智编著. 旅游景区管理 [M]. 北京:中国旅游出版社. 2008.

陈建斌. 旅行社经营管理 [M]. 广州:中山大学出版社. 2007.

杜江. 旅行社经营与管理 [M]. 天津:南开大学出版社. 2001.

纪俊超. 旅行社经营管理 [M]. 广州:华南理工大学出版社. 2004.

蒋卫平. 酒店管理实务 [M]. 重庆:重庆大学出版社,2008.

宋玉蓉,姜锐. 景区管理与实务 [M]. 北京:中国人民大学出版社. 2006.

邹本涛,谢春山. 旅游文化学 [M]. 北京:中国旅游出版社. 2008.

许秋红. 现代酒店经营决策管理 [M]. 广州:广东旅游出版社. 2004.

徐桥猛. 现代酒店管理 [M]. 北京:高等教育出版社. 2004.

徐文苑,王珑,窦惠筠. 酒店经营管理 [M]. 广州:广东经济出版社. 2006.

郑向敏. 酒店管理 [M]. 北京:清华大学出版社. 2005.

邹统钎. 酒店经营战略 [M]. 北京:清华大学出版社. 2005.

第十章　旅游企业创新与成长

【学习目标】

通过本章的学习，使学生掌握创新的含义，理解旅游景区的创新途径和成长方式，旅行社的创新与成长。了解在全球化的浪潮下旅游企业的未来发展方向。

【内容结构】

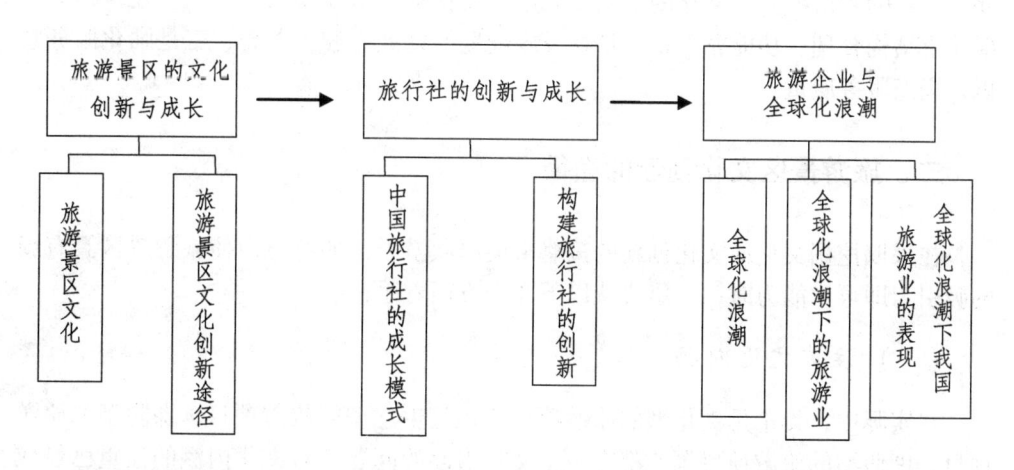

```
旅游景区的文化          旅行社的创新与成长         旅游企业与
创新与成长       →                     →     全球化浪潮
   ├─旅游景区文化            ├─中国旅行社的成长模式        ├─全球化浪潮
   └─旅游景区文化创新途径     └─构建旅行社的创新          ├─全球化浪潮下的旅游业
                                                        └─全球化浪潮下我国旅游业的表现
```

【重要概念】

创新　旅游景区创新　旅行社创新　全球化浪潮

第一节　旅游景区的文化创新与成长

一、旅游景区文化

旅游经济是特色经济，而文化是特色的基础。只有具有文化内涵的特色才称得上是真正的特色，才能维持和不断地完善或延伸。因此一个旅游景区要追求特色以达到不断地发展和完善的目的，就必须追求文化创新，并以此为发展方向。无论是以自然为主体的旅游景区还是以人文为主体的旅游景区，其本质都是生产文化、经营文化、销售文化；旅游者千里迢迢前来，本质上也是购买文化、消费文化、享受文化。在现代社会，信息技术高度发达，虚拟技术也已经产生，人们完全可以通过现代技术"卧游"、"神游"，可为什么还要追求"身游"呢？就是为了追求眼、耳、鼻、舌、身的全面感受，为了追求综合性的文化体验。这种根本性的追求，就是旅游景区发展的质的规定性，它要求我们在综合素质上全面提高，在文化品位上不断提升，在各个方面不断创新。

旅游景区文化可以概括为：以突出的特色为文化形式，以品位为文化内涵，以人本主义为文化本质。文化形式具体表现为：一是资源的独特性；二是建筑形式的独特性；三是环境的独特性；四是这三者之间的协调性。文化内涵的基本要求是品位具体表现形式是：一是品类的丰富；二是味道的浓厚；三是展示的精美；四是内涵与形式的和谐统一。文化的本质是人本主义精神，这就要求：一是在建筑格局上要注重结构合理、功能完善；二是在设施配置上处处为客人着想；三是强化服务意识，提高服务质量。

二、旅游景区文化创新的途径

在采取挖掘文化或文化创新的策略来突出旅游景区的特色而使旅游景区具有新的吸引力即再生能力时，一定要从以下几个方面着手：

（一）注重文化内涵

在实际中，无论是文化型的旅游项目，还是生态型的旅游项目、探险型的旅游项目、度假型的旅游项目等，都有一个文化内涵的问题。对文化内涵的注重已经成为竞争的起点，起点高则发展余地大。

（二）注重文化形式

丰富的文化内涵需要合适的文化形式。对文化形式的重视过去很大程度上注重的只是一种表象。文化形式必须和文化内涵很好地结合在一起。景点开发，不能初看觉得不错，仔细一看不行，这就要求在充分把握文化内涵的基础上采用良好的文化表现形式和丰富的表现手段。

（三）注重过程的文化性

旅游经营很大程度上是一种活文化的经营，这种活文化的经营必须注重过程的文化性。另外还有一个文化产品的综合性问题，即静态文化和动态文化要结合起来，使每个景点成为旅游景区的"亮点"，这些"亮点"才是旅游景区有吸引力的地方，才是一个旅游景区活的灵魂。因此，在塑造和加强旅游景区的吸引力时，关键要抓好静态文化和动态文化的结合，"死文化"和"活文化"的结合，高雅文化和民族文化的结合。

（四）注重细节的文化性

不注重细节就不能出精品。不要让设计出来的东西粗看挺不错，但仔细看却不行。深圳的几个景区经得住看，就是因其注重每一个细节，使每一个游客看过后都有很深的印象。在旅游景区开发中往往是一些细节使游客看过后感觉到这个地方有水平、有文化，是精品。其中一个重要的策略便是要从旅游者的角度来进行旅游开发和规划。对海外游客要弘扬中国特色文化，对国内游客要弘扬旅游地的区域特色和民族特色，对本地游客要弘扬自身特色。这就需要从各个方面研究旅游地的历史化、民族化、乡土化、个性化等问题。

【延伸阅读】

无锡灵山景区的创新发展

无锡灵山景区自1994年开始建设，1997年开业，历经14年发展，成为年入园人次350万人，旅游收入超5亿元的中国知名AAAAA景区。灵山景区之所以能够取得这样的成就，主要得益于三个发展阶段价值创新战略的正确运用。

一、第一阶段（1994—2002）：佛教观光旅游价值创新

国内知名的佛教旅游景区多有名山大川相伴，自然风光秀美，且多经历了千百年的发展，有着珍贵的历史文化遗存，广泛的群众信仰基础。灵山景区作为"无中生有"的新兴佛教文化景区，自然资源、文化底蕴、宗教信仰等条件无法和国内四大名山等知名佛教景区相比。然而灵山景区在开园第二年（1998年）入园人数就达到了160万人，超越了很多知名佛教景区，奠定了其中国知名景区的地位，奥秘源于价值创新：将现代科技、审美、工程技术与传统文化、青铜工艺、自然山水形态相结合，建造了88米高的释迦牟尼佛祖露天青铜立像——灵山大佛，在高度、形象、工艺、建造方法等诸多方面具有较大的创新意义，能够向游客提供独一无二的旅游观光和祈福价值，实现了佛教文化观光核心吸引物的价值创新，帮助景区在传统佛教祈福市场的基础上，极大地开拓了观光旅游市场，造就了灵山景区发展历程中的第一次腾飞。

二、第二阶段（2003—2006）：佛教文化创意景观体系的价值创新

景区开放三年以后，入园人数停止增长。通过调研和分析，景区认识到随着人们旅游需求水平提高，单一的观光景区的市场吸引力下降。因而，景区根据自身特点，确立了通过系列佛教主题创意景观建设创造佛教文化旅游新体验的发展思路。景区以佛教文化景观创意为突破点，以佛教历史典故、积极的文化精神为核心，从视觉、听觉、触觉、感觉四个方面突破了常见的佛教文化景观表现形式，极大丰富了游客对佛教文化的体验和感悟。此阶段，大型动态音乐景观——九龙灌浴是价值创新的集中体现。该景观立足于佛祖诞生的故事内容，结合了原创音乐、雕塑艺术、景观技术、机械自动化、电脑控制等多种艺术和科技手段，让游客深刻体验到佛祖诞生的盛大场面，感受佛教文化的魅力和震撼。五智门、降魔、阿育王柱等文化景观，弘扬了佛教中倡导的"诸恶莫做，众善奉行"、"感恩"、"大爱"、"精进"等思想，这些佛教文化体验的价值创新为景区发展注入了新的生命，创造了国内景区独具特色的佛教文化景观体系，使得景区的价值实现了飞跃，帮助景区进一步拓展了文化旅游市场、学生市场、老年市场、企业市场、商务旅游市场、婚庆旅游市场等。景区入园人数迅速上升并超过了前期的最高水平，达到200万人次/年，迈上了新的发展平台。

三、第三阶段（2006—2010）：全方位的佛教文化艺术体验和生活方式价值创新

为筹备世界佛教论坛，更好地发展灵山旅游事业，2006年景区开始了第三次价值创新，主要体现在灵山梵宫、禅修精舍等项目上。灵山梵宫集旅游观光、论坛会址、文博展览、艺术演出四大价值为一体，汇建筑大师、设计大师、艺术大师、工艺大师创意智慧为一堂，外部气势恢弘，内部华丽庄严。梵宫的建筑形式突破了中国佛教建筑的传统形态，汲取古今中外世界建筑文明成果，以石材等坚固耐久材料为主，综合运用天窗、藻井、高大廊柱、大跨度梁柱、穹顶、大面积厅堂等建筑构造形式；梵宫内廊厅观光区、会议展览区以佛教历史和文化内容为主题，融合琉璃工艺、花丝镶嵌、东阳木雕、生漆夹贮、温州瓯塑、敦煌壁画、景德镇瓷艺、掐丝珐琅等多种非物质文化遗产工艺，集中展示了油画、壁画、书法、瓷器、漆器、木雕、玉雕、根雕等多种艺术珍品；梵宫妙音堂建成了国内唯一的360度多功能大型莲花穹顶剧场，聘请著名艺术家团队，打造了集声、光、电、影为一体的长篇原创音乐、大型舞台道具和巨幅动漫效果相结合的佛教文化情景剧"吉祥颂"，集中体现了当代佛教文化艺术的发展高度。禅修精舍则超越了国内现有的佛教文化主题酒店，通过营造禅意的健康生活空间，设计禅意的生活方式，塑造"传播知识、启迪智慧、净化心灵、觉悟人生、和谐社会"的心灵家园。

灵山景区第三次价值创新使得景区的旅游文化功能更加多元，旅游文化价值极大提升，从而使景区能够突破一般旅游市场的边界，年入园游客上升到350万人次

/年，景区顾客更加多元化，向会议、演出、度假、修学等更多元的文化、旅游市场领域拓展。

灵山景区的成功经验：

1. 景区价值创新方向要与景区文化主题和形象相一致

灵山景区的价值创新始终围绕景区的佛教文化这一主题，从佛教观光到佛教文化创意景观体系，再到全方位的佛教文化艺术体验和生活方式。旅游价值层层深入，环环相扣；从灵山大佛到展示佛祖诞生的九龙灌浴动态景观，再到佛教文化圣殿——灵山梵宫及大型演出"觉悟之路"。旅游项目一脉相承，各具特色，从而使得景区的成长能够具有延续性。景区的整体价值不断飞跃，实现了跨越式发展。

2. 景区价值创新应以旅游需求为基础，和旅游需求的发展方向相一致

价值创新必须首先研究旅游需求的发展趋势和方向，只有价值创新的方向和旅游需求的发展趋势相一致，才有可能由被动地适应市场变为主动应变，未雨绸缪，从而甩开竞争对手，开拓新的市场空间。随着人们经济能力和生活水平的提高，对旅游品质的要求也越来越高，休闲、参与、深度体验旅游项目越来越受到市场关注和青睐，是旅游需求发展的重要趋势。景区价值创新必须重视这个趋势，为游客创造全新的价值体验。

3. 依托现有资源，进行文化整合，是价值创新的捷径

景区已经积累起的各种有形资源和无形资源，对价值创新的方向有着一定的影响，资源的导向性在一定程度上限定了价值创新的方向，如果企业能够充分运用已经积累的资源，就可以用较短的时间和较低的成本实现价值创新。灵山景区佛教禅修体验项目，就是将景区环境、氛围、文化、建筑、寺庙、景观资源等进行组合，通过在景区的吃、住、行、游、购、娱、憩、学、赏、悟过程为游客提供一种健康的、禅意的、独特的生活体验。景区只要合理组织、设计和安排，就可以在较短的时间内，以相对较低的代价完成价值创新项目的开发。

4. 应注重通过景区文化旅游活动实现价值创新

景区文化旅游活动是景区价值创新的重要载体。景区旅游活动的价值创新需注重主题深度开发、情景体验设计、参与式互动、精细化服务、动态化创新、多元化盈利六个方面，才能够取得较好的效果。灵山三期推出的梵宫演出项目，就是立足于对景区佛教文化主题的深度开发，综合运用现代科技和舞台艺术手段，通过时空转换的情景渲染、声光影的多维互动、三维体验等场景设计让观众直观、深切地感受佛教的文化内涵，从而实现了提供深度体验佛教文化的价值创新。

（资料来源：任勇. 旅游景区价值创新战略理论和实践——以无锡灵山景区为例，旅游纵览. 2011.）

第二节　旅行社的创新与成长

一、中国旅行社的成长模式

（一）横向一体化

对于中国的旅行社业，尤其对于国、中、青三大老牌旅行社来说，当务之急是要对全国不同地区使用同一品牌的旅行社实施并购，完成品牌上的统一。并购的目的不仅仅是要"做大"，更要"做强"。因此，在选择被并购对象时，还要考虑当地旅行社的经营情况、管理人员的素质等，要以合适的价格购进优秀的旅行社，而不是以低廉的价格买入很差的企业。这应该是中国旅行社要做的第一步（中旅确实已经开始这样做了），以完成其在全国的布局。对于那些有实力的旅行社，可以"走出去"，在国外并购当地旅行社，完成其全球布局。

（二）纵向一体化

当旅行社完成横向一体化之后，就可以实施纵向一体化战略，即可以并购酒店、车队以及航空公司，甚至某些大型景区，以形成网络联盟，实现互动一体化服务，建立遍及全国的网络化管理销售平台。当然，这还需要相关政府部门政策的放开。目前虽然还不可能，但这是大势所趋。所以，旅行社业要早做准备，在暂时还不能实现并购的情况下，可以采用某种诸如战略联盟的做法，采取迂回战术，实施自己的战略并购意图。

（三）多元化

当旅行社完成了上述两步之后，就可以利用自己手中拥有的资源进行多元化经营。此时的投资就应该考虑哪些行业的投资回报率高，同时结合自己的实力进行战略投资和经营。例如，房地产是一个很热的行业，则可以考虑旅游地产的开发。

另一个明显的例子是美国的运通公司。国内学者称它为世界上最大的旅游公司。但是，在某种意义上，它是一家金融公司。旅游者出门在外，携带现金总是不方便，运通公司利用自己与旅游者之间的业务关系，发明了旅行支票。可以说，这本来是商业银行应该做的事情，但是运通公司把它做了。而且，除了旅游者，很多因非旅游目的出门在外的人也有这样的需求，于是运通公司又将银行的一部分顾客吸引到了自己这边。今天的运通信用卡与美国其他几家银行的信用卡（如 Visa、

MasterCard 等）同样著名。这是值得我们思考和学习的。

二、构建旅行社的创新体系

我国旅行社的企业性质，决定了企业创新理论完全适用于旅行社的经营管理活动。旅行社是以通过员工服务满足旅游者高层次的精神需求为导向的，而且旅游者的需求、员工服务行为和过程以及旅游者与旅行社员工之间的即时互动处于不断变化之中，所以旅行社天然就是创新型企业。同时由于旅行社企业的中间商性质、产品的特征、经营的特点等有别于一般的工业企业，所以旅行社的创新体系有自身的独特性，旅行社开展创新活动主要应着重于以下几个方面：

（一）管理理念的创新

所谓理念创新，就是要敢于挑战传统，超越前人，否定自我。企业的管理者应根据内外部环境的变化不断重新审视行业、企业自身、外部市场、企业内部的员工、各种各类合作单位、竞争对手、社会以及它们之间的相互关系，如对旅行社重新的定义：旅行社是业主与员工、旅行社与旅游者的利益共同体，旅行社的目标因此变为通过业主、管理者与员工的共同努力，创造共同的繁荣。理念的创新尤其强调对未来市场具备预见性，目前一些旅行社的成功应该说早在10年或者8年前就注定了。以国内旅行社的标杆企业上海春秋为例，它成立于1981年，从当年两平方米的"亭子间"起家，发展到今天30多亿元的规模，花了整整24年时间。春秋老总王正华最引以为自豪的一件事，就是在20世纪90年代长达七年的时间里，他力排众议，付出极大的代价，坚持不懈地在全国各地铺设门市网点，直接接收散客；同时，以优厚的佣金吸引中小旅行社加盟代理，从而不断扩大这种规模优势。春秋的成功源于它对未来旅游市场发展趋势的把握：即散客旅游将成为市场的主流。

（二）产品创新

旅游者不再满足于过于规范化与程序化的传统团队式观光旅游，越来越多的人开始选择能够满足自己个性需求的自助旅游。据世界著名咨询公司——麦肯锡公司的调查研究，大众跟团游比例正在逐步下降，附加值相对较高的自助旅游正逐渐成为市场的主导力量，部分一线、二线城市出省游采用自助方式的比例已经达62%。[①] 现代以"张扬个性、亲近自然、放松身心"为目标的自助旅游在旅游消费群体中逐渐成为时尚，以旅行社为主要媒介的传统旅游方式受到了很大的挑战。

一个旅行社讲创新不能停留在表面上，一家旅行社有没有创新意识，创新做得

---

① 周诗涛．我国自助旅游的发展及其营销策略［J］．现代商贸工业．2009（1）：163-164.

好不好，关键还是要看有没有创新的产品。旅行社的产品在现实中既包括有形部分，又包括无形部分，是一个整体性的概念。旅行社产品的核心部分，是构成旅行社产品的最基本部分，旅游者购买产品的关键部分，它超出了产品本身所包含的价值和使用价值部分，表现为通过旅游获得的希望或精神寄托。有形部分，是指产品质量水平、特点、设计、品牌与包装等，即五大要素；附加部分，包括售后服务、信誉与保障、付款方式等。旅行社产品的创新要求其在细分市场的基础上，确定自身的目标市场，结合目标市场的需求特点，在注重旅游产品整体功能的前提下，努力在有形部分和附加部分形成自身产品的差异性。

例如，笔者近期调查发现，94%的北京市民家庭不愿受旅行团的约束，倾向于选择自助旅游方式。与此同时，北京市也几乎涵盖了行业内所有具有较强实力的旅行社企业，行业内部依然处于"红海战争"中，因此，如何把握好巨大的自助游市场、面对自助游大潮流进行产品创新，成为走出"红海"、开辟"蓝海"的关键。基于此，旅行社应以自助游的潮流为背景，以产品开发及旅游者需求为切入点，系统探讨旅行社自助游产品的创新及应对机制。

（三）技术创新

世界旅游理事会（WTTC）认为，旅游业过去是一个"重点关注如何销售既成产品"的行业，而未来趋势是向建立"以顾客为中心的旅游服务与营销体系"发展。这一体系的内涵包括："一对一"的顾客沟通、个性化的旅游产品设计和订制、个性化旅游服务提供。客户关系管理、客户档案数据库、营销信息系统等技术手段为实现这些过程提供了关键支持。有关资料表明，新的信息沟通技术使20世纪50年代与一个顾客进行沟通的成本在今天可以用以与数百万顾客分别沟通，真正的"以顾客为中心"如今已成为可能。旅游企业应该充分重视信息技术的应用，将旅游业带入"提供优良的旅游体验"、"充分体贴旅游者需求"、"附加值增加"的状态。信息技术的应用一方面体现为旅行社建立自己的网站，开展网上促销，同时由旅行社牵头，建立区域性甚至全球化的网络预订系统，发展电子商务。另一方面，积极建立旅行社内部管理信息系统，在旅游业务运作管理、财务管理、人力资源管理等方面广泛应用信息技术，提高经营决策的科学性，提高管理水平。

从旅游网站转型而来的携程旅行服务公司，其公司文化从一开始就打上了深深的互联网文化烙印，比如对人性化、个性化的崇尚，极大的便利性，对完美技术的极致追求等。携程的技术应用目标不是产品竞争，而是为了创造客户价值。从便利性的角度看，同样是为旅游散客提供服务，找上海春秋需要去它的门店，而你如果找携程，无论身在机场还是高速公路，几乎在任何场合任何地点，只需拨打携程呼叫中心即可。从人性化服务的角度看，携程呼叫中心看起来非常简单，但是它的每一个微小环节，都是根据客户的心理需求而设计的。你任何时候拨打，线路总是畅通的。你偶尔试用一次携程卡，它就会用体贴入微的服务"粘住"你。你只要第二次使用携程卡，服务人员就能立刻说出你的名字。这也为携程带来了优异的经营业绩，2004年，该公司完成净营业收入3.33亿元，净利润1.33亿元，净利润率为40%；2005年第三季度，实现净营业收入1.4亿元，净利润为6550万元，净利润率高达47%。

（四）运作模式创新

运作模式创新主要是指在市场定位与市场扩张的基础上，联合其他旅游产品销售企业，通过内部化的方式促进中国旅游市场的网络化发展。通过战略联盟、纵向一体化、横向一体化等多种方式，增强企业的实力。

早在2003年底，处于中国旅游业龙头地位的国旅总社，就在国资委的支持下兼并了中国免税品集团总公司，使资产规模扩大到了39亿元。2004年，首旅集团又在北京国资委的支持下，跟新燕莎、全聚德、东来顺和古玩城四大集团进行了资产合并重组，使首旅集团的资产总量扩大到了200亿元，经营业务涵盖"吃、住、行、游、购、娱"六大要素。又如广之旅控制封开县12个景点；首旅集团投资一亿元参股长春电影城，股份占到50%；上海春秋成立了自己的航空公司等。

（五）价值创新

实施价值创新战略的企业宗旨是为现有市场的顾客创造更多新的消费价值，极大地提高顾客的消费价值，创造新市场。价值创新要企业根据顾客需要进行创新。但是对于旅行社来说，大多数的经典热门的旅游线路大同小异，很难有根本性的变化。但是，在客户的旅游过程中，服务形态却是可以千变万化的。可以通过高素质的导游带给游客全新的旅游体验，创造新的价值。如何创造性地为游客提供最大化的价值，要求旅行社要重新明确顾客所面临的问题，重新确定本行业应解决的问题，根据顾客的需要，改变原先的质量标准，创造新的市场空间。

第三节　旅游企业与全球化浪潮

一、全球化浪潮

"全球化"这个词的使用，按照全球化专家罗兰·罗伯森的说法，是在相当晚近的时候才推广开来的。全球化对世界各国都产生了深远的影响，中国的"入世"大大加快了中国融入全球化的进程。

全球化一般以经济全球化为主，德国著名社会哲学家于尔根·哈贝马斯在《超越民族国家》一文中认为,"全球化"这个关键词所表达的是"世界经济制度的结构性转变",它表现为市场的全球化。① 但随着经济的发展,全球化的范围已经逐渐从经济领域扩大到了政治、文化等多个领域。

关于全球化的概念,国际上没有统一的定义,学术界对此也有不同的观点和看法。马克思早就在《共产党宣言》中描述:全球化是一个始自哥伦布1492年发现新大陆的资本在全世界的运作和扩张过程,这一过程在20世纪80年代达到了高潮,它从经济领域迅速扩展到政治、社会和文化领域;物质的生产是如此,精神的生产也是如此。英国学者罗宾·科恩和保罗·肯尼迪认为,全球化除了经济方面,还包括其他许多方面,由于交通的便利以及旅行费用的逐步降低,整个世界融为一体将不再遥远,"因此全球化也是一种联结,图像、思想、旅行者、移民、价值观、时尚和音乐等都在不断地沿着全球化的道路流动着"②。

学者们对于"全球化"一词的界定虽然在表述上有着很大的不同,但大体要表达的意思是趋于一致的,只是在内涵和外延上有着一些差异。从不同的角度看全球化现象,对其概念也会有不同的阐释方式。综上所述,可以认为全球化就是世界范围内的经济、政治、文化等各因素在全球范围内重新配置之后被全世界人们所共享的一种积极进步的演化过程,是一种复杂的联系和结合。

二、全球化浪潮下的旅游业

"旅游全球化就是指全球旅游业的一体化,主要表现为与旅游业相关的商品、服务、资本、技术和人员的国际流动越来越多,各国相互依存程度越来越高,竞争的范围具有跨国性,各国旅游公司或者集团的竞争目标是争取为全球市场服务,国际性游客不断增多,旅游项目不断增多,跨国经营的旅游企业数量不断增加。"旅游全球化的特征主要有:

(一)产品生产全球化

旅游产品是旅游经营者通过开发、利用旅游资源来生产并销售给旅游者的旅游物质产品与旅游服务的组合,一般由旅游吸引物、旅游设施和旅游服务三部分构成。在全球化的推动下,传统的国际分工逐渐转变成广泛的世界性分工,旅游产品已经不单靠一个国家或者地区提供,而是多个国家和地区的技术、信息、人才、资本等生产要素分工组合的结果。

---

① 于尔根·哈贝马斯等著,柴方国等译. 全球化与政治 [M]. 北京:中央编译出版社,2000.
② 罗宾·科恩、保罗·肯尼迪著,文军等译. 全球社会学 [M]. 北京:社会科学文献出版社,2001.

(二) 消费全球化

随着交通越来越便利以及可自由支配收入的增加，跨国旅游对于很多人来说已经不是梦想，旅游者国际流动变得频繁。2013 年 4 月世界旅游及旅行理事会发布报告称，2012 年旅游业对全球经济的贡献是 6.6 万亿美元，约占全球经济总量的 9%，世界旅游组织（UNWTO）发布数据显示 2011 年全球来自境外游客的旅游收入（国际旅游收入）最多的是美国，高达 1163 亿美元，中国位列第 4 位（485 亿美元），充分表明旅游业全球化消费趋势将日益显著。

(三) 投资全球化

在贸易全球化的带动下，跨国旅游企业数目大幅增长。由于企业的国际化经营具有很多本土经营所没有的优势，例如成本优势、规模优势、人才优势、品牌优势等。近些年来，旅游企业国际化、集团化现象层出不穷，跨国投资经营成为一种潮流。这种全球性的投资行为有效地促进了旅游发达国家与发展中国家之间旅游资源的合理配置，推动了世界旅游业的均衡发展。

三、我国旅游业全球化的表现

(一) 出入境旅游人数不断增加

国家旅游局局长邵琪伟在 2010 年全国旅游工作会议上公布了 2009 年中国出境旅游的权威数据：2009 年中国出境旅游人数 4766 万人次，较上年增长 4%，中国公民出境旅游目的地国家和地区扩大至 139 个，已实施 104 个。入境旅游方面，根据国家旅游局网站统计，2009 年上半年来华旅游者人数达到 1020.62 万人次，包括商务出行、观光休闲、探亲访友等多种形式的入境旅游。据笔者从旅游统计年鉴和统计公报中搜集的数据来看，2001—2008 年这几年间，除 2003 年受到"非典"影响和 2008 年受到汶川地震影响，入境的外国旅游人数略有下降之外，其他年份基本上每年入境旅游的外国游客都比前一年有所增长，总体上处于上升趋势。

(二) 国际合作不断加强

目前我国已是世界旅游组织、太平洋亚洲旅游协会和世界旅游理事会等国际性旅游组织的成员，旅游国际交流频繁。近些年来，我国曾与世界旅游组织、亚太旅游协会等机构在旅游规划培训和规划研究方面进行了合作。旅游企业也在跨国经营以及相关业务方面开展越来越多的合作，例如国际大型连锁酒店集团进驻等。种种迹象都表明，中国正在逐步融入国际旅游市场。

（三）国际化旅游城市兴起

随着改革开放的推进和经济的不断发展，我国部分发达城市接待境外游客的数量也在不断增长，并被冠以国际性城市的名号，例如上海、杭州、香港等分别被定位为"国际大都市"、"世界休闲之都"和"世界动感之都"。这表明我国部分城市已经走上了国际化道路，国际化旅游城市的兴起将成为我国真正实现旅游全球化不可缺少的一部分。

服务提供方式：（1）跨境交付（2）境外消费（3）商业存在（4）自然人流动

部分或分部门	市场准入限制	国民待遇限制
饭店（包括公寓楼）和餐馆	（1）没有限制 （2）没有限制 （3）外国服务提供者可以合资企业形式在中国建造、改造和经营饭店和餐馆设施，允许外资拥有多数股权；中国加入世贸组织4年内，取消限制，将允许设立外资独资公司 （4）除水平承诺中内容和下列内容外，不作承诺：允许与中国的合资饭店和餐馆签订合同的外国经理、专家包括厨师和高级管理人员在中国提供服务	（1）没有限制 （2）没有限制 （3）没有限制 （4）除水平承诺中相关内容外，不作承诺
旅行社和旅游经营者	（1）没有限制 （2）没有限制 （3）满足下列条件的外国服务提供者可以自加入时起，以合资旅行社和旅游经营者的形式在中国政府指定的旅游度假区和北京、上海、广州和武汉提供服务： a. 旅行社和旅游经营者主要从事旅游业务 b. 全球年收入超过4000万美元 合资旅行社/旅游经营者的注册资本不得少于400万人民币；中国加入世贸组织后3年内，注册资本不得少于250万人民币。加入世贸组织3年内，将允许外资拥有多数股权。加入世贸组织后6年内，将允许设立外资独资子公司，将取消地域限制 旅行社、旅游经营者的业务范围如下： a. 向外国旅游者提供可由中国的交通和饭店经营者直接完成的旅行和饭店住宿服务 b. 向国内旅游者提供可由中国的交通和饭店经营者直接完成的旅行和饭店住宿服务 c. 在中国境内为中外旅游者提供导游服务 d. 在中国境内的旅游支票兑现业务 加入世贸组织6年内将取消对合资旅行社/旅游经营者设立分支机构的限制，且对于外资旅行社/旅游经营者的注册资本要求将与国内旅行社/旅游经营者的要求相同	（1）没有限制 （2）没有限制 （3）合资或独资旅行社和旅游经营者不允许从事中国公民出境及赴中国香港、中国澳门和中国台北的旅游业务。除此之外，无限制 （4）除承诺中的水平外不做限制

资料来源：石广生．《中国加入世界贸易组织知识读本（三）》．第1版，北京：人民出版社，2002．

（四）走集团化发展道路

在全球化浪潮下，旅游企业集团化是一种顺应全球化发展趋势的必要选择。旅游企业集团具有企业集团的一般性质，但在其业务范围、经营方式等方面又有许多特殊的地方。旅游企业集团的理论内涵和实践外延十分深刻和广阔，它是一个动态的概念，随着实践的发展而不断完善。关于旅游企业集团的概念各国学者有不同的论述，一般而言可表述为：旅游企业集团是在旅游业高度发展的基础上形成的一种以旅游企业母公司为主体，通过资本纽带和经营协作关系等方式由众多旅游企业组织共同组成的经济联合体。

从不同角度分析，旅游企业集团可以有多种分类方法。从旅游企业集团成员间的联结关系看，有股权联结型、契约联结型、混合联结型三种方式。从成员持股关系看，有垂直控股的旅游企业集团与法人相互持股的旅游企业集团。根据经营的主业划分，有旅行社集团、饭店集团、景点开发型企业集团、综合性旅游企业集团等。

按业务成长方向，也就是按多元化的发展方向，可以分为三种：横向专业化，即旅游企业集团集中所有的力量生产同一种产品、在同一市场上扩张；纵向一体化，即旅游企业集团在产品的不同生产阶段进行扩张；多元化，即旅游企业集团向不同的最终产品领域扩张。

按集团的隶属形式和结构关系可分为五种形式——公司拥有、公司控股、公司租赁、管理合同、特许经营权让渡。在实际操作中，各种经营方式并非截然分开，往往是混合运用的。从旅游企业集团形成的方式看，有市场成长型、产业主导型、资本介入型和政府推动型。根据旅游企业集团的组合特点进行划分，美国、英国等国家的旅游企业集团基本上属于市场成长型；日本、韩国等国家的旅游企业集团基本上属于混合推动型，也有一部分属于行政组合型；我国则应根据社会主义市场经济本质要求和中国国情，组建混合推动型的旅游企业集团。

旅游企业集团的组建方式主要有三种：

1. 内部方式

指企业通过自身积累投资创建分支机构或企业实体形成旅游企业集团的方式。内部方式扩张速度极慢，随着竞争日益激烈，环境变化速度加快，现代旅游企业较少采用这种方式。

2. 外部方式

外部方式是现代旅游企业集团扩张的常见方式，包括兼并收购（分立）、战略联盟等，其目的是：

（1）加快扩张速度和进入新的市场。采取合并和收购方式，可以快速进入新的行业市场，并且遇到竞争性对抗的风险较小。为了实现增长目标，旅游企业集团一直在寻找新的顾客群体和新的细分市场，外部扩张方式能帮助旅游企业集团迅速进入新的市场。如英国的巴斯酿酒集团通过收购假日饭店集团大规模进入饭店业。此外,外部扩张更多采用资本市场融资的方式,克服了资本对扩张速度的限制。

(2) 增加股票市值。通过并购显示企业竞争力,增强现有和潜在投资者的信心。如 1996 年希尔顿饭店公司在年报中,管理层就强调了为投资者创造价值的战略目标。

(3) 降低成本和风险。沃尔特和巴尼认为,通过并购方式比直接投资兴建设施、设备等有形资产的成本低廉。他们的研究结论与当时美国饭店业的市场环境分不开。由于 20 世纪 80 年代饭店建造速度过快而造成供过于求的局面,加上当时通货膨胀加剧,饭店重置成本较高,购买一家饭店的价格比建造同样一家饭店要便宜约 30%。

(4) 实现规模经济。规模经济是关于并购最传统的理论。规模经济最突出的特点是降低成本,如希尔顿收购 Bally's Entertainment 后总成本下降了 6000 万美元。1997 年希尔顿准备收购 ITT 时,希尔顿总裁 Bollenbach 称,公司总成本可以节约高达 1 亿美元。要真正实施集团化,须以资本经营为运作方式组建集团。在按市场导向发展集团时,应按市场规律选择扩张道路。

【延伸阅读】

途易的国际化成长战略

一、途易简介

德国途易(TUI)是目前世界上最大的旅游服务企业之一,欧洲最大的旅游公司,2008 年位列世界 500 强企业 260 位,集团旗下拥有旅游和航运两大块业务,2008 年营业收入为 249.1 亿欧元,其中 TUI 旅游板块营业收入为 186.3 亿欧元。途易股份公司旗下拥有独立的旅行社、地接机构、酒店、航空公司、邮轮公司和游程承揽商等企业品牌。此外途易股份公司还持有航运集团赫伯罗特股份公司 43.33% 股份,也令途易成为全球第五大航运集团。从表 10-1 可以看出途易公司的集团架构。

表 10-1 途易集团架构

旅游				航运
途易旅游	途易酒店及度假村	邮轮旅游		货柜航运
途易航空（TUIfly） 游程承揽商 地接机构 旅行社	丽屋酒店及度假村 罗宾逊俱乐部 格鲁波泰尔 格雷科泰尔 依贝罗泰尔 乡村酒店 雅琦酒店 共 243 间酒店及 154000 张床位	途易邮轮 赫伯罗特邮轮 共 5 艘邮轮		赫伯罗特股份公司 （43.33%） 共 115 艘货柜船

二、途易的国际化成长战略

为不断寻求新的成长空间，寻求旅游价值链的协调和利润最大化，途易一直以来都积极实施国际化成长战略。下表显示了途易进入国际市场的战略意图。

表 10-2 途易进入其他国家市场的意图一览表

时间	并购/合作对象（国别）	成长方式	战略意图
2000	Nouvelles Frontiere	战略联盟途易占 6% 股份	通过与法国旅游市场的领先者 Nouvelles Frontiere 建立密切的战略联盟，为途易打开了法国这一重要增长市场
2001	Alpitour	收购途易 10% 股份	Alpitour 是当时意大利旅游市场最大的纵向一体化公司，途易间接收购意大利旅游组织市场领先者 Alpitour 10% 股份，从而成功进入南欧主要市场
2004	TUI Mostravel Russia	合资途易 34% 股份	与俄罗斯旅游经营商 Mostravel 合资成立 TUI Mostravel Russia，以此为契机进入俄罗斯市场。这是途易的东欧扩张战略的一部分
2005	Le Passage to India Ltd	合资公司途易占 50% 股份	与印度入境旅游经营商 Le Passage to India Ltd 合资，目的之一是成立旅游经营商，因为印度是具有巨大潜力的高速成长市场，印度旅游者数量年均增长约 10%
2005	Acampora Travel S.r.l., Sorrent	合资公司途易占 51% 股份	与意大利大型旅游代理商合作，通过这一投资进入意大利旅游代理业务市场
2003	雅高集团	战略合作	途易董事长认为："这一合作将使双方受益匪浅。著名的雅高饭店品牌意味着途易的旅游经营商在产品范围上将获得完美的补充，特别是在成长中的城市细分市场。而雅高也获得了拥有两千多万客户的强大新伙伴。"

313

续表

时间	并购/合作对象（国别）	成长方式	战略意图
2006	美国运通	合作	美国运通与FIRST Business Travel（属于途易休闲旅行公司的商务旅游公司）将在商务旅游领域展开合作，寻求为德国中小企业服务 美国运通认为，新的连接目标是快速渗透市场
2007	皇家加勒比邮轮公司	合作	双方合作成立途易邮轮公司（TUI Cruises） 途易集团首席执行官认为："通过与皇家加勒比合作，我们能够得以进入一个非常有利可图的增长市场，这比我们所预想的要提前一年。"意大利皇家加勒比邮轮公司董事长兼首席执行官评价："该联盟极大地推进了公司的全球战略。这也正是我们与欧洲旅游业最强大品牌结盟的原因所在。"

三、跨国纵向一体化成长战略

跨国纵向一体化发展是旅行社国际化的高级阶段。途易已经发展到跨国纵向一体化阶段，其国际化成长促进了纵向一体化发展，而纵向一体化也提升了其国际化成长的质量，见图10—1。

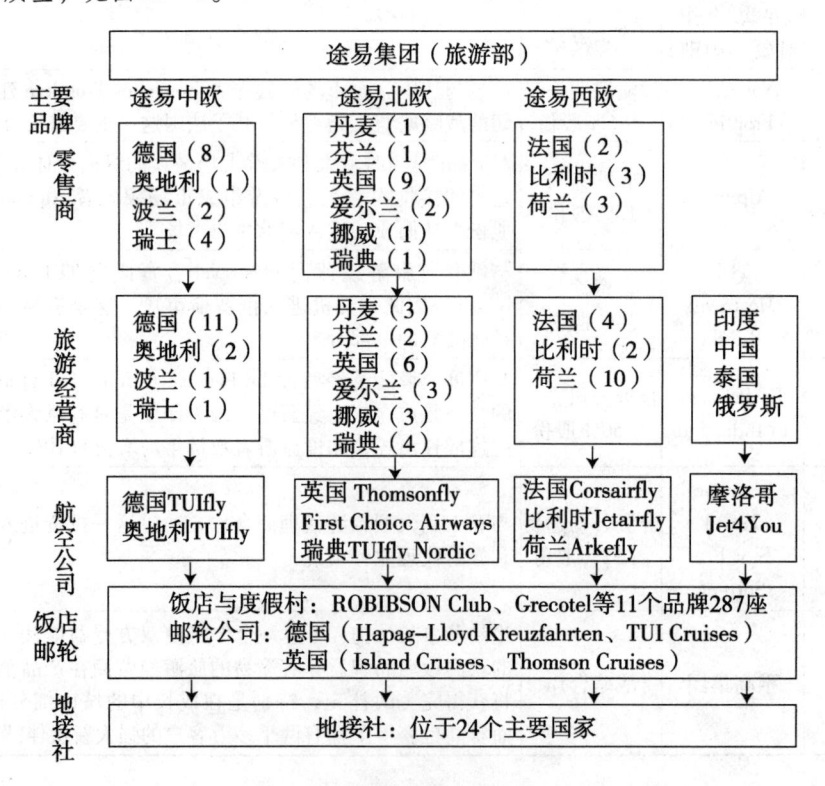

```
                途易集团（旅游部）
主要品牌    途易中欧        途易北欧        途易西欧
零售商    德国（8）       丹麦（1）       法国（2）
          奥地利（1）     芬兰（1）       比利时（3）
          波兰（2）       英国（9）       荷兰（3）
          瑞士（4）       爱尔兰（2）
                          挪威（1）
                          瑞典（1）

旅游经营商 德国（11）      丹麦（3）       法国（4）     印度
          奥地利（2）     芬兰（2）       比利时（2）   中国
          波兰（1）       英国（6）       荷兰（10）    泰国
          瑞士（1）       爱尔兰（3）                   俄罗斯
                          挪威（3）
                          瑞典（4）

航空公司   德国TUIfly      英国Thomsonfly  法国Corsairfly  摩洛哥
          奥地利TUIfly    First Choice    比利时Jetairfly Jet4You
                          Airways         荷兰Arkefly
                          瑞典TUIfly Nordic

饭店邮轮   饭店与度假村：ROBIBSON Club、Grecotel等11个品牌287座
          邮轮公司：德国（Hapag-Lloyd Kreuzfahrten、TUI Cruises）
                    英国（Island Cruises、Thomson Cruises）

地接社     地接社：位于24个主要国家
```

图10—1 途易跨国纵向一体化

四、国际化区位和战略合作伙伴的选择

旅行社在国际化时一般会从邻近国家和文化相近的国家开始,再向较远的地区扩张。有时候出于战略目的,会以某一国家为桥头堡向其他国家扩张,例如途易以其在维也纳的途易奥地利控股公司(TUI Austria Holding)总部弗朗兹·雷特勒(Franz Leitner)为桥头堡进行东扩。另外,旅行社在外地环境中经营时,需要有一个实力雄厚经验丰富的合作伙伴,或者与东道国政府关系良好,才有益于自身发展。旅行社进入国外市场的很多事实显示,旅行社对某一国外企业的并购或与之合作并非一蹴而就,所采用的方式也可能会不断变化。例如,在2000年10月,途易与法国旅游市场的领先者旅游经营商Nouvelles Frontière建立了密切的战略联盟,途易获得法国公司6%的股权,此后又分两次分别增持到7%和30.3%,2002年10月实现对其完全接管。

五、企业组织结构追随国际化战略

企业的成长研究表明,企业要执行新的战略就必须重新调整组织结构,而组织结构对于更有效地利用企业资源具有决定性的意义,因而出现企业的扩张战略必须有相应的结构变化相跟随的现象。途易国际化发展的事实也表明,旅行社的国际化扩张在一定程度上也遵循"结构跟随战略走"的规律。途易为适应公司的国际化发展战略,在1991年和1997年两次对公司机构进行了重组。1990年,公司实施了第一次机构重组。

经过1998年被普鲁赛格(Preussag)集团收购后的几年运作,2006年,途易再次对其管理结构进行重塑,所有中心和集团整体平台职能由途易中心执行委员会管理。组织机构重组之后,途易经营重心完全转移到旅游和航运两个板块上。

公司对客源市场的管理分为中欧、北欧和西欧三个地区。这一新的管理结构是实施集团战略业务模式转变的另一逻辑步骤,其新业务模式包括对除中心职能之外的泛客源市场平台职能(航空、饭店和地接)的集团层面的控制,同时把对每个国家的责任置于客源市场手中。

六、途易与中国

德国旅行集团途易股份公司成为首家获得经营中国公民出境游业务牌照的欧洲旅游运营商。由途易与中旅总社合资组建的中旅途易旅游有限公司于2003年成立,其中途易拥有75%股权,公司业务重点一直是经营中国入境旅游产品。这是中旅与国际知名企业集团合作,为促进我国旅游业的繁荣和发展,与国际旅游市场接轨所采取的重要举措。2011年5月,国家旅游局确定其为第一批试点经营中国公民出境旅游业务的3家中外合资旅行社之一。

旅游企业创业管理

【内容举要】

创新是旅游企业应对全球化浪潮的必然选择。旅游景区企业的创新在于文化的创新，而景区文化的创新在于深度挖掘文化内涵，多元化、多手段地表现景区文化，注重游客对景区文化的深度体验。旅行社的创新在于经营理念的创新、管理创新、产品设计创新等方面。

全球化浪潮是当代社会发展的必然趋势，我国旅游企业的创新发展必须要适应产品全球化、消费全球化、投资全球化的大趋势。我国旅游企业要在入世的背景下调整自身的经营方式，走集团化发展道路，参与全球竞争。

【案例分析一】

古镇周庄的创新发展

美丽的江南古镇吸引了越来越多的游客，但狭小的古镇限制游客数量的进一步增长，降低了游客体验质量。如何合理引导游客，降低古镇核心区游客容量成为江南古镇共同面临的问题。本案例从"水周庄"、"新周庄"和"洋周庄"三个方面探讨古镇周庄景区的拓展创新，并以此为基础，设计出新的休闲制度下的周庄旅游线路，对周庄景区的拓展创新、旅游产品内涵的延伸、游客体验质量的提高有着重要的意义。

江南水乡古镇以其特有的水乡风貌吸引越来越多的游客，但狭小的古镇区域与逐渐增多的游客矛盾越来越突出，游客感知质量面临下降的危险，尤其是在周末与节日人满为患。其中问题最突出的就是有着"天下第一水乡"的古镇周庄。自1989 年周庄向旅游者售出首张门票以来，游客逐年增多。当年，周庄客流量为 5.5 万人次，2007 年，客流量已增至 300 万人次，为 1989 年的 54.5 倍。日均客流量已达 8333 人次，在客流高峰期，日均客流量更是远远高于这个数字。目前周庄旅游容量处于饱和状态。这对于旅游者的体验质量、旅游环境质量以及居民的生活质量都有较大负面影响，显然不利于当地旅游业的可持续发展。周庄客流量的增长速度之快，在给周庄带来巨大经济效益的同时，也向周庄旅游业发展提出了挑战。

2006 年，周庄旅游公司分别在"五一"、"十一"和"春节"三个"黄金周"进行游客调查，调查表明，"感觉拥挤"，"应该限制客流量"在游客反馈意见中占的比重较大。周庄古镇保护区 0.47 平方公里的狭小面积已远远不能适应旅游业发展的需要。1999 年，同济城市规划研究院的专家对总体规划进行修编，将古镇保护区从原来的 0.47 平方公里扩大到 1.37 平方公里。但没有合理引导游客，旺季时还是人满为患。其实周庄（保护区外）尚有很多未开发的有价值的旅游区域，如太师淀、白蚬湖、急水荡和南湖以及周围地区，周庄可以将旅游区域拓展到镇外围，利用外围优美的自然环境发展度假休闲型产品、农业生态型产品等，以达到分流旅游者的目的，缓解环境的压力，同时也大大增强旅游产品的吸引力。

古镇周庄景区拓展创新方向分析：

1. 开发"水周庄"，体验梦里水乡

（1）周庄水系资源分布及特色。"水"是周庄的灵魂，有着"中国第一水乡"之称的周庄，水资源非常丰富，目前周庄镇区及附近的水体资源以湖区为主，但还没有真正开发出来。

"水乡风貌"是周庄吸引游客最重要的古镇资源，根据周庄旅游公司 2006 年春节、"五一"、"十一"对游客的抽样调查，分别有 79.9%、61.7%、76.4% 的游客选择"水乡风貌"作为其印象最深的旅游资源；同时有 19.3% 的游客将水上项目开展不足作为周庄最亟须解决的问题。其实周庄作为水乡不能仅局限于古镇周庄区内水体开发，周庄古镇河流水体面积小，容量有限，不能满足大量游客需要。周庄古镇周围太师淀、白蚬湖、急水荡及南湖面积大，且距离古镇非常近，完全可以开发大型水上项目，分流大量游客。

（2）水上旅游项目开发。目前周庄水上项目仅限于古镇内河流坐船项目，游客参与度低，且容量有限。在古镇周边的白蚬湖、南湖、太师淀（急水荡由于是周庄镇饮用水来源，要控制开发）可以开发大型水上项目。可设计垂钓、自驾摩托艇、家庭式自驾休闲艇、香蕉船、拖水圈、水上滑板、快艇划水、水上采摘、水上捕捞、采珠等主题旅游产品，让游客体验水乡真正的底蕴。可以根据不同季节特点开展不同水上项目，春日荡舟欣赏金色海洋（油菜花），夏日采莲、采菱，秋日捕捞鲜美螃蟹，冬日可于静静河边垂钓。

2. 感受新周庄，做一天"周庄人"

古镇是吸引游客的最基本要素，如果能将周庄镇居民的新生活展现给旅游者，让旅游者亲身体会古今周庄，体验农家生活，并与"农家乐"结合起来开发，开发"做一天周庄人"体验生活旅游产品，会给城市游客带来不同的体验。"农家乐"是以"吃农家饭、住农家屋、干农家活、赏农家景、购农家物、享农家乐"为主要内容的旅游活动。其基础是"农"，核心是"家"，最高体验是"乐"即享受农家生活，远离城市喧嚣。在经营风格上，要在"农"、"家"、"乐"三个字上做文章。"农"字，主要体现在农家乐产业的投资者、从业者和场所在农村，开发利用的主要是农业资源；"家"字，主要体现在农家乐产业发展中农户家庭的主体地位；"乐"字，主要体现在让游客通过休闲得到物质和精神的享受。要紧扣农家乐的主题进行发展定位和市场定位，针对不同的消费群体，细分市场，开发个性化的休闲旅游产品，把生态与农家风情有机结合起来，突出农家乐自然、纯朴、宁静的特色。

为了让游客体验原汁原味的农家生活，农家乐应该在卫生和特色上做文章。"农家乐"餐饮单位多集中在风景区附近或城郊地区，系附近农民依托当地旅游资源所开办，存在许多卫生问题。如缺乏卫生监督、比较落后的卫生设施、不健全的卫生制度和卫生知识的缺乏，使得"农家乐"的开展存在卫生隐患。

镇政府可以先建设几家"农家乐"示范点，重点监测卫生标准。为了规范农家乐经营，商务部于2007年7月颁布了《农家乐经营服务规范》，对旅游景点相关设施的环保、消防、卫生、安全等多方面做出了详细的规范和要求，还特别根据经营服务的质量划分了5个等级。此外，《农家乐经营服务规范》首次对农家乐旅游按经营模式进行了划分，有田园休闲型、山地观景型、民俗风情型等6种类型。周庄镇可以按照规范建设一批特色"农家乐"项目，并且将其纳入周庄旅游线路中，作为古镇旅游产品非常重要的补充。周庄作为"中国第一水乡"，作为江南水乡生活的代表，其水乡农业和水乡渔业可以成为吸引游客核心体验产品。周庄可以依托古镇景区采取"水产养殖"+"休闲渔业"+"农家乐"的形式，或者"果园"（桃园、梨园）+"农家乐"形式。目前周庄仅开展"肖甸湖"农家乐与"桃源"农家乐活动，且规模偏小，江苏省首批农家乐专业村中没有周庄，是一大遗憾。

"古镇农家乐"同样可吸引有兴趣的游客，游客可以居住在明清格调的贞丰人家民居旅馆，自己上街买菜、洗涤、学做周庄的特色菜肴及小吃；可以在古戏台赏昆曲、听评弹、喝阿婆茶；可以在绿影婆娑的狭小河道上乘船、听船娘唱吴歌；可以在贞丰街逛老茶馆、老店铺，参与打铁、做砖瓦、酿酒等传统民间工艺制作，听几百年来流传下来的关于巨富沈万三"聚宝盆"与"富可敌国"的神奇故事；也可以穿梭于周庄有似迷宫的小巷中，细细品味古朴的明清民居建筑，尽情地做一天周庄镇人，把自己融入静谧的古镇情调之中。

3. 传播洋周庄爱意，体验"爱渡风情小镇"

（1）爱渡风情小镇概述

爱渡风情小镇由上海大都会集团投资开发，位于周庄古镇入口，总面积81800平方米。爱渡风情小镇临白蚬湖与古镇相望，现代时尚的建筑风格与古镇形成强烈对比，其设计理念的原意是衬托古镇的历史风貌，给游客带来现代化的舒适空间，享受吃喝玩乐。爱渡与英文 I Do 音近似，汉语为"我愿意"之意，意为情侣愿意为对方付出纯洁至高的真爱。爱渡风情小镇以爱为核心点，延伸人文休闲、禅意时尚，发展两线主题：

主题一（大爱）：以观音菩萨大慈大悲为定位，观音文化馆为平台，作为中国首座佛教文化艺术展示会馆，延伸出佛教文物大街作为佛教文化艺术品商场，主题亮点是高13.25米的室内镀金观音铜像。

主题二（小爱）：以年轻消费者为主要客源市场，爱河（浪漫河）给大都市情侣体验爱情造景，星座广场、民族酒吧、情侣桥为男女爱情的见证。

（2）爱渡风情小镇与周庄古镇产品脉络分析

①古老与现代对比。游客到周庄古镇可以体会周庄古镇的历史沧桑，了解传统居民的衣食起居。站在联络周庄古镇与爱渡风情小镇的桥上，游客可被强烈对比的古老和现代深深震撼。一边是有900多年历史的周庄古镇，一边是刚刚建成的爱渡风情小镇，古老与现代，仅仅一桥（周庄大桥）、一水（白蚬湖）之隔，让人恍若梦中。

②传统与时尚对比。白蚬湖的一面是传统的周庄古镇，镇四面环水，镇内也被两纵两横四条河道分割，尽管历尽沧桑，但是特有的自然环境，形成了典型的江南水乡面貌。河湖阻隔，也使它避开了历代兵灾战乱，仍完整地保存着原有的水镇建筑物及其小桥、流水、人家的独特格局。在周庄镇，你至今可以看到具有浓郁江南水乡特色的水巷上的石桥架、小巷里窄窄的石板路、白墙屋顶的民宅。白蚬湖的另一面是时尚的爱渡风情小镇，游客可以在爱的主题下，体会时尚小镇的不同的爱的理念传达：将观音文化馆作为播撒爱的殿堂；湖滨度假酒店作为栖息爱的港湾；到河街品牌区体验爱的奢侈；去中外美食区回味爱的滋味。在传统与时尚中间，游客仿佛置身于梦中水乡。

③水——周庄古镇与爱渡风情小镇联系的脉络。中央美院的吴冠中教授一句"周庄集天下水乡之美"，使周庄有了"中国第一水乡"的美誉。周庄古镇的核心旅游区，呈非常特别的、令人浮想联翩的"井"字形。那穿屋而行、穿庄而过的四条小河，分别从4个不同的方向流出庄外，流向白蚬湖，进而流向江河湖海。从古到今，周庄因水而生，也因水而兴。可以说，水是周庄之魂。爱河（浪漫河）作为爱渡风情小镇的主题之一，承载着都市浪漫男女的唯美爱情，作为通向白蚬湖的爱河，其水系与周庄古镇水系相连，使古老与现代、传统与时尚、农村与城镇紧密联系起来，奏出和谐音符。

（资料来源：曹灿明．基于旅游景区拓展创新的江南古镇研究——以江苏周庄为例．特区经济．2008（11））

案例讨论题
1. 你认为周庄的创新发展是否成功？
2. 你认为旅游景区未来创新发展的方向是什么？

【案例分析二】

锦江集团在全球化浪潮下的路径

锦江国际

锦江国际（集团）有限公司

一、简介

锦江国际（集团）有限公司（以下简称"锦江国际集团"）是中国规模最大的综合性旅游企业集团之一。集团注册资本20亿元，员工5万余名。

锦江国际集团以酒店管理与投资、旅行服务及相关运输服务为主营业务；控股（或间接控股）"锦江酒店"（2006HK）、"锦江股份"（600754，900934）、"锦江投资"（600650，900914）、"锦江旅游"（900929）4家上市公司。

锦江国际集团与美国万豪、希尔顿、洲际、加拿大费尔蒙特、法国索菲特等世界著名酒店集团以及日本三井、JTB、美国YELLOW ROADWAY、英国HRG、瑞士理诺士等20多家全球知名企业集团建立了广泛的合作关系，合资组建了锦江德尔互动有限公司、洲际（中国）有限公司、锦江费尔蒙特酒店管理公司和锦江国际理诺士酒店管理学院等。

"锦江"是中国驰名商标、上海市著名商标，品牌价值172亿元。

锦江国际集团三大核心产业：

1. 锦江酒店

以"锦江酒店"和"锦江股份"为主体，拥有锦江国际酒店管理公司及华东、北方、华中、南方、西北、西南六大区域性公司，专业从事星级酒店和"锦江之星"连锁经济型旅馆以及餐饮业的投资与经营管理。2009年，"锦江酒店"与美国德尔集团联手，成功收购美国州际酒店与度假村集团。截至2011年12月，"锦江酒店"拥有酒店861家，客房总数达12.5万余间/套，覆盖全国31个省（市、自治区）、近 150 个城市（其中，"锦江之星"经济型连锁酒店 750 家，客房总数 9 万间/套），名列全球酒店集团 300 强第 12 位；合资经营"肯德基"、"吉野家"等著名餐饮品牌，中、西快餐列上海第一；拥有中瑞合作锦江国际理诺士酒店管理学院及上海锦江国际旅游管理学院，从事中、高级酒店管理专业人才培训。

2. 锦江客运物流

以"锦江投资"为主体，从事客运、物流产业。所属锦江汽车服务公司拥有 10000 辆中、高档客车，列上海同业中综合接待能力第一；与美国 YELLOW ROADWAY 公司合资经营锦海捷亚国际货运公司，国内、外网点近百家，其船运业务位列全国第一；与日本三井集团合资经营锦江国际低温物流有限公司，打造超低温仓储物流冷链。"锦江投资"被列入中国上市公司成长性百强企业。

3. 锦江旅游

以"锦江旅游"为主体，拥有上海国旅、上海锦旅、上海旅行社等多家国际、国内旅行社，业务涵盖出境旅游、入境旅游、国内旅游、会务奖励旅游各个方面；设有网点分公司、会务旅游分公司、票务中心等，有营业网点 67 家；合资经营"上海锦江国际 HRG 商务旅行有限公司"和"上海锦江国际 JTB 会展有限公司"。"锦江旅游"作为中国旅行社行业的龙头企业之一，位列全国百强旅行社第 3 位和上海地区首位。

锦江地产、锦江实业、锦江金融为集团相关产业和基础产业。

二、2003 年与世界商务旅游"巨擘"在沪组建首家合资旅行社

世界顶级商务旅游管理公司 BTI 与中国规模最大的旅游企业锦江国际集团正式结成战略合作伙伴，就组建沪上首家中外合资旅行社"上海锦江国际 BTI 商务旅行有限公司"举行合作签字仪式。

成立于 1990 年的 BTI 公司是世界顶级商务旅游管理公司之一。目前，BTI 的商务旅行管理业务遍布世界近一百个国家和地区，经营业绩也位列世界旅游集团的前三甲。近年来，随着上海旅游业的飞速发展，起步较晚但发展潜力巨大的上海商务旅游市场成为世界知名旅游企业竞相争夺的对象。此番 BTI 与锦江国际集团强强联手，双方均表示要充分利用对方优势资源与管理理念。

三、2009 年联合美国德尔集团（Thayer）收购美国州际酒店集团（最大海外收购）

2009年12月19日，锦江酒店集团联合美国德尔集团（Thayer）收购美国州际酒店集团（IHR）全部股权协议在美国华盛顿正式签署。这次收购是中国酒店集团参与的首例国际酒店集团并购项目，标志着锦江国际酒店产业国际化迈出了重要一步。包括《华尔街日报》、《华盛顿邮报》等近十家国际主流媒体和《解放日报》、《第一财经》等十多家中文媒体进行了广泛报道。

锦江收购州际，中国酒店业最大海外收购案使中国本土酒店走出国门。打造国际知名品牌，一直是很多酒店人、酒店企业的梦想。而今锦江集团迈出了进军国际市场的关键一步。锦江集团旗下锦江酒店在美合营公司拟以3.07亿美元的交易总价值收购美国州际酒店集团，收购若完成，锦江酒店将通过合营公司间接持有州际集团50%的股权。

此"州际"非彼"洲际"。

洲际酒店集团：英文名为Intercontinental Hotels Group（IHG），是目前全球最大、网络分布最广、房间数最多的酒店管理集团。州际集团：Interstate Hotels & ResortsInc.（IHR）及Inter-state Operating Company，L.P（IOC）统称州际集团，是美国最大的独立酒店管理公司和领先酒店资产投资者。该公司最特别之处在于不拥有酒店品牌，而是使用其他酒店品牌，输出人才进行管理，目前与其合作的品牌包括威斯汀、万豪和希尔顿等。

根据锦江酒店披露的资料，上市公司Interstate Hotels & Resorts Inc.与其连属公司管理或拥有合计232项位于美国37个州、俄罗斯、印度、墨西哥、比利时、加拿大、爱尔兰和英国的酒店的所有权，房间数目超过46000间，其中归上市公司拥有的物业有56项。

锦江集团和州际集团的详细数据见表10—3。

表10—3 锦江和州际详细数据分析

项目	锦江	州际
管理酒店数	500家	232家
房间数	82700间	46000家
酒店品牌	锦江 锦江之星	没有自己品牌，仅输出人才

续表

项目	锦江	州际
分布	境内 124 个城市	美国 37 个州、哥伦比亚特区及俄罗斯、印度、墨西哥等地区和国家
备注	国资背景	世界 20 强的酒店管理集团

机会与风险分析如下：

机会：1. 美国酒店市场持续低迷，现在是进入美国酒店市场的好机会。锦江酒店成立合营企业的当天，不动产投资公司 Golden Tree InSite Partners 总裁 Tom Shapiro 在纽约召开的路透全球不动产投资峰会上发言称：美国商业不动产价格预期将暴跌 40% 至 50%，现在已经下滑 20% 有余，这将是 20 年来美国不动产最佳的投资机会。2. 尽管州际没有自己的品牌，但它的优势是其积累的管理能力及在低端酒店方面的管理人才。"州际酒店集团拥有一支优秀的管理队伍，将为锦江带来专业管理知识。"塞耶的董事长马立克表示。3. "这宗收购将加快我们的国际化步伐，为我们提供一个全球平台。"锦江董事长俞敏亮在一份公告中透露，锦江酒店此次并购可以扩大锦江全球区域市场份额，通过引进国际先进的酒店管理经验，进一步提升公司酒店产业的核心竞争力，从而提升"锦江酒店"的品牌形象。4. 州际在海外的业务也将为锦江提供帮助，除了美国外，州际在欧洲、拉丁美洲和亚洲（主要是印度）等地区也已通过与当地公司合资的方式把触角伸向了国际酒店服务业。而对于拥有国际旅行社的锦江集团来说，借助州际酒店资产组合及网络可以与锦江酒店发挥协同效应。因此，这次投资对锦江而言，具有较高的投资价值。

风险：锦江集团通过其在美国的合资公司（锦江占有 50% 股份），以每股 2.25 美元的价格，收购州际集团全数股份，同时也将接手后者的全部债务，其中部分将被偿还。但想让这家公司在短期内重新实现盈利，恐怕不是件容易的事。州际财报上的资产负债率高达 64.9%，而它的房地产抵押债务，2011 年要偿还 2540 万美元，2012 年要还 3380 万美元，2013 年则要还 2330 万美元。在恶劣的经济环境下，其经营压力很大。这也意味着锦江至少在 3 年内还看不到回报。

四、2010 年"锦江之星"同全球最大的在线旅游公司建立合作关系

中国领先的经济酒店品牌"锦江之星"与全球最大的在线旅游公司 Expedia 在

2010年宣布双方正式建立合作关系。通过这一合作，锦江之星旗下190多家分店信息将会被发布在Expedia的在线旅游预订系统上，供全世界每月近6000万的旅游出行者选择。Expedia在全世界60多个国家运营着90多家Expedia分站，每个月来此选购旅游出行项目的游客就有几千万。

"这项合作对于锦江之星来说至关重要，这有助于我们实现增长目标，也为我们的全球扩张战略提供了重要的依据。"锦江之星旅馆有限公司总裁徐祖荣表示，"Expedia让我们以更多样的方式更广泛地覆盖到中国以外乃至全世界的旅游消费者，让更多到中国的旅行者了解锦江之星。"

关于Expedia. Inc：

Expedia. Inc是世界上最大的在线旅游公司，旗下拥有众多品牌，包括90多个不同国家的Expedia – and Hotels. com品牌网站；美国领先的旅游折扣网站Hotwire；领先的酒店代理公司Venere. com；Egencia，全球第五大商务旅行管理公司；世界上最大的旅游社区Trip Advisor媒体网络；目的地活动提供网Expedia Local Expert；豪华旅行专家Classic Vacations；中国第二大预订网站eLong。该公司为旅客提供性价比高的休闲和商务旅行，为旅游供应商提供大量的直接预订需求，通过Trip Advisor媒体网络和Expedia媒体解决方案为广告商与最有价值的潜在客户的接触提供广泛的商机。Expedia也可以预订一些世界领先的航空公司、酒店、一流的商品品牌、高流量的网站以及通过Expedia网络联系旗下大量的成员。

五、2011年锦江之星品牌落户菲律宾

锦江国际集团旗下的锦江之星是中国著名的经济型连锁酒店品牌，品牌品质始终保持行业领先。迄今，连锁酒店总数已超550家，分布在全国31个省、直辖市，140多个城市，客房总数超67000间。菲律宾上好佳（国际）是一家在菲律宾马尼拉市注册的专业酒店投资管理公司，与锦江之星签约后，成为锦江之星品牌在菲律宾发展的独家代理商，获得锦江之星品牌首例海外特许经营权。

锦江之星与菲律宾的上好佳（国际）正式签约，将以品牌输出的方式跨出国门，通过品牌授权经营的合作方式，使锦江之星品牌正式落户菲律宾，成为中国经济型酒店品牌走向海外的第一例。菲律宾总统阿基诺三世在沪见证了此次签约仪式。

双方签约后，通过品牌授权经营，上好佳（国际）将在菲律宾作为锦江之星品牌代理商，独立发展直营店或者加盟店，锦江之星也将以海外版的方式提供品牌支持。双方的合作期限为15年，期间上好佳（国际）在菲律宾将至少开出30家"锦江之星"连锁店。将来，中国游客去菲律宾旅游，可以在国内方便地预订当地的"锦江之星"酒店。目前，在菲律宾已有两家锦江之星海外版酒店正式动工。

案例讨论题
1. 锦江集团国际化战略的成功之处有哪里?
2. 你认为未来锦江集团可以在哪些方面进行创新?

【思考与练习】
1. 旅游企业创新的内涵是什么?
2. 全球化浪潮下我国旅行社应采取哪些应对措施?
3. 全球化浪潮下我国酒店业应采取哪些应对措施?
4. 全球化浪潮下我国旅游景区应采取哪些应对措施?

【推荐文献】
李德明,马跃. 在旅游信息化背景下的旅游价值链模式研究 [J]. 价值工程, 2006 (11): 54-56.

劳本信,杨路明等. 电子商务环境下的旅游价值链重构 [J]. 商业时代与理论, 2010 (23): 78-79.

郭华. 我国民营旅游企业发展现状及其战略对策 [J]. 经济问题与探索, 2005 (4): 94-99.

马斯佳. 锦江酒店集团品牌管理研究 [D]. 上海: 华东师范大学, 2008.

郭海风. 经济全球化背景下中国国际旅游业发展研究 [D]. 南京: 南京理工大学, 2002.

黄贵霞. 国际饭店集团取得成功的启示 [J]. 北京第二外国语学院学报, 2005 (3): 55-58.

冯展文,薛熙明. 旅游中的全球化与地方性研究进展 [J]. 旅游研究, 2012, 4 (3): 12-19.

严俊俊. 全球化背景下我国旅游高等教育发展现状及对策研究 [D]. 扬州: 扬州大学, 2010.

佘素丽. 中国旅游企业集团发展对策研究 [D]. 湘潭大学, 2004.

于尔根·哈贝马斯等著,柴方国等译. 全球化与政治 [M]. 北京: 中央编译出版社, 2000.

罗宾·科恩、保罗·肯尼迪著,文军等译. 全球社会学 [M]. 北京: 社会科学文献出版社, 2001.

锦江收购州际,中国酒店业最大海外收购案. http://info.meadin.com/Special/Concern/Concern44/

锦江国际集团简介 http://www.jinjiang.com/about/introduction/

解放日报: 英国 BTI 结盟锦江国际. http://old.jfdaily.com/gb/node2/node17/node167/node18528/node18536/userobject1ai266356.html

美通社：锦江之星酒店通过与 Expedia 建立合作 http：//www.prnasia.com/pr/10/06/100501621-2.html.

凤凰网：锦江之星品牌将正式落户菲律宾 http：//finance.ifeng.com/roll/20110909/4565930.shtml.

维基百科：途易简介 http：//zh.wikipedia.org/wiki/%E9%80%94%E6%98%93.

途易集团的成长经验分析 http：//wenku.baidu.com/view/6686edd4b9f3f90f76c61b82.html.

百度百科：中旅途易旅游有限公司 http：//baike.baidu.com/view/5800880.htm.

中旅途易：http：//www.tui.cn/en/

参考文献

[1] Ardichvili, A., Cardozo, R. & Ray, S. (2003). A theory of entrepreneurial opportunity identification and development. Journal of Business Venturing, 18 (1): 105 – 123.

[2] Barson, R. A. & Shane S. A. (2005). Entrepreneurship: A Process Perspective. Mason, OH: Thomson.

[3] Bird, B. (1992). The Roman God Mercury: An entrepreneurial archetype. Journal of Management Enquiry, 1 (3): 205 – 212.

[4] Buseniz, L. W. & Barney, J. B. (1997). Differences between entrepreneurs and managers in large organizations: Biases and heuristics in strategic decision making. Journal of Business Venturing, 12 (1): 9 – 30.

[5] Collins, J. & Moore, D. (1970). The Organization Makers. New York, NY: Appleton – Century – Crofts.

[6] Cooper, A. C. & Daily, C. M. (1997). Entrepreneurial teams in D. L. Sexton and R. W. Smilor (eds.) Entrepreneurship 2000.

[7] Cooper, A. C., Woo, C. Y. & Dunkelberg, W. C. (1988). Entrepreneurs´ perceived chance of success. Journal of Business Venturing, 3 (2): 97 – 108.

[8] Davidsson, P., Low, M. B. & Wright, M. (2001). Editors´ Introduction: Low and MacMillan ten years on: Achievements and future directions for entrepreneurship research. Entrepreneurship Theory and Practice, 25 (4): 5 – 16.

[9] Drucker, P. (1970). Entrepreneurship in business enterprise. Journal of Business Policy, 1 (1): 3 – 12.

[10] Drucker, P. F. (1985). Innovation and Entrepreneurship: Practice and Principles. New York, NY: Harper & Row.

[11] Gartner, W. B. (1985). A conceptual framework for describing the phenomenon of new venture creation. Academy of Management Review, 10 (4): 696 – 706.

[12] Hisrich, R. D., Peters, M. P. & Shepherd, D. A. (2001). Entrepreneurship. New York, NY: Mcgraw – Hill College.

[13] Kaplan, S. N. & Strömberg, P. (2004). Characteristics, contracts, and

actions: evidence from venture capitalist analyses. Journal of Finance, 59 (5): 2177 – 2210.

[14] Kamm, J. B. , etc. (1990) . Entrepreneurial teams in new venture creation: a research agenda. Entrepreneurship Theory and Practice, 14 (4): 7 – 17.

[15] Katzenbach, J. R. (1997) . Teams at the Top. Harvard Business School Press.

[16] Knight, F. A. (1967) . Descriptive model of the intra – firm innovation process. Journal of Business of the University of Chicago, (40): 478 – 496.

[17] Low, M. B. & MacMillan, I. C. (1988) . Entrepreneurship: past research and future challenges. Journal of Management, 14 (2): 139 – 161.

[18] McClelland, D. (1961) . The Achieving Society. Princeton N. J. : Van Nostrand.

[19] Powers, T. (1995) . Introduction to the Hospitality Industry. New York: Wiley.

[20] Shane, S. & Venkataraman, S. (2000) . The promise of entrepreneurship as a field of research. Academy of Management Review, 25 (1): 217 – 226.

[21] Stevenson, H. H. , Roberts M. J. & Grousbeck, H. I. (1989) . New Business Ventures and the Entrepreneur. Homewood, IL: Irwin.

[22] Timmons, J. A. (1999) . New Venture Creation: Entrepreneurship for the 21st Century. Boston, MA: Irwin/McGraw – Hill.

[23] Tyebjee, T. T. & Bruno, A. V. (1984) . A model of venture capitalist investment activity. Management Science, 30 (9): 1051 – 1066.

[24] Vanceh, H. F. & Hisrich, R. D. (1994) . Toward a model of venture capital investment decision making [J] . Financial Management, 23 (3) .

[25] 彼得·F·德鲁克. 创新与创业精神 [M]. 上海：上海人民出版社, 2002.

[26] 曹逸凡. 构建旅游企业扁平化组织结构 [J]. 商业文化（学术版），2008 (2): 77 – 78.

[27] 曹之然. 创业理论研究：共识、冲突、重构与观察 [J]. 理论聚焦，2008 (9): 39 – 43.

[28] 陈才, 龙江智. 旅游景区管理 [M]. 北京：中国旅游出版社, 2008.

[29] 陈德智. 创业管理 [M]. 北京：清华大学出版社, 2007.

[30] 陈建斌. 旅行社经营管理 [M]. 广州：中山大学出版社, 2007.

[31] 陈觉. 餐饮经营失败与案例评析 [M]. 沈阳：辽宁科学技术出版社, 2004.

[32] 陈岩峰. 基于利益相关者理论的旅游景区可持续发展研究 [D]. 成都：

西南交通大学，2008.

[33] 戴斌，杜江．旅行社管理（第三版）［M］．北京：高等教育出版社，2010.

[34] 党耀国．风险投资项目评价指标体系与数学模型的研究［J］．商业研究，2005（16）：84-88.

[35] 丁栋虹．创业管理［M］．北京：清华大学出版社，2006.

[36] 杜江．旅行社经营与管理［M］．天津：南开大学出版社，2001.

[37] 冯勤，王晓飞．浙江民营科技企业生存环境评价［J］．华东经济管理，2003，17（3）：19-20.

[38] 冯展文，薛熙明．旅游中的全球化与地方性研究进展［J］．旅游研究，2012，4（3）：12-19.

[39] 付春满．旅游企业核心竞争力研究［D］．天津：天津大学，2005.

[40] 高建等译．新企业与创立者（第5版）［M］．北京：清华大学出版社，2002.

[41] 蒋卫平．酒店管理实务［M］．重庆：重庆大学出版社，2008.

[42] 谷慧敏，吕佳宇，李彬．我国中小饭店企业经营环境与管理对策研究［J］．旅游论坛，2011，4（4）：105-111.

[43] 顾颖，马晓强．中小企业创业与管理［M］．北京：中国社会科学出版社，2006.

[44] 郭海风．经济全球化背景下中国国际旅游业发展研究［D］．南京：南京理工大学，2002.

[45] 郭华．我国民营旅游企业发展现状及其战略对策［J］．经济问题与探索，2005（4）：94-99.

[46] 郭武文等译．小企业管理［M］．北京：人民邮电出版社．

[47] 杭争．创业阶段中小企业的股权激励［J］．商场现代化，2007（33）：93-94.

[48] 贺小海．关于我国旅行社组织结构高度战略化的思考［J］．旅游科学，2000（4）：25-26.

[49] 何正萍．基于E时代新型旅游产业价值链的我国旅行社发展策略研究［D］．成都：西南财经大学，2011.

[50] 黄贵霞．国际饭店集团取得成功的启示［J］．北京第二外国语学院学报，2005（3）：55-58.

[51] 黄敏．企业激励机制的理论分析［J］．武汉科技学院学报，2005（18）：123-124.

[52] 纪俊超．旅行社经营管理［M］．广州：华南理工大学出版社，2004.

[53] 劳本信，杨路明等．电子商务环境下的旅游价值链重构［J］．商业时代

与理论，2010（23）：78-79.

[54] 李德明，马跃. 在旅游信息化背景下的旅游价值链模式研究［J］. 价值工程，2006（11）：54-56.

[55] 李时椿. 创业管理［M］. 北京：清华大学出版社，2008.

[56] 林红，叶祥松，高煜. 我国旅行社行业新型分工体系的建立［J］. 西安财经学院学报，2006（3）：57-61.

[57] 林强，姜彦福，张健. 创业理论及其架构分析［J］. 经济研究，2001（9）：58-67.

[58] 刘希宋，曹霞，李大震. 风险投资及投资风险评价［J］. 中国软科学，2000（3）：42-46.

[59] 罗宾·科恩、保罗·肯尼迪著，文军等译. 全球社会学［M］. 北京：社会科学文献出版社，2001.

[60] 马爱萍. 从四个实例看旅行社组织机构的设计［J］. 北京第二外国语学院学报，1997（1）：75-81.

[61] 马斯佳. 锦江酒店集团品牌管理研究［D］. 上海：华东师范大学，2008.

[62] 企业生存与发展环境研究课题组. 企业生存与发展环境指标体系研究［J］. 统计研究，2006（5）：44-49.

[63] 宋玉蓉，姜锐. 景区管理与实务［M］. 北京：中国人民大学出版社，2006.

[64] 王保伦. 我国旅游酒店组织结构再造研究［J］. 旅游学刊，2001（6）：43-48.

[65] 魏卫，邓念梅. 旅游企业管理［M］. 北京：清华大学出版社，2006.

[66] 吴本. 基于动态能力观的中国中档饭店企业竞争力研究［D］. 上海：复旦大学，2012.

[67] 吴书锋. 导游的生存环境分析［J］. 江西财经大学学报，2007（5）：98-101.

[68] 夏清华. 创业管理［M］. 武汉：武汉大学出版社，2007.

[69] 徐桥猛. 现代酒店管理［M］. 北京：高等教育出版社，2004.

[70] 许秋红. 现代酒店经营决策管理［M］. 广州：广东旅游出版社，2004.

[71] 徐文苑，王珑，窦惠筠. 酒店经营管理［M］. 广州：广东经济出版社，2006.

[72] 严俊俊. 全球化背景下我国旅游高等教育发展现状及对策研究［D］. 扬州：扬州大学，2010.

[73] 杨梅英，熊飞. 创业管理概论［M］. 北京：机械工业出版社，2007.

[74] 于尔根·哈贝马斯等著，柴方国等译. 全球化与政治［M］. 北京：中

央编译出版社, 2000.

[75] 余素丽. 中国旅游企业集团发展对策研究 [D]. 湘潭: 湘潭大学, 2004.

[76] 曾祥焱, 林木西. 试论产权激励的两个层面 [J]. 经济与管理, 2009 (23): 17-22.

[77] 张继彤. 论危机背景下中小企业生存环境优化 [J]. 社会科学导刊, 2010 (2): 132-135.

[78] 张涛, 熊晓云. 创业管理 [M]. 北京: 清华大学出版社, 2007.

[79] 张晓慧. 基于利益相关者的一体化乡村旅游研究 [D]. 杨凌: 西北农林科技大学, 2011.

[80] 张秀华. 我国旅游产业国际竞争力研究 [D]. 哈尔滨: 哈尔滨工程大学, 2009.

[81] 张玉利. 创业管理 [M]. 北京: 机械工业出版社, 2007.

[82] 赵锡斌. 企业环境研究的几个基本理论问题 [J]. 武汉大学学报 (哲学社会科学版), 2004, 57 (1): 12-17.

[83] 郑向敏. 酒店管理 [M]. 北京: 清华大学出版社, 2005.

[84] 周诗涛. 我国自助旅游的发展及其营销策略 [J]. 现代商贸工业, 2009 (1): 163-164.

[85] 朱武刚. 企业生存环境的评估研究 [J]. 企业技术开发, 2008, 27 (12): 51-53.

[86] 邹本涛, 谢春山. 旅游文化学 [M]. 北京: 中国旅游出版社, 2008.

[87] 邹统钎. 酒店经营战略 [M]. 北京: 清华大学出版社, 2005.

[88] 百度百科: 中旅途易旅游有限公司 http://baike.baidu.com/view/5800880.htm.

[89] 凤凰网: 锦江之星品牌将正式落户菲律宾 http://finance.ifeng.com/roll/20110909/4565930.shtml.

[90] 解放日报: 英国 BTI 结盟锦江国际 http://old.jfdaily.com/gb/node2/node17/node167/node18528/node18536/userobject1ai266356.html.

[91] 锦江收购州际, 中国酒店业最大海外收购案 http://info.meadin.com/Special/Concern/Concern44/.

[92] 锦江国际集团简介 http://www.jinjiang.com/about/introduction/.

[93] 美通社: 锦江之星酒店通过与 Expedia 建立合作 http://www.prnasia.com/pr/10/06/100501621-2.html.

[94] 同程旗下网站旅交汇: 旅游企业发展环境调研报告 http://www.17u.net/wd/detail/4_273445.

[95] 途易集团的成长经验分析 http://wenku.baidu.com/view/

6686edd4b9f3f90f76c61b82. html.

［96］维基百科：途易简介 http：//zh. wikipedia. org/wiki/%E9%80%94%E6%98%93.

［97］中国社会科学网：试论旅游企业的环境文化建设 http：//www. cssn. cn/news/696548. htm.

［98］中旅途易 http：//www. tui. cn/en/.